观察与思考（2）

科学技术·产业发展·社会进步

施尔畏 /编著

科学出版社

北京

内 容 简 介

本书是作者2010年出版的《观察与思考：科学技术·产业发展·社会进步》的后续书，收集了作者在2015年1月至9月期间通过互联网从公开发表的资料中收集、甄选和翻译的一百篇短文，并按照"主权国家之间关系和地缘政治"、"世界经济"、"当代科学技术发展"、"教育"等4篇归纳整理。在每篇前面，作者以"引言"形式表达了本人对这个时期发生的重要事件的思考和认识，也表达了对经济社会发展和科学技术进步某些重要问题的理解和看法。作者认为，无处不在的互联网加上功能多样的智能终端，给每个人创造了一个全新的学习平台，使得每个人都能够时刻环视世界的变化，在全球范围内进行观察与思考，使人们的学习形式、学习内容和学习效率发生了革命性变革。作者试图以一种图文并茂、内涵广泛又有内在逻辑联系的短文构成书籍的形式，与读者分享对当今精彩纷呈世界的观察以及由此引发的思考。

图书在版编目（CIP）数据

观察与思考.2，科学技术·产业发展·社会进步/施尔畏编著.
—北京：科学出版社，2016.2
　ISBN　978-7-03-047075-1

　Ⅰ.观…　Ⅱ.施…　Ⅲ.高技术产业—经济发展—研究　Ⅳ.F276.44

中国版本图书馆CIP数据核字（2016）第012803号

责任编辑：刘红梅　黄　敏 / 责任校对：何艳萍
责任印制：肖　兴 / 封面设计：周　密

科 学 出 版 社 出版
北京东黄城根北街16号
邮政编码：100717
http://www.sciencep.com

中国科学院印刷厂 印刷
科学出版社发行　　各地新华书店经销

*

2016年2月第 一 版　　开本：720×1000　1/16
2016年2月第一次印刷　　印张：21
字数：441 000

定价：98.00元
（如有印装质量问题，我社负责调换）

谨将本书献给
中国科学院院部机关的同事们

2015年6月29日下午，我和同事们乘坐京广高铁从株洲来到了武汉。按照工作日程安排，我们将在第二天访问湖北新芯公司，这是一家国内目前为数不多的大尺寸硅基半导体元件制造企业，院属研究所与其开展了技术合作。30日早上，我听到了有人在敲入住旅店的房门，开门一看，曹明和刘新两人站在门口。他们乐呵呵地走进屋子，异口同声地对我说，"祝你生日快乐"，同时递给我一个盒子，告诉我这是院机关科发局的同事们要求他们必须在这天早上送到我手上的礼物。啊，我突然醒悟了，今天正是我人生中一个特别重要的日子。在盒子里，装着科发局全体同事亲手为我制作的生日贺卡，在每一张卡片上，都有一位同事亲笔写下的祝福话语。看着这一张张精美的卡片，我突然觉得虽然自己身处炎热的武汉，那些远在北京或其他地方的同事纷纷来到了身旁，给我这个跨入人生下一段旅程的人送上了最真挚的祝愿。

当天晚上，我和同事们乘坐京广高铁从武汉回到了北京。第二天，也就是2015年7月1日，我像往常那样来到了与科发局同事们同处一个楼层的临时办公室上班。就在临近午餐的时候，我又听到有人在敲房门。这一次，我发现有更多的同事站在门口。大家引着我走进了会议室。在这里，我看到了一个多么热烈的场景：科发局三十多位同事聚集在一起，显示屏播放着祝贺生日快乐的画面，扬声器传送出祝贺生日快乐的乐曲。主持人发表了热情洋溢的致辞，给我戴上了有趣的"寿星帽"，请我吹灭了插成"60"两字的生日蜡烛，让我切开了漂亮的生日蛋糕，还向我展示了一位远在华盛顿的同事全家表达祝愿的照片。大家一次又一次为我鼓掌，一起享用了生日蛋糕。这可是我人生第一次在毫不知情的情况下享受由身边同事们送来的生日盛宴。这个时候，同事之情、朋友之谊充满了我的心头。这是值得我永远珍视和细心呵护的精神财富啊！

自1999年调到北京工作以来，我已和中国科学院院部机关的同事共同走过了16个年头。我曾经分管过综合计划局、基本建设局、办公厅和院地合作局；分管过院部机关事务；协管过高技术局材料化工领域事务；自2013年5月起，我又开始分管科发局。在我所接触的院机关同事群体中，一些人离开了：有的因年龄原因离开了岗位，有的去了基层单位任职，还有的到国外学习或工作；同时，一些人又加入了：有的是刚拿到学位的青年人，有的是来自院属研究所或其他部门的管理干部。不论谁来自何方、接受过怎样的教育、具有怎样的专业背景、拥有怎样的工作经历，我们共同在中国科学院院部机关这个大家庭里工作。细数共同走过的 5000 多个日子，我们有过成功的喜悦，有过失败的磨砺，也有过迷茫的痛楚，最重要的是，我们为中国科技事业发展做了自己应当做且应当努力做好的事情，这是因为这个大家庭有着先辈们创立的先进文化，这是因为我们有共同的价值观。

坦率地说，我对科发局的设立及如何开展工作没有做好充分的思想准备。看到原先分别在 6 个局工作的青年同事们突然聚集在一起，我心中不免有些惆怅和紧张。一晃两年过去了，正是因为我们继承了中国科学院院部机关的先进文化，正是因为我们坚持了共同的价值观，科发局迅速度过了人员磨合和工作衔接期，有力启动了STS 计划，踏实展开了特色研究所的认定，细心维护着对外合作的"大盘"，逐渐形成了自己的工作范畴和活动模式。我们有理由为此感到高兴，为此感到自豪，我们对未来更加充满信心。在此过程中，我们从相识到相知，彼此彻底摆脱了职务高低的禁锢，成为真正的同事和朋友。面向未来，我们彼此之间真实的物理距离可能会变大，但是，在丰富多彩的实践中积累和凝练而成的同事之情、朋友之谊毫无疑问会把我们的精神距离压缩到最小，而且将会永久存续。

施尔畏

2015 年 7 月 22 日

序

　　1985 年 4 月 18 日一大早,我第一次站到了位于上海长宁路 865 号的上海冶金研究所和上海硅酸盐研究所的大门口。此前,我在江西的一所中学里任高中化学教师已有 3 个年头,那是我大学毕业后谋得的第一个职位。毫无疑问,按现在的眼光,那时我的衣着风格有多么"滑稽":上着时为"标配"的涤卡中山装,4 个衣兜均被扣理整齐,系上的风纪扣让衣领紧紧地围在了脖子上,下着留着垂直中折线的西裤,在肩上挎着的绿色军用书包里,装着上海硅酸盐研究所给我寄来的研究生复试通知书。望着这座已有年头且气度不凡的大铜门,望着从自己身边匆忙而过的人们,我的心里充满了迷惘,因为我对这里的人们在想些什么、在做些什么可是一无所知的啊。

　　在史无前例的"文化大革命"爆发之前,"50 后"的我只接受过正规的小学教育,与我同龄的人大致都是如此。20 世纪 60 年代末期,"上山下乡"大潮把成千上万名青年学生冲离了原来生活的城市,把他们撒落到各地的广阔天地之中。作为这个大潮中的一个小水滴,我从上海来到了江西。时至今日,我还清楚地记得,在离开上海前往表兄那里投亲靠友的前个晚上,母亲默默为我整理被褥和衣裳,最后,她把几根针插在了棉线团上,放到了印有"上海"两个大字的旅行袋里,并轻轻告诉我,一旦衣服上的扣子掉了或者洗了被褥,就要用到这两样东西。在那块红色的土地上,我曾以绘制大幅画像换取一日三餐的方式生活了一段时间,之后进了一家街道(当时也叫"人民公社")小厂谋生。在此期间,我消沉过,迷茫过。尽管正在皖南山区参加"三线"工厂建设的兄长曾给我寄来了"海阔凭鱼跃,天高任鸟飞"的诗句,希望我不要丢弃绘画的爱好,但我仍然不知道如何在那望不到尽头的"隧道"里行走。毫无疑问,每个有此经历的人,都不会忘记这些艰难日子,但对社会来说,这段历史,即无数人相似经历的总集合,必然在快速变革中逐渐成为封存品。

　　结束"文革"、拨乱反正使我们的国家迈进了新时代。恢复高考在无数知识青年的心里点燃了希望的火炬。虽然更多的人未能通过考试重新获得接受教育的机会,但所有人心里的雾团被驱离。在此后的日子里,所有人的生活被彻底改变。尽管我跌跌撞撞地搭上了大学的"班车",但缺乏正规的中等教育、缺乏系统的知识基础,成为我学习的短板。挥霍了八年之久宝贵的青春年华、没有去学点什么成了自己的终身懊悔。我羡慕那些与自己在同一学习平台上奋斗的"60 后"们赶上了一个好时代,我更羡慕"70 后"乃至以后的青年人能够在一个稳定且相对富足的社会环境里接受内容更加广泛、手段更加先进、程序更加科学的基础教育。今天,当我走在夜色朦胧的上海街头,看到那些在狭小空地上随着震耳乐声跳着广场舞的大妈们,一种别样的感觉会涌上心头:她们也许和我同龄,她们也许是在弥补一些缺失的青春想象;当我穿行在春雨绵绵的江南乡村小道，看到聚在路边小屋里大声嚷嚷玩着麻将的大叔们，也会轻轻地对自己说：他们一定是我的同龄人，他们又在任性地消费着时光。这是过去那个时代在"50后"们身上留下的挥之不去的痕迹。

跨进上海长宁路865号大门之后，在上海硅酸盐研究所攻读硕士和博士学位及之后留所工作期间，我进入一个全新的学习平台之中。这个学习平台与世界先进无机材料研发的前沿紧紧联系在一起，与先进无机材料技术在中国现代工业领域扩散和应用紧紧联系在一起。在这个学习平台上，学识丰富的先辈们悉心指导，来自五湖四海的青年人相互碰撞，不同学科知识和不同领域专业技术汇聚，使它充满了活力和不断提升的动力。自1999年调到中国科学院院部机关工作后，我又进入一个更高层次的学习平台之中。这个平台由中国科学院一百多个研究机构链接而成，尽展当代科学技术的多样性特征，尽显当代科学技术与经济社会发展之间的逻辑联系，并且它的每个角落都渗透着中国科技界先辈们的智慧、辛劳和长期培育的先进文化。从社会发展的角度看，每个人都是极其渺小的，但每个人的成长不是孤立的，社会环境是塑造人、改造人的决定性因素。回顾自己后30年的人生旅程，如果说，现在的我知识更加丰富了，眼界更为开阔了，这不能说明我本身有多大的能耐，而是因为我有幸获得了进入这些学习平台并持续从中汲取营养的机会。假如我没有获得这些机会，或者这些学习平台原本就不存在，我的这段人生旅程必然被改写，我也许谋取了其他职位，甚至早就因自身知识和技能跟不上社会发展步伐而被离岗安置了。

在稳定的社会环境里，人有意识的学习可分为两个阶段。第一个阶段是在组织化的学习平台上实现的，相应的学习带有强制性，甚至附加着压迫性。幼儿园、小学、初中、高中、大学乃至研究生培养单位是相互独立并且串接的学习平台。连接它们的是在特定区域内设定的入学考试，这是从低等级学习平台进入更高等级学习平台的门槛。在现代社会里，每个人都享有第一阶段学习的权利，以获取最基础的自然科学和社会科学知识，接受最基本的生活和劳动技能训练，政府分等级支撑或资助相应的学习平台，个体之间的差异在于各自在什么等级的学习平台上终止这个阶段的学习。第二个阶段是在非组织学习平台上自主进行的非强制性学习。在愈来愈多样性的社会里，每个人都拥有是否进入这个阶段学习的选择权利。对于相应的学习平台，当你不去想象、感悟和把握，它们会变得虚无缥缈，反之，它们就变得触手可及。当然，它们的物理位置、环境氛围和表现形式与个体的职业、习性及经历相关。这个阶段的学习时间可长可短，有的人毕生把学习作为生活的一部分，"活到老，学到老"表达了他们的生活哲学；有的人自觉或被迫没有进入这个阶段的学习；还有人凭借着在第一阶段学习时养成的惯性坚持了一段时间。正因为第二阶段的学习具有非组织化和非强制性特征，所以，对个体来说，是否进入第二阶段学习、如何实现第二阶段学习是个挑战。

假如有人向我提出为什么要进入第二阶段学习的问题，根据自己的经历，我的回答是第一阶段的学习是必要的，但不是充分的，因为你在这个阶段获得的知识是最基本的，接受的训练是最基础的。任何刚刚结束第一阶段学习并跨入社会的人，也许都会体会到已有的知识还不能完全满足具体工作的要求，甚至要去面对诸多必须掌握但自己从未学习过的知识领域。我这里说的是有意识的学习。在日常生活中，每个人的观察、思考和获取的各种信息，只有经过有意识的整理、归纳和提炼，才可能转变成知识，这是在第二阶段中有意识学习的基本内涵。知识具有普遍性的特征，不是对某个特殊或偶发现象的简单描述；知识具有系统性的特征，不是没有逻辑、无法归纳的零星认识。在第一阶段学习中，传授的知识是现成的，传授的方法是科学的，被传授者只需下功夫在大脑中记忆这些知识，同时了解一些如何使用这些知识的途径。但是，在第二阶段学习中，个体不但要有选择地自学现有的知识，更要善于把日常工作中获得的各种信息进行整理、归纳和提炼，转变成用一定形式表达的知识。对一名科技工作者来说，后者是他必须具有的吃饭本领，因为他的职业就是创造知识。

有更多的人能够在更高等级的学习平台上结束他们的第一阶段的学习，而且有更多的人能够自觉地进入第二阶段的学习，并且能够把学习作为生活的重要部分，尽情享受学习带来的心灵快慰和愉悦，这也许是当今发达国家和发展中国家之间的基础性差别。我曾经见过在拥挤的地铁车厢里，一对外国中年夫妻和他们的三个年幼孩子各自看着手中的书籍，全然不顾周围嘈杂的声音，静静地随列车驶向目的车站；我见过在北方冬日的温暖阳光下，一群中年男子依次蹲在简陋小屋的墙角下，神色漠然地观望着公路上来往的车辆；我还见过在初秋的夕阳下，一位老人斜倚在家门口的椅子上，一动不动地注视着前面那条泛着泡沫的黑色小河。此时此刻，我从心底里呼唤出：我们的社会一定要崇尚终身学习，尊重知识创造；一定要让所有的孩子能够进入低等级学习平台获取基本的知识，接受基础的训练；一定要资助更多家境贫寒的孩子进入高等级的学习平台；一定要鼓励更多的人自主进行非组织化和非强制性的学习，无论他有多大的年纪，在何处生活，从事何种职业。如果有人问我，十年"文化大革命"带来的最大负面结果是什么，我的回答是，整整一代人被剥夺了完成第一阶段学习的权利，缺失了进入第二阶段学习的能力。我们的社会不曾为此付出了沉重的代价吗？创造、传播和应用更多的知识，是一个社会文明进步的根本标志，中国理应成为一个现代文明发达的国家，中国人理应在知识创造和应用中有更加重要的作为。

移动互联网，即无处不在的互联网加上功能多样的智能终端，为每个人创造了一个学习新平台，更重要的是，这个平台与整个世界紧紧联系在一起，使得每个人能够时刻环视世界的变化，进行全球性的观察与思考。在互联网上，虽然有着"阴谋"和"黑手"，有着"攻击"和"封堵"，但产生于世界各地的巨量信息仍然在快速传递。在这里，你几乎可以找到你急于知道的任何知识性条目，例如，某位历史人物的生平、某个重要组织的概况、某个重大事件的简介等；你也可以分门别类地阅读你从未见过的专业文章。十几年前的人们，根本无法想象移动互联网创造的学习空间之大，带来的学习效率之高。如同纸质书籍是第一阶段学习的主要媒介那样，互联网信息成为许多人第二阶段学习的主要媒介。如同食物和衣裳那样，互联网和智能终端成了许多人的生活必需品，分享互联网信息成了许多人不可缺少的生活内容。当代青年人几乎不会再像第一阶段学习那样，整天翻阅那些略显乏味的厚重书籍，更不会去关注纸质媒介上那些形式僵化的长篇大论，他们更关注诙谐轻松的话题，更喜爱图文并茂的短文，更希望在单位时间里获得更多的知识。随着社会的进步，每个人都拥有了（或将会拥有）分享互联网信息的平等权利，因此，每个人都拥有了（或将会拥有）进入第二阶段学习的机会，不再受地域的限制，不再有职业的局限，不再受生活议程的拖累，问题仅仅是你是否意识到了新平台的存在，能否主动地策划和把握自己的学习进程。

2008年秋天，当全体中国人还在抚平汶川"5·12"大地震带来的巨大伤痛、体验成功举办北京奥运会延续的喜悦时，全球金融危机爆发了：在国际市场上，原油价格、期货价格、股票价格瞬间集体跳水；不少实体企业或金融企业因资金链断裂而宣告破产；世界各国的经济增长不是停滞就是放缓；一些国家的政府深陷债务危机，多年积累的财富顷刻化为乌有。这一切深深地刺激了我：这个世界究竟怎么了？经济全球化不是给世界带来了新一轮的繁荣？此后，我更加关注经济领域和社会领域发生的事情。在2008年和2009年里，我把自己日常看到的、想到的写了下来，并且采用了"快餐式"短文的形式，即相应的文章应当让读者用吃个快餐的时间就可读完，每篇文章应当做到短小精悍、要旨鲜明、言之有据，一般还配有精美的照片。2010年，科学出版社对这些短文进行了遴选、整理和编辑，以《观察与思考：科学技术·产业发展·社会进步》为名出版。就我个人而言，它是我利用移动互联网这个新平台进行有意识学习的结果，它的出版标志自己进入了一个新的学习阶段。

在《观察与思考：科学技术·产业发展·社会进步》的前言里，我写了这样一段话："如果有人问我，你在科研实践中获得的最大收益是什么？我的回答是，它使我感悟到物质第一、实践第一、创造第一的思维方法，具体就是要敏于观察，勤于思考，敢于创造。这三点也可归结为一名科研人员必须具有的精神特质。"此处归纳的思想一直激励着我利用移动互联网平台进行学习。通过互联网，我每天都在看"快餐式"短文；通过阅读，我获得了许多信息，了解了许多事态，理解了许多进展。同时，我意识到，在互联网造就的"快餐式"短文的汪洋大海里，没有人有力气在某个时段把所有的"快餐式"短文游览一遍，每个人阅读的"快餐式"短文涉及的范围也是有限的。由此我想到，假如我们能把各自阅读的"快餐式"短文做必要的加工（例如，将英文文章翻译成中文文章）、归纳（例如，按照设定的主题分类）和整理（例如，提出自己的观点和思想），并把这些短文与自己的同事们分享，不就构成了一个新的学习层次吗。在这本集子里，我把自己2015年1月至9月在《经济学人》（The Economist）网站（www.economist.com）、英国广播公司（BBC）网站（www.bbc.com）和美国有线电视新闻网（CNN）网站（www.cnn.com）上看到的若干"快餐式"短文做了加工，按照"主权国家之间关系和地缘政治"、"世界经济"、"当代科学技术发展"和"教育"四个主题做了归纳，并插入了表达自己认识体会的短文。我把这本取名为《观察与思考（2）：科学技术·产业发展·社会进步》的集子奉献给大家，作为对大家每日阅读"快餐式"短文的有限补充。需要说明的是，在本集子里收集这些短文，并不意味着我完全赞同它们表达的观点。如果大家通过阅读这本集子能够有所收获，能够引发些思考，我本人就会感到无比的满足。

目　录

第一篇　主权国家之间关系和地缘政治

引　言　　　　　　　　　　　　　　　　2

乌克兰：你需要知道的如何走到这个地
　　步的每一件事情　　　　　　　　　10

俄罗斯总统普京究竟想要什么？　　　14

为什么西方国家要补贴俄罗斯？　　　15

也门：那些你需要了解的如何走到这一步
　　的事情　　　　　　　　　　　　　17

沙特阿拉伯介入争斗　　　　　　　　20

奥巴马和内塔尼亚胡：世界观的冲突，
　　不只是个性的冲突　　　　　　　　22

以色列总理内塔尼亚胡：在我的眼里，
　　没有巴勒斯坦人的国家　　　　　　25

被缠住　　　　　　　　　　　　　　27

被迫流离失所的人　　　　　　　　　29

在陌生土地上的陌生人　　　　　　　32

这是种族屠杀吗？　　　　　　　　　39

红色高棉的伤痕：柬埔寨如何从一场种
　　族屠杀中愈合　　　　　　　　　　42

寻求关于母亲的真相　　　　　　　　47

他们是地球上最受迫害的人？　　　　50

为什么印度和孟加拉国有世界上最令人
　　称奇的边界？　　　　　　　　　　55

为什么美国和古巴相互讨好？　　　　57

当制裁被撤除的时候　　　　　　　　59

驾车从欧洲到美国？俄罗斯提出世界上
　　最长的超级高速公路　　　　　　　63

第二篇　世界经济

引　言　　　　　　　　　　　　　　66

国际货币基金组织下调全球经济增长
　　预期　　　　　　　　　　　　　　74

缠结的焦虑　　　　　　　　　　　　75

油价在每桶 55 美元处停留　　　　　77

一个痛苦的世界　　　　　　　　　　78

全球经济有"泰坦尼克号问题"　　　81

"末日博士"：这个"时间炸弹"将触发
　　下一场金融崩溃　　　　　　　　　82

小心点 84

比看上去更好 86

如何获得电脑痴迷者 92

奥巴马在"快速审批"贸易政策上
　做错了 94

一场越来越沉重的游戏 96

为什么没有人喜欢他们？ 98

巨大的扭曲 100

不平等的生活 102

空间和城市 105

欧元区的通货紧缩加快了步伐 106

英国经济创下自 2007 年以来
　最快增长的纪录 107

盖子之下 109

规则和秩序 113

希腊之痛 116

基本负担不起 118

欧洲消除与美国数字差距的梦想 120

10 年的空客 A380：它会有一个未来？ 121

日本走出了经济衰退，但经济增长
　仍令人失望 123

认识安倍晋三，一个股东激进分子 124

经济放缓的新兴国家 126

了解经济停滞的教训 127

新的鼓动者和混合器 135

巴西的阴晴圆缺 137

俄罗斯遭受经济危机 139

中国经济增长减缓至 24 年来的
　最低点 143

静悄悄的革命 144

思小赢大的秘密 146

第三篇　当代科学技术发展

引　言 150

使人类健康发生革命性变化的 5 篇
　研究论文 158

2015 年，哪些科学故事会被英国人
　认为是了不起的事情？ 161

我们什么时候会有一个万物理论？ 165

生命将在地球上存活多久？ 173

生命的故事 182

宇宙中最大的东西 187

生命、宇宙和任何事情，世界最大的
　机器准备重新启动 192

丢失的"猎兔犬 2 号"探测器被发现
　在火星上"完好无损" 195

精密的重力探测器离开英国　198

什么事情是我们最能记住的?　201

真正的个人电脑　205

互联网看上去像什么:在世界各个角落
　铺设的海底光缆　212

优步公司许诺在新的欧洲协议下提供
　50 000 个工作岗位　218

穿戴设备,为什么要拥有它,
　如何使用它　219

纸张能够在数字时代存活下来吗?　223

你的电视机会看你　226

大数据,大危险　227

摩尔定律的终极　231

机器人的兴起:福特汽车公司
　装配线的演变　233

随着日本人口老龄化,机器人
　被看作是劳动力解决方案　236

欧盟委员会要求无人飞机拥有者注册　238

美国海军推出消防机器人　240

踢一只机器狗是残忍的吗?　242

TED 2015:谷歌公司自驾轿车项目主任
　希望自己的儿子用上自驾轿车　244

高速列车正沿着铁轨加速?　245

"SkyTran"悬浮吊舱:空中的出租车?　249

空客公司"白鲸"(Beluga):空中巨人
　将变得更大　250

对你的超级游艇厌倦了? 请试试潜艇　251

可再生能源如何变得有竞争力　252

全球对能源补贴的痴迷　254

黑色的心情　256

特斯拉公司的新产品是一款
　家庭用电池　257

有风险的日本可再生能源革命　258

世界首个潮汐潟湖发电计划
　在英国公布　260

热泵从处于冰点的冷水中汲取热量　262

跨越的大陆　265

美国研究人员说,2014 年是有记载的
　最暖和年份　268

美国航空航天局:南极拉森
　B 冰架消失　270

在利马的气候变化谈判中,J.Kerry 将
　"勇夺金牌"?　272

卡塔尔世界杯赛的冷却技术
　会是怎样的?　274

空气污染,令人窒息的亚洲　276

7 位改变了世界的妇女　284

Ⅺ

第四篇 教 育

引 言 290

一美元一星期的学校 297

比哈尔作弊丑闻：印度的家长为了孩子
有好的成绩会做些什么事情 299

不受限制的学习 300

利弊选择 307

校车的轮子 311

混合与匹配 313

跟着我重复一遍 316

说明和致谢

321

第一篇

主权国家之间关系
和地缘政治

▌引 言

2013 年底至 2014 年期间，在世界政治舞台上，最使人瞠目结舌的事件发生在乌克兰：先是基辅的独立广场爆发亲欧示威，进而演变成推翻时任总统的动乱；此后，乌克兰的克里米亚自治共和国和塞瓦斯托波尔市迅速完成了以新的联邦主体身份加入俄罗斯联邦的法律程序；接着，乌克兰东部的顿巴斯地区爆发武装冲突，并逐渐升级为中等烈度的战争。西方国家和俄罗斯重新拉开了全面对抗的帷幕，对俄罗斯的经济制裁不但使俄罗斯的经济陷于停滞、卢布大幅贬值，而且导致国际市场原油价格跳水。现在，尽管顿巴斯地区仍然维持着脆弱的停火，但这个事件尚未走到终点，它对世界政治和经济的影响尚未完全显现，至少人们还没有得出完整的认识。

2014 年 3 月 18 日，在莫斯科克里姆林宫金碧辉煌的大厅里，俄罗斯总统普京（V.Putin）在与克里米亚自治共和国和塞瓦斯托波尔市的领导人签署加入俄罗斯联邦的法律文件之后，对议会上下两院及各界代表发表了充满民族主义激情的演讲。在谈到这两个主体加入俄罗斯联邦的理由时，普京说道："要想知道为什么要进行公投，只需要了解一下克里米亚的历史。要知道，从过去到现在，克里米亚对俄罗斯意味着什么，俄罗斯对克里米亚又意味着什么。克里米亚渗透着我们共同的历史和骄傲。这里坐落着古老的古希腊城市克森尼索，正是在这里，弗拉基米尔大公[1] 接受了洗礼，使俄罗斯成为一个东正教国家。他的这一精神遗产奠定了俄罗斯、乌克兰和白俄罗斯的共同文化、价值观与文明基础，注定使我们三国的人民结合在一起。在克里米亚，有俄罗斯士兵的墓地，凭借着这些士兵的英勇作战，俄罗斯在 1783 年将克里米亚收入自己的领土。这里有塞瓦斯托波尔，它是传说之城、伟大的命运之城、堡垒之城，是俄罗斯黑海舰队的故乡。在克里米亚，有巴拉克拉瓦[2] 和刻赤[3]，有马拉霍夫古墓和萨布恩山。这里的每一个地方对我们来说，都是神圣的，它是俄罗斯军队荣耀和勇气的象征。"

从互联网上的视频可以看到，普京总统的演讲一次又一次被听众们雷鸣般的掌声打断，许多人的眼眶里饱含着激动的泪水。重新把克里米亚半岛和塞瓦斯托波尔纳入版图，对当代俄罗斯人来说，无疑是冲破苏联解体后西方国家强加给俄罗斯的政治规则、重塑国家地位和声誉的重大胜利。但是，在这个事件的后面，有一个使我深感疑惑的问题：对于历史上任何曾由某个国家管辖的领土，尽管后来这个国家

1　弗拉基米尔一世（Vladimir I，即基辅大公）是 980 年至 1015 年期间在位、蒙古人入侵之前的罗斯君主，对罗斯国家的版图、宗教、文化、法制等方面产生了重要影响。他在位期间，攻打波兰和立陶宛，向西扩展了国土，并以个人威望加强了大公对全国的控制。987 年，弗拉基米尔应拜占庭（即东罗马帝国）马其顿王朝第 11 位皇帝巴西尔二世的要求，帮助镇压了小亚细亚（即安纳托利亚，Anatolia，是地处亚洲西南部的一个半岛）的暴乱，迫使巴西尔二世将其妹嫁给他。随后，他宣布基督教为国教，带领基辅臣民皈依基督教，成为罗斯第一位基督教君主。罗斯信奉的基督教同拜占庭一样，属东正教分支，罗斯的文化也深受拜占庭的影响。此后，拜占庭帝国衰亡，罗斯的统治者就以拜占庭帝国的继承人自居。

2　巴拉克拉瓦（Balaclava）是位于克里米亚半岛西部的一个黑海沿岸小镇。1854 年，在这里，英国、法国和土耳其组成的联盟军队与俄罗斯帝国军队之间进行了巴拉克拉瓦战役。

3　刻赤（Kerch）是克里米亚半岛濒临刻赤海峡西岸的一个城市，是进入亚速海货船的转运地。公元前 6 世纪，刻赤属于古希腊，公元前 5 世纪是博斯普鲁斯王国的都城，15 世纪末又成为土耳其的要塞。1774 年，刻赤被并入俄罗斯帝国的版图。

因某种原因失去了它，难道这个国家始终拥有在特定时候、以某种方式将它重新纳入自己版图的权利吗？假如这个规则成立，真不知道今天的世界版图未来会变成什么样子。在这个世纪里，规范和制约各个主权国家政治行为的，是"强调各主权国家一律平等"的国际法体系，还是貌似"世界议会"的联合国及其安全理事会？左右各个主权国家政治走向的，是道义、理想和责任，还是民族和宗教的因素、地缘政治的因素以及各国经济、科技和军事实力的差异？

地缘政治因素

我们已有很多年没有去讨论地缘政治的问题了。所谓地缘政治，就是把地理因素看作是影响乃至决定国家政治行为的一个基本因素，而特定国家的地理因素，又与它的民族、宗教乃至国家的演进历史密切相关。19 世纪末和 20 世纪初，德国及欧洲的一些地缘政治学家如 F.Ratzel[4] 等提出了"生存空间"的概念，在一定程度上为纳粹德国挑起第二次世界大战提供了思想基础，这似乎给地缘政治带来不太好的名声。但是，纵观世界，这些年来纷争冲突不断的地区似乎都可归入地缘政治的"模糊地带"范围。我对模糊地带的理解是，在这些地方，地理环境复杂或者特殊，导致在此繁衍生存的人群之间存在着复杂的民族和宗教关系；在相关国家的形成过程中，这些地方又常处于战乱之中，国家之间的边界一直被移来挪去，不断改变。因此，在这些地方，即便现代国际法体系再完整，联合国再管用，地缘政治仍然是决定相关国家政治行为的重要因素，在一定条件下甚至是决定性因素。克里米亚和塞瓦斯托波尔被重新纳入俄罗斯版图，是地缘政治学说在 21 世纪得到验证的典型案例。如果这块土地与今天的俄罗斯没有地理、民族和宗教的联系，如果这块土地在历史上未曾受过俄罗斯管辖、也未曾与俄罗斯同属一个国家，那么，即使乌克兰人的内斗再惨烈，居住在那里的绝大多数人也未必愿意用俄罗斯的三色旗来替换乌克兰的蓝黄旗。

在地缘政治的模糊地带，大规模人群迁徙常常与种族驱离和屠杀联系在一起。一个民族的人群针对另一个民族的人群，或者信奉这种宗教的人群针对信奉另一种宗教的人群发动有组织攻击，用暴力手段剥夺后者的公民权和财产权，把他们从祖祖辈辈生活的家园中驱离，甚至对他们进行疯狂的屠杀，无疑是人类社会最大的悲剧。发生在一战期间信奉伊斯兰教的土耳其人对信奉东正教的亚美尼亚人的种族屠杀，发生在二战期间纳粹德国对犹太民族的种族屠杀，发生在二战结束之后东欧地区因重新划分疆域出现的民族大迁徙（见图 1-1），给无数家庭及其成员带来了难以愈合的创伤，这些历史、这些情感将一代又一代地被传递下去。二战结束之后，战胜国的政治家们设计了新的世界政治制度体系，从理论上说，这个制度体系具有把地缘政治对相应国家政治走向的影响降低到最低程度的能力。但是，战后数十年来，

4 F.Ratzel 生于 1844 年，卒于 1904 年，是现代地缘政治学说的奠基人之一。他长期研究人类的迁徙、文化借鉴和人地关系，著有许多重要著作，其中《人类地理学》是他的代表作。F.Ratzel 的主要学术思想是地理达尔文主义，认为人是地理环境的产物，但由于有人的因素，地理环境的控制又是有限的，位置、空间和界线是支配人类分布和迁移的 3 组地理因素。在此基础上，他提出"国家有机体"学说和"生存空间"学说。此外，F.Ratzel 在城市、交通、港口的地理意义及其在国家政治经济中的作用也有系统的研究。

图 1-1　本图表示第二次世界大战结束后发生在东欧和中欧地区的人口大迁徙。在左上角带箭头的小方框右侧，自上而下分别为"芬兰人"、"波罗的海沿岸人"、"俄罗斯人"、"德意志人"、"捷克人和斯洛伐克人"、"波兰人"、"土耳其人"、"南斯拉夫人"、"意大利人"。图中的数字表示迁徙的人数，单位为千人。从图看到，在此期间，总共有 1000 多万名德意志人向西迁徙

依然存在地缘政治的模糊地带，在这些地方，不断发生大规模的种族驱离和屠杀。1994 年的卢旺达种族大屠杀[5]、1992 年至 1995 年波黑战争期间塞尔维亚族人、波黑穆斯林和克罗地亚族人相互进行的种族驱离和屠杀[6]就是例证。时至今日，在缅甸西部的若开邦，信奉伊斯兰教的罗辛亚族人正遭受着当地信奉佛教人群的暴力攻击，不得不历经艰险逃离这个国家。罗辛亚族可是被称为地球上最受迫害的民族啊！沿

<hr />

5　　卢旺达种族大屠杀（Rwandan Genocide）发生于 1994 年 4 月至 6 月期间，是该国胡图族人对图西族人及胡图族温和派有组织的种族大屠杀，共造成 80 万至 100 万人死亡。这场种族大屠杀得到了卢旺达胡图族人控制的政府、军队及当地媒体的支持。除了卢旺达军队之外，对这场大屠杀负有主要责任的还有两个胡图族民兵组织。

6　　波黑战争的主体是 3 个同属于南部斯拉夫人的塞尔维亚族、波黑穆斯林和克罗地亚族。斯拉夫人是对欧洲大陆使用印欧语系斯拉夫语族语言的各民族的统称，他们主要分布在喀尔巴阡山脉至顿河、波罗的海到黑海的广阔土地上。斯拉夫人可分为东部斯拉夫民族（包括俄罗斯人和乌克兰人）、西部斯拉夫民族（包括波兰人、捷克人、斯洛伐克人、卡舒布人、卢日支人）和南部斯拉夫人（包括保加利亚人、塞尔维亚人、克罗地亚人、斯洛文尼亚人、马其顿人、黑山人和波斯尼亚人）。公元 4 世纪至 5 世纪期间，亚洲东部地区凶悍的游牧民族匈奴民族大举西进，引起了长达 80 年的民族大迁徙。在这过程中，一部分斯拉夫人南下至欧洲东南部地区的巴尔干半岛，并与当地的土著居民融合，形成了许多使用斯拉夫语的小民族，他们被统称为南斯拉夫人。巴尔干半岛的南斯拉夫人民族繁多，信奉的宗教也不相同。匈奴人的西进和欧洲的民族大迁徙，加速了罗马帝国皇帝君士坦丁将首都迁到博斯普鲁斯海峡西畔的古希腊殖民城市拜占庭，并将其更名为君士坦丁堡（土耳其伊斯坦布尔的旧称）。395 年，在狄奥多西大帝死后，罗马帝国正式分裂为东西两部分。西罗马帝国于 476 年灭亡，东罗马帝国一直存在到 1453 年。在罗马帝国分裂过程中，罗马人信奉的基督教也发生了分裂。1054 年，罗马教皇和君士坦丁堡大主教互相宣布革除对方的教籍，基督教正式分裂。西部教会成为天主教，东部教会自称为"正宗的教会"，改名"东正教"。这样，西部斯拉夫人和居住在巴尔干半岛西部的克罗地亚人、斯洛文尼亚人信奉了天主教；受君士坦丁堡大主教控制的东部斯拉夫人和居住在巴尔干半岛东部的塞尔维亚人、保加利亚人信奉了东正教。以后，塞尔维亚人的宗教信仰又发生了变化。14 世纪下半叶，塞尔维亚人的国家被跨欧亚非三洲的奥斯曼帝国灭亡。为了彻底征服塞尔维亚，奥斯曼统治者对当地塞尔维亚人实行"伊斯兰化"，迫使他们改奉伊斯兰教。因此，居住在波斯尼亚的一部分塞尔维亚人成为穆斯林，但他们仍属于塞尔维亚族，与信奉东正教的塞尔维亚人混居在一起。20 世纪 70 年代，南斯拉夫政府人为地将塞尔维亚穆斯林定义为一个民族，拥有与信奉东正教的塞尔维亚族人、黑山族人、马其顿族人，信奉天主教的克罗地亚族人和斯洛文尼亚族人同等的地位。波黑内战爆发前夕，在该国总数为 440 万的人口中，穆斯林占 43.7%，塞尔维亚族人 31.4%，克罗地亚族人占 17.3%。波黑战争导致 27.8 万人死亡，200 多万人沦为难民，全国 85% 以上的经济设施遭到破坏，直接经济损失达到 450 多亿美元。

着这条历史脉络去思考，假如克里米亚和塞瓦斯托波尔未能及时回归俄罗斯，在这块土地上是否也会上演由乌克兰右翼政府组织的针对俄罗斯族人的种族驱离呢？假如这种可能性是存在的，那么普京总统采取的行动就有了符合人类共同道德标准的正义性。

　　一般说来，与大国相邻的小国领导人都有更强的地缘政治意识，更会耍弄一些地缘政治的手腕。他们始终有相邻大国对自己的压迫感，始终警惕着相邻大国的一举一动是否会对自己造成伤害。我在《观察与思考：科学技术·产业发展·社会进步》的"大国身边的小国"一文里曾这样写道，"当相邻大国国力衰弱的时候，这些小国就会变得骄横，甚至不惜与大国关系的恶化，乘机从它那里窃取一些好处；当相邻大国国力昌盛的时候，这些小国又会龟缩一团，变得与其十分友好温顺，尽力从大国那里得到一些实惠"。从大国的角度看，与周边诸多小国相邻的边境地区有可能成为模糊地带；从与这个大国有着现实和潜在利益冲突的国家来看，这些小国可以成为钳制、骚扰这个大国的前哨阵地，如果再把这些小国以某种形式联系起来，就有可能形成合围这个大国的模糊地带，让被合围的大国对这里的事情如坐针毡，头疼不已，耗费大量精力。从维护自身利益的角度看，任何一个大国都必须根据自身的地理环境特点，在周边构建并经营稳固的地缘政治模糊地带。就乌克兰而言，北约国家要使它成为针对俄罗斯的模糊地带，俄罗斯则想让它成为抵御西方国家的缓冲地带，在东西两个方向的强力夹击下，乌克兰民众怎么会不分化、国家怎么会不动荡呢？就克里米亚和塞瓦斯托波尔而言，俄罗斯也许作出了这样的选择：与其让它成为针对自己的模糊地带，不如付出代价使它成为抵御西方国家的阵地。因此，从地缘政治角度看，普京总统采取的行动有着符合俄罗斯核心利益的合理性。

全球一体化思潮

　　"文化大革命"期间，"世界革命万岁"的标语随处可见，"英特纳雄耐尔就一定要实现"的歌声响彻城乡，这标志着革命浪漫主义思潮在中国达到了顶峰。让中国革命胜利的成功经验在其他国家里复制，在世界范围内打一场"农村包围城市、武装夺取政权"的"人民战争"，以解放全世界被压迫的人民，成了许多中国人的神圣理想。远在巴尔干半岛的阿尔巴尼亚变成了许多中国人心中的"社会主义明灯"，获得了来自中国的饱含"海内存知己、天涯若比邻"真情的援助。炮火连天的越南始终牵动着许多中国人的心，"七亿中国人民是越南的坚强后盾、辽阔的中国领土是越南的可靠后方"这个政治表态在高效的组织下转变成现实。我曾有一位知青朋友，他的兄长在20世纪60年代末期跨境加入缅甸共产党的军事组织，后来竟战死他乡。70年代初期，我谋生的小厂来了一位刚从"援越抗美"战场退伍的支部书记，他身着那套既灰又绿的异样军服，黝黑的皮肤显示他拥有在热带雨林中长时间生活的经历。他曾给我们讲述了导致他所在连队的数十位战友全部阵亡的那场惨烈战斗，直至今日，我也难以忘却这个令人灵魂发颤的真实故事。这些已被封存甚至被遗忘的史实，证明了中国人曾经为国际主义[7]理想付出过巨大的牺牲。

7　国际主义（internationalism）是一种关于世界政治秩序的思想，也是一场全球性的政治运动，它倡导各个国家为着人类的共同利益开展广泛的经济和政治合作，国家的政治走向应首先考虑人类的共同利益，而不应仅专注于特定的国家利益。

　　"文化大革命"结束后，革命浪漫主义思潮在中国迅速消退，取而代之的是"以经济建设为中心"的现实主义路线。这个结局也许与今天委内瑞拉的"玻利瓦尔革命"在其倡导者、激进的理想主义者 H.Chavez 去世后立即陷入尴尬境地的结局相似。像 E.Guevara[8] 那样的革命浪漫主义者试图用某种意识形态和政治理想来抵消国家之间的地缘政治差异，但他们脱离了客观实际，违背了客观规律，虽可盛极一时，终究是烟消云散。此外，冷战期间，标榜为"共产主义国家"的苏联一直按照自己的逻辑，在国际政治关系中打着"国际主义"旗号，通过扶植代理人、策划军事政变甚至直接出兵干预等方式，强行向其他国家输出自己的意识形态、政治制度和经济体系。1968 年 8 月发生的布拉格事件[9]、1975 年至 1991 年期间的安哥拉战争[10]、1979 年至 1989 年的阿富汗战争[11]，都是这个时期苏联式"国际主义"的经典案例。然而，苏联解体后，不但那些与其没有地理联系的国家迅速改旗易帜，抛弃苏联式政治和经济体制，而且原来的加盟共和国也举起民族和宗教的旗帜，为自己的利益不惜与俄罗斯发生全面对抗。2005 年 4 月，普京在国情咨文里说，"首先应当承认苏联解体是 20 世纪地缘政治上最大的灾难，对俄罗斯人民来说，这是一个悲剧。我们数以千万计的同胞流落在俄罗斯土地之外，苏联解体就像流行病一样波及俄罗斯自身。人们的积蓄化为乌有，曾经的信仰不复存在，许多部门机构或被解散或是匆忙地进行了改革，而国家的完整因恐怖主义的影响和随后的妥协而遭受损害。要知道，所有这些都是在经济急剧下滑、金融动荡和社会瘫痪的背景下发生的"。

　　2010 年 7 月，我与几位同事一起访问了朝鲜。在我们中间，大部分人都有长辈

8　E.Guevara 于 1928 年 6 月生于阿根廷，是古巴革命的主要领导人之一。1965 年，他离开古巴，到第三世界国际发动反对帝国主义的游击战争，1967 年在玻利维亚被捕，继而被处死。

9　1967 年年末至 1968 年年初，捷克斯洛伐克共产党内部就国内的政治和经济问题发生了激烈争论，导致领导集团被改组，A.Dubček 担任了第一书记，并通过了以"创立一个新的、符合捷克斯洛伐克条件的、民主和人道的社会主义模式"为目标的《行动纲领》。苏联领导集团认为捷克斯洛伐克的改革有脱离"社会主义大家庭"的危险倾向，为维持"统一的政治经济体制"，决定对捷克斯洛伐克进行武装干预。1967 年 8 月 20 日，苏联空降兵突袭布拉格机场，同时，由 4 个苏军坦克师、1 个苏军空降师和 1 个东德师组成的第一西部集群从波兰进攻布拉格；由 4 个驻德苏军、1 个东德师组成的第二西部集群切断了该国的西部边界；由 8 个驻匈苏军师、2 个匈牙利师及保加利亚军队一部组成的西南集群对该国南部发起进攻；由 4 个苏波联军师组成的第三西部集团对该国北部发起进攻。苏军对北约军队和捷克斯洛伐克军队实施了全面电子压制。8 月 21 日清晨，布拉格被占领，A.Dubček 被逮捕，被称为"布拉格之春"的改革运动被终止。

10　20 世纪 60 年代初，葡萄牙殖民地安哥拉爆发了争取国家独立的武装斗争。1975 年年初，葡萄牙撤出安哥拉。接着，独立战争时期的两个主要党派，即安哥拉人民解放运动（The People's Movement for the Liberation of Angola，MPLA，简称安人运）和争取安哥拉彻底独立全国联盟（葡萄牙语名称为 Uniao Nacional Para Independencia Total de Angola，UNITA，简称安盟），为争夺执政权爆发了战争。安人运成立了"安哥拉人民共和国"，安盟成立了"安哥拉人民民主国"。苏联和古巴支持安人运一方，美国和南非支持安盟一方，并都卷入了这场战争。1988 年 8 月，南非与古巴、安哥拉签署协议，规定南非军队自当年 9 月起撤出安哥拉；12 月，安哥拉、古巴、美国和南非签署布拉柴维尔协议，规定古巴军队自 1989 年 4 月起撤出安哥拉。2002 年 2 月，安盟领导人 J.Savimbi 被安人运控制的安哥拉政府军击毙，历时 27 年的安哥拉战争终于宣告结束。

11　1973 年，阿富汗共和国成立。苏联支持激进政党阿富汗人民民主党（People's Democratic Party of Afghanistan），加紧使阿富汗在政治和经济上全面依赖苏联。1978 年，人民民主党激进分子推翻了阿富汗政府，暗杀了领导人，由党的总书记 N.Taraki 出任国家元首。1979 年 9 月，政府总理 H.Amin 发动政变，杀死 N.Taraki，自任国家元首兼总理。同年 12 月，苏军全面入侵阿富汗，处决了 H.Amin，扶植 B.Karmal 上台，自此，阿富汗战争爆发。1988 年 4 月，苏联迫于战场僵持态势和国内的政治压力，接受了日内瓦协议。自 1988 年 5 月至 1989 年 2 月期间，11.5 万苏军作战人员分两个阶段从阿富汗全部撤出。苏联先后有 150 多万官兵在阿富汗作战，累计伤亡 5 万余人，耗资 450 亿卢布。

或亲戚参加了 60 年前的那场朝鲜战争，因此，大家对这次访问怀有一份特殊的情感。我们来到了志愿军战士在撤军前修建的友谊塔前，向成千上万在这块土地上牺牲的志愿军烈士献上了花圈，并在塔座纪念室里翻阅了厚厚的志愿军团职以上烈士名册。环顾这里，我可以肯定，除了有限的中国人之外，几乎不会有什么人会到这里来凭吊追思。我们来到了气氛紧张的板门店，参观了由志愿军战士在数日内建成的停战协议签字大厅。一位年轻的朝鲜中尉军官介绍了这里的场景和展板。十分遗憾的是，我未能从他嘴里听到任何涉及志愿军的言语，只是当我坐在他和另一位朝鲜军官的中间随车原路返回时，才听到他轻轻说了一句："如果没有中国人，我们不会站在这里。"由此联想到 1992 年我在韩国国立釜山大学做博士后的时候，曾遇到物理楼的门卫。当他知道我不是来自台湾或香港而是来自上海的时候，脸上顿时充满惊愕的神色，告诉我在他所经历的战场上，中国人漫山遍野冲杀过来，时为韩军士兵的他只得拼命向南奔逃，并且认定我的父亲当年一定也是个志愿军，无论我作何解释都无济于事。在朝鲜访问的时候，每到一地，我都会问自己：巨大的国际主义牺牲究竟给中国人民带来了什么？这里的人们、特别是青年人还会知晓这段历史、记得那些献出年轻生命的中国军人们吗？随着历史的演进，思想理念、政治思想、社会治理体系和经济制度都可能发生变化，而唯独不变或难以改变的东西是地理环境、民族特征、宗教信仰、文化传统和国家利益的博弈。因此，从本质上说，无论什么时候，地缘政治因素决定了所有具有国际人格实体（现在就是国家）的基本政治走向。

通过战争方式从英国殖民统治下独立出来的美国人，有着自己的价值观，建立了符合自己价值观的社会治理体系和经济制度。19 世纪至 20 世纪初期，美国人充分利用自己的地缘政治优势，在武力拓展疆域的基础上，建立起稳定的地缘政治缓冲地带，并且专注于本国的经济发展[12]。通过两次世界大战，美国成为世界上经济、科技和军事实力最强的国家，并处心积虑促使大英帝国崩溃，把英国人彻底赶回到英伦三岛。尽管老谋深算的丘吉尔（W.Churchill）在二战结束后不久就跑到美国发表"铁幕演说"（Iron Curtain Speech）[13]，试图挑起美国和苏联的全面军事对抗，以给奄奄一息的大英帝国留些调整的时间和空间，但这并没有改变大英帝国的命运。今天的英国人更多关注国内的事务，从苏格兰闹独立到王室成员的生儿育女，这与 100 多年前眼睛盯着全球资源、对殖民地横征暴敛的英国人真是有天壤之别啊。冷战期间，美国也和苏联一样，强行向其他国家输出自己的价值观、意识形态、政治制度和经济体系。冷战结束后，美国更是倚仗"天下无敌"的经济、科技和军事实

---

12 1823 年，美国总统门罗（J.Monroe）在国情咨文外交部分中提出，"今后欧洲任何列强不得把美洲大陆已经独立自由的国家当作将来殖民的对象"，这就是所谓的《门罗宣言》，它包含的原则被称为"门罗主义"（Monroe Doctrine）。门罗主义的含义主要包括：（1）欧洲国家不在西半球殖民，反对欧洲国家对拉美的扩张，也反对俄国在北美西海岸的扩张；（2）欧洲国家不干预美洲独立国家的事务；（3）美国不干涉欧洲国家的事务，包括欧洲国家现有的在美洲殖民地的事务。

13 1946 年 3 月 5 日，英国前首相丘吉尔在位于美国密苏里州的威斯敏斯特学院（Westminster School）发表演讲，对同为二战盟友的苏联大加攻击，声称"从波罗的海边的什切青到亚得里亚海边的的里雅斯特，已经拉下了横贯欧洲大陆的铁幕。这张铁幕后面坐落着所有中欧、东欧古老国家的首都——华沙、柏林、布拉格、维也纳、布达佩斯、贝尔格莱德、布加勒斯特和索菲亚，这些著名的都市和周围的人口全都位于苏联势力范围之内，全都以这种或那种方式不仅落入苏联影响之下，而且越来越强烈地为莫斯科所控制"；在铁幕外面，"共产党的第五纵队遍布各国，到处构成对基督教文明的日益严重的挑衅和危险"。他呼吁英国和美国联合起来，建立特殊的关系，推动西方民主国家的团结一致。

力，动辄指责他人"侵犯人权"，"压制民主"，"实行独裁"，竭力填充苏联解体后留下的地缘政治真空，试图在全球范围内建立远离自己疆域的地缘政治缓冲地带。在此期间，先后爆发了海湾战争[14]、伊拉克战争[15]、科索沃战争[16]、阿富汗战争[17]，这些都是美国人扮演"世界警察"角色、推行美国式"全球一体化"的经典案例。此外，它还创造了经济全球化的故事，试图把各个国家的经济发展纳入它设计的轨道之中。但是，同样地，地缘政治因素决定了任何一个具有国际人格的实体都不会无条件地接受美国式的"全球一体化"。

全球一体化是人类许多年来的一个梦想。这个思想似乎与人类一直在探寻自然世界的运动规律、试图建立关于每件事情理论的哲学如出一辙。数百年来，有多少聪明人为追求这个理论奉献出自己的毕生精力。1687年，牛顿（I.Newton）提出了控制物体运动的3个定律与万有引力定律，解释了当时需要解释的每件事情。但是，在宇宙中，万有引力定律不是普遍适用的。1915年，爱因斯坦（A.Einstein）的广义相对论在解释水星轨道上取得了成功，但它也不是关于每件事情的理论，没有比牛顿的理论有更大的进步，而且，广义相对论与解释小物体运动的量子力学是互不兼容的。1985年诞生的弦论似乎弄清楚了在自然界中起作用的所有力，即引力、电磁力、强原子核力和弱原子核力，但弦论的最早形式总共需要26个维度，"超级弦论"也需要10个维度。1995年提出的M理论把所有更早期的弦论版本合并在一起，但也没有提供一个关于每件事情的简单理论。今天，更多的理论物理学家已认识到，在宇宙中，物理学定律像一部"内部章程"，控制着一个"小点"；存在着无数个其他的宇宙，每个宇宙都是独一无二的。"在认识上的一个重大变化是，我们并不指望存在着一个关于每件事情的唯一理论"。人类社会是一个复杂巨系统，与自然界其他子系统一样，强烈表现出多样性特征。这个多样性决定了不可能用一种意识形态、一个社会治理体系和一套经济制度把世界统一起来。在关于主权国家之间关系的国际政治领域，地缘政治学说以认识、尊重和发展人类社会多样性特征为基本出

---

14 海湾战争（Gulf War）是1991年1月以美国为首的多国部队在获得联合国安理会授权的情况下、为恢复科威特领土完整而对伊拉克发动的一场高技术局部战争，主要包括历时42天的对伊拉克的空袭及在伊拉克、科威特和沙特阿拉伯边境地带展开的历时100小时的地面战斗。伊拉克军队遭到重创，最终接受联合国660号决议，并从科威特撤军。

15 伊拉克战争（Iraq War）是2003年3月以美英军队为主的联合部队绕开联合国安理会、以伊拉克藏有大规模杀伤性武器并暗中支持恐怖分子为由对伊拉克实施的军事打击。由于这次战争实际上是海湾战争的继续，所以它也被称为"第二次海湾战争"。自2003年3月20日美军对伊拉克战略目标发动空袭、4月8日占领巴格达到2010年8月美国战斗部队撤出伊拉克为止，伊拉克战争历时7年多，美国最终也没有发现伊拉克拥有大规模杀伤性武器的证据。2011年12月，美军全部撤出伊拉克。

16 科索沃战争（Kosovo War）是一场由南斯拉夫科索沃地区塞尔维亚族和阿尔巴尼亚族之间的民族和宗教矛盾直接引发、以美国为首的北约军队对南斯拉夫联盟发动的一场高技术局部战争。1999年3月24日至6月10日，以美国为首的北约军队对南斯拉夫联盟的军事目标和基础设施进行了连续78天的空袭，造成了1800人死亡，6000人受伤，12条铁路被毁，50座桥梁被炸，20所医院被毁，40%的油库和30%的广播电视台受到破坏，经济损失总共达2000亿美元。战争结束后，俄罗斯被彻底挤出了东欧原有的势力范围。

17 阿富汗战争（Afghan War）是2001年10月以美国为首的联合部队针对阿富汗境内的基地组织（al-Qaeda）和塔利班（Taliban）发动的一场战争，也是美国对基地组织在美国本土制造"9·11"恐怖袭击的报复。阿富汗战争开创了在世界范围内以打击恐怖主义为名任意对一个主权国家发动军事行动的先例。2014年12月29日，美国总统B.Obama（奥巴马）宣布历时13年之久、导致近2000名美国士兵死亡的阿富汗战争正式结束。

发点，应当是我们观察和思考这个领域重要问题的一个重要方法。

殖民主义恶果

殖民主义[18]是人类社会的一个毒瘤，殖民主义历史是人类文明进步历程中的一场悲剧。欧洲国家及日本的工业化和它们对外侵略和掠夺的历史紧紧联系在一起。今天的人们，也许很难想象那个年代的那些国家里的人竟然是如此猖狂、贪婪和野蛮，竟然会厚颜无耻地跑到他人家里去掠夺财产，还把自己标榜为文明的代表。在这些国家的工业化初期，为了迅速完成资本积累，它们采取赤裸裸的暴力手段，包括武装占领、海外移民、海盗式掠夺、欺诈性贸易、血腥劳动力买卖等，疯狂掠夺殖民地的资源和财富，奴役那里的人民。而后，它们又以所谓"自由贸易"形式，把殖民地变成自己的商品市场、原料供给地、投资场所和廉价劳动力来源地。这些国家的财富增值链条，它们自身经济、技术和军事实力的发展基础，都严重依赖着殖民地。正因为如此，为了自己的殖民利益，它们甚至把整个世界拖入了两次世界大战之中。

自 1415 年葡萄牙人攻占位于非洲北部的休达（Ceuta）[19]起、到 2002 年南亚的东帝汶（Timor-Leste）从葡萄牙人的殖民统治下独立止，殖民主义在国际政治舞台上持续表演了约 600 年。今天，尽管殖民主义在形式上已退出国际政治舞台，但它给原殖民地和半殖民地国家和地区留下了累累恶果。殖民主义者在一些地区制造出民族和国家之间的仇恨。印度与孟加拉国之间、印度与巴基斯坦之间和印度与中国之间存在的领土纠纷就是英国殖民主义者留下的恶果。今天的罗辛亚族人在缅甸的悲惨遭遇也是英国殖民主义者留下的恶果。如果没有英国人对南亚次大陆和缅甸的长期殖民统治，如果没有日本殖民主义者为取代英国人、独占此处资源和经济利益而发动的战争，也许信奉伊斯兰教的罗辛亚族人与信奉佛教的其他民族之间就不会形成这样的世代冤仇。今天的南海问题更是殖民主义者留下的恶果。自 19 世纪中叶起，殖民主义者通过一次接着一次的战争，使中国沦落为一个半殖民地半封建国家（见图 1-2）。在这个时期，中国对南海地区的管辖能力被剥夺了。二战期间，日本殖民主义者取代了英国和法国殖民主义者，武力占领了南海周边国家及其岛屿，这个地区成了其"大东亚共荣圈"的一部分。二战之后，南海周边国家先后摆脱殖民统治，成为主权国家。但是，曾经的受害者又继承了殖民主义者的思维，想依照

图 1-2　描绘 19 世纪末殖民主义国家瓜分中国的漫画

18　殖民主义（colonialism）指一个具有经济和军事比较优势的国家采取军事、政治和经济手段，占领、奴役和剥削弱小国家、民族或落后地区，将其变为殖民地或半殖民地的侵略政策。第二次世界大战后，殖民地和半殖民地地区和国家的民族独立运动高涨，大批亚洲和非洲国家获得独立，摧毁了西方发达国家的殖民体系。

19　休达自治市（Ciudad Autónoma de Ceuta）现为西班牙在北非的属地，它位于马格里布（Maghrib Arab）地区最北部和直布罗陀海峡附近的地中海沿岸，与摩洛哥接壤，面积约为 18.5 平方千米。1668 年，西班牙和葡萄牙的统治者在里斯本签署条约，葡萄牙把休达割让给西班牙。

殖民主义者制作的图纸来切割南海，使得另一位曾经的受害者已经或可能再次受到伤害。

中国是一个深受殖民主义伤害的国家。在沿海许多的城市，有着中国人饱受凌辱年代的遗痕：我熟悉上海那些曾被冠以"一马路"（现为南京路）、"二马路"（现为九江路）、"霞飞路"（现为淮海路）、"跑马场"（现为人民广场）、"跑狗场"（后为文化广场）等殖民地名称的街道和场所，在很长的一段时间里，它们都是上海外国租界的一部分。我曾去过位于长春的日本关东军司令部旧址，也去过位于青岛的德国总督官邸旧址；我曾站在卢沟桥上，努力去想象人数并不很多的日本兵是如何在中国人的土地上对中国军队控制的小县城发动进攻，也曾凝立在云南腾冲的抗日将士陵园里，凭吊许许多多为解放这个中缅边境小镇而献出生命的中国士兵。今天，在我用更成熟的眼光去观察国际政治领域演变的时候，感受到殖民主义像魔影一般依附在许多地区或国家的地缘政治关系里，人们正在为愈合殖民时代的伤口、消除殖民主义者留下的恶果付出巨大的努力。当代中国人当然不会去怨恨那个时代曾对中国侵略的殖民主义者的后代，但是，后者更要全面理解当年遭受殖民主义者凌辱的中国人的后代：尽管时代已经久远，当代中国人不会忘记自己的国家曾经沦落为半殖民地半封建国家的历史，他们对殖民主义深恶痛绝，对带有殖民主义痕迹或色彩的东西始终保持着警惕，在处理国际政治事务中，他们会坚守自己的底线。

▌乌克兰：你需要知道的如何走到这个地步的每一件事情

乌克兰事件始于一场关于贸易协议的争吵，但迅速演变成自 20 世纪 90 年代初遍及前南地区战争以来的流血冲突。在世界领导人匆忙提出东乌克兰地区内战停火的时候，探寻自 2013 年 11 月暴力首次爆发以来对这场冲突作出定义的 12 个日子。

抗议出现在基辅

图 1-3　在乌克兰，70% 的人说乌克兰语，但在东部，俄语是许多人的母语，图中示出了该比例

2013 年 11 月 21 日：经过一年来坚持认为他应当与欧盟签署一项里程碑式政治和贸易协议之后，乌克兰总统亚努科维奇（V. Yanukovych）面对来自俄罗斯的反对，推迟了会谈，俄罗斯长期反对乌克兰与欧盟建立紧密关系。接下来的几天里，数万名抗议者走上街头，在亲欧的西部和以亲俄东部为基地的亚努科维奇力量之间造成了深深的隔阂（见图 1-3）。

然后，局势恶化

2014 年 2 月 14 日：当抗议者与基辅中心曼丹广场（Maidan，即独立广场）的警察突然爆发枪战的时候，数星期来一触即发的暴力冲突终于爆发了，导致约 100 人死亡。抗议者指责政府的狙击手向他们开了火，而亚努科维奇政府指责反对派领导人挑起了暴力冲突（见图 1-4）。

总统逃跑了

2014 年 2 月 22 日：在亚努科维奇的警卫放弃保卫总统宅邸的时候，他逃离了基辅。数千人冲进了宅邸，对亚努科维奇留下的奢华财物感到震惊（见图 1-5）。前总理季莫申科(Y. Tymoshenko，也是亚努科维奇的政敌)是在 2011 年经历一次审判、以"滥用职权"罪名而被监禁的，这次审判被广泛认为有着政治动机，当日，她被从监狱中释放，在独立广场向亲西方的抗议者发表了演讲。

图 1-4　乌克兰第一个被击中的救援医生

图 1-5　亚努科维奇的豪宅

一星期后，军队进入克里米亚

2014 年 3 月 1 日：俄罗斯议会应普京总统的请求，批准向克里米亚派遣军队，克里米亚是南乌克兰的一个对俄罗斯有强烈忠诚感的自治区。数千名说俄语的军人穿着没有标记的制服涌入这个半岛（见图 1-6）。两个星期后，在一场全民公决中，俄罗斯完成了对克里米亚的吞并，乌克兰和世界上的绝大多数国家猛烈抨击这场公民公决是非法的。

图 1-6　蒙面枪手占领克里米亚

马上，基辅开始对东乌克兰进行镇压

2014 年 4 月 15 日：基辅政府发动了第一次正式的军事行动，镇压亲俄叛乱者(见图 1-7)，这些叛乱者已在东乌克兰的城镇占领了政府的建筑物。俄罗斯普京总统警告说，乌克兰处在"内战的边缘"。不到一个月后，在顿涅茨克（Donetsk）[20]和卢甘斯克（Luhansk）[21]的东部地区，分离主义者在一场未被承认的公投之后宣布独立。

春天，新总统在基辅接管了权力

2014年3月25日："巧克力大王"波罗申科（P.Poroshenko）是一名糖果业大亨，也是乌克兰最富有的人之一，他宣布在乌克兰总统选举中取得胜利（见图1-8）。亲俄的分裂主义者被指控在受暴力蹂躏的东部地区阻止人民投票。

图1-7　进入东乌克兰地区的乌克兰政府军

图1-8　亿万富翁宣布在乌克兰总统选举中取得胜利

接着，有争议的欧盟贸易协议最终得以签署

2014年6月27日：波罗申科总统签署了欧盟合作协议（EU Association Agreement），这份协议与2013年前总统亚努科维奇没有签署的协议是相同的。波罗申科警告俄罗斯，乌克兰追寻欧洲梦的决定将不会被拒绝。

图1-9　马来西亚航空公司MF17飞机的残骸

一架民航飞机在空中爆炸

2014年7月17日：在东乌克兰叛乱者控制的地区，马来西亚航空公司MF17飞机被地对空导弹击落，298人丧生（见图1-9）。国际观察员最初被枪手阻止到达事故现场，加剧了遇难者家族的悲伤，又过了几天，叛乱者才允许调查人员检查尸体。

一个月后，停火协议签署

2014年9月20日：乌克兰政府和亲俄分裂主义者同意全面停火，建立缓冲区，

20　顿涅茨克（Donetsk）州位于乌克兰东部卡利米乌斯河上游两岸的顿涅茨盆地的中央，有运河与北顿涅茨河相连，面积约为2.68万平方千米，人口约为470万，其中城市人口占90%，首府为顿涅茨克市。顿涅茨克州有乌克兰最大的煤矿和冶金企业，也是乌克兰的科学技术中心之一。

21　卢甘斯克（Luhansk）州，在苏联时期被称为伏罗希洛夫格勒州，位于乌克兰东部，与俄罗斯接壤，北顿涅茨克河流经该州，面积约为2.67万平方千米，人口约为224万，首府为卢甘斯克市。卢甘斯克州是乌克兰重要重工业区之一，以煤炭、钢铁、机械制造（运输设备、煤炭机械、冶金和化工设备）和化学工业为主。

要求各方在同意停战后的两周内从冲突的前线撤出重武器。与此同时，一支俄罗斯卡车车队未经乌克兰政府的同意进入边境地区（见图 1-10）。俄罗斯坚持说，这些卡车装载着人道主义救援物质，但基辅方面表示怀疑。

进入冬天，东部地区的冲突变得更加激烈

2014 年 11 月 12 日：一位北约指挥官说，俄罗斯的坦克、武器和部队正越过边境，不断进入乌克兰，明显违反了 9 月份达成的停火协议，莫斯科否认这个说法。2014 年年底，联合国说，在东乌克兰的冲突地区，在异常恶劣的冬季条件下，超过 170 万名儿童正处于极端危险的状态（见图 1-11）。

图 1-10　越境进入东乌克兰地区的俄罗斯卡车车队

图 1-11　被撤离乌克兰东部冲突地区的儿童

更加激烈的战斗

2015 年 1 月 22 日：顿涅茨克国际机场是 2012 年欧洲足球锦标赛之前重新建造的，经过与乌克兰政府军数月战斗之后，它落入了叛乱者之手。数天后，由于不断上升的暴力行为，波罗申科总统宣布，他将要求海牙国际刑事法院（International Criminal Court at The Hague）调查在冲突中的"反人类罪行"。

西方国家出现分歧

2015 年 2 月 6 日：德国总理默克尔（A.Merkel）和法国总统奥朗德（F.Hollande）与俄罗斯总统普京讨论了一项新的和平建议，同时，美国说它正考虑向乌克兰提供致命武器援助（见图 1-12）。但是，欧洲的领导人反对武装基辅政府军，担心这将进一步加剧冲突，这场冲突已导致超过 5000 人的死亡，其中包括许多平民。（www.cnn.com，原文标题是 Ukraine: Everything you need to know about how we got here，2015 年 2 月 10 日下载。）

图 1-12　奥巴马总统说，"我们可以武装乌克兰"

13

俄罗斯总统普京究竟想要什么？

俄罗斯总统普京（见图 1-13）已经疯了？实际上，这个问题正在一些圈子里争论。有报道称，数月前，在与美国奥巴马总统的一次电话交谈中，德国总理默克尔认为她的俄罗斯伙伴"生活在另一个世界之中"。

图 1-13 俄罗斯总统普京

仅仅在 2015 年 2 月的第一个星期，一份被披露的受美国国防部委托撰写的报告推断，俄罗斯领导人可能患上了阿斯伯格综合征（Asperger's syndrome），这是一种高功能自闭症。这份报告说，这也许是普京表现出明显高度控制的原因。

五角大楼发言人说，在这份报告中，不存在来自美国国防部的引导，专家们告诉美国有线电视新闻网，他们对俄罗斯总统患阿斯伯格综合征的可靠性表示怀疑。对于这份报告，克里姆林宫把所有的指责作为无稽之谈而不予理会。然而，普京依然是个难以捉摸的人。

他毫不畏惧地支持东乌克兰反叛的分裂主义者，尽管他们被指控有过激行为，使得俄罗斯与西方国家的关系陷入冷战结束以后最严重的危机。西方国家的官员说，即使俄罗斯面临着不断增强的、已使其孤立且已打击了其脆弱经济的国际制裁，武器和人员仍持续从俄罗斯进入乌克兰，而克里姆林宫坚持俄罗斯没有提供武器和人员。显然，普京决心在乌克兰取得成功。

我们已经知道，从本质上说，根据和平协议——2014 年 9 月签署的明斯克停火协议，这样做意味着什么，虽然和平协议没有坚持下来。明斯克停火协议同意，在其他事务方面，乌克兰东南部地区将获得自主权。俄语将获得官方地位。一个缓冲区将沿着前线建立起来，重型武器将从平民区撤出。但在实际上，普京也许想得到更多的东西[22]。

这个星期[23]，在对埃及的正式访问中，俄罗斯总统随口说出了重要的暗示，这已不是第一次了。在接受埃及《金字塔报》的采访中，他驳回了俄罗斯应当对乌克兰危机负责的说法。他告诉记者，"作为对美国及其西方盟友企图的回答，乌克兰危

---

22 乌克兰东部地区武装冲突相关方先后签署了两份明斯克协议。明斯克是白俄罗斯的首都，第一份明斯克协议是乌克兰当局和东部民间武装于 2014 年 9 月 5 日签署，确定了双方实现停火的原则、程序和时间表。第二份明斯克协议（或称为新明斯克协议）指德国、俄罗斯、法国和乌克兰于 2015 年 2 月 15 日签署的关于处理乌克兰未来局势的协议书，其主要内容包括：（1）自 2015 年 2 月 15 日午夜零点起在顿涅茨克州和卢甘斯克州实施全面停火；（2）冲突双方撤离所有重型武器，创造军事缓冲区；（3）建立有效的监督和核查停火制度；（4）就顿涅茨克州和卢甘斯克州的地方选举进行对话；（5）对活动分子提供赦免和特赦；（6）释放人质和战俘；（7）建立向冲突地区提供人道主义援助的国际机制；（8）全面恢复东部地区的社会和经济联系；（9）协商由乌克兰政府恢复对国家边界的控制；（10）在欧安组织的监督下撤离所有外国武装和武器；（11）启动宪法改革；（12）让乌克兰东部自行决定乌克兰俄语作为官方语言，给予这两个州更大的自主权；（13）建立三方联络小组。

23 指 2015 年 2 月 8 日至 14 日这个星期。俄罗斯总统普京于 2015 年 2 月 9 日抵达埃及首都开罗，开始对埃及进行为期两天的国事访问。见：www.xinhuanet.com。

14

机出现了。美国及其西方盟友认为自己赢得了冷战，在任何地方都把自己的意志强加于他人"。他说，"北约不东扩的承诺，结果是一个空头声明"。

乌克兰危机的解决方案也许要涉及排除这个国家未来成为北约成员国，然而，对于一些西方国家来说，这也许是难以接受的。

俄罗斯外交官把这个问题称为乌克兰的"中立状态"，这种说法听上去比"投降"更好。然而，更大的问题是这可能不适用于乌克兰。

对于普京来说，这场危机仅仅是一系列受委屈事情的最新版本，从科索沃到伊拉克，从利比亚到叙利亚，西方国家践踏了俄罗斯的利益。普京的最终目标也许是，撕毁俄罗斯将会容忍这个后苏联时期的假设，永久地改变俄罗斯与西方国家的关系。奥巴马说，普京在使俄罗斯现代化上失败了。（www.cnn.com，原文标题是 *What does Russia's president Putin really want*，2015 年 2 月 12 日下载。）

为什么西方国家要补贴俄罗斯？

明斯克停火协议是一段时间里乌克兰的首要好消息了，但作为一份意向声明，同时宣布向乌克兰提供 400 亿美元的救命钱是同样重要的。

西方国家愿意扩大向乌克兰提供金融支持已是其与俄罗斯关系的关键考验。虽然乌克兰和俄罗斯的经济在 2015 年可能有相似的萎缩，但乌克兰并不具有可与俄罗斯相比较的大量储备，如果没有外部帮助，它不可能长期存活下去。作为油价暴跌和制裁的结果，俄罗斯总统普京无论遇到什么问题都推断，当为支持乌克兰付出更大代价的时候，西方国家支持乌克兰的决心首先会破裂。来自西方领导人希望危机过去的混乱信息，只是鼓励了普京继续"泡蘑菇"。

西方国家的战略应当是稳定乌克兰和提高俄罗斯为军事侵略付出的代价。然而，至少在一种情况下，西方国家的政策有着相反的结果。

有缺陷的天然气交易

2014 年 10 月，欧洲斡旋了使俄罗斯恢复向乌克兰供气的交易。这份协议强迫乌克兰在一份政治上膨胀的天然气账单上为历史债务支付 30 亿美元，并以远高于市场的价格为未来的天然气供应预先付款，这成了西方国家纳税人给俄罗斯的间接补贴。多付的款项来自乌克兰的预算，国际货币基金组织、美国和欧洲国家正在向乌克兰提供资金。

这个交易也许在乌克兰为满足冬季能源需求无路可走上有正当的理由，但是，事实并非如此。能源价格暴跌，欧洲国家没有发生天然气短缺。

假如天然气反向流动，更多的天然气管道从欧洲的西部通往到东部，乌克兰所有的进口要求能够得到满足。做这件事情的技术手段是存在的。斯洛伐克和乌克兰之间的管道具有在两个方向上每年输运 1000 亿立方米天然气的能力，这个能力是2014 年乌克兰天然气总消费量的两倍。

问题是，俄罗斯天然气股份公司（Gazprom，GZPFY）已经储备了 80% 的天然气供应能力，虽然目前它仅仅使用 50% 至 55% 向欧盟供应天然气的能力（见图 1-14）。

图 1-14　俄罗斯天然气公司的一个供气站

剩余能力是在公开违抗欧盟新的反垄断规则中闲置的，这项规则被认为是强迫天然气管道运营商把闲置能力供可替代的天然气供应商使用。

空洞的威胁

欧洲人似乎不愿意对抗俄罗斯天然气股份公司，2014 年，他们甚至暂停了对俄罗斯天然气股份公司的反垄断调查。这是对普京反应的神经质，即过度担心这样的可能性：普京将会威胁减少那些允许天然气回输到乌克兰的国家的供应量。

然而，统一的欧洲能源市场使得切断单个国家的天然气供应成为不可能的事情，俄罗斯不可能承担切断向整个欧盟供气的风险，因此，这样的威胁是一个空洞的威胁。欧盟有一个改变与俄罗斯能源联系前所未有的机会，但正在失去这个机会。

直接的影响是增加乌克兰严重的财政困难。根据 2014 年 10 月协议的条款，来自俄罗斯的天然气价格是每千立方米 387 美元。这个价格已跌至每千立方米 329 美元，但依然比每千立方米 254 美元的欧洲现货价格高出很多。

俄罗斯天然气股份公司说，这个价格打了折，因为它低于 2009 年与乌克兰签署的合同规定的数字，这个问题是提交斯德哥尔摩仲裁法院的案子的主题。俄罗斯天然气股份公司威胁要终止这个“折扣”，从 2015 年 4 月初起再次提高天然气价格，而欧洲其他国家的天然气价格将进一步下跌。

此外，俄罗斯可能要求乌克兰支付另一项有争议的债务，总额高达 240 亿美元。

乌克兰和西方国家一起支付

在乌克兰新的国际货币基金组织 175 亿美元借款一揽子计划和欧盟与美国上月宣布的追加援助中，有相当比例也许反倒是支持了俄罗斯。难怪普京认为欧洲是软弱的。这显然愿意让俄罗斯天然气股份有限公司退出欧盟的法律，浪费宝贵的资源，拒绝给予欧洲能源公司向乌克兰供应天然气的机会，所有这些是为了避免惹恼俄罗斯。

欧盟不应疏远乌克兰，而应通过加强自己的竞争规则，抓紧整合欧洲很大的能源市场。作为回报，乌克兰能够对欧洲的能源安全做出重要贡献。

在欧洲大陆，有着最大的备用储存能力，这个能力能够用来建立战略性天然气储备，能够提供通往保加利亚、罗马尼亚等国家的输运管线，这些国家仍然严重依赖俄罗斯的天然气供应。不幸的是，比起他的欧洲同行来，普京似乎在什么事有很大风险上有更好的理解。（www.cnn.com，原文标题是 *Opinion*：*Why is the West subsidizing Russia*? 2015 年 2 月 15 日下载。）

也门：那些你需要了解的如何走到这一步的事情

也门是一个容易激怒、已变得贫瘠和受到软弱治理的中东国家，长期以来，它是伊斯兰恐怖分子的避难所。现在，它看来正濒临全面的战争。联合国也门事务高级顾问星期天[24]警告说，这个国家正在滑向国内战争的边缘。随着暴力冲突在也门的一些地区爆发、美国撤出了最后剩余的特种部队，混乱对恐怖分子是个好消息，他们会迅速利用权力的真空。动乱已对西方产生影响。美国总统奥巴马曾把也门称为反恐战略的一个成功例子，现在，也门是基地组织[25]阿拉伯半岛分支（al Qaeda in the Arabian Peninsula，AQAP）的藏身之地，美国官员认为它是最危险的恐怖分子分支。

在这里，我们对形成现在危机的那些时刻作个回顾。

一个长期统治者被赶了出去

2011年11月23日：经过数个月的抗议活动和暴力冲突之后（见图1-15），总统萨利赫（A.A.Saleh）同意放弃权力，他在也门执政超过了30年，这些抗议活动和暴力冲突是由这个地区其他国家的"阿拉伯之春"（the Arab Spring）运动引发的。这一年的早些时候，萨利赫在其营地里的一次袭击中受了伤，此时，他签署了一个协议，将行政权移交给副总统哈迪（A.R.M.Hadi）。

但是，基地组织分支依然很强

2014年4月15日：尽管美国的无人机反复空袭基地组织阿拉伯半岛分支的领导人，一段似乎是这个恐怖组织的一次公开大型集会的视频出现了（见图1-16）。这段视频显示，基地组织阿拉伯半岛分支的领导人乌哈希（N.al-Wuhayshi）在也门的某个地方对100多名武装分子演讲。美国官员已经说过，他们认为这个武装组织是也门国内最为活跃的威胁。

图1-15 2011年11月，也门反政府抗议者参加在萨那举行的一次抗议集会，要求总统萨利赫下台

图1-16 据称基地组织的一次会议被录制下来。图中文字标题是："独家新闻，美国错过了基地组织的高级会议？"

---

24 指2015年3月22日。

25 "qaeda"（基地）这个词源于阿拉伯语的"qaf-ayn-dal"。它的直译可以是"基地"、"营地"、"家"或者"根本"，更重要的是，它还有"组织"、"原则"、"方式"、"方法"和"普遍真理"的意思。

图 1-17 也门的抗议活动变成致命的

什叶派极端分子进入也门首都萨那

2014 年 9 月 9 日：在也门首都萨那市内和附近地区由数万名胡塞分子举行的历时数周抗议活动之后（见图 1-17），致人死亡的暴力冲突爆发了，胡塞分子是什叶派穆斯林，在也门北部地区有着绝对的控制力。在一个政府的建筑物处，抗议者和安全部队发生了冲突。胡塞分子要求这个逊尼派占多数国家的政府下台。冲突之后，叛乱分子加剧了他们的行动，强烈要求有更大的影响力，控制了政府部门、国家电视台总部和其他建筑物。

暴力冲突扩散

2014 年 10 月 9 日：当基地组织在萨那针对一次胡塞人员集会的自杀式爆炸使数十人死亡的时候（见图 1-18），动乱达到了令人不安的教派冲突边缘。由联合国斡旋的胡塞分子和也门政府之间 2014 年 9 月的停火协议未能解决冲突。胡塞武装进入也门中部地区，与逊尼派部落发生冲突，这些部落与基地组织结盟。

图 1-18 2014 年 10 月 9 日，在一次威力强大的自杀式爆炸震惊了也门首都萨那之后，也门安全部队人员和什叶派胡塞民兵站在事发地的附近

图 1-19 谁真正控制着也门

总统府被占领

2015 年 1 月 20 日至 22 日：在 2014 年 11 月另一次企图找到政治解决途径的无效努力之后，极端分子通过突袭总统府和迫使高级官员辞职，显示了他们对萨那的控制（见图 1-19）。总统哈迪被软禁在家中。这个行动加深了席卷全国的混乱，使人们对谁在也门掌权感到困惑，也使也门的盟友尤其是美国感到担忧。

外国政府从也门撤出使馆人员

2015 年 2 月 11 日：由于安全状况恶化，重要的国家开始暂停它们驻也门使馆的运行，将人员撤出也门（见图 1-20）。美国、英国和法国最早宣布这样的行动，但其他国家很快效仿。政治上的混乱因胡塞武装宣布他们将绘制也门未来政治蓝图而持续下去。同时，联合国安理会猛烈抨击胡塞武装占领萨那。

哈迪总统逃到南部

总统哈迪逃脱了在萨那的软禁（见图 1-21），来到了南部的亚丁省。后来，他收回了辞呈，并且宣布，所有在胡塞武装大举进入萨那之后作出的政治决定是无效的。数十万名他的支持者在 7 个省份集结。国会议员说，总统哈迪的辞呈并未首先被议会接受。他得到了核心阿拉伯国家政府和联合国安理会的支持。

图 1-20　美国和英国从也门撤出使馆人员

图 1-21　也门总统哈迪逃脱软禁

暴力冲突仍然蔓延

2015 年 3 月 20 日：在萨那的两个胡塞分子常去的什叶派清真寺发生了自杀性炸弹爆炸，导致至少 137 人死亡。伊斯兰国（IS）宣称对这次袭击负责，增加了局面的复杂和混乱（见图 1-22）。伊斯兰国卷入到也门不仅给胡塞武装带来了新的挑战，也给伊斯兰国的对手带来了挑战。和恐怖暴力联系在一起，忠于胡塞教派的军队与亚丁的哈迪支持者发生了冲突（见图 1-23）。

图 1-22　2015 年 1 月 19 日，胡塞武装人员在也门首都萨那的一条街上警戒

图 1-23　2015 年 1 月 24 日，在也门首都萨那的一次反对胡塞叛乱者控制首都的集会期间，什叶派胡塞叛乱者与抗议者发生冲突。在这次自 2014 年 9 月什叶派武装人员横行萨那以来最大一次示威活动中，数以千计的也门人走上了萨那的街头

一个大的问题标志浮出水面

2015 年 3 月 21 日：美国宣布它正撤出驻也门的剩余部队。美国在也门曾有特种部队，对也门军队进行训练，并准备执行反恐行动。随着美国军队的撤出，在与

基地组织阿拉伯半岛分支的战斗中将会发生什么事情？这个分支组织是世界上最大的恐怖主义输出者之一。美国国会国土安全委员会主席、众议员 M.McCaul 说，"我们没有情报支持或者能力去监控基地组织阿拉伯半岛分支、伊斯兰国和什叶派武装在也门做些什么事情"，"很好的情报阻止了（他们）在美国的密谋，如果没有情报，我们不能有效地阻止这些密谋"。（www.cnn.com，原文的标题是 *Yemen:What you need to know about how we got here*，2015 年 3 月 24 日下载。）

沙特阿拉伯介入争斗

　　长期以来，沙特阿拉伯不会容忍邻国也门由伊朗支持的胡塞叛乱分子的进展。2015 年 3 月 26 日大清早，沙特阿拉伯说，它已发动了一个军事行动来击退胡塞叛乱分子，恢复哈迪的"合法政府"。

图 1-24　也门首都萨那遭受沙特阿拉伯首轮空袭的地方

　　首轮空袭击中了位于也门首都萨那的什叶派叛乱集团的据点，包括机场和叛乱集团的政治总部（见图 1-24）。他们也把由也门前总统萨利赫支持者控制的军事基地作为打击目标。萨利赫是在 2011 年被赶下台的，此后他一直支持胡塞叛乱分子，因为他们控制着这个有着 2400 万人口、令人绝望的贫困国家大部分地区。后来的报告表明，位于也门其他地区的萨利赫支持者的军事单位营地也遭到了袭击。

　　沙特阿拉伯驻美国的大使 A.al-Jubeir 说，这次袭击是由 10 个国家发动的一场军事行动的序幕，这些国家主要是其他的海湾国家。白宫不久之后宣布，美国应当提供后勤和智力方面的支持。约旦和埃及已提出加入这个军事行动。

　　2013 年，胡塞武装突然从他们在也门北部势力强大的地区冒了出来，向南边的萨那移动，最后在 2014 年 9 月夺取了萨那。2015 年 2 月，受美国和沙特阿拉伯支持的哈迪从胡塞武装在萨那对他的围困中逃离，来到亚丁，这是一个港口城市，一度是独立的南也门首都。

　　到这个星期胡塞武装在亚丁取得进展、占领亚丁西北 60 千米的一个重要军事设施的时候，谣传哈迪已经逃离，去了沙特阿拉伯首都利雅得。他呼吁海湾阿拉伯国家合作委员会（Gulf Co-Operation Council）[26] 的 6 个成员国进行军事干预。

　　沙特阿拉伯回应了哈迪的呼吁。但是，通过领导一场军事行动把哈迪重新扶持为也门的总统，利雅得可能把长期预言的也门崩溃带到联合国也门公使 J.Benomar 描绘的"伊朗 - 利比亚 - 叙利亚状况"（Iraq-Libya-Syria scenario）。

　　胡塞武装是由一个宗教复兴主义者组织转变成民兵组织的，得到了伊朗支持，

26　海湾阿拉伯国家合作委员会（Gulf Co-Operation Council）是海湾地区最主要的政治经济组织，成立于 1981 年 5 月，总部设在沙特阿拉伯首都利雅得，成员国包括阿联酋、阿曼、巴林、卡塔尔、科威特和沙特阿拉伯 6 国。

伊朗是什叶派国家，与逊尼派堡垒沙特阿拉伯争夺地区控制权。和也门绝大多数什叶派一样，胡塞武装遵循伊斯兰教的扎伊迪（Zaydi）教派，与在伊朗占主导地位的什叶派"十二伊玛目"（Twelver）教派相对抗。尽管如此，逊尼派领导的军事干预可能增加也门内部教派间的分歧，激化地区教派冲突。在也门，逊尼派和什叶派之间的差别原没有太大意义。

激进的逊尼派组织已经进行了露骨的教派袭击。也门是阿拉伯半岛基地组织和"伊斯兰国"（Islamic State, IS）的老巢，前者是基地组织（al-Qaeda）最极端的一支，后者声称对 2015 年 3 月 20 日发生在萨那的针对两个扎伊迪教派清真寺的炸弹袭击负责，这两次袭击造成 140 多人死亡。

空袭已暴露了由胡塞武装的兴起而造成的教派分歧。也门南部和中央地区主要是逊尼派的领地，人们为沙特阿拉伯领导的军事行动喝彩加油。人们希望这场军事行动会阻止胡塞武装的扩展，在空袭进行之前，胡塞武装看来将进入位于也门中部石油丰富的马里卜（Mareb）以及亚丁。对于对抗胡塞武装的组织，他们的兴趣不是哈迪是否合法，而是胡塞武装是否可被强迫就范。6 个月前，在没有发生战斗的情况下，哈迪放弃了对也门首都的控制。

在也门北部，许多人对来自国外的轰炸感到惊愕，其中也包括某些胡塞武装最严厉的批评者，他们认为沙特阿拉伯的空袭只会带来更多的战斗。一位逊尼派部落成员说，"沙特阿拉伯正在毁灭我们的国家"，在爆炸声在萨那隆隆作响的时候，他与他的家人整晚畏缩在这里。许多也门人相信，为击败他们的敌人，沙特阿拉伯会愿意把他们的国家化为灰烬。

对胡塞武装来说，沙特阿拉伯领导的军事行动是一场公共关系的政变（public-relations coup）。长期以来，胡塞武装指责哈迪为外国利益工作。在 2015 年 3 月 20 日的一场尖刻和偏执的演讲中，胡塞武装领导人 A.al-Houthi 指责海湾阿拉伯国家和美国密谋使也门变得不稳定，为了把哈迪当作一个傀儡重新扶持上台。

自 2012 年当上临时总统之后，哈迪一直为建立支持者区域而努力。自离开萨那之后，他找到的那些支持很大程度上基于他反对胡塞武装。在亚丁，哈迪正在形成一支 20 000 人的、得到沙特阿拉伯支持的民兵。当他出走的时候，这个国家的"合法政府"与他一起离开了。

沙特阿拉伯的军事行动可能不是容易的。在经历 10 年反抗萨利赫和沙特阿拉伯的战争之后，胡塞武装已逐步发展成为一支高效的游击队。有了萨利赫支持者的支持，胡塞武装可能会证明是一个强硬的对手。在最近一次对胡塞武装的军事干预中，沙特阿拉伯遭到了"反弹"。作为对沙特阿拉伯空袭萨阿达北部地区打击叛乱分子[27]的回应，胡塞武装分子越过了沙特阿拉伯边界，占领了数十个城镇和村庄（具有讽刺意义的是，沙特阿拉伯的袭击是支持时任总统萨利赫的政权，在多年的战斗里，萨利赫政权为对抗胡塞武装而战斗）。

胡塞武装再一次威胁要越境作战。一名萨阿达当地人说，"这就像萨阿达地区

27　2009 年 11 月 9 日，沙特阿拉伯军队空袭了也门境内距沙特边境 7 千米处的马拉赫兹（Malaheez）地区。在夜间空袭中，沙特阿拉伯军队使用了磷弹，将整个山区燃烧得一片荒芜。沙特阿拉伯军队称，经过 5 天激战，已从也门反政府武装组织手中夺回了一块横跨两国边界的战略要地。

的第六次战役那样，那个时候，沙特阿拉伯人丢掉了领土"。他提及了发生在2009年的战斗，不仅仅是也门会对沙特阿拉伯这次最大规模的境外冒险感到后悔。（www.economist.com，原文标题是 *Saudis enter the fray*，2015年3月27日下载。）

奥巴马和内塔尼亚胡：世界观的冲突，不只是个性的冲突

图 1-25　美国总统奥巴马和以色列总理内塔尼亚胡

美国总统奥巴马（B.Obama）和以色列总理内塔尼亚胡（B.Netanyahu）之间的裂痕（见图1-25），除很糟糕的性格差异之外，还表现在许多地方。在这个星期 28 内塔尼亚胡访问华盛顿期间，他们之间的关系将在失衡的赞赏中表现出来，失败于深刻的意识形态分歧和尖锐对立的世界观。

在世界大国和伊朗之间为达成一项核协议而进行最后紧张谈判的阶段，一场长期的、逐渐变得糟糕的竞争对手之间的对决就要来到了，这项协议得到美国的支持，但受到了内塔尼亚胡的反对。

极不寻常

内塔尼亚胡对华盛顿的访问是极不寻常的。他不仅不与奥巴马会面，而且他站到了白宫之外的、一个外国领导人能够获得的讲台上，直接反对美国总统两个顶级优先事项之一——与伊朗的核协议。内塔尼亚胡似乎得出了这样的结论，这份拟定的协议是如此糟糕，以致他采取一种高度非正统的举动，在阻止美国总统与伊朗交易的努力中将积极与奥巴马的政治对手联手。

这位以色列领导人将于星期二 29 受共和党众议院议长 J.Boehner 的邀请对国会发表演讲（见图1-26），提出反对这份拟定的协议的理由，这违背了白宫的意愿。这次演讲也许会使正试图阻挠奥巴马的伊朗外交政策的共和党人感到高兴，将是内塔尼亚胡和奥巴马之间隔阂迄今为止最赤裸裸的例证。国务卿 J.Kerry 的前中东事务团队顾问 D.Makobsky 说，"每个人都确信，没有人能得到对方的核心利益"。"超越所有的委屈和轻慢，这是根本问题"。

图 1-26　2015年3月3日，以色列总理内塔尼亚胡在美国国会演讲，受到议员们的欢迎

28　指2015年3月1日至7日这一周。

29　指2015年3月3日。

历史人物

　　奥巴马和内塔尼亚胡两人都把自己看作历史人物，他们都是在各自国家的某个关键性时刻当选的。奥巴马认为自己的使命是终止美国在外国领土上的战争，把反对恐怖主义运动放在一个可持续基础之上，履行肯尼迪（J.F.Kennedy）关于美国应当从不惧怕与它的敌人谈判的宣言。内塔尼亚胡认为，他"肩负着确保犹太民族和犹太国家未来的重大责任"，对抗来自伊朗核计划生死攸关的威胁。

　　奥巴马是第一位非洲裔美国总统，以他更为乐观的看法，对有抱负的政治运动和草根组织的力量抱有信心。他参加竞选，质疑在外交政策上近期的方式并不奏效，因此，他愿意与美国的敌人直接交往。但是，内塔尼亚胡有一个更加强硬的世界观，数十年来，在以色列相邻的凶险区域里，在犹太人始终面对的威胁里，在他与相信军事实力和警惕性是保证安全与和平最佳方式的外交政策鹰派密切交往中，他的世界观得到了锤打。

　　"J.Street"是华盛顿一个自由的亲以色列游说团体，它的主席 J.Ben-Ami 说，"我认为，理解隔阂不只是一些简单的个性冲突是重要的"，"它其实是一个政策上的根本分歧，反映了不但是这两个人所坚持的、而且是在每个国家里两个阵营所坚持的基本世界观"。

　　奥巴马和内塔尼亚胡从来就不是朋友。现在，他们个人的厌恶开始影响这两个国家的政治关系，这个政治关系像他们两人数十年来的关系那样很糟糕。奥巴马和内塔尼亚胡并不有意形成这样糟糕的关系，有着大量的彼此并不喜欢对方的世界领导人仍在一起很好工作的例子。但是，这样的长期不和无疑使得双方更容易怀疑对方的动机，即使在没有任何意图时，也把对方的行为看成故意的冒犯。

不同的性格特征

　　他们两人不同的性格特征几乎准会碰撞。奥巴马有一种学者的性情。他并不喜欢政治，寻求避免公开对抗（见图 1-27）。内塔尼亚胡是率直的，是以色列咄咄逼人的政治传统里的一个老练的要手腕人和好斗汉子。而有一个他们两人共有的性格特征，就是在各自的信念里有一种深刻的自信，这只会增加他们头碰头的顶撞。

图 1-27　2014 年 3 月，美国总统奥巴马出席荷兰海牙举行的 2014 年核安全会议（2014 Nuclear Security Summit）

　　D.Makobsky 说，"有时，我寻思是否会有这样一种情况，我们的人是一位法律教授，他非常理性，有着事情应当如何在国际法架构下展现的广义判断"。D.Makobsky 指的是奥巴马。"另一方面，你的人确信他生活在称为中东的地区里，相信他们在法学院里教授的许多东西并不总是适用于这个地区"。

　　他们之间的隔阂已经在镜头中表现出来，甚至 2010 年在特拉维夫郊外 Ben Gurion 机场酷热的飞机跑道上两人怪里怪气的散步，夹克衫搭在两人的肩膀上，明显是为了平息报道两人发生了争吵。

但是，一些事件很快就掩盖了这样的偶遇。2011 年，奥巴马被抓住在时任法国总统 N.Sakozy 把以色列领导人丑化为"说谎者"之后，对着一个打开的麦克风向 N.Sakozy 抱怨内塔尼亚胡。第二年，一个把内塔尼亚胡称作"chicken sh**t"的匿名话被认为来自白宫的一名高级官员，引发了一场风波。同时，美国政府的官员们对他们认为是一些关于犹太人历史傲慢的报告和在白宫椭圆形办公室里内塔尼亚胡对着镜头向奥巴马传递来自伊朗的恐吓而大光其火。

内塔尼亚胡在 2015 年 3 月 17 日以色列大选之前对美国国会的演讲，被美国政府内及其他批评者认为至少部分是另一次玩弄政治的企图，上一次演讲是在 2011 年，白宫把内塔尼亚胡的那次演讲看作是在奥巴马 2012 年竞选连任期间这位以色列总理对 M.Romony 的公开支持。

美国政府也在很大程度上责怪内塔尼亚胡使得其在以色列和巴勒斯坦之间建立和平的两次受到阻挠的努力砸了锅。他们认为内塔尼亚胡通过支持在巴勒斯坦人想象作为自己未来国家一部分的土地上建造定居点，以破坏巴以双方之间谈判作为代价，平息了在其支离破碎联盟中的右翼分子的反对。

伊 朗

但是，奥巴马和内塔尼亚胡之间最严重的争议是在关于伊朗的问题上。他们两人都把这个伊斯兰共和国[30]放在政治任务的中心，认识到只有在谋略上胜过对方，才可能获得他们追求的遗产。奥巴马在这个月早些时候说过，"我不想吞吞吐吐。（以色列）总理和我在伊朗问题有实实在在的差距"。在 2015 年 2 月 28 日离开以色列去华盛顿前，内塔尼亚胡发表了有分量的意见。他说，"我尊重美国总统奥巴马"，但他提醒道，他有责任明确表达自己对德黑兰核计划的担忧。

奥巴马一直试图哄劝伊朗放弃数十年来把美国视作"大撒旦"的敌对政策，通过与伊朗总统 Hassan Rouhani 进行电话交谈，作出了历史性的姿态。但是，内塔尼亚胡一再警告 Hassan Rouhani 是"披着羊皮的狼"，试图把注意力带到以色列人认为德黑兰从其核计划到违反国际限制其活动上进行欺骗的事情上来。

在签署框架协议最后期限之前拟就的与伊朗核协议的一些细节扩大了他们两人的分歧。以色列前国防部长 Moshe Arens 说，当内塔尼亚胡确信这份拟就的协议是危险的时候，奥巴马却不同意，"他认为这份协议是他目前能够得到的最好的协议。我的印象是，他不想此时与伊朗发生一场冲突"。

美国总统一直提出警告，那种内塔尼亚胡设想的、完全拆除德黑兰的离心机与核设施的完美协议是不切实际的。美国政府主张，正在谈判的协议能够把伊朗放在一个盒子里，冻结伊朗在约一年内能够匆忙造出一个核弹的"越狱"（breakout）期，也包括开展监控与巡查，这些行动能够阻挠德黑兰制造核武器的任何隐蔽行为。美国政府的官员们也主张，外交比军事打击伊朗的核设施更好，推断军事打击将把美国追求的目标搁置数年，同时危及国际联盟保持制裁以使伊朗处于核查之中的意愿。

30　伊朗国名全称是伊朗伊斯兰共和国，英语为 Islamic Republic of Iran。

然而，内塔尼亚胡认为这份协议形成了对话中一种糟糕方式，他说，撤销把伊朗"逼到围绳"的制裁的想法是荒谬的。他还指出了伊朗人的表里不一，例如隐藏整个核设施，有理由怀疑假如德黑兰保持核生产设施，伊朗是否能受到有效监控，"越狱"期是否能得到限制。奥巴马反复表示他将不会允许伊朗获得核弹并威胁这个犹太人国家。但是，内塔尼亚胡的华盛顿之行似乎表明他并不信任这个保证。

美国的力量

在更广泛的意义上，奥巴马和内塔尼亚胡也站在了一场关于使用美国力量辩论的对立两端，作为 2001 年"9·11"袭击后美国政策的断层线，这场辩论出现了。内塔尼亚胡的利库德集团非常适合新保守主义者（neoconservatives）[31] 和共和党鹰派们的胃口，比起奥巴马在美国部署海外力量中采取"战略忍耐"（strategic patience）学说时期来，新保守主义者和共和党鹰派在 G.W.Bush 执政初期势力很强大。

Daniel Levy 曾是以色列前总理 E.Barak 的顾问，用内塔尼亚胡的笔名"Bibi"来评论他。他说，"我认为 Bibi 总是接近美国的权利，这部分原因是他在美国接受了政治教育"[32]。很明显，从一开始，奥巴马和内塔尼亚胡两人的政治意识形态就不一致。在 2008 年的总统选举中，奥巴马对一个犹太人团体说，"在亲犹太人的社团里，存在着一种压力，除非你对以色列采取一种坚定的亲利库德集团的方法，否则你就是反以色列的"。他说，这"不能成为我们与以色列友谊的标准"。（www.cnn.com，原文标题是 *Obama and Netanyahu: A clash of world views, not just personalities*，2015 年 3 月 4 日下载。）

▌以色列总理内塔尼亚胡：在我的眼里，没有巴勒斯坦人的国家

星期一[33]，以色列总理内塔尼亚胡说，只要他在位，建立巴勒斯坦人国家的希望就是零。以色列新闻网站 NRG 采访了内塔尼亚胡，当他被问到关于在他任以色列总理期间巴勒斯坦人国家将绝不会成立的说法是否是确切的，他回答道，"这是确切的"。

内塔尼亚胡接受 NRG 网站采访是在以色列人前往投票站参加全国大选的前一天进行的，是他力图获得保守选民支持的行动。内塔尼亚胡说，"任何计划建立一个巴勒斯坦人国家的人，任何今天计划撤出以色列领土的人，正在简单地向反以色列的伊斯兰激进分子提供攻击以色列的基地"。"这是最近几年在这里发生的真实事情"。内塔尼亚胡继续说，任何可能以其他方式主张这样做的左翼阵营竞选人"正

31　新保守主义是美国的一种政治思潮，兴起于 20 世纪 70 年代，2001 年"9·11"事件后影响骤增。和传统的保守主义相比，新保守主义较少关注社会问题，它认为美国是世界超级大国，应在全世界推行自己的价值观，必要时不惜使用武力，这样才能确保美国自身的安全。新保守主义者在外交上更多地推行单边主义（unilateralism），不注重国际合作。

32　内塔尼亚胡毕业于美国麻省理工学院（Massachusetts Institute of Technology，MIT），获学士和硕士学位。

33　指 2015 年 3 月 16 日。

图 1-28　2007 年的耶路撒冷及邻近地区的地图。图中，阿拉伯人居住的区域用绿色表示，以色列人居住的区域用蓝色表示。哈霍玛的位置也在图中做了标注

一次又一次把他们的头埋在沙子里"。

在这次采访之后，巴勒斯坦首席谈判代表、巴勒斯坦解放组织（Palestine Liberation Organization）执行委员会成员 S.Erekat 说，这位以色列总理的态度没有什么新鲜的东西。"内塔尼亚胡已经做了可能埋葬两个国家解决方案的所有事情，他在哈霍玛（Har Homa）[34] 以色列人非法定居点的讲话是对那些试图阻止巴勒斯坦人外交努力的政府的一个答复（见图 1-28）。他不要去做不能指望逃脱国际社会全部惩罚的事情。现在，世界必须接受教训，明白免了惩罚不会带来和平，只有正义才会带来和平"。

这天早些时候，内塔尼亚胡在耶路撒冷（Jerusalem）[35] 哈霍玛社区的一次竞选演说中继续努力争取支持，他夸耀在他首次任以色列总理的 1997 年帮助建立了这个以色列人定居点。以色列人认为哈霍玛是统一的耶路撒冷的一部分，而巴勒斯坦人认为这个社区是一个非法定居点。

内塔尼亚胡说，如果他再次当选，他将继续推进耶路撒冷的建设，作为加强国家安全的一个手段。"当时围绕这个决定的压力是巨大的。但是，我坚决主张这样做，我下令进行建设，这样做很值得"。"今天，哈霍玛社区是一个繁荣的社区，成千上万的以色列公民生活在这里。如同我们，我的利库德集团朋友和我，像过去所证明的那样，我们将继续使耶路撒冷得到保护，我们将继续使它得到发展"。

内塔尼亚胡声称，反对党犹太复国主义联盟（Zionist Union）的领导人 I.Herzog 和 T.Livni "准备屈服于每一个规定"。T.Livni 一直谴责此前在耶路撒冷犹太人社会进行更多建设的要求，而 I.Herzog 力争在东耶路撒冷建设一个巴勒斯坦人的首都。内塔尼亚胡说，"我不会让这样的事情发生。我的利库德集团朋友和我将保持在其所有地区统一的耶路撒冷，我们将继续加强它，使得分割它将是不可能的。耶路撒冷将永远是统一的。我们将保持我们永恒的首都的发展"。

内塔尼亚胡说，投 I.Herzog 和 T.Livni 一票，就是对建立"哈马斯坦"（Hamastan）

34　哈霍玛（Har Homa）是位于东耶路撒冷南部、邻近拜特萨霍（Beit Sahour）的一个以色列人定居点。2015 年 3 月，以色列总理内塔尼亚胡说，"我们必须通过在这里建立定居点来保卫耶路撒冷南大门，作为防止巴勒斯坦人居住地连接起来的一个地方"。

35　耶路撒冷（Jerusalem）是一座历史悠久的城市，被誉为犹太教、基督教和伊斯兰教这三大宗教的圣城。1980 年，以色列通过立法，确认耶路撒冷是以色列"永远的和不可分割的首都"。巴勒斯坦自治政府不久也宣布，耶路撒冷是未来巴勒斯坦国的首都。耶路撒冷是巴勒斯坦人和以色列人冲突的中心。

投上一票，他指的是控制加沙地带（Gaza）[36] 的伊斯兰组织哈马斯（Hamas）[37]。他进一步声称，他的竞选对手将屈服于国际压力和"来自国外、来自左翼巨头和外国政府的巨额资金支持"。他用这样的话结束自己的演讲，"这样做的含义很简单：我们将不能保持以色列的安全，针对我们的恐怖活动，一旦在这些山丘上出现并用机枪射杀我们，将转而使用导弹来攻击我们"。（www.cnn.com，原文标题是 *Israel's PM Netanyahu: No Palestinian state on my watch*，2015 年 3 月 18 日下载。）

被缠住

　　20 世纪 90 年代中期，一位著名的叙利亚剧作家刻画了在一个阿拉伯独裁者统治之下极度痛苦的生活，哀叹道，"我们只能是希望"。近 20 年之后，甚至这样的希望也破灭了。

　　由美国维持的中东秩序已经垮台。国内战争正在吞噬叙利亚、伊拉克和利比亚。来自伊斯兰国穿着黑袍的圣战者已经"雕刻"出一个"哈里发"[38]。沙特阿拉伯在与伊朗争夺地区的影响力，沙特阿拉伯的战机正在低空轰炸什叶派叛乱分子。和平可能在一代人的时间内不会重返中东。

　　对绝大多数阿拉伯人包括总统和国王们来说，得到的教训是美国的力量已过它的鼎盛时期。对绝大多数美国人包括白宫里的人们来说，得到的教训是外面的人不能在混乱上强加秩序。阿拉伯人和美国人的要求都被扩大了。中东地区极度需要来自美国的让人精神焕发的新参与。这个参与不仅应当在美国力所能及的范围之内，而且应当符合美国的利益（见图 1-29）。

图 1-29　由美国维持的中东秩序已经垮台，和平可能在一代人的时间内不会重返中东

绝望的时代

　　讨论这个问题的起点是要理解中东世界出现了怎样的灾难性问题。华盛顿的民

36　加沙地带（Gaza）位于西奈半岛东北部，濒临地中海，面积为 365 平方千米，人口超过 150 万，主要由巴勒斯坦人聚居。加沙地带与埃及接壤的边界长 11 千米，与以色列接壤的边界长约 51 千米。1948 年阿以战争期间，加沙地区被埃及军队占领；1967 年的"6 日战争"期间，以色列军队重新占领了加沙地区。2005 年，以色列实行单边撤离计划，当年，以色列军队和定居点人员全部撤出该地区。2007 年，哈马斯武装和巴勒斯坦民族权力机构部队发生武装冲突，结果是，哈马斯武装赢得了对加沙地区的完全控制权。

37　哈马斯（Hamas）是伊斯兰抵抗运动组织的简称，成立于 1987 年。哈马斯的主要目标是"将以色列从地图上消除"，并在现在的以色列、约旦河西岸以及加沙地带等地区建立伊斯兰神权国家。为实现这一目标，哈马斯发动对以色列的武装攻击活动。同情巴勒斯坦的人、特别是穆斯林把哈马斯看作"反以英雄"，以色列和西方国家把哈马斯认定为恐怖组织。

38　哈里发（caliph）是伊斯兰教职称谓。在阿拉伯语中，"caliph"意为"代理人"或"继位人"。《古兰经》中有"我必定在大地上设置一个代理人"的经文。穆罕默德（Muhammad）及其以前的众先知都被认为是安拉（Allāh）在大地上的代理人或代治者。后来，哈里发这个词被用于指称穆罕默德逝世后继任伊斯兰教国家政教合一领袖的人。伊斯兰教初期执政的四大哈里发也属于这个范围。

主党支持者会告诉你，罪魁祸首是布什（G.W.Bush），他使美国在 2003 年入侵了伊拉克，"创造"出嗜杀成性的逊尼派叛乱者，"创造"出跨地区的对叛乱的渴望。共和党人则坚持认为，美国在中东的过错在于让伊朗控制了伊拉克，未能遏制叙利亚 B.Assad 的邪恶行为。

事实上，存在着足够多的"轮转"式责备。如同那位叙利亚剧作家认为的那样，阿拉伯难以描述的问题是根深蒂固的。第二次世界大战之后，数个世纪使阿拉伯人"幼儿化"的殖民统治垮台了，"让位"给更糟糕的自我治理。阿拉伯国家的经济如此笨拙地接受监管、资助和计划，以致它们不能向阿拉伯公民提供什么东西。缺乏合法性的领导人在阿拉伯民族主义中寻求慰藉，回过神来依赖于胁迫、而不是同意。没有希望的青年群体在宗教中找到了安慰，一些人处于伊斯兰国兜售的宗教狂热之中。多年来，美国在这种出故障的秩序里扶持自己的代理人。但是，"阿拉伯之春"显示，布什先生以如此巨大代价才打碎的阿拉伯国家政权稳定性，也已是在劫难逃。奥巴马先生的不作为，只是增加了一场正在呈现的灾难的动力。

也许，我们有更多的理由"待在外面"。除非美国在中东地区有利益。今天的混乱正在破坏人权，毁掉许多人指望美国人捍卫的价值观。不是每个人都会赞成这样的看法：一些美国人已经厌倦了自己的国家扮演全球警察的角色；另一些人指出全球政治的优先事项是中国日益增长的雄心。但即便同意这些看法，中东地区依然很重要。

在像利比亚和叙利亚这样地方的恐怖主义迟早会结束对西方的袭击。伊斯兰共和国在伊拉克的拉马迪（Ramadi）[39] 或叙利亚的帕尔米拉（Palmyra）[40] 的成功吸引着金钱和战士。把威胁降低到最低程度意味着要在圣战者盛行的地方做更多的事情。

其次，这里有石油。由于有了压水法技术，美国已经成为世界石油生产的调节者，在 10 年或者更长的时间里，北美大陆很可能生产与它消费一样多的能源。但是，由于石油价格是全球性的，在每 3 桶海运的原油中，中东地区仍占有 1 桶的份额。拥有定价权和自给自足，并不能使美国不受能源市场动荡的影响。假如美国不能使石油流动，它的经济将会受到重创，因此，美国有取得全球领导权的要求。

最后是核扩散问题。美国支持一项阻止伊朗在至少 10 年之内获得核弹的协议。假如谈判成功，美国将充当"首席执法者"（enforcer-in-chief）。假如谈判失败，美国必定处在防止伊朗跨越核武器门槛努力的中心。无论哪种方式，美国必定是那些可能想推出自己核武器计划的地区强国的一个约束。

奥巴马已经确定了所有这些利益。这个星期 [41]，美国的外交官在巴黎讨论伊斯兰国的问题。2015 年 6 月，美国将与伊朗达成核问题协议。奥巴马个人已承诺保证石油供应。然而，他的目标被自己作出的置身于中东地区之外的决定所"侵蚀"。奥巴马的目的一直是迫使中东地区国家在管理自己的事务中承担更大责任。但是，

39　拉马迪（Ramadi）是伊拉克中部的一个城市，位于巴格达（Baghdad）以西约 110 千米、费卢杰（Fallujah）以西 50 千米处，也是安巴尔省（Al Anbar）首府。拉马迪是奥斯曼帝国于 1879 年建立的，2004 年人口约 45 万，其中绝大多数居民为来自杜莱姆部落联盟（Dulaim tribal confederation）的逊尼派阿拉伯人。

40　帕尔米拉（Palmyra）曾是古代闪米特（Semitic）人的城市，位于现在的叙利亚霍姆斯省（Homs）。

41　指 2015 年 6 月 1 日至 6 月 7 日这一周。

他已在中东地区"创造"出真空，这些真空只是加剧了这个地区的冲突和混乱。与此相反，奥巴马需要着手制定建设性的遏制战略。没有哪个人能够简单地把中东地区各国再次合在一起，但是，美国能够帮助阻止动荡在这个地区中蔓延。

首先需要的是更好的外交。奥巴马一直避开美国国务院，更喜欢白宫的一个小圈子。在一定程度上，结果是，美国对 Abdel-Fattah al-Sisi 在埃及发动的政变准备不足。当奥巴马从伊拉克撤出部队的时候，他也许应当强调外交和建立伊拉克机构的重要性。相反，伊朗的影响力在伊拉克增加，什叶派领导的政府疏远了伊拉克的逊尼派民众。更多的政治参与是需要的。美国必须不放弃争取终结以色列和巴勒斯坦之间的争端。但是，奥巴马也需要与土耳其合作，在叙利亚内创造一个温和的力量；他需要和沙特阿拉伯合作，阻止也门的武装冲突。同时，奥巴马应当鼓励海湾地区和埃及的经济和政治改革，这些国家不愿放弃缺乏活力的"稳定"，因为它们害怕经济和政治上的变化将失去控制。奥巴马必须准备动用武力。他关于在伊拉克禁止部署美国士兵以打击伊斯兰国的命令，已经带来特种部队短缺的"弄巧成拙"结果，这些美国士兵引导空军袭击伊斯兰国的目标。

绝望的措施

这项工作是很困难的，常常又是吃力不讨好的。美国必须接受它与阿拉伯国家的关系是务实的。在伊拉克，美国与伊朗并肩战斗；而在叙利亚，美国反对伊朗的介入，这将是相互矛盾的事情。请习惯这样的事情，中东地区没有停止以不可调和的方式摇摆。尽管伊拉克库尔德人反对美国人的政策，希望有自己的家园，但他们是美国有用的盟友。美国可能需要与 Sisi 先生合作，使得利比亚稳定下来。

美国不再有什么事情需要去"经营"中东地区，这个看法已深入人心。它可能是个错觉。美国仍然有极其重要的事情去"经营"中东地区。假如美国继续置身于中东之外，这里的每个人、也包括美国人自己将会变得更加糟糕。（www.economist.com，原文标题为 *Entangled*，2015 年 6 月 5 日下载。）

▌被迫流离失所的人

2014 年，全世界有近 6000 万人被迫流离失所（或者在他们自己的国家里成为难民，或者去了其他国家成为难民，见图 1-30）。根据联合国难民事务高级专员公署（UN High Commissioner for Refugees，UNHCR）的新报告，这是有记载以来的最高数字，相当于意大利的人口。这个数字比 2013 年的数据多 830 万，主要是由叙利亚国内的战争、伊拉克境内"伊斯兰国"（IS）的扩张和非洲重演的冲突推高的。

在相同时间内，全球难民数目从 1160 万增加到 1440 万（包括 510 万巴勒斯坦难民），这是自 1990 年以来最大的增幅。现在，叙利亚超过了阿富汗，成为最主要的难民来源国，阿富汗在超过 30 年的时间里一直占据着这个不值得羡慕的位置（见图 1-31）。到 2014 年年底，390 万名叙利亚难民逃离了这个国家（占叙利亚人口的六分之一）。2015 年，到目前为止，另有 10 万名难民逃离了叙利亚。在 2014 年 10 个最大的难民来源国中，有 6 个在非洲。在索马里、南苏丹、刚果和中非共和国中

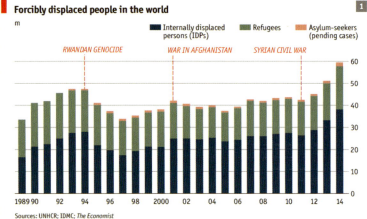

图1-30　本图标题是"世界上被迫流离失所的人"。图例从左至右分别表示"国内流离失所者"（IDPs）、"难民"、"寻求避难者（等待期间）"。从左至右，橙色字分别是"卢旺达种族大屠杀"、"阿富汗战争"、"叙利亚国内战争"。左下角写着"来源：联合国难民事务高级专员公署，国际数据维护中心，《经济学人》杂志"

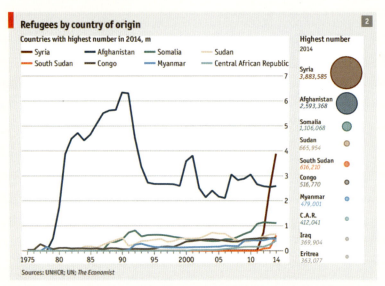

图1-31　本图标题是"不同来源国的难民，2014年难民数目最高的国家，单位，百万人"。图上方曲线图例中，第一行分别为"叙利亚"、"阿富汗"、"索马里"、"苏丹"；第二行为"南苏丹"、"刚果"、"缅甸"、"中非共和国"。本图右边方框标题是"最高数量，2014年"，从上至下，依次标注为"叙利亚"、"阿富汗"、"索马里"、"苏丹"、"南苏丹"、"刚果"、"缅甸"、"中非共和国"、"伊拉克"和"厄立特里亚"。左下角写着"来源：联合国难民事务高级专员公署，联合国，《经济学人》杂志"

持续的冲突造成了严重后果。厄立特里亚人经常通过邻国索马里，大批逃离他们那个专制的国家。尽管只有600万人口，厄立特里亚是跨海非法经叙利亚到欧盟国家的第二大来源国。同时，全球范围内冲突数量上升使得许多人难以回家。有超过600万名难民已流亡了5个年头或更长的时间，仅有12.68万名难民在2014年回到了他们的祖国，这是 31 年来最低的数字。

　　叙利亚战争的影响无所不在，尤其是在邻近地区。叙利亚人涌入了土耳其，土耳其已经成为难民的主要目的地国家，超过了 2014 年难民人数达到 160 万的巴基斯坦（见图 1-32）。难民仍在进入土耳其，到 2015 年 6 月，难民数上升至 178 万。叙利亚的邻国黎巴嫩和约旦也接纳了大量叙利亚人，作为其人口的一部分，黎巴嫩承受着全球最大的难民负担，每 1000 名黎巴嫩居民就有 232 名难民。约旦次之，每 1000 名约旦居民有 87 名难民。瑙鲁是难民负担位居第三的国家，许多去澳大利亚的移民被扣留在这里，每 1000 名瑙鲁居民有 39 名难民。相应的经济负担不成比例地落在了更为贫困的国家。约 85% 的难民生活在发展中国家，20 年前，这个数字为 70%。

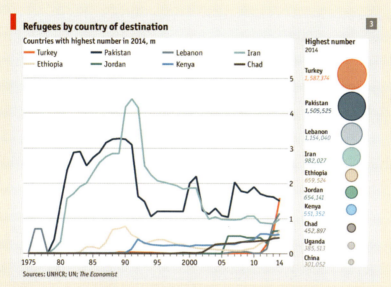

图 1-32　本图标题是"目的地国家的难民，2014 年难民数目最高的国家，单位，百万人"。图上方曲线图图例第一行为"土耳其"、"巴基斯坦"、"黎巴嫩"、"伊朗"；第二行为"埃塞俄比亚"、"约旦"、"肯尼亚"、"乍得"。本图右边方框标题是"最高数量，2014 年"，从上至下，依次标注"土耳其"、"巴基斯坦"、"黎巴嫩"、"伊朗"、"埃塞俄比亚"、"约旦"、"肯尼亚"、"乍得"、"乌干达"和"中国"。左下角写着"来源：联合国难民事务高级专员公署，联合国，《经济学人》杂志"

　　2014 年，在本国边境地区流离失所的人数从接近 500 万增加到 3800 万。叙利亚有数量最大的国内流离失所者，达 760 万，约占全球国内流离失所者总数的 20%。在哥伦比亚，50 年之久的国内战争继续使其付出沉重的代价。2014 年，约 13.6 万人流离失所，总数增加到 600 万，成为全球国内流离失所者人数位居第二的国家。在同一年，另外的 36.03 万名哥伦比亚难民离开了这个国家。同时，在伊拉克，"伊斯兰国"的扩张，把 260 万伊拉克人从他们的家里赶了出去。

　　2014 年，全球有约 147 万名新的避难申请者，比 2013 年增加了 50%。在这些人中，有 17.12 万名来自叙利亚。但是，目前人数最多的避难申请者来自乌克兰，有 28.86 万名乌克兰人申请避难，其中 27.12 万人在俄罗斯申请避难。德国收到了 17.31 万份避难申请，相对来说正欢迎和接受大量的避难申请者。其他欧盟国家不怎么欢迎避难申请者。2015 年 6 月 17 日，匈牙利宣布计划沿着它与塞尔维亚的 175 千米边界建立一道围墙，以阻拦主要来自科索沃的移民。2014 年，全球避难申请急速上升加剧了此类申请书的积压，近 180 万份申请书仍等待着决定，而在 2013 年这个数字为 120 万份。总之，这是一个可怕的局面。（www.economist.com，原文标题是 *The dispossessed*，2015 年 6 月 21 日下载。）

在陌生土地上的陌生人

图 1-33 这一切都是以前看到的。第二次世界大战结束后，欧洲大陆出现了大量难民

1951 年，一群来自欧洲国家的外交官，承诺他们的国家将吸收大量饱受种族仇恨、狂热意识形态和似乎没完没了战争之苦地区的难民。在这个被摧毁的大陆，第二次世界大战使得数百万人四处流浪（见图 1-33）。在德国战败后的几年里，波兰、捷克斯洛伐克和苏联把约 1400 万德国人驱逐出境。重新划定的国界使得数百万乌克兰人、塞尔维亚人和其他种族的人被撵出了他们的家园。6 年来，40 万人被困在"无家可归者"营地里，没有明确的被重新安置的前景。

得到联合国授权的日内瓦会议提出了一项公约[42]，要求缔约国对在其领土上的任何人提出的难民地位要求进行评估，对于一个具有充分证据说明他无论何时担心在其原居住国里遭受迫害的难民，准予他的难民地位。起初，庇护权仅限于欧洲国家，但是，在 1967 年新的公约修订案将该公约适用于全球范围的时候，这个限制被取消了。现在，难民公约已得到 147 个国家的批准，64 年来，这项公约一直是国际社会应对全球人道主义危机的框架（见图 1-34）。

这项公约的通过是战后时代一个"誓言永不重演"的时刻，因为各个国家发誓要战胜战争所清晰地显现的现代恶魔。成千上万名在欧洲流动的难民，使人重新想起了这个誓言，也对这个誓言产生了质疑。数个月来，来自叙利亚、阿富汗和厄立

---

42 该公约的全称为《关于难民地位的公约》（*Convention Relating to the Status of Refugees*），于 1951 年 7 月在联合国难民和无国籍人地位全权代表会议上通过，1954 年 4 月生效。截至 1997 年 1 月 1 日，缔约国为 128 个。其主要内容是：（1）公约所涉及难民的定义，指由于 1951 年 1 月 1 日以前发生的事情并因正当理由，如畏惧由于种族、宗教、国籍、属于某一社会团体或具有某种政治见解的原因留在其本国之外、并由于此项畏惧而不能或不愿受其本国保护的人；或者不具有国籍并由于上述事情留在他以前经常居住国家以外而现在不能或由于上述畏惧不愿返回该国的人。（2）缔约国应对合法居留在其领土内的难民给予以下标准的待遇：在宗教、以工资受偿的雇佣、艺术权利和工业财产、法院出庭、定额供应、初等教育、公共救济、劳动立法和社会保障、财政征收方面给予国民待遇；在以工资受偿的雇佣和结社方面给以最惠国待遇；在动产和不动产、自营职业、自由职业、住房、初等以外的教育方面给予尽可能优惠的待遇，至少不得低于一般外国人享有的待遇；在选择居所和行动自由方面受一般外国人适用的规章的限制；（3）对于未经许可而进入或逗留于一国领土的难民，如向当局说明其正当理由，该缔约国不得因该难民的非法入境或逗留而处以刑罚；（4）除因国家安全或公共秩序理由外，缔约国不得将合法留在领土内的难民驱逐出境；任何缔约国不得以任何方式将难民驱逐或送回至其生命或自由因为他的种族、宗教、国籍、参加某一社会团体或具有某种政治见解而受威胁的领土边界；缔约国应尽可能便利难民的入籍和同化。

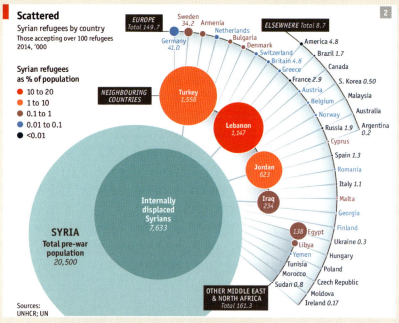

Scattered
Syrian refugees by country
Those accepting over 100 refugees
2014, '000

Syrian refugees
as % of population
- 🔴 10 to 20
- 🟠 1 to 10
- 🟤 0.1 to 1
- 🔵 0.01 to 0.1
- ⚫ <0.01

EUROPE Total 149.7
Sweden 34.2
Armenia
Germany 41.0
Netherlands
Bulgaria
Denmark
Switzerland
Britain 4.6
Greece
France 2.9
Austria
Belgium
Norway
Russia 1.9
Cyprus
Spain 1.3
Romania
Italy 1.1
Malta
Georgia
Finland
Ukraine 0.3
Hungary
Poland
Czech Republic
Moldova
Ireland 0.17

ELSEWHERE Total 8.7
America 4.8
Brazil 1.7
Canada
S. Korea 0.50
Malaysia
Australia
Argentina 0.2

NEIGHBOURING COUNTRIES
Turkey 1,558
Lebanon 1,147
Jordan 623
Iraq 234
Egypt 138
Libya
Yemen
Tunisia
Morocco
Sudan 0.8

SYRIA
Total pre-war population
20,500

Internally displaced Syrians
7,633

OTHER MIDDLE EAST & NORTH AFRICA
Total 161.3

Sources:
UNHCR; UN

图 1-34　本图标题是"散落在各国的叙利亚难民，接纳超过 100 人的国家，2014 年"。从上至下，左边的黑色方框标注"欧洲，总计 14.97 万人"；右边的黑色方框标注"其他国家，总计 8700 人"；中间的黑色方框标注"周边国家"；底部的黑色方框标注"其他中东和北非国家，总计 16.13 万人"。浅绿色大圈圈标注"叙利亚战前的总人口，2050 万人"；被套在浅绿色大圆圈之内的绿色圆圈标注"在国内背井离乡的叙利亚人，763.3 万人"。从左上位置至右下位置，橙色圆圈标注"土耳其，155.8 万人"；红色圆圈标注"黎巴嫩，114.7 万人"；橘红色圆圈标注"约旦，62.3 万人"；棕色圆圈标注"伊拉克，23.4 万人"。在欧洲国家里，德国有 4.1 万人；瑞典有 3.42 万人；英国有 4600 人；法国有 2900 人；俄罗斯有 1900 人；西班牙有 1300 人；意大利有 1100 人；乌克兰有 300 人；爱尔兰有 170 人。在其他国家里，美国有 4800 人；巴西有 1700 人；韩国有 500 人。左下角写着"来源：联合国难民事务高级专员公署，联合国"

特里亚的难民正在重走 20 世纪 40 年代欧洲人走过的路线。这些难民穿过塞尔维亚北部边境的铁丝网，从这里，当年的匈牙利人曾逃离了铁托主义[43] 游击队的迫害。这些难民又乘卡车被偷运到奥地利，就像当年被从波兰带往巴勒斯坦的犹太人曾经历的那样。但在现在，难民是朝相反方向流动的，他们的目的地是德国。

　　2015 年 9 月初，一种欢迎这些难民的新情绪在西欧国家尤其是德国国内涌现。但是，中欧和东欧国家没有这样的热情。匈牙利总理 V.Orban 已成了自由欧洲的"黑色野兽"（bête noire）[44]，匈牙利正在边界上设立防范难民的铁丝网和隔离墙，像对待牲口那样对待涌入的难民，对他们漠不关心，使人联想起纳粹德国的集中营，或

43　铁托主义（Titoizam）是以南斯拉夫领导人铁托（M.Tito）命名的一种社会主义政治思想体系。它起源于第二次世界大战，这个时期，由铁托领导的南斯拉夫政府拒绝服从由莫斯科发布的命令，导致苏联和南斯拉夫在外交和政治经济路线上产生重大分歧。

44　"黑色野兽"（bête noire）是一本漫画集的名字，也是英国歌手 B.Ferry 在 1987 年 11 月出版的一部专辑的名字。

者 26 年东德人穿越匈牙利铁丝网逃离时[45]的情景。2015 年 9 月，捷克共和国的一项民意调查显示，有 71% 的人反对完全收留难民。

斯洛伐克以假如它必须完全收留难民、它宁愿不要穆斯林而闻名，这是一种受到该国右翼政客们附和的情绪，利用了公众对穆斯林的敌意，害怕欧洲无力吸纳他们。民粹主义者[46]说，移民们来寻求欧洲人的政治收益，不是来逃避迫害。荷兰的 G.Wilders[47] 把这些难民称为 "gelukszoekers"[48]（幸福的追求者）。与此同时，V.Orban 认为，"潮水般涌来的大多数难民" 是经济移民。毕竟，争论的焦点在于，逃离叙利亚的人大部分是从土耳其进入希腊的，在这些地方，他们没有受到肉体威胁。这是否确实意味着他们不是真正的难民？

这个观点是错误的。对这件事情来说，一个历史的巧合是，虽然土耳其是关于难民地位公约的签署国，但它没有准予叙利亚人作为难民待在土耳其的权利。土耳其是唯一一个在正式批准 1967 年公约修正案时保留原有地理限制的国家。因此，这个公约仅仅强制土耳其处理欧洲人提交的避难申请。更为普遍的是，这个公约的缔约国被强制让那些曾经提出避难申请的人在他们的避难申请被评估的时候待在这个国家，无论这些人是否通过其他国家来到这里，在这些国家里，他们可能面临或者没有面临迫害。20 世纪 70 年代，要求在美国避难的苏联犹太人没有简单地因为他们首先经过奥地利而遭到拒绝。

存在着例外。欧盟的都柏林（Dublin）[49]规则规定，在申请在欧洲国家、而不是他们首先进入的国家避难的人，应当被送回到他们首先进入的国家。然而，国际法承诺申请避难的人要被送到 "安全" 的国家，这些国家要提供平等的避难机会，但是，这并不意味着逃离叙利亚的难民能够被送回到中东，绝大多数叙利亚难民还待在中东（见图 1-35）。无论是黎巴嫩还是约旦，都不是这个公约的缔约国，虽然这两个国家接纳了比欧洲多得多的难民，目前，他们在这里都是不受欢迎的。

2014 年，黎巴嫩建立了一些 "扭扭捏捏" 的法律，要求 150 万叙利亚人承诺不去就业，或者去选择黎巴嫩的资助者，这意味着他们常常作为无报酬的劳工而遭受剥削。约旦有 62.9 万名叙利亚难民，他们主要生活在本地的社区里，约旦一直在加强对他们的限制，似乎是想把他们挤到难民营里去，或者迫使他们离开黎巴嫩。缺乏关于难民地位公约的保护，大部分在黎巴嫩和土耳其的叙利亚人不能合法地工作，生活在极度贫困之中。世界粮食计划署（World Food Programme）已经把它对

---

45 1989 年 5 月，匈牙利宣布匈奥边境自由通行，大批东德人通过匈牙利转道奥地利进入联邦德国。当年 10 月初，约 4 万名东德人以这种方式逃离了东德。

46 民粹主义（populism）是目前尚无明确定义的社会科学词汇。民粹主义的概念相对于精英主义而存在。支持精英主义的人认为，普通民众被煽动，容易从众，一般缺少知识，缺乏独立思考能力，容易受感情的影响，主张政治应该由少数精英（如贵族、官僚）或拥有特殊能力的个人来做出决策并加以实施，否则政治将陷入被动的局面，从而形成所谓的 "暴民政治"。支持民粹主义的人则主张实行彻底的直接民主，即所谓的 "草根民主"，认为政治精英们无论在现在还是在将来都只追求自身或小团体利益，腐化堕落，希望由普通民众直接决定国家的政治事务。

47 G.Wilders，生于 1963 年 9 月，荷兰政治家，荷兰自由党（Party for Freedom）的创始人和领袖。

48 荷兰语。

49 都柏林（Dublin）是爱尔兰共和国的首都，也是该国最大的城市，位于爱尔兰岛东岸中心点附近和利菲河（River Liffey）河口，面积 114.99 平方千米，2011 年人口为 52.54 万。由于很多高技术企业聚集于此，都柏林也有 "欧洲硅谷" 之称。

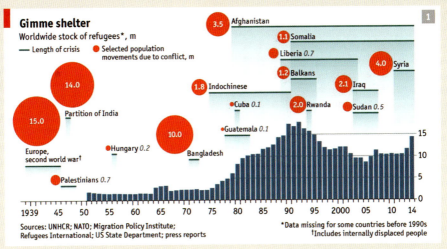

图 1-35　本图标题是"给我庇护所，全球范围内难民的存量，单位：百万"。在右下角，有难民的存量的注解：缺少 20 世纪 90 年代前一些国家的数据。图中蓝绿色线条表示"危机的时间长度"；红色圆点表示"挑选的因冲突引起的人口迁移，单位：百万"。从左到右，挑选的国家或地区和引发的人口迁移数量分别是"欧洲，第二次世界大战，1500 万"、"印巴分治，1400 万"、"巴勒斯坦，70 万"、"匈牙利，20 万"、"孟加拉国，1000 万"、"阿富汗，350 万"、"中南半岛，180 万"、"古巴，10 万"、"危地马拉，10 万"、"索马里，110 万"、"利比亚，70 万"、"巴尔干半岛，120 万"、"卢旺达，200 万"、"伊拉克，210 万"、"苏丹，50 万"和"叙利亚，400 万"。从图可看到，2014 年，全世界难民的存量接近 1500 万。左下角写着："来源，联合国难民事务高级专员公署，北大西洋公约组织，迁移政策研究所，国际难民组织，美国国务院，新闻报道"

最贫穷的叙利亚难民的援助减了半，每人每月仅给予 13.5 美元。在土耳其，库尔德叙利亚难民容易受到土耳其政府再次打击本国库尔德人[50]战争的影响。2015 年，来到欧洲的叙利亚难民人数急剧增加，不是因为叙利亚的国内战争比以往更加糟糕，虽然这场战争十分惨烈，而是因为周围国家的状况已变得令他们感到绝望。

　　尽管如此，一些不愿意接纳叙利亚难民的人继续认为新来的人并非"真正"的难民。假如是这样，欧盟国家的避难事务管理部门就大错特错了，它们确信正在审核的大部分避难申请书是真实的。对于提出避难申请的叙利亚移民，有 94% 的人，连同大量的厄立特里亚人、阿富汗人和伊拉克人，被各个欧洲国家准予避难（见图 1-36）。

一个不少于百分之一的解决方案

　　这并不是说没有经济移民试图进入欧盟国家。大多数由塞尔维亚人、阿尔巴尼亚人和科索沃人提交的避难申请都被驳回。许多撒哈拉以南地区的非洲人穿过地中海去意大利和马耳他，没有想表明他们遭受了迫害，而是希望一路上没有任何证明

50　库尔德人是西亚最古老的民族之一，在中东地区，是仅次于阿拉伯人、突厥人和波斯人的第四大民族，他们信奉伊斯兰教，多属逊尼派（Ahl al-Sunnah），讲库尔德语，总人口约为 3000 万。库尔德人的聚居地原先大部分由奥斯曼帝国（Ottoman Empire）所统治，在土耳其东南部有 1200 万库尔德人，在伊朗西部有 500 万库尔德人，在伊拉克北部有 320 万库尔德人，在叙利亚东北部有 150 万库尔德人，在高加索部分地区也居住着一些库尔德人。库尔德人是世界上唯一一个人口众多、却始终没有获得自决权的民族，因此，库尔德问题实际上是一个"无国家民族"的民族主义问题。

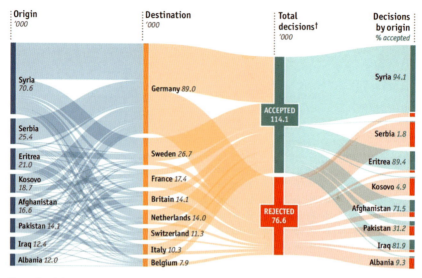

The ins and outs

European asylum applications and decisions, main origin and destination countries*
April 2014 - April 2015

图 1-36　本图标题是 "全部细节，欧洲避难申请和判决，主要的原住地国家和目的地国家，2014 年 4 月至 2015 年 4 月"。在右下角对原住地国家和目的地国家作了注解："占欧盟 28 个作出判决国家的 47%"。左侧蓝色方柱上端写着"原住国家"。从上至下，标注的国家分别是 "叙利亚，7.06 万人"；"塞尔维亚，2.54 万人"；"厄立特里亚，2.1 万人"；"科索沃，1.87 万人"；"阿富汗，1.66 万人"；"巴基斯坦，1.41 万人"；"伊拉克，1.24 万人"；"阿尔巴尼亚，1.2 万人"。橙色方柱上端写着"目的地国"。标注的国家依次是 "德国，8.9 万人"；"瑞典，2.67 万人"；"法国，1.74 万人"；"英国，1.41 万人"；"荷兰，1.4 万人"；"瑞士，1.13 万人"；"意大利，1.03 万人"；"比利时，7900 人"。第三列方柱上端写着 "总体判决人数"。绿色方柱标注 "接受，11.41 万人"；红色方柱标注 "拒绝，7.66 万人"。右侧方柱上端写着"各原住国的判决人数比例"。从上至下，标注的国家分别是 "叙利亚，94.1%"；"塞尔维亚，1.8%"；"厄立特里亚，89.4%"；"科索沃，4.9%"；"阿富汗，71.5%"；"巴基斯坦，31.2%"；"伊拉克，81.9%"；"阿尔巴尼亚，9.3%"。左下角写着 "来源：欧盟国家"

文件。欧洲作为一个紧挨着更加贫穷地方的富裕大陆，欧洲国家可以预计在未来数十年里会出现愈来愈多这样的人口迁徙。但是，这并不意味着欧洲国家可以忽视不断增长的、关于难民地位公约要求保护的难民流量。

人们原来担心几乎没有哪个移民会有难民资格证明，当这种担心变得毫无根据的时候，紧接着的担心可能是太多的移民将具有难民的资格，尤其在现在，德国已经摆出了欢迎的架势。在叙利亚的外面，有 400 万名难民。即使这些难民都来到欧盟国家，在一个超过 5 亿人口的 "俱乐部" 里，假如被均匀地分散开来，他们将等同于一次很小的人口变化。根据都柏林规则，希腊和意大利已经处理了一部分它们认为很不公平的寻求避难者，但是，就叙利亚人而言，德国已经把都柏林规则放在了一边，其余的欧盟国家正在研究一个配额体系，以使难民的分布更加均衡。然而，在欧洲大陆，15 年来，政治家们一致关注没有把穆斯林社区与当地融合在一起的问题，融合穆斯林的失败又促进了 M.Le Pen[51] 的法国国民阵线（National Front，NF）和 G.Wilders 的荷兰自由党（Party for Freedom）的发展，更多穆斯林社区的前景让许多人感到担心。

欧洲如何容易地吸收更多的穆斯林，主要取决于吸收工作是如何开展的。为了平息海滩上令人焦虑的事态，减少犯罪活动，各国政府往往限制向申请避难的人发放工作许可证，将他们安置在被隔离的难民中心里。这可能是最昂贵的、最没效率的方法。根据英国的一项研究，把寻求避难者安置在政府经营的中心里，不仅把他们与当地隔离开来，而且与把他们安置在当地社区里相比，花费了高得多的资金，大约是每人每天 100 欧元。让寻求避难者工作，假如他们在长期存在失业的地方能够找到工作的话，就可替代政府自身的开支，使得他们更快地学习当地的语言。这就是说，让寻求避难者工作花费了并不被均匀分摊的资金。德国人对移民劳动效应的研究表明，让寻求避难者工作，在提高具有互补技能的富裕工人们收入的同时，对本来工资很低的工人们造成了一定的伤害。

吸收难民的成功也取决于谁去吸收难民。至少从导致大批新教徒出逃的三十年战争[52] 以来，欧洲的单一民族国家一直在应对激烈的难民潮，自从欧洲出现了单一民族国家，情况就是如此。但是，美洲和大洋洲的移民国家往往做得更好一些，关于叙利亚难民危机的任何解决方案同样应当包含这些国家。

一种方式可能是越南"船民"危机[53]，它始于 20 世纪 70 年代后期，以与叙利亚人大流散非常相似的形式展现出来。最初，受控的移居国外风潮导致了邻国的抵制，也发生了调动西方公众情绪的不幸溺水死亡事件。因此，国际社会设立了难民营，用于处理和分配这些申请避难的人。有些人被遣返，同时，与越南达成的协议又让其他人合法地离开。约 130 万中南半岛难民最终去了美国，其他许多人去了澳大利亚、加拿大和法国，还有一些人去了欧洲的其他地方。

比起 1975 年最初逃离南越的人来，船民们更加缺乏技能，也更加缺乏对西方意识形态的认同。澳大利亚有着白人占绝大多数的殖民地人口，对它的民族认同很敏感，但是，在这里，越南移民成为最大的亚洲移民群体。然而，今天，就大多数人而言，越南船民在他们最终去的地方都是成功的。在美国，比起一般的移民来，

51　M.Le Pen，生于 1968 年 8 月，法国政治家，法国国民阵线主席。2011 年，法国国民阵线是法国第三大党，2014 年，成为法国最大的政党和主要政治力量之一。M.Le Pen 是一名职业律师，也是长期担任法国国民阵线领导人的 J.M.Le Pen 最小的女儿。

52　三十年战争（Thirty Years' War）是 1618 年至 1648 年期间由神圣罗马帝国（Heilige Römische Reich，全称为"德意志民族神圣罗马帝国"或"日耳曼民族神圣罗马帝国"，是在 962 年至 1806 年期间统治西欧和中欧的一个帝国）的内战演变而成的欧洲各国参与的一次大规模国际战争。这场战争以波希米亚人（Bohemia，波希米亚是中欧的古地名，位于现在的捷克中西部地区，历史上，这里是一个多民族地区，面积约 5.21 万平方千米）反抗奥地利哈布斯堡（Habsburg）皇室的统治为起端，最后以哈布斯堡皇室战败并签订《威斯特伐利亚和约》（Peace Treaty of Westphalia）为终点。这场战争使日耳曼各邦国的人口减少了约 60%，波美拉尼亚（Pomorze，波美拉尼亚是中欧的古地名，位于现在的德国和波兰北部，处于波罗的海的南岸，面积约 0.87 万平方千米）的人口减少了 65%，西里西亚（德文为 Schlesien，西里西亚也是中欧的古地名，现在绝大部分地区属于波兰，小部分属于捷克和德国）的人口减少了 25%。

53　越南船民危机（Vietnamese "boat people" crisis）指越南战争结束后，随着美军全面撤出南越、南越政府垮台和南越军队瓦解，大量南越人因害怕受到越南北方的报复和迫害，乘坐各种船舶逃离南越，逐渐形成了一场难民潮。越南船民曾大量涌入中国香港，自 20 世纪 70 年代后期至 2000 年 7 月，香港共计接收了约 20 万名越南船民，这给香港的经济和治安带来了沉重负担。

越南裔美国人有着更低的受教育程度和英语水平，但有着更高的收入水平和入籍率。

假如越南船民和叙利亚移民之间的类比是牵强的，这是因为在西方国家里，一个普遍的感觉是穆斯林移民比其他移民更有威胁。这种担忧不只是来自当地人和穆斯林之间的文化差异，而且来自穆斯林反西方情绪的发展。2015 年，发生在欧洲的恐怖主义袭击加剧了这样的担忧。

但是，每一次移民浪潮都伴随着恐惧。1709 年，西班牙王位继承的战争（War of the Spanish Succession）[54]，使得成千上万来自下萨克森（lower Saxony）[55] 的难民顺莱茵河（Rhine）而下，跨越北海，来到伦敦。这些被称为"贫困的帕拉丁"（Poor Palatines）[56] 的难民相信此后会获得去美国的免费旅程，但相反最终去了难民营。D.Defoe[57] 和其他辉格党人（Whigs）[58] 认为他们是逃离罗马天主教压迫的新教徒难民，应当被安置在英国，经过仔细检查发现来到这里的一半"帕拉丁"人是天主教徒，此时，这个主张遭到了攻击。同时，保守派人认为这些人是经济移民，是低技能的不受欢迎的人，将证明是"王冠"（Crown）[59] 上一个无穷尽的负担。最后，把这些人的一部分用船送到美国的投资者发现，他们在纽约州建起了德国小镇。

继续连接

虽然美国通常欢迎移民的到来，但它自身也曾有过心存疑虑的时期。19 世纪末，数百万来自南欧和东欧国家的人来到了美国[60]，激起了对"说英语竞赛"

---

54 西班牙王位继承的战争（War of the Spanish Succession）是在 1701 年至 1714 年期间因西班牙哈布斯堡王朝（Habsburg dynasty）绝嗣、王位空缺，法国的波旁（Bourbon）王室与奥地利的哈布斯堡王室为争夺西班牙王位而引发的一场战争，欧洲大部分国家卷入了这场战争。

55 现在，下萨克森（lower Saxony）是德国一个州的州名。下萨克森州位于德国的西北部，面积为 4.76 万平方千米，人口为 779.06 万。

56 帕拉丁（Palatine 或 Palatinus）指欧洲自古罗马时期起一种隶属帝国法庭或皇家法庭的高级别官员。这个词最早出现在古罗马时期，用来称呼皇帝的内臣，因为他们来自帕拉丁山（Palatine Hill）地区。在君士坦丁一世（Constantine I，生于公元 272 年，卒于公元 337 年，罗马帝国第 42 代皇帝）登位之后，帝国皇家卫队也以同样的原因被称为"Scholae Palatinae"。在欧洲的中世纪，这个头衔被用于帝国法庭之外的法庭，在罗马天主教会，高级别官员被称为"judices palatini"（直译为帕拉丁审判员）。后来，加洛林皇室（Carolingian dynasties）的墨洛温王朝（Merovingian）和神圣罗马帝国都设有"counts palatine"（直译法庭帕洛丁）职位。

57 D.Defoe，生于 1660 年 9 月，卒于 1731 年 4 月，英国小说家，新闻记者，因其代表性小说《鲁滨逊漂流记》（Robison Crusoe）而闻名于世。

58 辉格党（Whig）是英国历史上的一个政党。"Whigs"可能是"Whiggamores"（意为好斗的苏格兰长老会派教徒）一词的缩语。1679 年，因约克公爵詹姆斯（James）信奉天主教，英国议会就他是否有权继承王位的问题展开了激烈争论。一批议员反对他的王位继承权，被政敌们讥称为"Whigs"。

59 在英联邦王国（Commonwealth realms，指英联邦中共同拥戴同一位君主为国家元首的君主立宪独立国家，目前共有 16 个英联邦王国，它们的国家元首都是 Elizabeth II 女王，彼此互不隶属，构成世界上现存最大的一个共主邦联）、王冠属地（Crown dependencies，包括位于英吉利海峡的泽西岛、根西岛和位于爱尔兰海的马恩岛，它们各自是独立管理的司法管辖区，但不是主权国家）和英联邦王国任何一个省或国家的管辖区，在法律上，"王冠"（Crown）一词表示了国家的所有方面。

60 据统计，19 世纪 20 年代，来美国的外国移民数为 14.34 万人；30 年代为 59.91 万人；40 年代为 171.33 万人；50 年代为 259.82 万人；60 年代为 231.48 万人（南北战争期间）；70 年代为 281.22 万人；80 年代为 524.66 万人；90 年代为 368.76 万人。19 世纪 80 年代之前，外国移民大多数来自英国、爱尔兰、德国和斯堪的纳维亚，他们与美国人有着大致相同的语言和传统，其中许多人有着工厂工作经验和技能，因此，他们很容易适应美国的生活。自 80 年代起，来自东欧和南欧国家的移民大量增加，他们主要来自俄罗斯、波兰、罗马尼亚、希腊等地，许多人不会说英语，也很贫穷，只受过很少的教育甚至没有受过教育。

（English-speaking race）不能涵盖这部分人群的担忧。1945 年后，美国多年来一直拒绝接受任何来自东欧国家的难民，西弗吉尼亚州（West Virginia）参议员 C.Revercomb 警告说，接受来自东欧国家的难民将是"一个在我们中间带来那些充满共产主义思想的人的悲剧性错误"。这些担忧，就像今天对恐怖主义的担忧一样，并不是毫无根据的。19 世纪，在西方国家的一些东欧国家移民参与了无政府主义者[61]的恐怖主义活动；20 世纪，某些东欧国家移民为苏联从事间谍活动。但是，这些活动最终都没有成为大规模的问题。

然而，一方面，今天的叙利亚难民和移民确实与过去时代不同。许多人受过高等教育，有经济来源，有着已在欧洲的家庭成员或朋友网络，能够通过电话或"脸书"（Facebook）与其家庭成员或朋友保持联系。有些人在出走时制定着自己的计划，有些人有着条理清楚的战略。一句话，他们有代理。

2015 年 9 月 6 日，在奥地利村庄尼克尔斯道夫（Nickelsdorf）的火车站台上，W.al-Ubaid 站在那里，等待着开往德国城市基尔（Kiel）的火车。他在自己的手机上研究了基尔，说，"那么多叙利亚人现在都去慕尼黑和柏林。最好去没有多少叙利亚人的地方"。附近的 H.Serif 计划在德国找份工作，然后在位于法国的欧洲工商管理学院（Institut Européen d'Administration des Affaires，INSEAD）申请奖学金（他刚刚完成了一份市场营销计划，在出现被应征入伍风险的时候，他离开了大马士革（Damascus））。

数百万 H.Serif 的同胞仍然在土耳其、黎巴嫩和约旦等待，逐渐对自己在这些国家里的前景感到绝望。他们知道在关于难民地位公约框架下自己的权利，通过社会媒体，他们了解自己的朋友和家庭成员的成功和失败。他们中的许多人可能很快就会来到西方国家。欧洲国家有能力欢迎他们，在这个时候，在许多地方，欧洲国家也有这样做的意愿（见图 1-37）。面临的挑战是把这种热情和得体的冲动转变为使新来者安全的、富有成效的和可被接受的方案。（www.economist.com，原文标题是 *Strangers in strange lands*，2015 年 9 月 15 日下载。）

这是种族屠杀吗?

"我们在约兹加特（Yozgat）和开塞利（Kayseri）之间穿行，在所有的道路上，我们遇到的 80% 穆斯林（没有基督教徒留在这些地方）都穿着欧洲人的服装，带有他们个人已犯罪行的证据。赤脚的乡下男孩穿着体面的服装，男人们得意地戴着金链条和手表"，亚美尼亚东正教牧师 G.Balakian 这样写道。他目睹了 1915 年至

61　无政府主义（Anarchism）是一系列政治哲学思想和社会运动实践，其目的在于提升个人的自由，废除政府当局和所有的政府管理机构。对大多数无政府主义者来说，"无政府"并不表示混乱、虚无和道德沦丧的状态，而是一种由自由的个体自愿结合而建立的互助、自治、反独裁主义的"和谐"社会。在无政府主义者中，虽然有着反对国家的共同思想，但他们在其他政治议程上有着不同的立场，在通过武装斗争、还是以和平非暴力手段来建立无政府社会等重大问题上有分歧，在经济的观点上也有差异。

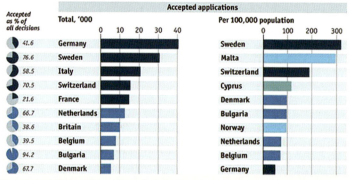

How much room at the inn?
European decisions on asylum applications*, 2014

Accepted applications

Accepted as % of all decisions	Total, '000		Per 100,000 population
41.6	Germany		Sweden
76.6	Sweden		Malta
58.5	Italy		Switzerland
70.5	Switzerland		Cyprus
21.6	France		Denmark
66.7	Netherlands		Bulgaria
38.6	Britain		Norway
39.5	Belgium		Netherlands
94.2	Bulgaria		Belgium
67.7	Denmark		Germany

图 1-37　本图标题是"在这个小旅馆里有多少间房间？欧洲国家对避难申请的判决，2014 年"。标题下方的灰色方框里写着"被接受的申请"。下分两列，左列写着"总数，单位：千人"；右列写着"每 10 万人（被接受的申请数）"。最左侧写着"被接受的申请数占全部判决数的比例"。从上至下，左列列出的国家是"德国"、"瑞典"、"意大利"、"瑞士"、"法国"、"荷兰"、"英国"、"比利时"、"保加利亚"和"丹麦"；右列列出的国家是"瑞典"、"马耳他"、"瑞士"、"塞浦路斯"、"丹麦"、"保加利亚"、"挪威"、"荷兰"、"比利时"和"德国"

图 1-38　手持遇害者肖像的亚美尼亚人聚会，纪念发生在 1915 年 4 月的针对亚美尼亚人的种族屠杀

1916 年期间奥斯曼（Ottoman）军队对他的同胞大规模屠杀[62]的后果。1915 年 4 月 24 日，约 20 名亚美尼亚知识分子在伊斯坦布尔（Istanbul）遭到拘捕，绝大部分人后来被杀害了。但是，随着这个事件 100 周年纪念的到来，紧随其后的依然是激烈的争议（见图 1-38）。

土耳其声称，大约 50 万亚美尼亚人在去叙利亚沙漠的途中死于饥饿和疾病（见图 1-39）。土耳其说，这些亚美尼亚人被驱逐出境，因为在第一次世界大战期间，亚美尼亚革命者联合俄罗斯反对土耳其。幸存者和他们分散在各地的后代声称死亡人数高达 150 万人，坚持认为这些人的死亡主要是有意被害，而不是一次长途迁移的令人遗憾的副作用，希望这个事件被认定为种族屠杀。越来越多的学者和政府同意使用"种族屠杀"这个词。但是，土耳

62　早在 4 世纪初（公元 301 年），亚美尼亚就将基督教视为国家的官方宗教，其绝大部分国民信奉基督教，但因其周围被伊斯兰教国家包围，再加上与邻国之间存在国界争议，成为高加索地区动荡不安的火药库地带。在之后的 1000 多年里，亚美尼亚一直以独立国家的形态存在，没有因罗马人、波斯人与蒙古人的入侵而消失。16 世纪中期，原本拥有大面积国土的亚美尼亚被伊朗和奥斯曼帝国瓜分。1805 年至 1828 年期间，东亚美尼亚地区被并入俄国，西亚美尼亚地区依然被土耳其人控制。在奥斯曼帝国统治下，信仰基督教的亚美尼亚人长期沦为二等公民，不断遭到奥斯曼帝国当局的迫害和屠杀。第一次世界大战期间，成千上万亚美尼亚人惨遭奥斯曼帝国当局屠杀，数以万计的亚美尼亚人被迫流亡海外。1920 年，亚美尼亚苏维埃社会主义共和国成立，1922 年，亚美尼亚加入外高加索联邦苏维埃社会主义共和国，成为苏联加盟共和国下属的自治共和国，1936 年，成为苏联直辖的加盟共和国。1991 年苏联解体，亚美尼亚独立。

40

其人正在发起一场强有力的反击运动。一名土耳其外交官愤怒地说，"我拒绝让我的祖先被等同于希特勒"。

在土耳其，与官方说法不一致可被解释为犯罪，并带来其他风险。H.Dink 是一位勇敢的亚美尼亚血统土耳其报纸编辑。2007 年，在他披露现代土耳其的创始人 K.Ataturk 的养女 S.Gokcen 是一名亚美尼亚人、在这场种族屠杀期间成为孤

图 1-39 迁移中的亚美尼亚儿童

儿之后，H.Dink 被一名民族主义青年枪杀了。越来越多的证据表明，无赖的土耳其安全官员精心策划了这次谋杀。

暗杀 H.Dink 的犯罪证明是一个出人意料的转折点。超过 10 万人出席了他的葬礼，其中许多人此前可能从未听到过他的名字。拒不承认的"坚墙"开始倒塌。收录亚美尼亚人忍受的恐惧的书籍，例如 G.Balakian 的侄孙 P.Balakian 写的《命运的黑狗》（*Black Dog of Fate*）等，目前在土耳其都可购得。土耳其政府开始交还被没收的亚美尼亚教堂财产，尽管速度很缓慢。2014 年，R.T.Erdogan 总统成为第一位承认在奥斯曼帝国统治下亚美尼亚人遭受苦难的土耳其领导人，他对此表示慰问。三个最大的政党，包括 R.T.Erdogan 先生自己的正义和发展党（Justice and Development Party，AK）为了在 2015 年 6 月选举中赢得的席位，第一次选派亚美尼亚族候选人。

土耳其库尔德人（Kurdish）领导人已经为库尔德人在这次大屠杀中扮演的角色正式道歉。在库尔德人为主的迪亚巴克尔（Diyarbakir）省里，苏尔（Sur）地区正在提供免费的亚美尼亚语课程，在这个省份，亚美尼亚人曾经占人口的一半。在邻近的舍尔纳克（Sirnak）省里，一些"隐藏"的亚美尼亚人和其他当地人，包括基督教徒和穆斯林一起庆祝了 2015 年的复活节，这些亚美尼亚人的祖先为避免被杀而皈依了伊斯兰教。

无论是在亚美尼亚还是在海外亚美尼亚人中，长期积累的抱怨始于向对"原来的国家"感到好奇所作出的妥协，亚美尼亚近一半的人口是奥斯曼帝国亚美尼亚人的后裔。数百人为大屠杀发生 100 周年的纪念活动来到了伊斯坦布尔和迪亚巴克尔省。K.Mouradian 是出生在黎巴嫩的亚美尼亚裔人，现居住在美国，他为散居在世界各地的亚美尼亚人组织了去"西亚美尼亚"（Western Armenia）的瞻仰之旅，亚美尼亚人把东土耳其地区称为"西亚美尼亚"。他们带着长期看护的手绘地图，寻找祖先的家园，在被毁坏的修道院里为祖先的灵魂祈祷。

但是，对大屠杀事件的"解冻"仅到这里为止。在过去几年里，土耳其纪念了 1915 年 4 月 25 日盟军在加里波利（Gallipoli）的登陆[63]。2015 年，纪念活动被挪到

63　加里波利之战（Battle of Gallipoli）又称达达尼尔战役（Dardanelles Campaign），在土耳其此战又被称为恰纳卡莱之战（Çanakkale Savaşlari）。这是第一次世界大战期间在土耳其加里波利（Gelibolu）半岛进行的一场战役，它始于英国和法国的一次海军行动，目的是强行闯入达达尼尔海峡，打通博斯普鲁斯海峡，然后占领奥斯曼帝国首都伊斯坦布尔。协约国方面先后有 50 万名士兵远渡重洋来到加里波利半岛，经近 11 个月的战斗之后，约有 71 985 人死亡，96 937 人受伤。

4月24日，有人说是为了转移对纪念亚美尼亚大屠杀100周年的注意力。计划在日内瓦（Geneva）标记亚美尼亚（大屠杀）100周年的一个艺术展品已遭到瑞士政府的阻止，内部人士说，这是因为瑞士政府受到了土耳其政府的压力。

在叙利亚，土耳其被指责站在伊斯兰叛军的一边，甚至帮助他们占领了包括卡巴尼（Kobane）和主要居住亚美尼亚人的边境城镇卡萨布（Kassab）在内的叙利亚城镇，这些城镇是在2014年3月落入伊斯兰叛军之手的。卡萨布后来重新由叙利亚B.Assad政权控制，居民被允许返回这里。但是，这个事件复苏了对1916年最后的暴力行动的痛苦回忆，那个时候，暂时居住在叙利亚代尔祖尔（Deir ez-Zor）这个沙漠省份的成千上万名亚美尼亚人惨遭屠杀。愈合这样深深的创伤，仅有慰问是不够的（见图1-40）。（www.economist.com，原文标题是 *Was it genocide?* 2015年4月18日下载。）

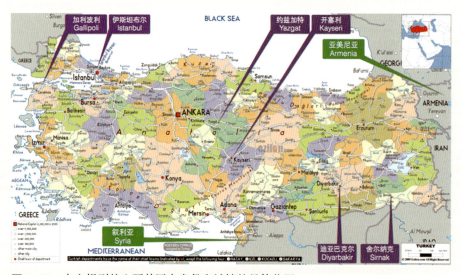

图1-40　本文提到的土耳其国内省份和城镇的具体位置

红色高棉的伤痕：柬埔寨如何从一场种族屠杀中愈合

在金边的一个电视演播室舞台上，柬埔寨裔美国人 Ly Sivhong 正在向全神贯注的听众讲述一个令人悲伤但熟悉的故事（见图1-41）。

1975年4月17日，也就是40年前的今天，Ly熟悉的生活被打碎了，这一天，她居住的城市——柬埔寨首都金边落入了实施种族屠杀的红色高棉政权手中（见图1-42）。此时，Ly只有13岁，她被迫与母亲和两个姐姐分开，她们和几乎整个金边的约200万人一起，在一场急行军中被送到农村劳动。

Ly再没见到她的母亲和两个姐姐，也没有听到她们发生了什么事情。但是，根据战争罪行公诉人的说法，在这次枪口下的大规模人员迁移过程中，约20 000人被处决，或因饥饿、疲惫而死亡，其他人在农村营地里从事奴隶般的劳动，在这些农村营地里，许多人面临着相同的命运。

城市疏散标志着红色高棉的社会工程革命计划的第一阶段。这个革命计划试图

图 1-41　柬埔寨裔美国人 Ly Sivhong 与她的母亲再次相见，数十年来，她一直以为她的母亲已被杀害了

图 1-42　1975 年 4 月 17 日，随着柬埔寨落入红色高棉控制，身穿黑色制服、手持自动武器的红色高棉游击队战士驾车进入金边市内

建立一个新的秩序：没有货币，没有家庭关系，没有宗教，没有教育，没有财产，没有外国的影响。这个革命计划旨在创造一个农业乌托邦，在接下来的 4 年里，取而代之的，它将证明是现代社会一次最严重的种族屠杀，导致至少 170 万人死亡，约占柬埔寨人口的四分之一（见图 1-43 和图 1-44）。

图 1-43　1975 年 4 月 17 日，在红色高棉进入金边后，一位妇女在家人尸体旁哭泣

图 1-44　1975 年至 1979 年，红色高棉控制了柬埔寨，在这个野蛮的政权统治下，至少有 170 万被杀害。图为 1979 年被打开的集体墓穴

失去家庭

　　Ly 及她的父亲和其他 4 位兄弟姐妹留在了金边，在 1979 年 Ly 的父亲在她的眼前被射杀之前，其中 3 人后来死于饥饿和疾病。父亲被杀害促使 Ly 离开了她唯一剩下的亲人、最小的妹妹 Bo，Bo 由当地的一对夫妻照看。Ly 踏上了自己的人生历程，来到了一个难民营，最后去了美国。30 多年来，Ly 一直想知道她的小妹妹发生了什么事情。"我想她是唯一幸存的家庭成员"，Ly 含着眼泪说道。

　　当 Ly 结束她的故事的时候，导演将一位妇女引到台上。她就是 Bo。Ly 与妹妹相拥而泣。Ly 说，"我那么想你"。Bo 告诉 Ly，"我一直在找你"。

孤儿之地

　　自 5 年前播出以来，名为《这不是梦》（*It's Not a Dream*）的电视节目已使得 54 个被这场种族屠杀拆散的柬埔寨家庭重新团聚。已有 1500 多人寻求帮助。这个系列电视节目只是一个遭受创伤的柬埔寨社会开始承担思考历史的忧虑和痛苦方式的例子。Theary Seng 是一名人权律师，其父母被红色高棉政权杀害，作为一名难民去了美国，在成年后返回她的祖国之前，她说，"在现代柬埔寨中，红色高棉的伤疤是非常深的，是可体验的，也是实际存在的"。她把柬埔寨描绘成"孤儿之地"（见图1-45）。

在红色高棉在1979年1月被得到苏联支持的越南军队赶出金边之后的数十年里，红色高棉政权的罪行很少被人提及，更别说为受害者寻求赔偿的努力了（见图1-46）。专家们说，在很大程度上，这是因为人们仍然感到害怕。

图1-45 2009年，在位于柬埔寨干丹省的一个佛塔里，僧人正在放置红色高棉受害者的颅骨和肢骨

图1-46 2011年11月17日，在位于金边的图斯棱（Tuol Sleng）种族屠杀博物馆里，一名柬埔寨妇女注视着受害者的肖像

恐惧依然存在

红色高棉并没有被越南人的入侵消灭，而是在而后的20年里继续存在。在1979年逃离金边之后，红色高棉领导人Pol Pot及其支持者在柬埔寨西部建立了堡垒。他们继续作为一支叛乱的游击部队，并且成了流亡政府，在1990年之前，它被联合国承认为柬埔寨的唯一合法代表。

Krisna Uk是高棉研究中心的执行主任，他说，"在许多村庄，数十年来，人们一直同时与两方的屠夫们生活在一起"。C.Etcheson是乔治梅森大学（George Mason University）冲突分析和解决学院（School for Conflict Analysis and Resolution）的一位柬埔寨问题专家，他说，"多年来，甚至在谈及红色高棉上存在着一种虚幻的禁忌，仿佛最合适的话是……一种邪恶的东西潜伏在每个房间的角落里"。

如何愈合？

沉默也归因于这样一个事实：以Theary Seng的话说，柬埔寨人"缺乏治疗和愈合的词汇"去处理一个人犯下的大量反社会罪行。红色高棉在"零年"（Year Zero）重启社会的企图涉及灭绝柬埔寨受教育阶层的集中行动，这个阶层是医生、律师、会计师、工程师、商人和神职人员。C.Etcheson说，"近两代年轻的柬埔寨人是在更多地学习如何杀人中长大的，当这是最后一次重建柬埔寨的时候，实际上不存在能使这个国家再次自我振兴的力量"。

Krisna Uk说，即使在今天，在高中学习的年轻柬埔寨人也没有被教授关于种族屠杀的事情。在这个贫穷的国家里，尽管2015年它预期有7%的经济增长，但仍是亚洲最贫困国家之一，绝大多数青年人似乎专注于朝前走，而不是向后看。她补充道，一些人甚至怀疑红色高棉的罪行，即这个"杀人场"的系统大屠杀是否确实发生过。

柬埔寨的"纽伦堡"

Theary Seng 说，讨论、纠正和愈合种族屠杀伤痕的空间仅仅在过去的十年里才开始呈现，这个时期，审判红色高棉的法庭建立起来。柬埔寨法院特别法庭（Extraordinary Chambers in the Courts of Cambodia，ECCC）建立于 2006 年，是一个使用柬埔寨和其他国家法官和雇员的"混合法庭"，调查红色高棉的反人类罪行，将主要的当政人物绳之以法。

特别法庭计划成为纽伦堡审判在东南亚的翻版，迄今已花费了 2.32 亿美元，初步得到了广泛的支持。Theary Seng 说。"我们对这次诉讼给予极大希望。国际社会的参与提高了民众对谈论红色高棉罪行的宽慰程度"。

但是，诉讼的步骤让人觉得似乎过于刻板，使得战争罪行嫌犯更加年迈，有两名嫌犯在面临审判中死亡。另一名嫌犯被裁定因精神原因不适宜接受审判（红色高棉最高领导人 Pol Pot 于 1998 年死亡（见图 1-47），从未面临过指控）。加上对来自柬埔寨政府的政治干预持续不断的指控，这已使人们对特别法庭的态度恶化了。在这场诉讼中，Theary Seng 曾作为一名民事诉讼当事人出现，现在，他认为这场诉讼是虚伪的。对许多受害者来说，起诉的嫌犯太少了，这场诉讼来得太晚了。

图 1-47 这张没有标明日期的照片可能是在 1989 年拍摄的，显示了红色高棉领导人 Pol Pot。在 1998 年去世时，Pol Pot 遭到了软禁，但他从未因其政权下发生的屠杀而面临指控

三项判决

在审理的第一个案子里，臭名昭著的 Tuol Sleng 监狱的指挥官，也被称为"Duch 同志"的 Kaing Guek Eav，因战争罪、反人类罪、谋杀罪和酷刑被判终身监禁，在这所监狱里，有超过 14 000 人被杀害。

图 1-48 2014 年 8 月 7 日，在红色高棉第二号人物 Nuon Chea 和红色高棉国家领导人 Khieu Samphan 的审判中，柬埔寨和其他国家的新闻记者观看法庭判决的实况电视转播

另外的判决是在 2014 年 8 月作出的，特别法庭判处红色高棉第二号人物 Nuon Chea 和第四号人物 Khieu Samphan 终身监禁。这两个人对判决提出了上诉。

在一个独立的案子里（见图 1-48），Nuon Chea（见图 1-49）和 Khieu Samphan（见图 1-50）因反人类罪和种族屠杀的附加指控而受审。柬埔寨法院特别法庭（ECCC）发言人 Lars Olsen 说，证据预期将被继续受理，直至 2016 年。

图 1-49　Nuon Chea 被认为是红色高棉的第二号人物，是红色高棉领导人 Pol Pot 的左膀右臂。这是 2011 年 Nuon Chea 在法院（受审）的照片

图 1-50　2014 年 8 月 7 日，金边，在柬埔寨法院特别法庭（ECCC）的审判中，电视镜头中的柬埔寨人 Khieu Samphan。他 和 Nuon Chea 被确定犯有反人类罪，被判处终身监禁

被称为 003 和 004 的两个更进一步且高度争议的案子目前也处在调查之中。2015 年 3 月，涉及这些案子的 3 个人被起诉，他们分别是红色高棉海军司令 Meas Muth，被指控负责一个劳改营的战区司令 Im Chaem，被指控在拘留营监督大屠杀的原警官 Ao An。其他两个嫌犯也在被调查。

"不完善的大船"

Hun Sen 总理是柬埔寨在位数十年的铁腕领导人，一直是 003 案子和 004 案子的直言不讳的反对者，声称追查这些案子可能把柬埔寨推向内战。Hun Sen 本人是红色高棉的一名营长，叛逃到越南方面，他的政治干预被像 Theary Seng 那样的批评者看作一种保护政治盟友不受特别法庭起诉的企图。

其他人更加宽容特别法庭的缺点。C.Etcheson 曾是法庭的一名调查者，认为对伸张正义来说，法庭是一艘"不完善的大船"，但是，他说，柬埔寨领导人必须在两件紧迫事情之间找到折中的办法，一件事情是为受害者伸张正义，另一件事情是完成红色高棉重新融入社会。他说，法庭审判的最重要方面是发生在法庭外面的事情，这就是它在柬埔寨社会中触发了变化。"在这个方面，诉讼……很可能取得超出任何人希望的更大成功"。

"种族屠杀回忆录"

毫无疑问，今天的柬埔寨已经克服了谈论种族屠杀的恐惧，在某种程度上，甚至罪犯们也有勇气发表他们的意见。Krisna Uk 说，柬埔寨已出现一波红色高棉回忆录的热潮，这些回忆录是由那些希望在死前说明他们案子的红色高棉干部撰写的。她说，"有许多人想告诉这个世界，他们长期被革命的宏伟思想愚弄了，这场革命衰亡了"。

红色高棉第四号人物 Khieu Samphan 在审判前发表了这样一部回忆录，与此同时，2013 年，接受过索邦（Sorbonne）大学教育的红色高棉政权外交官 Sikoeun Suong 在法国发表了《红色高棉知识分子的历程》（*Journey of a Khmer Rouge Intellectual*）。2014 年，他告诉来自法国《世界报》（*Le Monde*）的采访者，他认为红色高棉独裁者 Pol Pot 为柬埔寨开出的"药方"是合理的，"我依然相信，Pol

Pot 对柬埔寨社会经济状况作出的马克思主义分析是正确的，柬埔寨是一个贫穷和人口稀少的国家"。

苦乐参半的重新团聚

对幸存者来说，这些为罪犯不受惩罚作出的自私自利理由必然是难以接受的。但是，对他们中的一些人来说，柬埔寨至少公开了有关种族屠杀的历史，终于带来了一些愈合红色高棉伤痕然而是苦乐参半的希望。

在《这不是梦》电视节目的舞台上，当 Ly 拥抱她长期失去联系妹妹的时候，一个年岁更大的妇女的镜头出现在屏幕上。节目主持人问道，"你认识屏幕上这个人吗？" Ly 说，"认识，她是我的母亲！"

片刻之后，77 岁的 Te Souymoy 被带到舞台上。Te 问道，"你们两个人都到哪里去啦？我总是担心你们两个人"。Ly 说道，"我以为你已去世了"。然后，这三个妇女相互拥抱，痛哭流涕。年迈的 Te 说道，"对我们来说，这是非常痛苦的事情"。（www.cnn.com，原文标题是 *Scars of the Khmer Rouge: How Cambodia is healing from a genocide*，2015 年 4 月 18 日下载。）

寻求关于母亲的真相

在我 16 个月大的时候，我的母亲投身战争（见图 1-51）。我母亲名为 X.Q.Duong，是越南北方第一位女性战地记者，但是，在一个有 300 万人死亡的国家里，这是人们熟悉的故事：我的母亲从未回家。我们仍在寻找她。

我母亲确定去战场是证明自己是一名记者的时候，才 27 岁。她寻求来自家庭的赞同，恳求她的父亲签署文件，让她去报道越南战争。她告诉她的父亲，这是自己一生的机会，是见证历史进程的机会。

图 1-51　在我 16 个月大的时候，母亲离开了我，去了越南南方

图 1-52　在由超过 100 名作家、艺术家、音乐家和摄影师组成的队伍里，我的母亲是唯一一名女性

她选择去越南中部，这里因是越南战争最激烈的战场而闻名。她充满了活力和决心，离开了河内（Hanoi），沿着胡志明小道（Ho Chi Minh trail）步行前进，胡志明小道是北方用来向南方运送物质和部队的热带丛林和山区道路网络。那时，一支由超过 100 名作家、艺术家、音乐家和摄影师组成的队伍行进在胡志明小道上，我母亲是其中唯一一名女性（见图 1-52）。她背着自己的食物、夜间睡觉用吊床和其

他个人用品，背包的重量就是她背得动的重量。

她花了两个月时间，到达了位于岘港（Da Nang）[64] 西山越共抵抗组织控制地区的作家营地（见图1-53）。在这里，她与我的父亲重新团聚，我的父亲也是一名记者，一年前，父亲就离家来报道战争。然而，父母亲没有长期在一起，他们被分配在不同的单位，参加不同的战斗。

此后，1969年春天的一个晚上，我母亲失踪了。在一次战斗中，她所在的越共游击小组被与美军一起作战的韩国海军陆战队截住。韩国海军陆战队开了火，我母亲倒在了一名越共游击队员的脚下，然后，这名游击队员向韩国军人扔出了一颗手榴弹，把他们驱离。游击队员们成功逃脱了，但因觉得我母亲已经死亡而将她留在了原地。我母亲再也没有被人看到。

图1-53 经过两个月的行军，我母亲来到了岘港附近的越共营地

战争结束至今已有40年了，但是，我母亲仍然没有被找到。我母亲的故事，探寻她所发生的事情，寻找她的遗体，一直是我的家庭陷入极度痛苦的原因。多年来，我们一次又一次来到了这个地方。今年[65]，我返回越南的旅程也是我继续寻找母亲努力的一部分。为了得到有关信息，我联系了美国和韩国的退伍军人团体，他们已承诺尽力帮助我们。我们甚至聘用了"有先知先觉"的人，希望他们能够告诉我们一些事情。在当地农民的帮助下，我们用手工挖掘了整个地方。找到的所有东西是一个纽扣和一个发夹，这两件物品可能是我母亲的，也可能不是我母亲的。

在当地村民们的帮助下，我们在母亲最后被人看到的地方竖起了一块石头，以怀念她（见图1-54）。我们从岘港的马波尔山（Marble Mountains）取了这块石头，马波尔山是战时越共游击队控制的地区，现在是个旅游点。这块石头给我们带来安慰，我们知道母亲的灵魂现已在某个地方安息。但是，我们仍然有许多问题。每次我打电话回家的时候，我们都会谈论母亲的事情。

在这个国家，几乎没有一个家庭不受到"抗击美国的战争"伤害，几乎所有的家庭仍然在为这场冲突中失去的亲人感到悲伤。在越南，我们敬重自己的祖先。在这个有着9000万人口的国家里，几乎每个家庭都有一个祭坛，为父母、祖父母和其他已经去世的

图1-54 我们从岘港的马波尔山取了一块石头，竖在母亲最后被人看见的地方，以怀念她

---

64 岘港（Da Nang）位于越南中部、古都顺化的附近，是越南第四大城市。

65 指2015年。

人祈祷。这个习俗从未真正消失。

在母亲去世许多年之后，我的家里人把她的日记的复印件交给了我，这本日记是母亲随那个越共游击小组去战场之前留给父亲的。我震惊地了解到母亲每天都给我写信（见图1-55）。

在一篇日记里，母亲描述了她如何在美军对胡志明小道的一次轰炸里幸存下来，这次轰炸导致在她前面和后面的许多越南北方士兵死亡。母亲写道，把我留在家里去报道战争，是她做出的最为艰难的决定。母亲谈到了对死亡的恐惧，谈到了对不能够带我成长引起的担忧。这种想法在

图1-55 在战场上，母亲每天都在给我写信

母亲的脑海里是如此强烈，以致她承诺报道完这次战斗之后就回家，母亲是抱着这个想法失去了自己的生命的。

在另一篇日记里，母亲详细描述了她如何在热带丛林里庆祝我的第二个生日。她写道，"致我最亲爱的女儿，小丽（little Ly，音译）。我的小家伙，今天是我在这里的一个美好日子。在许多天下雨之后，阳光明媚，如此清新和强烈。你的生日一定是美好的。但是，我可怜的小家伙，你不能在你特殊的日子里从我这里得到生日礼物，得到糖果和新衣服。当我想你的时候，我的心都碎了"。

在母亲写下这些话的6年之后，在1975年4月30日，也就是在南方最终落入北方军队之手的日子里，我的家庭经历了欢乐和悲伤。在北方，作为少年先锋队的一名

图1-56 这是我和父亲和母亲在一起的唯一一张照片

成员，我在河内的街道上行进，把头抬得高高的，舞动着自制的旗帜，唱着革命歌曲。几天之前，父亲在离开我们几年之后从战场回到了家里，最终确认母亲死亡的消息。虽然母亲的死亡一直受到怀疑，但我的祖母颤抖着，迅速抓住一个橱柜的侧边，这是她能够找到的最近的支撑物。祖母沉默着，长时间站在那里。我站在祖母的旁边，紧紧抓住祖母的手，惝恍迷离。从我记事以来，这是我第一次见到父亲（见图1-56）。全家人都不知道我们有怎样的感受，是悲伤，还是高兴。晚上，我们哀悼母亲的去世。在阳光下，我们欢笑，在黑夜里，我们哭泣。这些日子就是这样度过的。

在而后的几天里，我们放下了悲伤，庆祝父亲回家和战争的结束。我家族的一位成员是全家为之自豪的谈论话题，他曾是越南北方代表团的成员，参加了1973年结束这场战争的《巴黎和平协定》[66]谈判。我们也对与生活在南方的另一半家庭成员团聚感到高兴。

---

66 《巴黎和平协定》（*the Paris Peace Accords*）是越南共和国（南越）、美国、越南民主共和国（越南北方）及越南南方民族解放阵线（又称越共）于1973年在巴黎签订的一个和平协议。协定的目的是停止越南战争。协议终止了美国的直接参战，达成临时停火，其内容包括在协定签订后的80日内释放战俘、由国际控制及监察委员会监察双方停火、南越举行自由和民主的选举、美国军队从南越撤出和最终实现两越的统一。

但是，在相隔 1500 千米的西贡（Saigon）、现在的胡志明市（Ho Chi Minh City），我家族成员中的一位南方陆军中校被北方军队带走。在接下来的 13 年里，他一直待在一个再教育营地里。另一位在南方军队医院中做医生的家族成员也在一个营地里服役了 4 年，救治那些曾与北方军队作战的士兵。但是，一位亲戚设法穿过了疯狂的人群，登上了去美国的船只，离开了越南。在南方更多的家族成员担心来自北方的报复，乘船或乘飞机离开了越南。后来，他们定居在美国、加拿大、法国和比利时。40 年后，他们中的一些人仍然拒绝回越南。他们说，"我们不想打开旧的伤口，再次受到伤害"。

今天，在家族成员的聚会上，我们避免提及这场战争。我们依然深深地知道，来自某些人的美好记忆可能导致另一些人的痛苦。我们仍然彼此分为"南下的人"和"北上的人"。一部分人把这场战争称为"越南战争"，另一部分人把它称为"抗击美国的战争"。

我们都幸存下来了，而我的母亲得到了人们的铭记。不久前，我发现在岘港市内一条以她名字命名的街道，这条街道就在以我的祖父和其他 3 位家族成员名字命名的那些道路附近。母亲的家庭是为人熟知的。20 世纪 30 年代，在法国统治期间，我的外祖父是越南议会的议员。他也是一些报纸和杂志的创刊人和编辑，其中一些报纸和杂志被法国人封闭，因为它们毫不隐讳反对法国的殖民统治。外祖父的姐姐是反对法国统治的国家独立运动成员。1945 年，当胡志明在地处河内市中心的一个广场上公开宣布越南独立的时候，我家族的一位成员升起了国旗。另一位家族成员则是《越南之声》（*Voice of Vietnam*）的首位女播音员。

我们几乎每天都在思念母亲。我仍然没有放弃希望，有一天，我们将找到她最后的安息之地，找到她的遗体，真正知道她所发生的事情。（www.bbc.com，原文标题是 *Searching for the truth about my mother*，2015 年 4 月 30 日下载。）

▌他们是地球上最受迫害的人？

当 Arkan 注视着一群人用砖猛击父亲头部、用刀砍杀父亲的时候，他才 12 岁。Arkan 一家人正从一个清真寺步行回家，他们的村子位于缅甸最西部省份——若开邦（Rakhine）。这个清真寺就在村子的附近，一群暴徒扔着石头，挡住了 Arkan 一家人的去路。佛教徒邻居们一直命令 Arkan 一家人停止信奉伊斯兰教。对 Arkan 父亲的杀戮是对这家人不放弃信仰的一个惩罚。

现在，Arkan 已经 18 岁了，生活在位于马来西亚首都吉隆坡郊外一个建筑工地的集装箱里。他与另外 7 位罗辛亚族人（Rohingyas）同住在这个集装箱里，这些难民都来自缅甸，属于生活在沿一条泥泞小道堆成两层高的集装箱中的数百名移民的一部分。白天，他们赚比建造公寓大楼的最低工资还少一点的钱，而这些公寓楼的半成品框架已赫然出现在园区里。晚上，他们能够从停在外面的流动摊贩那里买些食品和衣服。他们住的集装箱灯火通明，相当干净，但空气中弥漫着污水的臭味。

Arkan 冒了很大风险才来到马来西亚。一年多点以前，他登上了一艘人贩子在孟加拉湾里跑运输的船（见图 1-57），也不知道随后会发生什么事情。他们去了泰国，12

50

天的航程，没有充分的食物和水，偶尔还受到船员们的殴打。Arkan 相信，在乘坐两艘船起航的 1100 人中，至少有 4 人因疾病或暴力行为而在航行中死亡。他看到一个男人疯了似的跳入大海。当他抵达岸边时，人贩子把他关进一个热带雨林营地里，直至他的一位亲戚向人贩子支付了 6000 林吉特（ringgit，马来西亚货币，6000 林吉特合 1600 美元）。Arkan 走了一个月，翻过了沿着边界的铁丝网，才到达马来西亚。

图 1-57　生活在缅甸西部的罗辛亚族人也许是地球上最受迫害的人群。许多瘦弱的罗辛亚人挤在人贩子锈迹斑斑的旧船里逃离缅甸，跨海去马来西亚、印度尼西亚、泰国等周边国家

　　Arkan 的室友、一位名叫 Ashan 的 20 岁罗辛亚族人，叙述了一个类似的故事。在他 9 岁那年的一天，他的父亲和兄长去一个清真寺做礼拜，这个清真寺在他们位于若开邦的家附近。父亲和兄长再也没有回来。18 个月以前，暴徒纵火焚烧了村里的房子。他和其他许多人游过一条河来到孟加拉国，逃离了这个地方。人贩子在河的另一边等着，强行把他捆绑在船里。Ashan 说，在接下来的几个星期里，在他一起逃离的 200 个或者更多的人中，有八九个人死了。绑架 Ashan 的人对他没有安排任何人为其通行支付钱感到愤怒，威胁要杀了他，最后，与他一起从村里逃出来的人凑齐了 3500 林吉特，才赎回了他的自由。

　　罗辛亚族常被称为世界上最受迫害的少数民族，在缅甸，或者在其他国家，他们都无法取得公民权（在缅甸的若开邦，生活着 110 万罗辛亚族人）。Arkan 和 Ashan 是人数不断增多的摆脱迫害的罗辛亚族人中的两个，罗辛亚族人逃离缅甸，去了马来西亚、印度尼西亚或泰国。2015 年第一季度，有 25 000 名罗辛亚族人或孟加拉人乘船横渡孟加拉湾。数百名瘦弱的男人、女人和儿童挤在人贩子提供的锈迹斑斑的旧船里，这个场景引起了全世界的关注。然而，多年来，罗辛亚族人一直在大批逃亡，有 10 万名甚至更多的罗辛亚族人被认为来到了马来西亚，这个国家的经济繁荣和伊斯兰文化把他们吸引到这里来（见图 1-58）。

　　自 2012 年以来，当 14 万名罗辛亚族人在当地的佛教徒突然攻击他们之后被迫进入十分肮脏的营地的时候，他们的状态变得尤为糟糕。虽然不择手段的人贩子经常折磨上船的难民，但是，在其位于若开邦的家乡出现令人恐怖的状况，迫使罗辛亚族人首先选择出海。人权组织警告说，

图 1-58　本图右上角框标注蓝色方框内的数字为"估计的罗辛亚族人数目，2015 年"，下面写着"来源：联合国难民事务高级专员公署，阿拉干项目，C.Lewa"。图中标注的国家有"印度""孟加拉国""缅甸""泰国""中国""越南""老挝""柬埔寨""马来西亚"和"印度尼西亚"。图中橙色区域为缅甸若开邦

若开邦的状况现在是如此绝望，根据美国大屠杀纪念馆的西蒙 – 斯克乔迪特中心（Simon-Skjodt Centre of America's Holocaust Memorial Museum）的说法，若开邦处在"另一场群体暴力甚至种族灭绝的巨大风险"之中，这个中心为防止种族灭绝四处活动。

数十万名罗辛亚族人逃到了孟加拉国南部，尤其是环绕科克斯巴扎尔（Cox's Bazaar)的地区。在杉姆拉普(Shamlapur)的村庄里，50 岁的罗辛亚族人 T.Khatun 说，18 年前，在她的丈夫被缅甸军队命令参加强制性劳动之后，她从缅甸来到了这里，"我们整天劳动，没有食物，最后也拿不到钱"。一天，她的丈夫因无力搬动一箱重达 60 千克的武器，遭到无情的殴打。所以，她和丈夫卖掉了所有东西，跨越边界进入了孟加拉国。

T.Khatun 始终牵挂着她 14 岁的女儿，女儿登上了去马来西亚的船，但两个多月来一直没有得到她的消息。福尔提法 – 拉特斯（Fortify Rights）是一个游说团体，在这里工作的 M.Smith 说，事实上，罗辛亚族人在马来西亚形成了一个"基本上躲藏着生活"的社区。马来西亚拒绝向罗辛亚族人准予任何法律地位。根据马来西亚法律，罗辛亚族人被禁止工作，实际上，许多新来马来西亚的罗辛亚族人遭到雇主们的剥削，这些雇主将他们安置在狭小的公寓或临时的简易窝棚里。马来西亚政府没有提供医疗保险，没有让罗辛亚族人的孩子接受教育的意愿，这些孩子为进入少量由慈善组织资助的学习中心而展开竞争。尽管如此，Arkan 和 Ashan 仍然在马来西亚赚到了比在若开邦干活可得到的更多的钱。Ashan 说，当他入睡的时候，自己至少知道自己会在早上醒来。

受害者的受害者的受害者 [67]

早在公元 8 世纪，穆斯林可能抵达了当时独立的阿拉干王国（Kingdom of Arakan，现在的缅甸若开邦）。这些穆斯林是来自中东的水手和商人，在 17 世纪，数万名被抢劫成性的阿拉干人俘虏的孟加拉穆斯林也来到了这里。一些穆斯林被强迫在阿拉干国王的军队里服役，有一些穆斯林被当作奴隶出售，更多的穆斯林被强迫在阿拉干定居。简单地说，"罗辛亚"的意思是"罗哈根居民"（inhabitant of Rohang），"罗哈根"是早期阿拉干人对穆斯林的称呼。1785 年，阿拉干王国被缅甸军队占领。

在那个时候，在穆斯林和阿拉干人之间的关系几乎不存在紧张气氛。然而，随着英国人在 1825 年征服了阿拉干，所有这一切都改变了。由于阿拉干和缅甸（Burma）是作为英属印度的一部分进行管理的，数十万名孟加拉人（英国人把他们称为"吉大港人"（Chittagonians））涌到阿拉干工作。到 1941 年，记载表明，阿克亚博（Akyab，现为斯特维（Sittwe））的三分之一人口来自吉大港或者孟加拉国的其他地方。

这次大规模移民刺激了这里的殖民地经济，但当地阿拉干人对此感到极其愤怒。阿拉干人无法控制移民，认为他们的工作和土地是被这些移民夺走了，他们依然称这些移民为"非法移民"或"孟加拉人"（Bengalis，有着贬义的意思）。第二次世

67　原文标题为 *The victims' victims' victims*。

界大战期间，当仓皇撤退的英国人把一些穆斯林武装起来与若开族人（Rakhine，即阿拉干人）作战的时候，穆斯林和若开族人之间的关系进一步恶化了，大多数若开族人都支持入侵的日本人。

在战后的缅甸，与这个国家其他 135 个得到官方承认的民族如克钦族（Kachin）、克伦族（Karen）和钦族（Chin）一样，若开族受到缅甸军政府的歧视。如同一位若开族政治家指出的，"因此，我们是穆斯林化运动（Muslimisation）和缅族沙文主义（Burmese chauvinism）的受害者"。缅甸独立后的政府反过来认为自己是英国殖民压迫的受害者，因此，无论是若开邦当局，还是缅甸当局一直更多关注他们自己的受害者感受，更少关注罗辛亚族人的要求。这是缅甸政府从未准予罗辛亚族人公民地位、甚至从未承认罗辛亚族是一个土著民族的原因。

孟加拉国同样没有准予罗辛亚族人的公民地位。在 20 世纪 90 年代中期，约 20 万名罗辛亚族人被无情地遣送回缅甸，令人丢脸地，这个过程是由联合国监督的。罗辛亚族人否认他们仅是孟加拉人，坚持他们在古老的阿拉干王国里有更加丰富、更为悠久的遗产。这是罗辛亚族人要求取得公民地位和作为缅甸一个土著民族的依据。

任何把罗辛亚族人和若开族人两部叙事史一致起来的努力，被 2012 年若开邦发生的种族清洗击得粉碎。这个事件是由 3 个穆斯林男人强奸一名若开族妇女引发的，在若开族暴徒在斯特维和若开邦其他地方横冲直撞、把罗辛亚族人从他们中间驱赶出去的时候，约 200 人被杀害。被迫进入营地的成千上万名罗辛亚族人被切断了生计，被禁止进入学校和医院（见图 1-59）。

图 1-59　若开邦斯特维被烧灼的痕迹

国际国家犯罪行动组织（International State Crime Initiative，ISCI）是一个跨学科学术团体，在这个组织工作的研究人员认为，这种暴力行动是有组织的。这些研究人员指责若开族男人，他们声称被大客车运到斯特维去攻击穆斯林，并且被鼓励携带刀具。这些若开族人因一天的"工作"得到了免费食物。在缅甸强烈的反穆斯林氛围里，这被看作是个好政策，而这种氛围又受到佛教僧侣和政治家们的纵容，这些人关注捍卫他们的"种族和宗教"，抵抗假设的穆斯林扩张主义（Muslim expansionism）。这也是缅甸政府为避免在期望是 10 年来首次相对自由和公正的选举上失败所作最后努力的一部分，这次选举在 2015 年 11 月举行[68]。

国际国家犯罪行动组织的 P.Green 教授认为，2012 年的种族清洗是她描述的"种族灭绝"的一个阶段。从历史上看，在其他国家，种族灭绝是从"被污名化"开始的，逐步升级至"骚扰"、"隔离"和公民权利的"系统性弱化"。只有在这些严酷的基础工作已经铺垫之后，一场种族灭绝（即一个民族的大规模毁灭）才可能发生。对罗辛亚族人来说，前面 4 个阶段都已发生了。P.Green 教授认为，在若开邦，下一个可怕的阶段当然不是必然发生的，但却是可能发生的（见图 1-60）。

68　2015 年 1 月 1 日，缅甸联邦选举委员会发表公报重申，缅甸于 2015 年 10 月底或 11 月初举行大选。联邦选举委员会承诺，它将尽一切努力依法保障大选的自由和公正。

Five stages of genocide

Stage	Rohingyas in Myanmar
1 Stigmatisation	Denied citizenship and not acknowledged as one of Myanmar's official ethnic groups; labelled "Bengalis"
2 Harassment	Job discrimination; religious persecution; attacks by state security
3 Isolation	In 2012 herded into camps; villages cut off
4 Systematic weakening	Identity cards removed so cannot vote; barred from travelling, leading to loss of livelihood
5 Mass annihilation	Has not yet occurred, but no one has been prosecuted for a killing spree against Rohingyas in 2012

Source: Penny Green, International State Crime Initiative at Queen Mary University of London

图 1-60 本图标题是"种族灭绝的5个阶段"。左列标注"阶段"；右列标注"缅甸的罗辛亚族人"。第1行写着"1. 被污名化 拒绝准予公民地位，不承认是缅甸的官方少数民族，贴上'孟加拉人'标签"。第2行写着"2. 骚扰 就业歧视，宗教迫害，国家安全部门的攻击"。第3行写着"3. 隔离 被赶入营地，村庄减少"。第4行写着"4. 系统性弱化 身份证被拿走以致不能投票，禁止旅行，导致失去生计"。第5行写着"5. 大规模毁灭 还没有发生，但无人因2012年滥杀罗辛亚族人被起诉"。下面写着"来源：伦敦玛丽女王大学国际国家犯罪行动组织，P.Green"

缅甸政府愤怒地拒绝了这个说法（见图1-61）。但是，P.Green教授指出，那些攻击罗辛亚族人的暴徒们享有完全不受处罚的"待遇"，甚至没有人因2012年的杀戮而被起诉，更别说遭到监禁。在目前敌对的气氛里，仅需要一个火花，最糟糕的事情就将发生。缅甸这次大选也许会提供这样的火花。

尽管有这些可怕的挑衅，罗辛亚族人至今仍非同寻常地保持着平静。然而，其他为了罗辛亚族人利益的人更加好战，引发了对反缅甸、甚至反一般佛教的伊斯兰主义的担忧。最近，即2015年5月14日，伊拉克境内的伊斯兰国（IS）领导人 Abu Bakr al-Baghdadi 在一次宗教活动中问道，"al-Salul（沙特王室的贬义词）和它们的同盟者对这100万软弱无力穆斯林的支持在哪里？在缅甸，这些穆斯林无一例外会被消灭"。

迄今为止，这种言辞还不是太多。因为以下三个原因，若开邦还没有转变成为另一个车臣（Chechnya）[69]或克什米尔（Kashmir）[70]（即，对愤怒的青年圣战者来说，这是有巨大吸引力的地方）：首先，这些日子，外国的战斗者主要被吸引去叙利亚和伊拉克加入伊斯兰国，伊斯兰国向他们提供了一个令人向往的理由，就是他们是为哈里发（caliph）而战，而不是为保护贫困的农民和渔民而战；第二，缅甸政府很好地控制了边界，使得外国圣战者难以达到"未来"的战场；第三，如同挪威的伊斯兰专家 T.Hegghammer 解释的那样，激进分子"不去穆斯林受苦的地方，他们去穆斯林战斗的地方"。今天，若开邦是杀人之地，还不是战场。

69　车臣共和国（Republic of Chechnya）是俄罗斯联邦北高加索联邦管区下辖的一个共和国，地处于北高加索山区，西接印古什共和国和北奥塞梯共和国，西北与斯塔夫罗波尔边疆区接壤，东连达吉斯坦共和国，南部与格鲁吉亚分享一条很长的边界。车臣人是高加索地区的穆斯林民族之一，人口约87万，另有约5万人散居在西亚地区。车臣人是高加索东北部的土著居民与外来阿兰人和突厥人长期混血形成的古代民族的后裔。中世纪时代，车臣人分布在黑海的东北部。13世纪后期蒙古人入侵这个地区之后，他们移居到捷列克河及其支流松日河、阿尔贡河流域一带。16世纪时，伊斯兰教从达格斯坦传入车臣。在车臣人中，逊尼派穆斯林占绝大多数。20世纪90年代，俄罗斯联邦与车臣分裂分子之间爆发的两次战争。第一次车臣战争于1994年12月11日爆发，1996年8月31日停火，车臣获得非正式的独立地位。第二次车臣战争于1999年8月爆发，2000年2月28日，俄罗斯宣布控制了绝大部分车臣土地，取得战争的胜利。

70　克什米尔（Kashmir）是位于南亚次大陆西北部和青藏高原西部交界处的一个地区，属于印度和巴基斯坦的争议地区，其中印度控制着该地区的南部，巴基斯坦则控制着该地区的北部，面积约为22.8万平方千米，人口约598万，其中77%的居民信仰伊斯兰教，20%的居民信仰印度教，还有少数锡克教徒与佛教徒。公元7世纪时，克什米尔地区的东半部由吐蕃管辖。1242年，吐蕃全境被并入元朝版图，元朝在此驻军，为宣政院辖地。19世纪30年代，英国殖民者从印度侵入克什米尔。克什米尔王公向清朝驻西藏大臣求援，但因清朝政府腐败无能，无力救援，使得英国殖民者趁机占领了克什米尔。但是，清朝中央政府、清朝驻西藏大臣和西藏地方政府对英国殖民者的占领都不予承认。

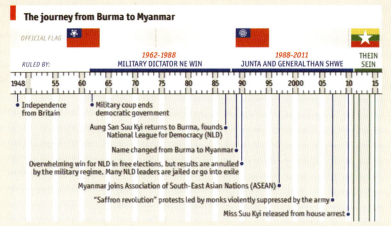

图 1-61　本图标题是"从'Burma'到'Myanmar'的路程"。图中按时间标注的文字分别为:"1948 年,从英国统治下独立";"1962 年,军人集团推翻民主政府";"1987 年,昂山素季回到缅甸,建立国家民主联盟(NLD)";"1989 年,缅甸的英文国名从'Burma'改为'Myanmar'";"1990 年,在一场自由选举中,国家民主联盟取得压倒性胜利,但选举结果被军人政权宣告无效,许多国家民主联盟领导人遭到监禁或被流放";"1997 年,缅甸加入东南亚国家联盟(ASEAN)";"2007 年,由僧侣们领导的'橙黄色革命'示威游行遭到军队的暴力镇压";"2010 年,昂山素季被解除软禁"

　　对罗辛亚人来说,除战斗之外的选择就是逃走。在马来西亚,近期一些罗辛亚人在安达曼海(Andaman Sea)上漂流的照片能够标志在他们踏上海岸、挣脱买卖他们的网络的时候,他们实现了改善自己难民生活的第一步。马来西亚的穆斯林政治家们看到了激起宗教热情的机会,坚决主张马来民族有义务帮助罗辛亚族人。然而,绝大多数参与者对持续改变罗辛亚族人处境感到悲观。"妇女力量"(Tenaganita)是马来西亚的一个移民权益慈善机构,在这里工作的 A.Fernandez 说,"这将会讨论 3 个月或者 4 个月,然后什么事也没有发生"。但是,除非一些事情发生改变,罗辛亚族人在缅甸的状况如此糟糕,以致成千上万罗辛亚人将在 11 月份下一个旱季来临的时候试图乘上在大海中飘摇的船只逃离这个地方。(www.economist.com,原文标题是 *The most persecuted people on Earth*? 2015 年 6 月 16 日下载。)

为什么印度和孟加拉国有世界上最令人称奇的边界?

　　在"古怪"地理的编年史上,2015 年是一个分水岭。2015 年 7 月 31 日,印度和孟加拉国将交换 162 块土地,其中每块土地恰好都位于印度和孟加拉国边界有问题的一边。这些飞地的终结是印度和孟加拉国于 2015 年 6 月 6 日签署的一份协议的结果。沿着这条世界上最令人称奇的边界,相应的领土包含着"电阻片"(pièce de résistance)式的奇特地理特征,即世界上唯一的"反+反飞地"(counter-counter enclave):一块印度领土被孟加拉国的领土包围着,这块孟加拉国领土位于印度的一块飞地内,这块印度飞地又处在孟加拉国的领土之内。这样的飞地又是如何形成的呢?

印度和孟加拉国有着 4100 千米（2500 英里）长的边界，这条边界是 1947 年在这个世界上人口最为密集地区之一的地区里被草率划定的。由于无止境的转弯又转弯，这条边界成为世界上长度排位第五的边界。将被交换的土地是 111 块孟加拉国的飞地和 51 块印度的飞地，这些飞地聚集在孟加拉国和印度西孟加拉邦[71]（West Bengal）库奇 - 比哈尔地区（Cooch Behar District）[72] 边界的两边。这些飞地在绝大多数地图上是找不到的，绝大多数飞地在地面上也是分辨不清的。但是，对在这些飞地上分散居住的 5 万居民来说，由于护照的出现和签证的控制，这些飞地就成了一个明显的问题。独立的印度和孟加拉国都拒绝让对方来管理自己的飞地，实际上使这里的居民成了没有国籍的人，1971 年之前，孟加拉国是巴基斯坦的一部分。

相传，这些飞地是作为数世纪前两个土邦主之间进行的一系列国际象棋游戏的结果而形成的（大块的土地被他们用作赌注）。后来，这些飞地的形成又被归因于一个喝醉了的英国官员，据说，在 1947 年划分印度和巴基斯坦边界的时候，他把墨水滴在了地图上（见图 1-62）。根据政治地理学家 R.Jones 的说法，这些小块土地是根据 1711 年和 1713 年由库奇 - 比哈尔土邦主和德里的莫卧儿（Mughal）[73] 皇帝签署的多份协定从大块领土中切出来的，从而带来了一系列小规模战争的结束。各军队守卫着他们控制的领土，居民们向他们各自的封建统治者交税，人们可自由跨越一条由封建领主之间战争形成的七拼八凑的分界线。50 年后[74]，当居民们选择留在原地的时候，英国东印度公司（British East India Company）[75] 对这里杂乱无章的地图进行"清理"的努力失败了。

正是印度和巴基斯坦的分离，使得这些飞地成了无人区。1949 年，库奇 - 比哈尔的印度教土邦主选择加入印度，他带来了所继承的前莫卧儿帝国和前英国的属地。在新边界另一侧的飞地由东巴基斯坦"吞下"（但没有被"消化"），东巴基斯坦后来成了孟加拉国。直到 1974 年，印度和孟加拉国才首次同意来确定这条滑稽的边界（见图 1-63）。印度同意放弃对其净损失领土的补偿，这些土地的面积大约是香港岛的一半（或者相当于 2000 个板球场的大小）。但是，软弱的政府和民族主义阻碍了印度在解决与孟加拉国边界问题上的进展。2015 年 5 月，即时隔 41 年之后，印度国会最终通过了要求割让领土给孟加拉国、解决这个不同寻常边界问题的宪法修正案。

消除这些飞地将有三个主要的影响。第一个影响将主要由当地居民感受到，现在，他们可以选择加入哪个国籍，在这个过程中获得公民的基本权益；这个过程将

71　印度西孟加拉邦（West Bengal）面积为 88752 平方千米，2011 年人口为 9134.8 万。

72　库奇 - 比哈尔地区（Cooch Behar District）面积为 3387 平方千米，2011 年人口为 282.3 万。

73　莫卧儿帝国（Mughal Empire，1526 年至 1857 年）是突厥化的蒙古人帖木儿后裔巴布尔自今中亚地区南下攻入印度而建立的伊斯兰教封建王朝。在全盛时期，莫卧儿帝国领土几乎涵盖整个南亚次大陆及阿富汗等地。莫卧儿帝国衰落后，英国、法国、荷兰和葡萄牙等殖民者在印度发生战争，最终英国赢得胜利。1858 年，英国维多利亚女王被授予印度女皇称号，标志着莫卧儿帝国的灭亡。

74　指 18 世纪 60 年代。

75　英国东印度公司（British East India Company，BEIC）是一群英国商人于 1600 年创立的股份公司，获得了英国国王在印度开展贸易的皇家特许权。1613 年，它在印度西部苏拉特（Surat）设立了贸易站，不久又在印度东南部马德拉斯（Madras）建立了商馆。1698 年，它买下了位于孟加拉湾恒河口岸的加尔各答。此后，它在马德拉斯、加尔各答和孟买建立了 3 个管区，使之成为英国侵占印度的根据地。在 1858 年被解除行政权力之前，英国东印度公司获得了在印度协助统治和军事职能。

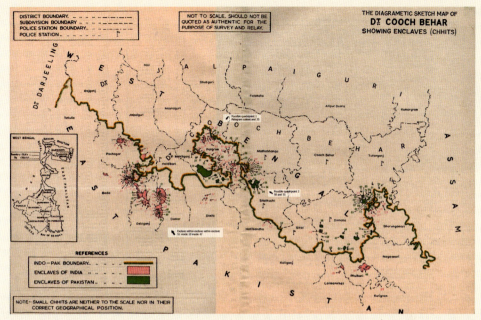

图 1-62　在印度西孟加拉邦库奇－比哈尔地区和孟加拉国的边界上，存在着大量的飞地。这些飞地在绝大多数地图上是找不到的，绝大多数飞地在地面上也是分辨不清的

使印度和孟加拉国去关注更加重要的事情；最后，飞地在孟加拉国边境地区消失，意味着世界上的飞地朝着消亡迈出了跨越的大步。从 2015 年夏天起，世界其他地方还有 49 个境外的小块领土，主要位于西欧和前苏联的外围。世界上大部分飞地一夜之间消失了。（www.economist.com，原文标题是 *Why India and Bangladesh have the world's craziest border*，2015 年 6 月 25 日下载。）

图 1-63　在本图左上角白色方框内，绿色区域表示"印度的飞地"；红色区域表示"孟加拉国的飞地"

▌为什么美国和古巴相互讨好？

　　2015 年 5 月 29 日，美国在愈合冷战的伤口上采取了又一个步骤。奥巴马政府正式把古巴从"无赖"政权名单上移走，这份清单指定了支持恐怖主义的国家（现在仅包括伊朗、苏丹和叙利亚）。在与古巴主席 R.Castro 历史性的巴拿马城会见之后，2015 年 4 月 14 日，奥巴马总统启动了这个议程，它需要一个 45 天的"国会通知期"（Congressional notification period）。虽然美国国务院说，"美国仍然对古巴的政策和行动十分关注，并在很大范围与之有分歧"，但这些问题没有阻止美国把古巴从这份名单中移除出去。结果是，古巴将被解除一系列金融及其他方面的制裁，古巴说，这些制裁已严重扰乱了它的活动，包括向其在华盛顿的外交使节支付工资。但是，美国对古巴的贸易禁运仍然

图 1-64 为什么美国和古巴领导人如此热衷于重归于好呢？

有效，关于在对方重开大使馆的谈判也是继续缓慢进行。面对着这些困难，为什么美国和古巴的领导人如此热衷于重归于好呢（见图 1-64）？

对奥巴马来说，理由是非常明显的。美国长期在商业和外交上孤立古巴的企图已彻底失败。这个政策未能把 Castro 兄弟赶下台，反而伤害了古巴人民，在拉丁美洲其他地方激起了反美主义。那些在支持对古巴贸易封锁上嗓门最大的人是与 Castro 兄弟属同代人的古巴裔美国人，他们现在已成为脾气很坏的少数人群。民意调查显示，比起 65 岁以上的古巴裔美国人，大多数更年轻的古巴裔美国人不仅支持奥巴马总统改进美国与古巴关系的努力，而且希望美国终结对古巴的贸易封锁。这表明，奥巴马总统向古巴伸出手来部分可能是回报帮助他获得权力的青年西班牙裔民主党人的一种方式。这也会改善美国在拉丁美洲的地位。这有助于奥巴马政府挽回因去世前的 H.Chavez 和左派委内瑞拉社会主义经济而丢失的影响力，委内瑞拉的经济处于一片混乱之中，无力资助 H.Chavez 倡导的西半球部分地区"玻利瓦尔革命"（Bolivarian Revolution）[76]。

2013 年，在 H.Chavez 去世后不久，古巴和美国之间的秘密谈判就开始了，这也许不是巧合，因为这是对 R.Castro 希望同美国缓和关系的最好解释：古巴需要新的资助人。紧随着世界石油油价跳水，委内瑞拉运往古巴的援助性石油量下降了，这意味着古巴这个岛国必须找到更多的硬通货：多亏了奥巴马先生的政策，那些现在能够在古巴以极大自由度旅行的美国游客是最有前景的硬通货来源。R.Castro 先生也需要"一根骨头"扔给自己的人民，他们看到的是乏力的经济增长，尽管在 R.Castro 先生于 2008 年从其兄长那里正式接管政权时，他就推出允许一些私人企业的改革。对前景表示乐观的一个迹象是，自 2014 年 12 月以来，插在古巴人房屋外面的美国国旗数量增加了。有报道称，一些古巴夫妇已停止采用避孕措施，因为他们现在觉得有足够的信心来养育孩子。

不过，对 R.Castro 先生来说也存在着难题。在古巴人民中，与美国关系的解冻提增了希望，古巴人将会难以得到满足，除非 R.Castro 先生放松古巴政权建立起来的命令和控制系统。美国的企业，例如，从事住宿网站业务的埃尔本博（Airbnb）公司、互联网娱乐供应商耐特菲利克斯（Netflix）公司、移动电话运营商 IDT 国际公司等，已经应用新的规则在古巴开展业务，避开了古巴的国家垄断。奥巴马先生已巧妙地寻求制定新规则，以使这些规则支持 40 000 人在小餐馆、公寓及其他服务类公司里工作，这些企业是私人在古巴建立起来的。R.Castro 警惕着经济自由化对古巴政权将意味什么，但他首先关注外交问题。假如经济自由化同时带来解除贸易禁运，他

---

76 玻利瓦尔主义（Bolivarianism）是拉丁美洲盛行的一种政治思想，因 19 世纪将 6 个拉丁美洲国家从西班牙殖民统治下解放出来并被誉为"拉丁美洲解放者"的 S.Bolívar 而得名，其核心理念是：反对帝国主义；通过参与式民主和全民投票来达到全体民众的政治参与；经济自足；宣传爱国主义；消除贪污；促进拉丁美洲的团结。"玻利瓦尔革命"指委内瑞拉由已故总统 H.Chavez 领导的一个左翼社会运动和政治进程。

也许会担心由此产生的贸易和投资浪潮最终将把他和他的执政小团体从当政位置上"冲刷干净"。（www.economist.com，原文标题是 *Why the United States and Cuba are cosying up*，2015 年 5 月 31 日下载。）

▌当制裁被撤除的时候

　　假如德黑兰更昂贵酒店的大堂是个"指示器"，那么高峰已经过去。6 个月之前，这些酒店还只是故意向零散的中国商人炫耀。现在，这里充塞着做生意的西方人。贸易代表团开始抵达这里。在这个月[77]的早些时候伊朗与世界大国达成核协议之后，首先来到这里的标志性人物是德国副总理 S.Gabriel，他率领德国政府的一批高官于 7 月 18 日抵达了伊朗首都德黑兰。

　　在哈瓦那，酒店也是忙得团团转。甚至在 2015 年 7 月 20 日美国和古巴重开驻对方国家的大使馆之前，酒店预订大幅上涨。自从这两个国家在 2014 年年底宣布恢复关系以来，古巴出生的美国律师们为了他们最合适的委托人，已被安排去古巴首都进行商务旅行，还获得了优质朗姆酒、雪茄和热带怀旧的附加承诺。美国商人们热切希望赶上"浪头"，他们长期关注着加拿大人、西班牙人和其他企业捷足先登。

　　两个长期被隔绝的国家重回商业主流的不寻常事态，对咨询行业来说也是个好消息。阿利亚公司（ILIA）是德黑兰的一家咨询公司，由一名德国人和一名伊朗人共同经营，2015 年年初，在它的客户本上没有外国公司。到了 4 月，它有了 3 家外国公司客户，现在，它声称有 18 家外国公司客户。同时，在美国的法律企业，其他领域的专家正被招募到古巴团队里来处理各种事务。阿克曼公司（Akerman）是一家处理古巴相关事务的企业，在这里工作的 P.Freyre 概括了这里的气氛，"喔，我的上帝，我的电话一直响着。这太疯狂了"。

　　尽管如此，所有的活动，前期对古巴和伊朗进行侦查的高峰将缓慢但确切地让位给一种面对大多数事情的更加慎重的态度。解除这两个国家的制裁将需要几个月的时间，假如不是需要几年的时间。即便如此，外国公司也将面对经营业务的障碍，更不用说赚钱了（见图 1-65）。

　　古巴和伊朗的经济是极其不相同的：一个是位于美国佛罗里达（Florida）南端的小岛国，另一个是"坐在"石油海洋上的中东大国。对这两个国家制裁的类型也是不相同的。制裁古巴的措施几乎完全适用于美国人。对于伊朗，制裁措施与非美国的实体密切相关。例如，那些没有获得官方批准与伊朗人开展业务的欧洲银行和亚

图 1-65　古巴和伊朗这两个长期被隔绝的国家重回世界商业主流，对全球的企业来说是个好消息。图中横幅上写着"开放商业"和"没有向导"。伊朗人的桌子上堆置的油桶上写着"石油"

77　2015 年 7 月 14 日，奥地利维也纳，伊核问题 6 国（美国、英国、法国、俄罗斯、中国和德国）、欧盟和伊朗达成核问题的全面协议。

洲银行，有看到自己的账户被封闭的风险。

但是，古巴和伊朗有一个共同点：它们都发展到足以在一旦制裁被解除时就可繁荣的程度。尤其是，鉴于它的人口和经济规模，伊朗应当有能力吸引更多的外国投资（见图 1-66）。彼得森国际经济研究所（Peterson Institute for International Economics）的 G.Hufbauer 说，对于其他许多作为制裁目标的国家，局面更加混乱，缺乏接受过良好教育的人群，因此"一旦制裁被撤销，也不会出现井喷式的增长"。

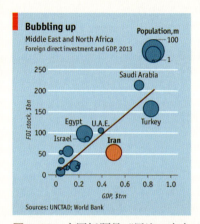

图 1-66　本图标题是"冒泡，中东和北非地区，外国直接投资和国内生产总值，2013 年"。纵坐标标注"外国直接投资，单位：10 亿美元"；横坐标标注"国内生产总值，单位：万亿美元"。从左至右，标注的国家分别是"以色列"、"埃及"、"阿拉伯联合酋长国"、"伊朗"、"沙特阿拉伯"和"土耳其"。右上角有 3 个圆圈，大圆圈表示人口为 1 亿，小圆圈表示人口为 100 万

在古巴，早期的某些行动已很有希望。租赁航空公司一直做着很好的生意，运送 12 类现在被允许到这个岛国旅行的美国人。埃尔本博网站（Airbnb）[78] 正在利用古巴蓬勃发展的私人租赁市场，它的高官说，约有 2000 人通过网上中介机构列出了他们家中可供出租的空间，收费比平均每月 25 美元租金高出 10 倍以上。

与更大的经济体相称，在伊朗的机会是更大的。R.Ansari 是德黑兰的一名商业律师和业务分析师，他估计伊朗被遏制的需求超过了 1 万亿美元，他说，"很少有哪个国家有如此直接的投资需求"。根据分析师估计，在未来 5 年里，这个国家在石油天然气上需要约 2330 亿至 2660 亿美元的投资。伊朗的基础设施极需要彻底检修。自 1979 年伊斯兰革命以来，伊朗航空公司一直缺乏投资，现在，它希望购买数百架飞机。

一些绿色的幼芽连着外国的根系已经在这里出现。德本汉姆公司（Debenhams）是英国的一家连锁百货公司，在伊朗有几个网点，包括在德黑兰的一个主要通道上的网点。波音公司（Boeing）正在重新投标争取业务，在 2013 年 11 月较早一轮制裁救济（sanctions relief）之后，它再一次在伊朗销售配件。麦当劳（McDonald）是连锁快餐店，在它的网页上写着，"点击这里，申请在伊朗的特许经营权"。

然而，在这两个国家，"鸡还在孵化"，更不用说把它变成金子了。大型食品公司渴望进入古巴，但是，贸易禁令禁止它们为了交付货物使用美国的银行来获得信用证。甚至像农业、医药、电信等获准与古巴进行贸易的行业也在自己的经营中发现了障碍。最大的障碍是金融。虽然奥巴马政府于 2015 年 4 月把古巴从"支持恐怖主义国家"（state-sponsor-of-terrorism）名单中删除，放松了在银行业上的限制，但反应一直很慢（见图 1-67）。2015 年 7 月 21 日，佛罗里达的斯通盖特银行（Stonegate

---

78　"Airbnb"是"AirBed"（空中床位）和"Breakfast"（早餐）的缩写，是一家联系旅游者和家庭空房出租者的服务型网站。用户可通过网络或手机应用程序发布、搜索度假房屋租赁信息并完成在线预定程序。该网站的用户遍布 190 个国家的近 34 000 个城市，发布的房屋租赁信息达到 50 000 条。

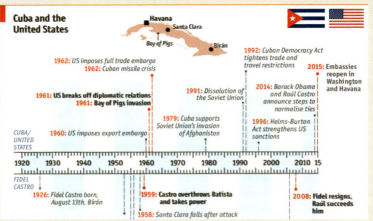

图 1-67　本图标题是"古巴和美国"。按年代排序，图中标注的重大事件分别是："1926年 8 月 13 日，F.Castro 出生在古巴比兰（Birán）"；"1958 年，圣克拉拉城在袭击后失守"；"1959 年，F.Castro 推翻 Batista，取得政权"；"1960 年，美国强制实行贸易禁令"；"1961年，猪湾（Bay of Pigs）入侵"；"1961 年，美国断绝外交关系"；"1962 年，古巴导弹危机"；"1962 年，美国强制实行全面贸易禁令"；"1979 年，古巴支持苏联入侵阿富汗"；"1991 年，苏联解体"；"1992 年，《古巴民主法案》（Cuban Democracy Act）收紧贸易和旅游的限制"；"1996 年，《Helms－Burton 法案》强化制裁"；"2008 年，F.Castro 辞职，R.Castro 接任"；"2014 年，B.Obama 和 R.Castro 宣布实现关系正常化的步骤"；"2015 年，古巴在华盛顿的大使馆和美国在哈瓦那的大使馆重新开设"

Bank）在古巴建立了一个代理银行账户[79]，允许在古巴与美国之间进行金融交易。

　　同样地，即使伊朗核协议在国会通过，伊朗伊斯兰共和国仍必须执行 11 项相关检查和许许多多子条款。从伦敦来德黑兰旅行的一名商人担心，在其中任意一个地方的争议可能使"一切重新开始"。假如协议被违反而重启制裁的 65 天"转折"（snapback）机制将阻止各个银行与它们的伊朗同行进行交易。只要这些银行的活动受到阻止，在伊朗存在海外的 1000 亿美元石油收入中，大部分将继续留在原处。

　　J.Epstein 是位于美国首都华盛顿的霍兰德－克纳特公司（Holland & Knight）的一名律师，他说，他对委托人的建议是不要试图成为进入古巴的第一家美国公司，而是给自己一个进入古巴市场的 5 年时限。他认为，超过半年时间的跌宕起伏的经历，对向伊朗提出申请的企业来说，已成为目前一个有用的现实检查。N.Kushner 是一名为在伊朗的企业提供咨询的英国律师，他说，"在这个阶段，我们只是在谈论潜在的制裁救济"。

　　制裁后时期经济增长的最大障碍可能是这两个国家自己的政府。善意地说，古巴对民营企业的"热情"已停顿下来。在玛丽尔（Mariel）[80] 经济特区，官员们一直缓慢地检查外国投资的项目，在过去的 18 个月里，仅有 5 个项目得到了批准。古巴的官僚们总是狂热地规避风险，他们也是难以捉摸的。科恩集团（Cohen Group）是一家咨询企业，在这里工作的 T.Goodman 说，"问题是不知道谁可以洽谈，也不

79　代理银行账户（correspondent account）也可被称为往来账（nostro）或往来账户（nostro account），是由一家银行为接收来自另一家银行机构的存款、代表这家机构支付款项或为这家机构处理其他金融交易而设立的一个账户。它是根据这两家银行机构之间的双边协议设立的。

80　玛丽尔（Mariel）是古巴阿尔特米萨（Artemisa）省的一个市镇，位于哈瓦那以西约 40 千米处。

知道如何去做事情"。

在伊朗，外交部部长 M.J.Zarif 向议会宣称，核协议是一个伟大的胜利（见图 1-68）。但在他的微笑背后，大量的问题困扰着伊朗的经济。在世界银行公布的最容易开展业务国家的名录上，伊朗排名第 130 位。伊朗没有加入国际投资争端解决中心（International Centre for Settlement of Investment Disputes），使得投资者变得更加犹豫，这个中心是世界银行运营的商业仲裁服务机构。在伊朗，腐化堕落是猖獗的，在议会里，对一部旧商业法律的修订陷入了困境。

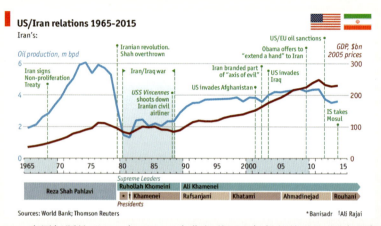

图 1-68　本图标题是"1965 年至 2015 年期间美国和伊朗的关系"。图中蓝色曲线表示"石油产量，单位：百万桶／日"；棕色曲线表示"国内生产总值，以 2005 年价格计算，单位：10 亿美元"。从左到右，用绿色标注的重大事件分别是"1968 年期间，伊朗签署核武器不扩散条约"；"1979 年期间，伊朗革命，国王（Shah，伊朗国王的称号）被推翻"；"1980 年期间，伊朗－伊拉克战争爆发"；"1988 年期间，美国文森斯（Vincennes）号军舰击落伊朗民用客机"；"1988 年期间，伊朗－伊拉克战争结束"；"2001 年期间，美国入侵阿富汗"；"2002 年期间，伊朗被打上邪恶轴心（axis of evil）一部分的印记"；"2003 年，美国入侵伊拉克"；"2009 年期间，奥巴马提出向伊朗伸出一只手"；"2012 年期间，美国和欧盟的石油制裁"；"2014 年期间，伊斯兰国（IS）占领伊拉克的摩苏尔（Mosul）"。位于图下方的灰绿色和棕色方框内分别写着 1965 年至 2015 年期间伊朗最高领导人（精神领袖）和总统的名字

为了兑现自己所有的选举承诺，伊朗总统刚刚开始面对既得利益集团，他们把制裁作为阻止竞争进入市场的保护主义的一种形式来"享受"。伊朗革命卫队控制着很大一部分经济。A.Alizadeh 是伦敦的一名政治分析家，他说，"伊朗精神领袖 A.Khamenei 认为全球化是国家安全的一个威胁，他希望革命卫队作为对抗这股势力的经济减震器"。解除制裁将为投资者打开大门。但是，只有哈瓦那和德黑兰的统治者想要改革，经济将会转型。（www.economist.com，原文标题是 *When the sanctions come off*，2015 年 7 月 28 日下载。）

驾车从欧洲到美国？俄罗斯提出世界上最长的超级高速公路

俄罗斯提出的穿越西伯利亚大规模高速公路计划将把其东部地区与美国的阿拉斯加连接起来。驾车可以从伦敦到纽约（见图 1-69）？假如俄罗斯铁路公司（Russian Railways）的高层有自己的办法，这个计划就可能实现。

根据 2015 年 3 月 23 日发表在《西伯利亚时报》（*The Siberian Times*）的报告，俄罗斯铁路公司总裁 V.Yakunin 提出了一个

图 1-69　俄罗斯提出了穿越西伯利亚的大规模高速公路计划，这将把俄罗斯东部地区与美国阿拉斯加连接起来。本图中该计划的路线是由美国有线电视新闻网大致勾画的

穿越西伯利亚的大规模高速公路计划，这条高速公路将跨越把亚洲与北美地区分隔开来的白令海一段狭窄的区域，把俄罗斯东部边界与美国阿拉斯加连接起来。

这个方案是在总部设在莫斯科的俄罗斯科学院（Russian Academy of Science）的一次会议上公布的。这个计划被称为"跨越欧亚带发展计划"（Trans-Eurasian Belt Development，TEPR），它要求一条主要道路和一个新的铁路网络及石油天然气管道一起在现有的穿越西伯利亚的铁路旁边建造。《西伯利亚时报》援引 V.Yakunin 的话说，"这是一项跨越国家和跨越文化的项目。这个项目应当转变成世界'未来地带'项目，它必须以领先的技术而不是以设法获得的技术作为基础"。

"我们到了吗？"

这条道路穿越整个俄罗斯，把欧洲西部和亚洲现有的道路系统连接起来。俄罗斯西部边界至东部边界的距离大约是 10 000 千米。V.Yakunin 说，这条道路通过俄罗斯远东楚科奇（Chukotka）地区、跨越白令海峡进入阿拉斯加的西沃德半岛（Seward Peninsula），将把俄罗斯与北美地区连接起来。这条道路可能在诺姆镇（Nome）北部进入阿拉斯加，这里是著名的"Iditarod"狗拉雪橇比赛的终点。

司机将如何跨越西伯利亚和阿拉斯加之间的海峡？是依靠渡船或隧道，还是依靠桥梁？这份发表在《西伯利亚时报》的报告没有提供关于跨海道路的细节。根据美国阿拉斯加公共土地信息中心（Alaska Public Lands Information Centers）提供的资料，俄罗斯大陆和阿拉斯加大陆之间最短的距离大约是 88 千米。

穿越西伯利亚铁路的主要线路是从莫斯科到符拉迪沃斯托克（Vladivostok），全长 9258 千米（见图 1-70）。从伦敦通过莫斯科到阿拉斯加的理论车程（如美国有

图 1-70　俄罗斯的穿越西伯利亚铁路全长 9258 千米

线电视新闻网粗略计算得出的）可能全长约 12 978 千米（8064 英里）。即使按照美国阿拉斯加的标准，诺姆镇也是相对孤立的，没有道路把它与该州道路系统的其余部分连接起来。没有道路穿越无人居住的地区，这段距离约有 836 千米，把诺姆镇与离它最近的大城镇和位于费尔班克斯（Fairbanks）的道路网隔离开来，费尔班克斯是阿拉斯加高速公路网的北部非官方终点。从费尔班克斯出发，通过道路能够到达加拿大和美国 48 个相邻的州。

假设一条通往诺姆镇的道路已经建好（美国阿拉斯加州一直在研究这个设想），一次从伦敦到纽约的幻想驾车旅行路程可能达到让人精疲力尽的 20 777 千米，但这是一次能够满载照片的旅程。发自荒凉的美国阿拉斯加其他休息站的脸书网（Facebook）帖子可以单独证明这次旅程是值得的，虽然这次路程也容易为来自孩子们的"我们到了吗"的抱怨建立令人恼怒的新纪录。

谁将为这件事掏钱？

V.Yakunin 一直被认为是俄罗斯总统普京的密友。一些消息来源猜测 V.Yakunin 可能是普京的总统继任者。

据说，跨越欧亚带发展计划（TEPR）将花费数万亿美元。然而，根据 V.Yakunin 的说法，巨大的经济回报将超过对巨额现金支出的弥补，对于这个问题，这份报告也没有披露细节。（www.cnn.com，原文标题为 *Drive from Europe to the U.S.? Russia proposes world's greatest superhighway*，2015 年 3 月 29 日下载。）

第二篇
世界经济

引 言

20 世纪 70 年代期间，中国的经济在"精细"的计划体制管理下运行。当年我谋生的那个小厂生产农村广播用的扩音机和为高音喇叭配套的输送变压器。每年年初，省、地、市三级电子工业局会逐级下达当年的生产计划。厂里根据这份计划，即当年应当生产多少台何种规格的扩音机、多少个何种规格的输送变压器，编制配套原材料和元器件需求计划，这份计划涵盖从黑色或有色金属板材和棒材到电阻电容、螺丝螺帽的所有方面，并逐级上报主管部门。经过层层"综合平衡"之后，中央政府的产业管理部门将召开配套计划会议，每次会议都在当年 2 月举行，地点固定在交通相对便利的河南安阳，与会者有数千人甚至上万人之多。在会上，厂里的供销员（我也任过此职）一方面与配套材料供应者签订订货合同，另一方面与省外的产品需求者签订供货合同。如果配套材料的订货合同数量低于当年生产需求，供销员年内就要反复去主管部门申请调剂计划，或者去相关单位求援，以保证生产正常进行；如果产品销售的合同数量低于当年生产计划，供销人员则要四处推销产品，以保证产品不转为库存。在那个年代，年度生产计划的下达，意味着工厂的年产值和生产率就被确定下来，工厂的工作重心就是如何组织生产，于是，"时间过半、任务过半"和"超额完成全年生产任务"是工厂的行动口号。这是我第一次学习的微观经济学。

进入上海硅酸盐研究所后，我了解到在 20 世纪 50 年代至 70 年代期间，这里的科研活动也是在"精细"的计划体制管理下运行。每年年底，各研究室向所部提出科研计划，涵盖需要延续和新开设的科研活动及所需的经费。所部汇总并进行综合平衡之后，向北京的院部机关上报次年的科技计划。经过更高层级的综合平衡之后，院部将在次年初正式下达科研计划，被纳入计划的科研活动就有了经费和其他条件保障。每隔半年，各研究室要向所部上报科研计划执行情况。科研成果的转移转化同样是由计划管理的。20 世纪 60 年代初，国家科技管理部门组织了人工云母、人工水晶、人造金刚石、半导体单晶这四种关键基础材料的攻关，上海硅酸盐研究所承担了前三种材料的科研任务。"文化大革命"前，院部机关决定把地质研究所从事人工水晶和人造金刚石研究的研究室整体从北京调入上海硅酸盐研究所。就是在"文化大革命"最为激烈的时候，数十位科研人员克服了许多困难，圆满完成了人工水晶研发的任务，包括晶体生长技术、生长设备设计与制造、晶体质量检测表征、晶体生长机理研究等各个方面。70 年代初，根据国家有关部门综合平衡的结果，上海硅酸盐研究所将人工水晶生长的成套技术连同大型装备全部移交给苏州钟表元件厂，并在这家工厂实现了规模生产。在这项成果的转移转化中，我的研究生指导老师在这家工厂工作了三年多时间。我在读研究生期间，曾经多次去这家工厂，利用那里的设备做些实验。人工水晶研发也许可以作为在特定的政治氛围下，凭借计划体制管理的力量"集中力量办大事"的案例。

总体上说，我们这代人所拥有的经济学知识是极其有限的。就我个人而言，在那个时候，我的全部经济学知识来自大学课堂的政治经济学课程。通过这个课程，我了解到在资本主义的社会生产中，劳动者的劳动付出没有得到应有的回报，而没有付出劳动的资本拥有者却占有了剩余价值的绝大部分；而生产资料的私人占有和产品的社会化必然导致周期性的经济危机。我也了解到社会生产力和生产关系之间、经济基础和上层建筑之间的矛盾运动是人类社会发展的基本动力。上述这些观点构成了支撑计划经济体制的理论基础。而后，我更多关注专业科技领域发生的进展，属于经济学范畴的事情似乎离自己很远。正是在这个时期，改革开放使中国的经济社会发展插上了腾飞的翅膀，中国的经济体制随之发生了根本变革。经济问题成为全社会关注的中心议题，更多的年轻人不再固守"学会数理化、走遍天下都不怕"的教诲，进入经济学及其相关细分专业领域的学习。在实践中，我也学到了经济学的一些基础知识点。例如，我认识到，国内生产总值（Gross Domestic Product，GDP）表示了一定时间内社会生产的所有最终产品和服务的市场价格，是衡量一个地区和国家总体经济状况的核心指标（见图 2-1），我对创造出这个概念并构建完整核算体系的经济学家和数学家们充满了深深的敬意。我理解了，在表面上，市场看似混乱而毫无拘束，但实际上是由一只"看不见的手"（invisible hand）所指引的，社会生产最终将被引导到生产正确的产品数量和种类上来。我还了解到除了古典自由主义、凯恩斯主义、新自由主义之外，在当今世界经济学领域里，还存在德国人的秩序自由主义。在处理一些欧洲国家特别是希腊的政府债务危机中，德国人坚持秩序自由主义原则，在与这些国家政府讨价还价中，德国人表现得淋漓尽致的坚韧特质，让我感到由衷的钦佩。我还明白了，最终消费支出（国内消费需求）、固定资本形成总额（国内固定资产投资需求）和产品与服务净流出（外贸出口需求）是拉动中国经济快速增长的"三驾马车"。这三者在国内生产总值中所占比例，已成为当今国内各级政府在抓经济、管经济中主要使用的标杆性指标。一旦看到何者所

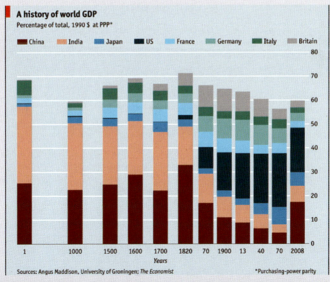

图 2-1　本图标题是"世界 GDP 的历史，单位：总值的百分比，1990 年，美元，平均购买力（PPP）"。图例从左至右分别为"中国"、"印度"、"日本"、"美国"、"法国"、"德国"、"意大利"、"英国"。左下角写着"来源：A.addison，格罗宁根大学，《经济学人》"。从图可以看到：19 世纪 20 年代，中国的国内生产总值约占世界生产总值的 32%；20 世纪 40 年代，约占世界生产总值的 6%；20 世纪 70 年代，约占世界生产总值的 3%；2008 年，约占世界生产总值的 17%

占比例下降了，他们就会本着"短啥抓啥"的原则，集中力量去"猛抓"几下，在一般情况下，这种政府对微观经济干预行动能够见到成效。

"黑匣子"

计划体制理论曾向我们描绘了一幅诱人的图景：在这种体制下，社会生产可以避免周期性经济危机带来的巨大浪费，能够满足社会大众不断增长的需求；社会分配不但可能实现按劳分配，而且将会发展到按需分配的高级阶段。但是，非常令人遗憾的是，计划体制在多国的实践已充分证明，它给社会大众带来的是极度的物质短缺，它使经济体制扭曲成一个官僚化和低效率的体系。在一个巨大的、与其他经济体有着日趋密切交换的经济体里，如果有人声称他有本事掌握全部的社会生产信息，有能力使社会成员的全部利益一体化，他一定是在痴人说梦，而这两点正是计划体制存在的基本前提。当然，时至今日，总有些人怀念着计划体制乃至"举国体制"的时代，因为他们是那个时代滋生的权贵；他们会抓住机会，不遗余力地攻击市场经济的弊端，因为他们还想借尸还魂，试图建立一个披着计划体制外衣的既得利益者"王朝"。

经济危机不是市场经济的"独生儿"。我们这代人对计划体制的经济危机[1]有着切身体会。在告别物质极度短缺时代的同时，中国经济发展遭受了多次经济危机的袭扰和冲击。从这个角度看，三十余年来中国经济的高速增长也许可被分为这样的三个阶段：每个阶段都是以某项重大改革作为起点，又都是以一次经济危机作为结尾。第一个阶段是以 20 世纪 80 年代初推行"大包干"（在农村，后来被正式定名为"家庭联产承包责任制"[2]）改革作为起步，以 1988 年爆发的严重通货膨胀[3]作为结尾。第二个阶段是以 90 年代初中国确立建立社会主义市场经济体制的政治路线作为起点，以 20 世纪末东南亚金融危机[4]作为结尾。第三个阶段是以 2001 年中国加入世界贸易

---

1 1959 年至 1962 年期间，中国发生了因"总路线"、"大跃进"、"人民公社"三面红旗运动和牺牲农业发展工业政策导致的全国性粮食短缺和严重饥荒，由此带来社会生产萎缩和严重的通货膨胀。现在，这个时期一般被称为"三年困难时期"，它实质上是高度集中的计划体制下的一次经济危机。

2 家庭联产承包责任制可被定义为：农户以家庭为单位，向集体组织承包土地等生产资料和生产任务，根据承包合同规定的权限，独立作出经营决定，享有部分或全部经营成果。家庭联产承包责任制本质上是一种不涉及或者有意回避财产所有权的经济核算制度，被认为是调动劳动者积极性的最有效方法。几乎所有的经济部门，甚至科技活动领域都迅速采用了这种经济核算制度。

3 自 1985 年以来，中国的物价指数在经济快速扩张拉动下持续走高。以 1985 年的物价指数为基点，1986 年的物价指数上涨 6.0%，1987 年的物价指数上涨 13.7%，1988 年的物价指数上涨 34.8%。为了满足社会固定资产投资增长需求，解决企业资金短缺问题，政府从 1986 年起大幅提高财政支出，不断扩大财政赤字，特别是 1988 年实行地方财政"包干"体制之后，社会固定资产投资需求进一步猛增。与此同时，为了解决政府财政赤字问题，货币连年超量发行，到 1988 年第四季度，市场的货币流通量比上年同期增加 46.7%，导致物价猛烈上涨，货币贬值。在此期间，政府又发布了一系列涉及千家万户的价格改革措施，极大地加剧了城镇居民心理预期的不确定性，从而在 1988 年 8 月引发了全面的抢购和挤兑银行存款风潮。据统计，1988 年，中国的通货膨胀率达到了 18.5%。

4 1997 年 7 月 2 日，泰国宣布放弃固定汇率制，实行浮动汇率制，泰国货币大幅贬值，从而引发一场遍及东南亚各国的金融风暴。此后不久，这场风暴横扫马来西亚、新加坡、日本、韩国以及中国，在一定程度上终结了东南亚国家经济高速发展的局面，一些国家经济增长放缓甚至停滞，局政也出现动荡。

组织 [5] 作为起点，以 2008 年爆发的全球金融危机作为结尾。如果说，第一次经济危机是当时中国国内经济领域各种矛盾的总爆发，那么，第二次经济危机是东南亚国家出口型经济各种矛盾积聚的结果，反过来对中国商品的出口和引进外资造成很大冲击，正可谓，"城门失火，殃及池鱼"。第三次经济危机的起因是美国的一些信用程度较低的贷款人使用抵押贷款购买房屋，又因拖欠还款而导致银行和金融机构破产，按理说，这只是美国金融系统内部的一个"毒瘤"，是其房地产业的一个"大气泡"，不至于对其他经济体造成巨大冲击。但事实恰恰相反，美国的次贷危机迅速滚动、扩散和发酵，最终形成了一场波及全球的金融危机。在这场危机中，欧洲人未能幸免，中国人也没有幸免，虽然中国还是一个制造大国，处于全球产业分工的低端。这三次经济危机连成了一道轨迹，显示了在这三十余年的高速发展中，中国经济规模越来越大 [6]，经济全球化 [7] 程度越来越高，已经在全球范围内建立了价值链条。对于这样一个经济体，有谁能够把它回归到自我封闭、自我循环的计划体制轨道？

我们也许习惯于用线性思维的模式来观察和思考所有问题，包括社会学领域的问题，总是试图在一个被考察系统的输入端和输出端之间找出可用显函数或线性微分方程组表达的因果关系。例如，在发生通货紧缩的时候，当中央银行采取了大幅度降息的措施，也许有人就会计算出这个举措将使国内生产总值增加多少百分点。又如，当有人决定对某个研发型项目投资的时候，为了证明投资的合理性，也许他会具体说出投了这么多钱会产生多大的经济效益。美国总统奥巴马在 2013 年的国情咨文中就曾说过，"我们投到人类基因图谱的每一美元，给我们的经济返回了140 美元"。再如，在经济危机来临、经济增长放缓的时候，总是有人会问，科技活动能够对经济增长做出怎样的贡献？于是，作为一个定量化的指标，科技对经济增长的贡献率诞生了，它逐年被统计计算，并被应用于许多场合。从目前公开发表的数据看，科技对经济增长的贡献率不但与国内生产总值有着正相关的关系，而且显现出线性增长的特征。如果按此线性增长趋势进行外推，也许过不了多久，科技对经济增长的贡献率就会达到 100%？

问题是，大量的社会学领域的问题，包括宏观和微观经济学领域的问题，都不

5　1995 年 7 月，中国正式提出加入世界贸易组织申请。中国政府确定了入世的三项原则：（1）根据权利与义务对等原则，承担与本国经济发展水平相适应的义务；（2）以乌拉圭回合多边协议为基础，与有关成员方进行双边和多边谈判，公正合理地确定入世条件；（3）作为一个低收入发展中国家，中国坚持以发展中国家身份入世，享受发展中国家的待遇。1996 年 4 月和 1997 年 10 月，中国政府两次大幅度降低关税税率，逐步取消了各种非关税壁垒。1998 年 4 月，中国代表团向世界贸易组织秘书处提交了一份近 6000 个税号的关税减让表。1999 年 4 月，中美两国政府签署了《中美农业合作协议》；1999 年 11 月，签署了《中美关于中国加入世界贸易组织的双边协议》。2000 年 5 月，中国政府与欧盟达成双边协议。2001 年 9 月，中国政府与墨西哥政府签署双边协议。至此，中国与要求与中国进行双边谈判的 37 个世界贸易组织成员方全部结束了谈判。2001 年 11 月，在多哈举行的世界贸易组织第四次部长级会议上，各成员国审议并批准了中国加入世界贸易组织组织。一个月后，中国正式成为世界贸易组织成员。

6　根据国家统计局资料，中国 1988 年的国内生产总值为 15 101 亿元人民币；2014 年的国内生产总值为 636 463 亿元人民币，后者约是前者的 42.15 倍。

7　经济全球化（Economic Globalization）是指各经济体的经济活动超越自身疆域，通过对外贸易、资本流动、技术转移、提供服务等方式，实现技术、信息、资本、人员等生产要素跨国跨地区流动，与其他经济体形成相互依存的有机经济整体。

是线性系统问题，而是复杂系统 8 问题。当我们用线性思维的模式来观察和思考这些复杂系统的时候，无论支撑的数据有多么翔实，所用的方法多么复杂，得出的结论都未必是正确的，甚至是"越察越偏，越思越乱"，假如相应的结论还被应用于其他场合，必然会误导公众。就一个经济体而言，它的经济体系是一个"黑匣子"：从匣子的输入端流入的是资本、劳动力、资源及知识和技术，从匣子的输出端流出的是商品、服务和社会财富，输入端的状态函数和输出端的状态函数之间仅存在某种非线性关系。在这个匣子里，各子系统之间发生强耦合，彼此密切相关又相互作用；作为整体，这个盒子将对任何外部刺激做出响应，并持续从外部持续吸取能量，以实现自身的持续革新和进化。希望把单个经济体的"黑匣子"变成透明的，甚至希望把世界经济的大"黑匣子"变成透明的，也许永远是学者们的美好理想。我觉得，摆脱线性思维模式是全面认识当今世界缠绕盘桓的经济问题的前提。

中等收入陷阱

许多外国人诚恳地告诫中国人不要跌进"中等收入陷阱"，中国人普遍认为存在这个陷阱，很担心自己是否真的会跌入这个陷阱。所谓中等收入陷阱，就是当一个经济体的人均收入达到世界中等水平之后，由于不能顺利实现经济发展方式 9 的转变，导致经济增长动力不足，最终出现经济停滞的一种状态。早在二十余年前，某些拉丁美洲和部分东南亚国家就已达到中等收入水平，但这些年来，它们的经济发展确实显得有些乏力。这些国家的状况正是"中等收入陷阱"这个概念的起源。

就单个经济体来说，跨过中等收入陷阱意味着它的经济应当始终以一定的速率增长。假设它的"黑匣子"能够实现无限度增长，那么，它需要有一个无限大的消费市场，需要有无限多的资本、资源和劳动力。对于一个千万人口量级的经济体，它的内部消费市场是有限的，资本、资源和劳动力供给也是有限的，因此，它必然依赖于外部的消费市场，要尽可能多地把自己生产的产品和服务销售到外部消费市场中去；必然依赖于来自外部的资本和资源，要想方设法去吸引外资，建立外部的资源供应地。假如它进入了人口老龄化阶段，这个经济体还要部分依赖于外部的劳动力供给。这就是所谓"两头在外"的经济体。在全球经济繁荣的时候，这类经济体可以过上一个好日子。但是，一旦外部经济环境出现振荡，甚至爆发区域性或全球性经济危机，导致外部消费市场萎缩、全球性通货紧缩和资源供给波动，两头在外的经济体无法独善其身，会自动感染上经济病毒，咳嗽发烧不止，甚至从此一蹶不振。假如它在经济繁荣时期把内部的普惠福利提高到一个很高水平，甚至大量使用未来的钱（举债）来支撑高福利制度，这个经济体的"黑匣子"就会变得异常脆弱，外部经济环境出现中等烈度震荡，就可把"黑匣子"震到近乎崩溃的边缘。

另一方面，世界上有着若干个亿万人口量级的经济体。与千万人口量级的经济

8　复杂系统（complex system）是一个很难定义的系统，它存在于世界的每个角落。复杂系统的描述性定义是：它是具有中等数目基于局部信息做出行动的智能性、自适应性主体的系统，（1）它不是一个简单系统，也不是一个随机系统；（2）它是一个非线性系统；（3）它的内部有很多子系统（subsystem），子系统可分为更多层次，它们的大小也不相同，这些子系统之间是相互依赖的，彼此间有许多协同作用，可以共同进化。

9　经济发展方式主要指生产要素的分配、投入、组合和使用的方式。

体相比较,这类经济体在经济管理和社会治理中面临更大的挑战,但它们的"黑匣子"具有更大的抗击外部冲击能力,有着更大的回旋余地。更重要的是,国际消费市场的划分和运行是由这类经济体决定的。假如中国不去购买澳大利亚的铁矿石,澳大利亚采矿业的繁荣就会终止;假如中国不再购买东南亚国家和拉丁美洲国家的水果及其他农产品,这些国家的种植业就会陷入困境。当然,这类经济体之间也会传递经济病毒。乌克兰事件爆发之后,俄罗斯遭受西方国家制裁和国际原油价格跳水的双重打击,导致它手中没有像过去那样多的用出售原油和天然气换来的金钱,失去了大量从欧洲经济体和中国购买消费产品的气度和实力,这就使得这两个亿万人口量级经济体的外部消费市场有所萎缩。此外,美国和欧洲这两个亿万人口量级经济体始终竭力保持对某些高技术消费市场的控制权,容不得他人窥视,更容不得他人侵蚀。也许,这就是当今经济全球化条件下的国际分工。在这个分工规则下,一般来说,千万人口量级经济体只能是大宗商品的生产国和出口国,只能从中赚取一些"祖宗留下的钱"和"辛苦劳作的钱",以保持自己那个"黑匣子"相对稳定运转。即使它曾经在某个细分的高技术消费市场里占有一席之地,在某些亿万人口量级经济体强大的技术、资本和市场控制力量的压迫下,最终不得不铩羽而归。

在这里,存在着一个经济体的国内生产总值占世界生产总值的比例的问题。从图 2-1 可以看到,在自从 11 世纪起至 19 世纪中叶近千年的时间里,中国和印度这两个亿万人口量级经济体的国内生产总值约占世界生产总值的 50%。然而,在 19 世纪,欧洲国家、北美国家和亚洲的日本(可把这些国家看作 3 个亿万人口量级经济体)先后完成了工业化进程,蒸汽机技术、冶炼和制造技术、电气技术、化学化工技术、石油化工技术、半导体技术等创造出巨大的社会生产力,极大放大了世界生产总值。此时,中国和印度主体上仍维持着农业时代的生产方式,而后才逐渐进入实现工业化的轨道,它们在世界生产总值中的比例当然地大幅下降。20 世纪 40 年代,中国的人口约占世界人口的 20%[10],但国内生产总值仅占世界生产总值的 6%。因此,数个亿万人口量级经济体的工业化,将会大幅度放大世界生产总值,而某些具有革命性力量的新技术,又是它们工业化进程的催化剂和倍增器。换句话说,在世界经济格局里,如果没有出现这两个因素,各个经济体的经济增长必然处在"常态"之中,即富裕的国家还是富裕的国家,跌入陷阱的国家还会在陷阱中挣扎。这是当前世界的眼光自觉或不自觉地注视着"金砖五国"[11]经济发展的原因。2014 年,中国的人口数量约为 13.69 亿;印度的人口数量约为 11.66 亿;巴西的人口数量约为 1.98 亿;俄罗斯的人口数量约为 1.40 亿;南非的人口数量约为 4500 万,但连同与其紧密关联的南部非洲国家,它也可被看作一个亿万人口量级经济体。在这 5 个国家里,俄罗斯早在 20 世纪 30 年代就实现了工业化,但自 90 年代起,它一直处于经济体制转型和结构调整的阶段,而其余 4 个国家都处在工业化进程之中。虽然这些国家在经济发展中遇到了许多困难,但它们自身就是巨大的消费市场,又是巨大

10 1950 年,全世界人口数量为 25.25 亿,中国的人口数量为 5.63 亿。

11 巴西(Brazil)、俄罗斯(Russia)、印度(India)、中国(China)和南非(South Africa)的英文首写字母组合起来就是 BRICS,与英文表示"砖"的单词"brick"相似。2001 年,美国高盛公司经济学家 J.O'Neill 首次提出了"金砖国家"的概念。

的新兴投资主体，这个优势无人可以改变。改变世界经济格局的潜在力量也许主要蕴藏这些国家之中。

比起亿万人口量级经济体来，千万人口量级经济体更容易跌入中等收入陷阱，更不容易走出这个陷阱。在地缘政治成为决定国际政治关系主要因素的今天，这些经济体要么与现有富裕的亿万人口量级经济体更紧密地捆绑在一起，自觉接受现行的国际分工；要么像欧盟那样，自行联合起来，构建起一个亿万人口量级经济体。在全球经济层面上，若干个亿万人口量级经济体休戚相关，又纵横捭阖，这是否是世界多极化的一种表现形态？

"经济复杂度指数"[12] 和 "出口商品国外增值部分的来源地"[13]

图 2-45 和图 2-46 分别给出了国际货币基金组织关于全球各经济体"经济复杂度指数"和世界银行关于全球主要经济区"出口商品国外增值部分的来源地"的研究结果。图 2-45 还给出了经济复杂度指数的定义，它是"基于某个国家商品出口的种类和复杂程度对其生产性知识的测量"。从图 2-45 可以看到，在"发达经济体"中，四分之三国家的经济复杂度指数值位于 1.2 和 2.0 之间，其中前四分之一国家自 1990 年起经济复杂度指数值明显下降。在"新兴工业化国家"中，自 1990 年起，四分之三国家的经济复杂度指数值明显上升，其中前四分之一国家在 2013 年达到了 1.7 左右，与"发达经济体"中前四分之一国家的数值大致相等。在"拉丁美洲和加勒比海地区国家"里，前四分之一国家的经济复杂度指数值从 1990 年的约 0.3 下降到 2013 年的零值，中间二分之一国家的数值从 1990 年的零值下降到 2013 年的 -0.3 左右。在"新兴市场和发展中经济体"中，自 1990 年起，前四分之一国家的经济复杂度指数值先有所上升，然后又有所下降，1990 年的数值约为零值，2013 年的数值则略高于零值，中间二分之一国家的数值基本上在 -0.5 左右小幅波动。在"撒哈拉以南非洲地区"中，1990 年，前四分之一国家的经济复杂度指数约为 -0.5，而后有所上升，但到 2013 年又回落到 -0.6 左右，中间二分之一国家的数值从 1990 年的 -1.2 左右上升到 2013 年的 -1.0 左右。

在概念上，我们能够容易地理解经济复杂度指数。例如，一个地区最初向其他地区直接输出从农田里收获的麦子；而后，它建立起谷物加工业，向其他地区输出用麦子加工而成的面粉，这样，它在生产过程中使用的生产性知识增多了，它的经济复杂度指数值提高了；后来，它又建立起食品加工业，不但向其他地区输出面粉，而且输出各种用面粉加工而成的食品，它的经济复杂度指数值又提高了；再后来，它建立起食品配送业，向其他地区底层消费者直接配送各种食物产品，它的经济复杂度指数值再次得到了提高。无论是一个地区，还是一个经济体，它的经济转型升级体现在经济复杂度指数值的提高。国内生产总值表示了一定时间内社会生产结果的价值，是衡量一个地区和国家总体经济状况的核心指标，而经济复杂度指标表示了一定时间内知识和技术对社会生产过程的支撑程度，可以作为衡量其经济总体发

---

12 经济复杂度指数的英文为 Economic Complexity Index，简写为 ECI。

13 出口商品国外增值部分来源地的英文为 Origin of Foreign Value-Added in Exports。

展水平的核心指标。我们常说的创新驱动、建设创新型国家,不都是为了提高国家经济复杂度指数值吗?在经济快速发展的初期,用地区生产总值这个指标作为杠杆,就足以调动各个方面的积极性,形成"一心一意谋发展"的局面。进入调整结构、转型升级阶段之后,是否可以用地区生产总值和地区经济复杂度指数作为组合式杠杆,有力促进各个地区乃至整个国家在稳增长的同时、实现产业知识基础和产业技术的大跨越?

从图 2-46 可以看到,在欧洲国家的出口商品中,约 73% 的国外增值部分来自区域内其他国家,约 14% 来自东亚地区国家,约 10% 来自北美和中美地区国家,约 3% 来自南美地区国家。在东亚地区国家的出口商品中,约 57% 的国外增值部分来自区域内其他国家,约 26% 来自欧洲国家,约 13% 来自北美和中美地区国家,约 4% 来自南美地区国家。在北美和中美地区国家的出口商品中,约 43% 的国外增值部分来自区域内其他国家,约 25% 来自欧洲国家,约 24% 来自东亚地区国家,约 8% 来自南美地区国家。在南美地区国家的出口商品中,约 30% 的国外增值部分来自区域内其他国家,约 32% 来自欧洲国家,约 15% 来自东亚地区国家,约 23% 来自北美和中美地区国家。出口商品国外增值部分来源地这个数据反映了相关地区社会生产价值链的全球化程度,也反映了该地区各个国家社会生产价值链的"键连"水平。例如,南美地区国家几乎不能为欧洲国家和东亚地区国家的出口商品提供增值,这说明了它们没有在全球范围、至少还没有在这两个地区中建立起充分的社会生产价值链。又如,对于欧洲国家的出口商品,大部分国外增值可在地区内其他国家内实现,这说明了欧洲国家彼此之间形成了社会生产价值链的充分"键连",从而在全球经济中显现强大的地区竞争力。这是欧盟敢于撇开美国、自行处理类似希腊债务危机、乌克兰危机等这样的地区性事务的底气和实力。相比之下,东亚地区就要差一些了。

对一个地区向外输出的商品(包括出口商品)来说,它的价值增值部分可分为"地区内增值"、"国内其他地区增值"和"国外增值"这 3 个部分。假如在它的价值增值部分中,地区内增值部分仅占很小比例,这说明了该地区的社会生产处在价值链的低端,只能赚取些"辛苦劳作的钱";反之,则说明该地区不但有比较为完整的产业布局,而且形成了较为完整的价值链,总体上,这个地区就会有很强的经济竞争实力。因此,可以认为,一个地区的调整结构、转型升级,就是要提高其向外输出商品的价值增值中的地区内增值部分比例。同样地,对于一个国家的出口产品来说,它的价值增值部分可分为国内增值、国外增值这两个部分,如果国内增值部分在其出口商品的价值增值部分中只占很小比例,这说明这个国家只是一个加工场或产品大国,不是一个产品强国。这个国家的国内生产总值也许会很高,经济体量可能会很大,但它在世界经济舞台上难以扮演有充分话语权的角色。一个真正的世界经济强国,不但要在其出口商品的价值增值部分中保持国内增值部分占有很高比例,而且要为其他地区国家的出口商品提供增值。如图 2-46 所示,假如把欧洲国家视作一个经济体,它在东亚地区国家出口商品的价值增值中占有 26% 的份额;在北美和中美地区国家出口商品的价值增值中占有 25% 的份额;在南美地区国家出口商品的价值增值中占有 32% 的份额。

我们可以拓展出口商品国外增值部分的来源地的概念和评价方法，设计一个向外输出（出口）商品增值部分的来源地[14]指标，来衡量某个地区乃至整个国家的社会生产价值链状况，以及调整结构、转型升级的结果。假如这个指标能够进一步和国内生产总值、经济复杂度指数组合起来，也许能够更加完整地评估宏观经济状况。

国际货币基金组织下调全球经济增长预期

国际货币基金组织（International Monetary Fund，IMF）已调低了对2015年和2016年全球经济增长的预测。它现在预测2015年全球经济增长3.5%，而此前2014年10月它作出的预测是3.8%。2016年的增长预测也被下调至3.7%。

尽管全球经济的一个重要推动作用即油价迅速下跌，对于绝大多数国家来说是正面的，但降低经济增长预期还是出现了。国际货币基金组织预计，经济的增长将大于负面因素尤其是疲软的投资带来的抵消。

对于许多发达国家和新兴经济体国家今后几年经济增长的预测，这份报告依次表述了下调后的预期。如果商业界预期增长更加疲软，就不存在多少销售产品与服务的机会，也就不存在多少对投资的刺激。

通货紧缩的担心

图2-2 欧元区的经济复苏在继续，但不很有力

欧元区是一个很好的例子。国际货币基金组织预期，这里的经济复苏在继续，但不很有力。2015年，欧元区预计增长1.4%；2016年，预计增长1.2%（见图2-2）。

对于欧洲中央银行来说，当务之急是阻截通货紧缩或者价格下跌，现在它已采取了措施。国际货币基金组织首席经济学家O.Blanchard对英国广播公司说，通货紧缩是一股不利的令人担忧的力量，但它"不是死亡之吻……在本质上，它不会使经济复苏脱离轨道"。然而，他承认，通货紧缩可能再次引发欧元区的债务危机。价格下跌是债务人的特定问题，因为他们的收入或者政府的税收可能下降，但债务支付通常不会下降。

在这份修订后的预测报告背后，中国的衰退是另外一个因素。星期二[15]公布的官方数据显示，2014年中国经济增长从2013年的7.7%降至7.4%。国际货币基金组织预测2016年中国经济增长6.3%，而至2010年的30年间，中国经济的平均增长率是10%。

O.Blanchard说，国际货币基金组织"对这（指中国经济增长放缓）将是一个

---

14 英文可写为 Origin of Value-Added in Exports，缩写 OVAE。

15 指2015年1月20日。

有序的放缓非常有信心"。这份报告称，中国经济增速放缓将对亚洲其他新兴经济体有重要影响。

美国的力量

所有指标都出现最尖锐下跌的是俄罗斯，它被预测其经济在 2015 年会收缩 3%，2016 年会收缩 1%。这是油价下跌的结果，也是这份报告所称的地域政治紧张局势增加的结果，换句话说，是乌克兰危机和西方国家对俄罗斯制裁的结果。

对于另一个石油出口国尼日利亚来说，经济增长也出现了快速下滑，虽然修订后的 2015 年 4.8% 的预测仍将显示强劲的增长。如果不出现下滑，尼日利亚的经济增长将是令人印象非常深刻的。

存在着与更悲观预测相反的例外。重要的例外是美国，现在的预测是 2015 年经济增长 3.6%，2016 年增长 3.3%。这远低于中国数据，但是，即使经济放缓，这个数据也是意料之中的。新兴经济体通过采用已在发达国家建立的技术，能够实现更快的经济增长。

对于英国，2015 年的（经济增长）预测仍然为 2.7%，2016 年削减到 2.4%。O.Blanchard 认为英国的前景是合适的，但是他说，欧元区的疲软可能对英国经济充当"刹车"的角色。

经济危机结束吗?

因此，从全球经济危机最紧张阶段起，已过去了 6 年，到什么程度，我们不会再提经济危机呢?

O.Blanchard 告诉英国广播公司，为了所有的实际目的，许多国家已不再提经济危机了，尤其是美国。但是，（经济危机）有着另外的"使高负债和必须小心谨慎的国家不能放开手脚"的遗产。他说，这将需要很长时间来纠正。他把日本描绘成一个极端的例子。他的总体评价是，"一些遗产消失了。一些遗产将需要很长时间。情况正在改善。并非像我们想象的那样快，但这些遗产正在消失"。（www.bbc.com，原文标题是 *IMF downgrade global growth forecast*，2015 年 1 月 20 日下载。）

▌缠结的焦虑

根据市场的知识，2015 年 1 月应是一个好月份。在证券交易所开门迎接新年的时候，投资者们注入了新的资金，使得股票价格上涨，创造了精明人试图"冲浪"的"1 月效应"。但是，寻求迅速捞把钱的投机者因 1 月份 7 国集团的主要股市指数全部下跌而感到失望。许多投资者有着自 2008 年以来最为糟糕的 1 月份。这不只是股票价格下跌，石油、天然气和金属的价格也正在下跌。市场溃败有许多原因，但是，最近几天的主要动向是担心已经疲软的世界经济还会进一步放缓。

2015 年 1 月 13 日，世界银行把当年全球经济增长预期从 3.4% 调低至 3%。与 2010 年一样，存在着对希腊退出欧元区的担忧。但在 5 年前，德国的经济增长接近 4%，巴西、俄罗斯、印度和中国（金砖四国，BRICs）夸耀有着 9% 的平均增长率。

这样的活力已经没有了。2014 年，德国经济仅增长了 1.5%，金砖四国经济增长下降到略高于 5%。

不断萎缩的需求和对未来经济更加疲软的担忧解释了为什么许多商品价格的下降会突然加速。令人担忧的是中国，因为在工业企业使用的铝、铜、铅、镍、锡、锌等金属中，有一半是被中国公司买去的。对中国经济增长的预测数正在逐渐减小（世界银行现在预计 2015 年中国经济增长 7.5%）。带来的结果是市场溃败：铜的价格已跌至 5 年来的最低点（见图 2-3）。由于需求萎缩削低了金属价格，矿业公司已经遭受严重的打击。2015 年 1 月 14 日，被列入伦敦股票交易

图 2-3　在铝、铜、铅、镍、锡、锌等金属中，有一半是被中国公司买去的

所 FTSE 指数的矿业公司——Glencore 公司和 Anglo American 公司的股票价格双双下跌 9%。

危险的是，即使目前强劲的经济领域也出现了疲软的迹象。在英国，商业投资此前是这个国家经济增长的贡献者，现在也在衰退。在美国，2014 年 12 月份的零售销售比 11 月份下降了 0.9%，表明美国的消费者也在减少开支。其中一个原因可能是疲软的工资增长。2014 年，美国平均工资仅上涨了 1.6%；英国平均工资上涨了 1.4%。尽管创造工作岗位稳步增长，失业率下降到 5.6%，但美国的平均工资在 2014 年 12 月份下降了。

但是，所有这样的萧条必须与某些令人振奋的大理由进行比较。石油价格的戏剧性下降更多是由于丰富的供应，而不是需求的意外疲软。一年前，作为全球石油价格基准的布伦特原油价格接近每桶 110 美元。2015 年年初，它的价格低于每桶 50 美元。根据美国政府说法，美国石油产量增长了一半以上，推动美国的石油储备在 2014 年达到了过去 80 年来的最高水平。自然地，供给的急速增加压低了油价。

廉价的汽油、柴油和随之而来的取暖油将使消费者感到兴奋。假如汽油价格像石油那样下跌三分之二，一个美国家庭每年能够节约约 2000 美元，相当于工资上涨 4.5%。廉价的石油使得印度中央银行出人意料地在 2015 年 1 月 15 日下调利率。廉价的石油也带来使发达国家转入通货紧缩的风险。

在金融市场里，乐观的理由和悲观的理由之间存在张力，这是显而易见的。更低的投入成本，更便宜的燃料给消费者带来的刺激，应当提高大量使用能源的公司和向消费者销售能源的公司的收益。同时，美国的能源公司将补回很大一部分股市市值。

美国芝加哥期货交易所的市场波动指数 VIX（CBOT Volatility Index）被冠以"恐慌指数"的绰号，它在 2015 年 1 月 14 日发生跳动。其他评价投资者恐慌的指标当日也不断上升。金价也在慢慢上涨。国家债券的收益率被认为是一种安全的赌注，但也发生了萎缩：德国 10 年期国债的赢利低于 0.5%，创下了历史新低（见图 2-4）。

下一步各国中央银行将会做些什么，存在着很大的不确定性。跌入通货紧缩带来了对预计 2015 年美国和英国提高利率的质疑。2015 年 1 月 15 日，瑞士国家银行因移除了其对法郎设置的上限而震动了市场，法郎对欧元的比价立即上升 14%。最近几天，一项初步的法律裁决为欧洲中央银行采取量化宽松政策铺平了道路。不断衰弱的市场是否能说服（欧洲中央银

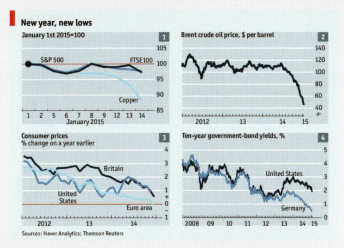

图 2-4　该图的标题是"新的一年，新的低点"。图 1 的左上角写着"2015 年 1 月 1 日 = 100"；图 2 的左上角写着"布伦特原油价格，美元 / 桶"；图 3 的左上角写着"消费者价格，同比变化%"；图 4 的左上角写着"10 年期政府债券收益率，%"

行）董事会里的鹰派人物（采取量化宽松政策），目前尚不清楚。（www.economist.com，原文标题是 *A tangle of anxieties*，2015 年 1 月 18 日下载。）

▌油价在每桶 55 美元处停留

　　等待油价回到每桶 100 美元？不要浪费你的时间。根据一份新的报告，这件事不会很快发生。国际能源机构（International Energy Agency，IEA）说，在可预见的未来，油价将持续停留在大幅低于过去三年的高价位的水平上。该组织的中期预测认为，2015 年的油价平均值为每桶 55 美元，而油价达到每桶 75 美元需要 5 年时间（见图 2-5）。

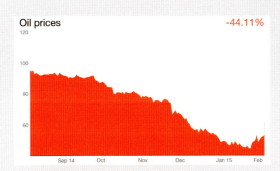

图 2-5　2014 年 9 月至 2015 年 2 月期间国际石油价格的变化

　　石油供给将比此前预计的更缓慢地增长，同时，石油生产商大幅削减开支，以抵消低油价的影响。但是，国际能源机构说，石油生产商也不能指望需求会快速增长。

　　目前，中国是全球最大的石油进口国，在过去的 15 年里，一直驱动着全球石油需求的增长。但是，由于消费逐渐取代制造和出口而成为中国经济的引擎，中国的石油需求增长未来将变得非常缓慢。

　　总部位于巴黎的国际能源机构一直监视全球最富裕国家的能源市场趋势，它说，低油价会因生产国不同产生相异的影响。

在接下来的几年里，美国的生产商会在油价的冲击下重整旗鼓，继续攫取世界石油产量的更大份额。另一方面，俄罗斯将会遇见受低油价、制裁和卢布价值波动影响的石油生产合同。石油输出国组织（Organization of Petroleum Exporting Countries，OPEC）将增加其在全球石油供给中的份额，但不太可能恢复其在美国页岩油热潮之前具有的影响。（www.cnn.com，原文标题是 *Oil at $55 per barrel is here to stay*，2015 年 2 月 10 日下载。）

▌一个痛苦的世界

仅有流行音乐和色情作品比银行更加敏锐地"拥抱"全球化。自 20 世纪 90 年代以来，有三种类型的国际公司出现了。像高盛公司（Goldman Sachs）那样的投资银行进行证券交易，迎合来自中国香港、新加坡等少数金融中心富人们的要求。有一些银行，如西班牙的桑坦德银行（Santander Bank）已经"本土化"了，在多个国家里建立了深厚的零售银行业务。但是，最流行的方式是"全球网络式银行"：从贸易、贷款到在许多国家里为跨国公司挪动资金，它们无所不能；在某些场合，它们又像全能银行，做着从债券交易到汽车贷款的所有事情。6 个最大的银行名字点缀着世界各地的摩天大楼。

在 2008 年至 2009 年期间，这种全球银行模式遇到了一场合理的危机：只有花旗集团（Citigroup）需要全方位的保释。然而，现在麻烦了。最近几周，摩根大通公司[16]（JPMorgan Chase）老板 J.Dimon 被迫应付使其银行解体的问题。汇丰银

图 2-6　银行业：一个痛苦的世界

行（HSBC）的头 Stuart Gulliver 放弃了他在 2011 年担任这个职务时制定的财务目标。花旗集团正在等待来自美国联邦储备委员会（Federal Reserve）年度检查的结果。假如花旗集团破产了，对"安乐死"（mercy killing）呼声将会震耳欲聋。德意志银行（Deutsche Bank）可能进一步萎缩。在亚洲、非洲和中东地区经营的渣打银行（Standard Chartered）正与其长期的老板 P.Sands 分道扬镳（见图 2-6）。

全球银行长期以来一直嘲笑的国内银行却干得更好。在英国，劳埃德集团（Lloyds）已在过去两年里巧妙地复苏。在美国，以其股票价格相对于账面价格为基础的最受好评的银行是富国银行（Wells Fargo）和许多中等规模的银行。

全球银行的恐慌反映在它们近期疲软的成绩单：以上提到的总共 5 家银行报告，

---

16 摩根大通公司的总部位于美国纽约市，2008 年总资产 20 360 亿美元，总存款额 10 093 亿美元，占美国存款总额的 10.51%。2011 年，摩根大通公司的资产规模超过美国银行，成为全美最大的金融服务机构。摩根大通公司是 2000 年由大通银行（Chase）和 J.P. 摩根公司（J.P.Morgan）合并而成，并于 2004 年与 2008 年分别收购了芝加哥第一银行（Bank One Corporation）、华盛顿互惠公司（Washington Mutual Inc.）和贝尔斯登公司（The Bear Stearns Companies, Inc.）。

2014 年，净资产收益率仅为 6%。只有摩根大通公司做得还算好（见图 2-7）。投资者担心，这些数据暴露了一个更深层次的战略问题。存在着不断增长的忧虑，就规律性和复杂性而言，开拓国际市场的成本超过了潜在的收益。

　　这一切似乎远比 20 年前（的情况）乐观。那个时候，银行认为，全球化将导致贸易扩张和资本流动。少数公司试图抓住这次发展机会。绝大多数银行沿袭了某种形式的全球网络架构。一个多世纪以来，像法国巴黎银行（BNP Paribas）和德意志银行那样的欧洲银行一直在国外开展业务。汇丰银行和渣打银行有着大英帝国时期的银行家。花旗集团在一个世纪前就走上了一条国际大扩张之路，大通公司现在是摩根大通公司的一部分，在 20 世纪 60 年代和 70 年代就开设了许多国外分支机构。

　　随着它们在 20 世纪 90 年代和 21 世纪第一个 10 年期间的扩张，所有这些公司都集中在跨国公司的业务上，跨国公司需要像贸易融资、货币交易、现金管理等这样的服务。但是，所有这些公司的扩张在不同程度上和不同方向上超出了上述业务范围，今天，这些业务通常只占销售额的四分之一。德意志银行和渣打银行扩充了投资银行业务。法国巴黎银行在美国建立了零售业务。最极端的是，花旗集团和汇丰银行通过大量收购，试图在任何地方、为所有的人做所有的事情。它们在德里销售衍生产品，在底特律创造次级债务。

　　这种全球银行模型因三个原因而处于麻烦之中。首先，这些巨型公司证明是难以管理的。它们的子公司费劲建立共同的信息技术系统，更不用说建立一种共同的文化了。协同效应一直是难以实现的事情，全球银行成本与收入的比例，因许多国家的成本膨胀，很难比本地银行的更好。结果是，这些公司时常想迅速捞一笔钱。在 2005 年至 2008 年期间，花旗集团进行了一次自杀式行动，涉足抵押贷款支持的债券。渣打银行则贷款给负债累累的亚洲富豪。

　　其次，竞争证明比预期更加激烈。21 世纪初的金融泡沫导致二流银行，如英国巴克莱银行（Barclays）、法国兴业银行（Société Générale）、荷兰银行（ABN Amro）、苏格兰皇家银行（Royal Bank of Scotland，RBS）在全球扩张，侵蚀利润。2007 年，苏格兰皇家银行投标收购了荷兰银行，为了与大型网络型银行不相上下。很快，它就破产了，证明了"两狗成不了一虎"（two dogs do not make a tiger）。这些全球银行巨头也丢失了亚洲的市场份额，所谓的"超级地区"银行，如澳大利亚的澳新银行（ANZ）、新加坡的星展银行（DBS）等，占据了这些份额。新兴市场的大型本地银行，如中国的工商银行、巴西的伊塔乌联合银行（Itaú）、印度的工

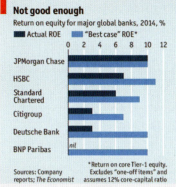

图 2-7　本图主标题是"不是足够好"；副标题是"主要全球银行的净资产收益率，2014 年，%"；图例从左至右分别表示"实际净资产收益率"、"最佳净资产收益率"。图的纵坐标自上而下列出了 6 家全球银行，它们依次是摩根大通公司（JPMorgan Chase）、汇丰银行（HSBC）、渣打银行（Standard Chartered）、花旗集团（Citigroup）、德意志银行（Deutsche Bank）和法国巴黎银行（BNP Paribas）。在图的右下角对"最佳净资产收益率"作了定义，它指"第一层核心资产收益率，不包括'一次性'项目，假设核心资本比例为 12%"

业信贷投资银行（ICICI）等，也开始建立跨国经营业务。

假如管理不善和严酷竞争是金融危机之前的问题，那么，金融危机之后，监管方的反应是不留情面的。美国政府官员已经开始加强对洗钱、逃税和制裁的严格规定，这意味着全球银行如果希望继续进入美国金融体系，就必须了解它们的客户，必须了解客户的客户，美元是世界储备货币，进入美国金融体系是必不可少的。巨额罚金已在渣打银行、法国巴黎银行、汇丰银行及其他银行中强制征收，因为它们破坏了这些规矩。

同时，银行监管机构对全球银行强制实行了更高的资本标准。绝大部分全球银行既面对着国际"Basel 3"管理体制[17]，又面对着本地或地区管理制度的"大杂烩"。一个经验法则是，大型全球银行需要相当于其12%至13%的风险调整资产的股本缓冲（或者一级核心资本），相比于国内银行，它们只要有相当于约10%的风险调整资产的股本缓冲。各国的监管机构越来越强烈要求限制全球银行本地业务的资金用途，限制它们在全球范围内挪动资本的能力。使监管机构高兴的体系运营成本是巨大的。2014年，汇丰银行的合规成本上升到24亿美元，比2013年高出50%。摩根大通公司比2011年多支出了30亿美元用于控制。经验法则就是，监管将是必要的。

衡量这些企业生存的一个指标是它们的"最佳"净资产收益率（即假设巨大的一次性法定罚款和过去5年发生的重构成本突然停止，但是，新的资本标准全面实施）。在这个基础上，绝大部分全球银行仅仅达到了10%（见图2-7）。总的数据掩盖了大量的腐烂。经过30年试图从其亚洲基地出发实现多样化之后，汇丰银行仍然将大量的钱放在亚洲，其三分之二业务大部分表现不佳。摩根大通公司的利润更均匀地分布，但约三分之二的业务跌过10%的底线。渣打银行也是如此。从外部的，可能也从内部的，花旗集团的报告体系过于粗糙，以致不能做出合适的判断。德意志银行看上去比其他大多数银行更好一些，但它的许多竞争对手对其资本计算方法提出了质疑。

对这些银行生存能力的另一项测试是将其全球收益与成本进行比较。2015年2月份，摩根大通公司说，从其规模获得的收入上升和成本减少达到了一年60亿美元至70亿美元。存在着一个貌似合理的情况，它必须持有额外资本及其复杂性带来的监管成本，从而抵消大量的利润（如果敢于披露，其他银行的数据可能看上去更加糟糕）。规模似乎并不意味着资金成本更低。购买信贷违约互换不会更加便宜，假如一个借贷者破产，信贷违约互换要支付相关费用，因此，在摩根大通公司和花旗集团而不是在其他中等规模银行的负债里，信贷违约互换是借贷成本的合理代表。债券投资者认为所有借贷成本得到政府的支持。

全球银行的财务观点不再显得有说服力。解读这些公司甚至是极不愉快的。在任何情况下，管理者和投资者看到了两道可能的"阳光"。一道"阳光"是美国逐步上升的利率：摩根大通公司觉得到2017年，利率上升可能使其利润增加五分之一。另一道"阳光"是竞争下降，这将使管理者和投资者提高价格。第二层级银行的退

---

17 "Basel 3"管理体制，中文译为"巴塞尔协议Ⅲ"或"巴塞尔协议第三版"，指由国际清算银行制定的。得到世界各主要经济体中央银行（即巴塞尔银行监理委员会）同意实施的全球金融监管标准。它通过设定资本充足率、压力测试、市场流动性风险等方面的标准，解决2008年国际金融危机中显现出来的金融体系监管不足的问题。

出应当减少竞争，2015 年 2 月 26 日，苏格兰皇家银行说，它将收缩自己的商业和投资银行业务，2008 年，在其最盛时期的顶峰，它在超过 50 个国家里开展这些业务，现在将收缩到 13 个国家。

然而，总有新的竞争者去压低利润的幅度。日本的银行自 20 世纪 80 年代以来第一次处在跨境借贷的"欢乐"之中。中国的银行正稳步扩张。西方的网络型银行认为，全球化将会导致在全球流通的资金量大幅增加的假设是正确的。它们还必须解决从全球化中使其业务兴隆的问题。（www.economist.com，原文标题是 *A world of pain*，2015 年 3 月 8 日下载。）

全球经济有"泰坦尼克号问题"

2015 年，美国经济的"航船"已出现了倾覆的迹象（见图 2-8）。经济增长一直疲软，消费者仍然不想花钱。一位悲观的经济学家认为美国和全球经济的"航船"将在不远的将来撞向下一座冰山，即经历另外一场衰退。香港 - 上海汇丰银行首席经济学家 S.King 说，"世界经济的'航船'在没有可在紧急情况下使用的救生船的条件下在大海中航行"。

图 2-8　美国经济的"航船"已出现了倾覆的迹象

在一份严肃的题为《世界经济的泰坦尼克号问题》（*The world economy's titanic problem*）的 17 页报告里，S.King 认为，政府赤字太大，债务水平太高，把美国放在了"撞向"另一次经济衰退的轨道上。

现在，通常刺激经济增长的"救生船"，诸如降低利率或大量增长政府支出，已不再有效。S.King 警告说，对许多国家来说，防止经济下滑转变成更加糟糕的事情是非常困难的。

许多经济学家对 S.King 关于美国经济"在它的地平线上有着另一次经济衰退"的观点没有相同的感受。事实上，许多经济学家认为，在全球经济舞台上，美国经济是一个亮点，尤其是强劲的就业增长。不过，听完华尔街券商的看法是很重要的，他们有时是很痛苦的。

S.King 认为美国经济在短期内可能遭到重创的四种方式如下。

（1）工资增长可能导致股市下跌。在美国经济中，工资增长不足始终是一个关键弱点。这是为什么许多家庭一直没有感受到 6 年来经济复苏好处的主要原因。S.King 说，假如作为经济活动的工资增长仍然不温不火，它将导致股票价格下跌。2015 年早些时候，像沃尔玛（Walmart，WMT）和塔吉特公司（Target，TGT）那样的大型零售商宣布大幅提高员工的工资。上星期三[18]，人口普查显示，与去年同期相比，4 月份零售销售持平。不过，考虑到近期工资增长一直缓慢，增加工资的压力似乎不太可能引发一次股市大跌。

（2）中国经济出现衰退？中国经济增长正在放缓不是什么秘密。但是，从根本

18　指 2015 年 5 月 6 日。

上说，中国经济增长正从"闪电式速度"向"巡航速度"转变。考虑到在 2015 年第一季度里中国经济增长了 7%，与此相比较，美国经济同期仅增长了 0.2%。S.King 说，如果中国开始面临经济负增长，全球经济将变得疯狂。商品价格已经出现下跌，此时它将会出现暴跌；美元已很强劲，此时它将会变得更加强劲，甚至变得过于强劲。新兴市场国家是美国和中国的主要贸易伙伴，此时它们将会受到重创。S.King 认为，"美国最终通过其无法控制的力量被拖入经济衰退"。不过，中国经济在本年度放缓幅度过大，以致它跌入一场经济衰退是不可能的。

（3）美联储（Federal Reserve）行动过快。每个人都在等待美联储备受关注的加息。这次加息可能在 6 月份出台，但许多人认为这次加息在 9 月份或更晚时候之前是不会发生的。美联储在 2008 年 12 月使它的关键利率为零，以帮助房地产市场和经济的复苏，这影响了数百万计的美国人和全球市场。自 2006 年以来，美联储一直没有提高利率。S.King 说，假如美联储动作过快，并在市场做好准备之前提高利率，美国经济将会萎缩。但是，美联储似乎赞同一种缓慢且稳定的办法。意外加息将会违背美联储主席 J.Yellen 在本年度发表的意见。

（4）养老金和保险负担过重。S.King 说，越来越多的养老基金不能满足它们履行财务责任的需要。例如，根据穆迪公司（Moody）2014 年 12 月发表的一份报告，美国新泽西州两个最大的养老基金在 10 年里会把钱花完，芝加哥州因它的养老金问题，被穆迪公司给出了垃圾债券评级。根据位于纽约的风险管理公司——韬睿惠悦（Towers Watson）公司的报告，2013 年，美国的养老金市场达到 180 亿美元。这是数倍于其他任何国家的养老金资产。因此，存在着支持 S.King 看法的证据。不过，养老基金的规模是否会扭转 6 年来股市行情上涨和经济复苏还不清楚。（www.cnn.com，原文标题为 *The global economy has a "titanic problem"*，2015 年 5 月 14 日下载。）

┃"末日博士"：这个"时间炸弹"将触发下一场金融崩溃

那位对 2008 年金融危机作出预警的人正在发出关于什么事情可能引起下一场金融危机的警报。N.Roubini 因他的"黑色预言"而拥有"末日博士"的绰号，在《星期一卫报》（*The Guardian on Monday*）的一个专栏上，他警告存在着"流动性时间炸弹"（liquidity time bomb），担心这个"炸弹"最终引发经济泡沫破裂，导致经济崩溃（见图 2-9）。

纽约大学经济学教授 N.Roubini 加入了越来越多关注流动性问题的观察家行列。流动性是金融市场的命脉。流动性测量了投资者是否容易地迅速抛售股票和债券。当投资者感到担忧但不能出售自己的股票的时候，这会引起更大的恐慌。

图 2-9 "流动性时间炸弹"（liquidity time bomb）可能最终引发经济泡沫破裂，导致经济崩溃

是否更多的"闪电霹雳"正在来临？N.Roubini（见图2-10）指出了一些可怕的事件，以证实自己关于投资者应当对"严重的市场流动性"问题感到担忧的看法。全球的投资者受到了2010年闪电式暴跌的惊吓，在恢复正常前的约半个小时里，纽约道琼斯工业指数暴跌了近1000点。此后，2013年春天出现了"锥状脾气"（taper tantrum），这个时候，在美国联邦储备委员会主席的B.Bernanks建议终止量化宽松政策后的几天里，债券收益率飞涨。

图2-10　拥有"末日博士"绰号的纽约大学经济学教授N.Roubini

只是在2014年秋天，债券自身有了一次"闪电式崩盘"，在出现反弹前的一天里，债券神秘地发生了戏剧性暴跌。一位美国联邦储备委员会官员说，在这次事件中，流动性降低也许起了作用。

那么是什么导致了流动性问题呢？N.Roubini指出了3个主要因素。（1）羊群行为（herding behavior）：闪电式快速交易补偿了股票市场上越来越大的活动量，这导致了股票市场上的"羊群行为"和"扎堆交易"，在意想不到的事情发生、每个人同时想退出股票市场的时候，这些行为可能会导致混乱。（2）债券不是股票：记住收益固定的资产不在高度流动的股票市场上交易是重要的，这些资产大多数在流动性不足的场外交易市场里转手，正如N.Roubini指出的那样，尽管如此，投资者能够一夜之内兑现，这会造成像2007年至2008年期间冲击抵押贷款市场那样的大甩卖。（3）银行是个"说唱歌手"：在紧张的时候，投资银行过去在债券市场里起着"市场稳定器"的作用，然而在今天，投资银行并不提供这样的安全网，因为后危机时期的监管迫使投资银行成为债券市场里规模更小的玩家。

美国联邦储备委员会扮演怎样的角色？具有讽刺意义的是，为了应对2008年金融危机，美国联邦储备委员会和其他国家的中央银行创造了大量的流动性，在此之后，对金融市场流动性的担心出现了。这些应急行动有助于保持债券市场相对平静，有助于去除像股票和位于世界各地、包括在美国的房地产那样的有风险资产。

然而，N.Roubini和其他人害怕所谓的"印钞票"（money printing）在各种市场里增加了形成资产泡沫的风险，这包括创业企业、高技术股票、债券和豪华房地产等。大量投资者已涌入这些市场，但是他们能够从这些市场退出吗？

N.Roubini相信，我们将会看到更多的"闪电式崩盘"，尤其在资产泡沫继续膨胀的时候。他写道，"随着投资者拥入价值高估而且越来越缺乏流动性的资产，例如债券，一种长周期崩溃的风险增加了。市场缺乏流动性最终将引发经济泡沫破裂，导致经济崩溃"。（www.cnn.com，原文标题是 Dr. Doom: This "time bomb" will trigger next financial collapse，2015年6月3日下载。）

小心点

图 2-11 现在是宣布反抗金融混乱和通货紧缩的斗争取得胜利的时候了

环视发达国家受到重创的经济，现在是宣布反抗金融混乱和通货紧缩的斗争取得胜利的时候了（见图 2-11）。国际货币基金组织说，2015 年，每个发达国家的经济都将实现增长，这是自 2007 年以来的第一次。发达国家经济增长率自 2010 年以来将首次超过 2%，美国中央银行（即美国联邦储备委员会）可能首次提高它的最低利率。

然而，从希腊债务的"长篇故事"到中国动荡不止的市场，全球经济仍然面临着各种各样的危险。几乎没有哪个经济体经历 10 年的时间而没有步入经济衰退期，而美国的经济在 2009 年开始增长。索德定律（Sod's law）[19] 判断，各国的政策制定者或早或晚会面临另一次经济衰退。危险在于各国政府和中央银行已耗尽了它们的"战略储备"，将没有"弹药"去对抗接下来的经济衰退。自相矛盾地，减少这个风险需要愿意保持政策宽松一段时间。

烟雾正在消失

好消息主要来自美国，它领跑了发达国家世界经济。2015 年第一季度，美国经济出现了意外的收缩，这看上去像个暂时的问题，主要归因于气候因素。最新的数据，包括急剧上涨的汽车销售和另一轮强劲的就业数据，表明经济增长速度正在反弹。2015 年 5 月，美国公司聘用了 28 万新工人。老板们至少正在为找到他们需要的工人付出更多的努力。

在发达国家世界的其他部分，事情也有起色。在欧元区，失业率正在下降，价格再次上涨。英国的经济复苏已少了些吹嘘，但强劲的就业增长表明它的经济增长将持续下去。2015 年第一季度，日本在前面"叫唤"，经济以年 3.9% 的速率增长。如此广泛和持久的经济复苏并非偶然。

不可避免地，经济脆弱依然存在。欧洲债台高筑，严重依赖出口。日本还不能控制住通货膨胀。在美国，工资增长可能快速削减企业收益和价值。新兴经济体国家占了后金融危机时期世界经济增长的大部分，曾经有过一段好日子。预期巴西和俄罗斯两国的经济在 2015 年萎缩。糟糕的贸易数据表明，中国经济增长可能以快于其政府希望的速度放缓。

假如这些令人担忧事情中的任何一个引发了一次经济衰退，这个世界将是一个烂摊子，束手无策。如同我们的"回旋余地"（wriggle-room）排名显示的，无论经济衰退的起因是什么，很少有那么多的大型经济体缺乏管理经济衰退的能力。自 2007 年

19　索德定律（Sod's law）是一个公理的名称，它可表述为"假如某些事情可能会发生错误，那么它们将会发生错误"。在英国文化里，索德定律又可表示为"最糟糕的事情可能发生"，或者"最好的希望，做最坏的准备"。

以来，发达国家平均债务与国内生产总值比例（debt-to-GDP）已上升了约50%。在英国和西班牙，债务已增加了一倍多。没有人知道债务的上限在哪里，但是，希望挥霍的政府将不得不去说服紧张不安的选民和提心吊胆的债权人。那些只有微弱能力进入债券市场和处在欧元区外围的国家，也许没有能力推出大规模财政刺激计划。

货币政策也是非常狭隘的。美国联邦储备委员会最近一次提高利率是在2006年。英格兰银行的基准利率为0.5%。可追溯到17世纪的记录显示，2009年之前，这个基准利率从未跌至2%以下，期货价格表明，到2018年年初，基准利率仍只有1.5%左右。与欧元区和日本相比，英国的基准利率是正常合理的，在这些国家，2018年的基准利率预测将保持接近于零不变。换句话说，当各国中央银行面对各自下一次经济衰退的时候，下调利率就会冒没有任何空间来刺激经济的风险。这将使下一次衰退更难逃避。

合乎逻辑的回答是，尽快回到正常情况。利率越早提高，中央银行越早回到当经济麻烦来临的时候可再次削减利率的位置。债务越快削减，政府越容易借贷，以躲避经济灾难。这听起来似乎很有道理，但是错误的。

在工资持平和通货膨胀远低于中央银行目标的时候，提高利率就要冒把经济推回到通货紧缩边缘、引发中央银行正试图避免的衰退的风险。当中央银行早就提高了利率、如同欧洲中央银行在2011年所做的那样的时候，它们就是做出了有伤害的事情，会被迫改弦易辙。在工资上涨之前等待是牢靠的，通货膨胀至少会回到控制目标水平。对于一个经济体来说，比起过早提高利率来，有点过高的通货膨胀只会带来更少的危害。

由于美国经济复苏最为强劲，因此美国是关于如何快速恢复正常货币政策的争论十分激烈的地方。在美国联邦储备委员会，鹰派的观点认为，由于失业率低于6%、招聘以一种"炙热"的速度持续下去，显然现在是开始提高利率的时候。鹰派的观点还认为，工资和价格会捆绑在一起，在未来一起上涨。同时，过低的利率正在扩大资产价格，制造长期的金融风险。这些风险是真实存在但容易操控的。监管机构通过关于杠杆作用和流动性的严格规则，具有把"空气"从资产价格中"挤"出来的能力。比起一个想冒又不敢冒通货紧缩风险的经济体，一个有充分就业和健康的通货膨胀水平的经济体将更好地抵御金融动荡。

最好的防卫

各国政府也能做点事情。存在着不会对经济增长产生多大刺激的基础设施投资。经济合作和发展组织（Organization for Economic Cooperation and Development, OECD）是全球最富裕国家的俱乐部，这个组织在英国财政大臣G.Osborne所提削减公共开支的规模和速度的关节点上，正当地斥责了他的计划。对一项使债务得到控制的政策来说，经济增长比紧缩更好。而各国政府应当把它们的精力转移到针对产品市场和劳动力市场早该进行的改革。开发产品市场来鼓励企业。在灵活的合同之下自由聘用工人，是使人们摆脱失业的最好方法。产品市场和劳动力市场的改革使得一个经济体更好地应对下一次冲击。

在击退了金融危机之后，各国政府和中央银行都热切希望回到正常状态，这是可以理解的。实现它们目标的途径是让经济复苏首先与增强经济实力结合起来。（www.economist.com，原文标题是 *Watch out*，2015 年 6 月 12 日下载。）

比看上去更好

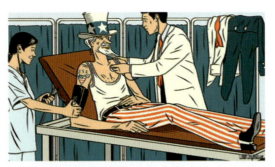

图 2-12　美国的经济比看上去更好

　　近来，美国经济领先世界的方法之一是它无与伦比的传递出混杂信息的能力（见图 2-12）。在 2015 年，已过去的 6 个月提供了一个最贴切的例子。2015 年是以看起来非常好的事情开局的：2014 年年末，美国经济强劲增长，导致国际货币基金组织预测 2015 年美国国内生产总值将增长 3.1%；美国国会预算办公室（Congressional Budget Office）是美国的财政监督机构，它预测今年美国经济将增长 3.4%。虽然在 2015 年 3 月至 4 月坏消息增多了，但到了 5 月，美国官方数字才证实下跌的投资和出口表明 2015 年第一季度美国国内生产总值实际上已跌至年度 0.7% 的增长率。此后，好消息又回来了。6 月初，来自美国劳工统计局（Bureau of Labour Statistics，BLS）的数据显示，在 2015 年的第一季度，美国的小时薪酬以年 3.3% 的比例增加；5 月，美国增加了 28 万个工作岗位，这两个数据远好于经济学家们的预测。

　　美国经济这种或热或冷的模式正变得让人熟悉。2014 年，更为温和的增长 2.4% 预测也受到当年疲软开局的冲击。自 2010 年恢复增长以来，美国经济从未超过全年 2.5% 的增长，而是常常低于这个数字。这使得一些经济学家担心美国经济将再也回不到金融危机之前年 3% 的增长率，相反可能牢牢陷在一个低增长的"车辙"之中。

　　假如这些经济学的预言是正确的，那么这可能是远远超出美国范畴的大问题。世界经济将缺乏动力，巨大的新兴市场此前是可靠的增长引擎，现在却艰难前行。巴西、俄罗斯面临着严重的经济衰退，中国的经济正在放缓。国家货币基金组织自 2007 年以来首次预测，2015 年，各个发达经济体可能以总体上 2.4% 的速率增长。但是，假如没有美国的动力，全球经济的复苏可能就会停滞。

　　悲观主义者把持续疲软的消费和缓慢上升的储蓄率作为全球迫切需要的美国经济增长不能被指望的信号来引用。然而，与乐观主义者一样，悲观主义者持续说着他们的故事，这些故事又被并不合适的"指示物"打断。

　　在 2015 年到目前为止的数据基础上，乐观主义者有着更好的案例。2015 年第一季度糟糕的业绩能够归因于两个特定的冲击，一个冲击是石油价格下跌，另一个冲击是美元升值。现在，这两个冲击似乎都已过去，至少前一个冲击不太可能重现。由于家庭债务比过去低很多，以及工资上涨，美国的经济可能看起来比许多人的预计强很多。在未来的 6 个月里，人们更少担心经济增长是否会恢复，更多关注金融泡沫是否会怂恿美国联邦储备委员会在增加工资换取经济增长足够动力之前提高利率。如果是这样，美国经济进一步增长的现实希望就可能受到冲击。

石油价格从 2014 年 7 月的每桶 104 美元下跌至 2015 年 1 月的每桶 47 美元，除了始于 2008 年秋季的"跳水"但很快实现部分反弹之外，这是石油价格自 1986 年以来 6 个月内最大幅度的跌落。对于消费来说，这样的下跌被合理地预测是个好消息，但对于使美国成为世界上最大石油生产国的公司来说，它却不是个好消息。

这些企业以惊人的速度作出了反应：到 2014 年 11 月，即石油价格开始下滑之后的仅仅 4 个月，美国实际运行的石油钻井平台数量开始下降（见图 2-13）。贝克休斯公司（Baker Hughes）是一家咨询公司，根据它的报告，一年前，美国得克萨斯州的鹰福特和二叠纪盆地（Eagle Ford and Permian basins）拥有 763 个实际运行的石油钻井平台。到 2015 年 5 月底，只有 342 个实际运行的石油钻井平台。除逐步关闭现有油井之外，这些公司已经停止在新油井上的投资，美国政府关于在矿山、油井和天然气井上投资的数据显示，2015 年第一季度，这方面投资下降了 200 亿美元（下降幅度超过了 15%）。

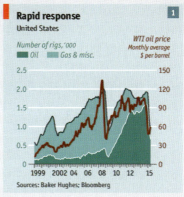

图 2-13　本图标题是"美国快速反应"。左纵坐标为"石油钻井平台数目，单位，1000 个"，深绿色方框标注为"石油"，浅绿色方框标注为"天然气和混杂"；右纵坐标为"西得克萨斯（West Texas Intermediate，WTI）轻油价格，月平均值，单位：美元 / 桶"。左下角写着"来源：贝克休斯公司，彭博社"

因此，美国石油行业的收缩是快速和深刻的。但是，消费者支出的补偿性激增尚未出现。在美国各地，石油价格已经下降了 20% 或者更多，2015 年 6 月 1 日平均达到每加仑 2.66 美元（每升 0.52 欧元）。价格更多依赖于运输成本的农产品，包括水果、蔬菜和乳制品，已相应地变得更加便宜，这是美国总体通货膨胀率从 2014 年 5 月的 1.7% 下降到现在仅 0.1% 的一部分原因。然而，在 2015 年第一季度，美国的消费只增长了 1.8%，比 2014 年消费增长放缓了许多。人们不是支出廉价石油带来的收益，而是把少支出的钱储蓄起来。在 2014 年 4 月至 2015 年 4 月期间，美国的家庭储蓄率从 4.7% 上升到 5.6%。一些分析师把此归咎于特别寒冷的 2 月，严寒使消费者待在家里。

第二个冲击是美元的价值，由于人们预测美国经济的进一步增长会受廉价石油带来消费井喷式增长的刺激，美元价值部分上涨，而这样的消费增长并没有发生。关于 2014 年下半年美国消费年增长率会达到 3.6% 的预测，使得更高的利率看起来迫在眉睫。这样，美国的债券显现出新的诱惑力，由于投资者争相涌入，美元价值以贸易加权计算上涨了 9%。

美元升值伤害了美国的商品出口，这又因加利福尼亚口岸的劳资纠纷而加剧，甚至超出了可被预期的程度。经通货膨胀调整后，在 2015 年第一季度，美国的商品出口以年 7.6% 的速率下降。净贸易的下降（出口减去进口）推高了美国经常项目（current-account）赤字，目前达到了 4100 亿美元（相当于美国国内生产总值的 2.4%），2014 年第四季度与 2013 年同期相比有 30% 的恶化。美元升值使得国外销售的价值较少返回国内，强劲的美元也对美国企业的利润产生影响，在 2014 年最后一个季度至 2015 年第一季度期间，美国企业的利润下降了 1255 亿美元，或者说下降了 5.9%。但是，最糟糕的时期好像已经过去，美元升值已经停止，事实上，美元已部分贬值。自 2015 年 3 月以来，美元已贬值 2%。

冲击已过，但仍在"搅动"

乐观的观点是，美国的经济已吸收了石油价格下跌和美元升值的冲击，现在，美国经济与被推迟的井喷式增长之间已不存在障碍。然而，两者之间还存在琐碎的烦恼。2 月份也许过于寒冷，但 3 月份和 4 月份就不是这样了，在这两个月里，消费依然下降。美国的工业生产已连续 5 个月下降，在 3 月份至 4 月份期间，下降速率为年 3%。在像这样的数字接踵而来的时候，很难相信美国经济放缓是暂时的。

因此，这里要提到"长期停滞"（secular stagnation）的思想。它是 20 世纪 30 年代由 A.Hasen[20] 首先提出来的，是解释就储蓄供给和投资需求之间持续不匹配而言经济体无法从中复苏的经济萧条的一种方法。美国前财政部长 L.Summers 重新使用了"长期停滞"思想，认为由于技术进步，投资需求已经下降，技术进步减少了新建一个公司需要的资本金额。

同时，由于除外国的债券购买者之外，人口老龄化和不平等（老人和富人储蓄更多的钱）的结合推高了储蓄率，用于投资的资金供给已变得充裕。连同足够低的利率，"长期停滞"思想可能得到纠正。但是，对于足够低的利率，假如它需要降至零以下，处理一些事情可能超出了中央银行的权利范围。这样，利率可能在同一时间内出现既非常低又很高的情况。破坏性的结果包括低的增长率、疲软的信贷需求、无力的投资和居高不下的失业率。

虽然这种分析令人不安地适用于一些经济体，尤其是欧元区和日本，但充其量只是美国经济现状的部分描述。在以下三个领域中情况看起来并不像"长期停滞"理论预测的那样糟。首先，假如利率始终过高，资本支出也许就会停滞。但是，与 2008 年达到的高峰相比，美国的非住宅投资上升了 8%；与 2009 年跌落的低谷相比，非住宅投资则上升了 35%。紧随石油价格下跌和美元升值的冲击之后，美国国内生产总值中的政府部分萎缩，投资也开始疲软。这是确实的，在 2015 年第一季度，美国投资下跌，但这可能归因于收入匮乏的石油工业部门。忽略采掘业，美国商业投资实际上以年 1% 的速率上升。

信贷市场并不认为利率过高。美国的老板们有着乐观的好心情。与资金需求疲软完全相反，信贷正快速上升。美国的公司正以创纪录的速率发放债券，2015 年，到目前为止企业债券增加了 6090 亿美元，根据咨询公司迪罗基克公司（Dealogic）的数据，

---

20 A.Hasen 生于 1887 年，卒于 1975 年。他是美国哈佛大学的经济学教授，也是一位广泛关注经济问题的作家和有影响力的政府顾问，他帮助创建了美国总统经济顾问委员会（Council of Economic Advisors）和社会保障制度（Social Security System）。A.Hasen 因 20 世纪 30 年代将凯恩斯主义（Keynesian）引入美国而闻名，常被称为"美国的凯恩斯"。1967 年，美国总统经济顾问委员会主席 P.McCraken 这样赞扬 A.Hasen，"这无疑是一个事实的表述：你（指 A.Hasen）影响了这个国家对经济政策的思考，比起 20 世纪其他任何一位经济学来，你的影响更加深远"。

它比一年前增加了 400 亿美元。美国银行的商业贷款也很强劲，根据美国联邦储备委员会的数据，在 2015 年 1 月至 4 月期间，商业贷款上升了 12%。由于一些资金用于建立新的办公室、购买机器或者软件，激增的信贷应当最终成为一些新的投资。

到 2015 年年初，美国人的债务令人宽慰的缩减是使人乐观的第二个原因。法国兴业银行（Société Générale）的 A.Markowska 说，最新数据显示，美国普通家庭都处于"强壮"的状态（见图 2-14）。抵押贷款债务占美国国内生产总值的比例已降至 80% 以下，重新回到了 2002 年的水平。美国家庭的总债务约占可支配收入的 107%，家庭年度支出占可支配收入的比例低于 10%，这至少是自 1980 年以来最低的数字（作为比较，英国家庭债务占可支配收入的 136%）。美国家庭的净资产（总资产减去负债）实际上处在创纪录的高位，作为国内生产总值的一部分，接近于金融危机前的高峰。

第三个乐观的理由是劳动力市场的变化。美国劳工统计局关于薪酬的乐观数据增多了，新的工作岗位已是长期趋势的一部分。自 2010 年以来，美国的失业率显著下降。5.4% 的失业率远低于 20 世纪 70 年代后期的平均水平。这个趋势没有显示放缓的信号。美国劳工统计局采集的职位空缺和离职的数据显示，在 2015 年第一季度的每个月里，平均有 500 万个空缺的职位，这是自 2000 年有记录以来的最高水平。空缺职位数目比聘用人员数目更快的增长表明为获得劳动力展开的竞争可能正在升温。劳动力市场也是流动的。离开求职公告板的工人数目增加了，因为更多的工人正在退出现在的工作岗位。2015 年，平均每个月有 270 万工人离开他们现在的工作岗位。这个事实连同聘用的强劲数据表明这些工人正移动到更好的工作岗位（见图 2-15）。

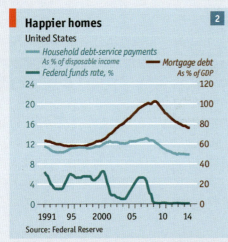

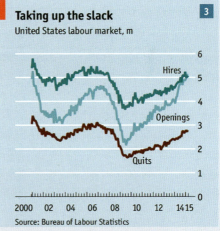

图 2-14　本图标题是"美国快乐的家庭"。左纵坐标对应的浅绿色曲线是"家庭债务服务支出，占可支配支出的百分比"；绿色曲线是"联邦资金比例，百分比"。右纵坐标棕色曲线是"抵押贷款债务，占国内生产总值的百分比"。左下角写着"来源：美国联邦储备委员会"

图 2-15　本图标题是"继续疲软，美国劳动力市场，单位：百万人"。绿色曲线为"聘用"，浅绿色曲线为"空缺职位"，棕色缺陷为"退出"。左下角写着"来源：美国劳工统计局"

状态截然不同的州

仍然存在担心的理由。最新数据显示，美国人的劳动生产率停滞了。美国劳工统计局在 2015 年 6 月初披露的数据表明，在 2014 年最后一个季度至 2015 年第一个季度期间，美国工人每小时的产出下降了 3.1%。在耐用消费品生产部门，同期劳动生产率下降更为明显，达到了 3.3%，这意味着在过去的一年里，劳动生产率仅提高了 0.3%。这就是说，自 2007 年以来，美国人的劳动生产率仍提高了 11%，说明它还没有像欧洲人的劳动生产率那样使人担心（在英国，自 2007 年以来，每小时产出是下降的）。

假如美国没有遭受"长期停滞"，那么"竞争性"的解释是，美国还没有完全从金融危机中走出来。瑞士信贷集团公司（Credit Suisse）的 J.Sweeney 从局部萧条交错的角度来看待问题。对每个州生产总值的分析支持这个思想。许多地方的经济增长良好，在 2009 年至 2013 年期间，有 14 个州的实际生产总值增加了 10% 以上。俄勒冈州（Oregon）和得克萨斯州（Texas）的生产总值增加了 15% 以上，北达科他州（North Dakota）开发页岩油气的热潮使其生产总值增加了惊人的 55%。天平的另一端是其他的 10 个州，其中包括缅因州（Maine）、密苏里州（Missouri）和内华达州（Nevada），经济几乎都没有增长。

这个分析表明，美国总的经济数字是被那些尚未从金融危机第一阶段复苏的州或地区"拖累"的，这个阶段是紧随 2008 年房价冲击之后的负资产和消费信贷紧缩阶段。一份房价数据分析报告似乎证实了这一点：在 2006 年至 2010 年期间经历最大幅度房价下跌的州，经济增长最为疲软；在那些房价下跌幅度最小的州，经济增长最为强劲（见图 2-16）。但是，情况正发生转变。J.Sweeney 发现，甚至在经历最大幅度房价下跌冲击的州，起初紧缩的信贷市场正在松动。

关于美国经济出现小毛病的不同看法，或者认为是长周期停滞，或者认为是正在松动的资产负债表衰退（balance sheet recession）[21]，都对经济学家们思考利率应当发生怎样的变化产生了影响，自 2008 年年末以来，利率一直保持不变。国际货币基金组织持鸽派的观点。在 2015 年 5 月 28 日发表的一份评述里，国际货币基金组织的经济学家们建议，除非存在工资或价格膨胀新的有力证据，在 2016 年年初之前，利率不应当调高。总部设在巴塞尔的国际清算银行（Bank for International Settlements）则持有不同的看法。这家银行的经济学家们担心，低利率会导致资产价格泡沫，认为在这些泡沫因廉价资金而进一步膨胀之前，尽快开始紧缩银根（调高利率）应当是明智的做法。

---

21 资产负债表衰退（balance sheet recession）是经济衰退的一种类型，它发生在私人生产部门高额债务导致个人或公司集中关注储蓄（即偿还债务）而不是消费或投资的时候，引起经济增长放缓或下降。这个术语是经济学家 R.Koo 提出的，也与经济学家 I.Fisher 描述的债务紧缩观念有关。资产负债表衰退的最新例子包括日本自 1990 年开始的经济衰退、美国在 2007 年至 2009 年期间的经济衰退等。

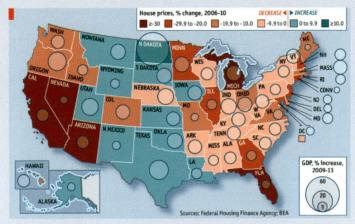

图 2-16　本图上方白色方框内黑色文字为"房价，变化百分比，2006 年至 2010 年"，红色文字为"下降"，绿色文字为"增长"。下一行文字从左到右分别为"下降幅度大于等于 30%"、"下降幅度 20% 至 29.9%"、"下降幅度 10% 至 19.9%"、"下降幅度 0% 至 9.9%"、"增长幅度 0% 至 9.9%"、"增长幅度大于等于 10%"。右下角写着"来源：美国联邦住房信贷机构"

　　美国联邦储备委员会主席 J.Yellen[22] 和制定利率的同事们可能采取中间路线。他们的会议纪要表明，这些人密切注视着劳动力市场。每项显示工资上涨和市场不断紧缩的新数据点极有可能在 9 月份发生变化。在那个时候，基于升值预期的美元进一步升值，可能因再次降低经济生长预期而适得其反地推迟这次升值。分析师们认识到需要如此微妙平衡的问题，他们将仔细研究每个星期的数据，去尝试和猜测 J.Yellen 的意图。

从容图之

　　经历 6 年的廉价资金（低利率）时期之后，更高的利率将压在借贷人的身上。深谋远虑的投资者应当关注美国的公司和股票市场。尽管过去 5 年有温和的增长，公司的股票价格已迅速上升，标准普尔 500 指数增加了 95%。公司收益没有与股票价格上升并驾齐驱：由耶鲁大学（Yale University）经济学家 R.Shiller 收集的数据表明，股票价格约是公司收益的 20 倍，超出长周期平均值的 30% 以上，股票将商业周期的事情调整得看起来更加糟糕。一些股民借贷投资，纽约证券交易所的数据显示，自 2015 年 1 月以来，保证金债务即在股市投资的借贷增长了 14%，从 4450 亿美元增加到 5070 亿美元。

　　这是否会产生一个泡沫？毫无疑问，它看起来像一个市场，当利率上升、像债券和存款这样的其他资产变得更加诱人的时候，这个市场可能"失速"。同时，公司的收益非常可能马上下降。员工成本正在上升，在 2015 年第一季度，更高的小

22　J.Yellen 生于 1946 年，是一位美国经济学家，曾任旧金山美国联邦储备银行首席执行官、克林顿总统时期白宫经济顾问委员会主席、加州大学伯克利分校哈斯商学院（Haas School of Business）荣誉教授（Professor Emerita）等职。2010 年至 2014 年期间，她任美国联邦储备委员会副主席。2014 年 6 月，美国参议院确认 J.Yellen 任美国联邦储备委员会主席的提名。

时薪酬和更低的生产率结合在一起，意味着单位劳动力成本上升了 6.7%。公司更有自信的借贷使它们要支付更多的利息。根据来自信用评级机构莫迪公司（Moody）的数据，由于公司收益增长放缓，有着低信用等级（BBB 级 [23] 或者更低等级）的美国公司数量上升。如果公司收益下降，高估值和杠杆投资者的组合将加剧公司收益的下降。

认为如果利率更快得到提高则股票市场即将发生的"疼痛"可能得以减轻的想法似乎加剧了紧缩的情况。不过，历史警告不能作出这样的推理。1929 年 8 月，美国联邦储备委员会提高了利率，尽管有迹象表明美国经济的基本面不是太强劲。这个行动并未阻止随后的美国经济崩溃，相反，它却有助于加速美国历史上最严重的经济衰退。在二十一世纪首个十年的中期，一些国家的中央银行尝试相反的措施，为实体经济设定了利率，让市场自行调节。结果同样糟糕。

现在不是 1929 年。但是，由于市场和实体经济能够以不同的速度运动，中央银行必须有调整利率以外的工具。诸如提高对资本及其流动性和杠杆作用需求的"宏观审慎"（macroprudential）新工具向各国的中央银行提供了控制股票市场和生产部门过度借贷的方法，美国联邦储备委员会使用这些工具要好于它过早地收紧利率。

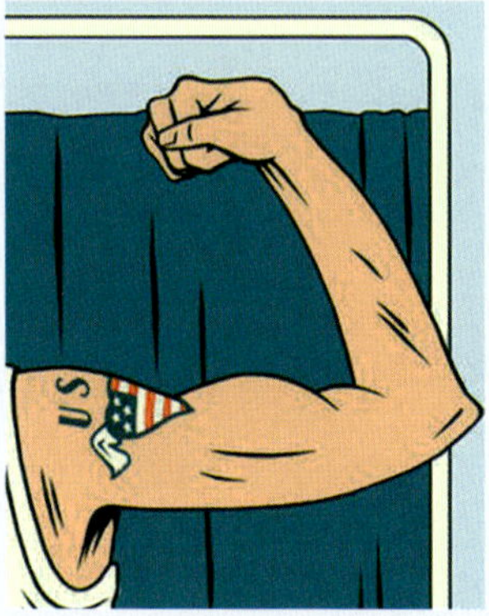

利率应当着眼于实体经济、而不是着眼于金融经济来设定。保持低利率将有助于处于美国受石油价格下跌和美元升值冲击最严重地区的家庭克服他们挥之不去的资产负债表衰退。它也将确保越来越强劲的增加工资压力不会又是昙花一现。那么，更好的办法是等待。美国似乎没有面临全面的经济停滞，假如不是美国的家庭，那必然是美国的公司，它们在更高的利率到来的时候将有能力去容纳它。但是，现在不是提高利率的时候（见图 2-17）。（www.economist.com，原文标题是 *Better than it looks*，2015 年 6 月 15 日下载。）

图 2-17　美国似乎没有面临全面的经济停滞

如何获得电脑痴迷者

近期在美国硅谷的一次晚餐聚会上，J.Schumpeter 与一位令人印象深刻的企业家聊天，这位企业家抱怨，找到合适的会面时间有多么困难。她所会面的科技型人员正变得对电脑过于痴迷，甚至还有一位把她自己的计算程序启动起来的自称为书呆子的人。她解释道，"机会是很好的，但许多人非常古怪"。

对试图招聘软件行家的人来说，机会是非常少的。美国正在复苏的经济和创业活动的爆发提高了对科技型人才的需求。根据美国劳工统计局的数据，2014 年第

23　信用等级（Credit Rating）指在按一定规则进行分析的基础上，采用一定符号向评级结果使用者提供反映其信用可靠程度的信息。目前，国际通行的是"四等十级制"信用评级等级，具体为 AAA 级、AA 级、A 级、BBB 级、BB 级、B 级、CCC 级、CC 级、C 级和 D 级。BBB 级表示被评者的信用程度一般，偿还债务的能力一般，其信用记录正常，但经营状况、盈利水平及未来发展易受不确定因素影响，偿债能力将会有波动。

四季度，在软件开发人员和软件工程师中，失业率仅为 2.5%，与之相比较，美国的失业率为 5.7%。事实上，一个全球性求职全球搜索一直跟踪 10 种最难招聘的职位，在 2014 年最后 3 个月里，其中 7 种与计算机科学有关（见图 2-18）。

图 2-18　美国正在复苏的经济和创业活动的爆发提高了对科技型人才的需求

这一切不禁让人回想起 20 世纪 90 年代末的互联网繁荣（dotcom boom）。丰厚的签约奖金（signing-on bonuses）和"请求行动"（precations）即在获得一个新职位之前的带薪休假正被用来蛊惑科技类人员，引诱他们跳槽。出价叫牌的"战斗"已经爆发，同时，对于诸如"Python"、"Ruby"和"Rails"的通用计算机语言方面的专家，工资和奖金快速上涨。一些编程人员因其潜在名声而受到人才管理机构的追逐，这些机构也代表着音乐家和体育明星。留心古怪"随从"的崛起。

虽然在美国硅谷人才竞争极其激烈，但这是一个全球性现象。在印度，像费利皮卡特公司（Flipkart）、斯奈皮迪尔公司（Snapdeal）这样的电子商务巨头正在为争夺有助于它们与这里的亚马逊公司（Amazon）竞争的软件工程师而争吵。百度公司（Baidu）是中国最大的互联网企业之一，它赞助员工的相亲活动，因为调查显示已婚员工不太可能跳到竞争对手那里去。

在一个广泛的产业范畴里，从汽车制造业、航空航天业到家用电器业，产品有更多的嵌入其中的代码方式。这些行业的公司也在为聘用足够多的软件开发者而斗争。福特公司刊登广告，公布了与一家中等规模科技型公司相当的软件开发职位。随着它们试图用智能终端的应用程序来为客户提供服务，所有类型的服务型企业，从银行业到零售业，需要更多的具有软件开发技能的人员。

假如争夺编程人才的战斗不只是在科技型企业巨头之间展开，那么这些企业正是前线所在。与硬件市场相比，以软件为基础的公司在更大的程度上依赖于难以取代的、每天清晨都有人登门求贤的人才。因此，这些公司在招聘人才和留住人才上下功夫。高工资和有吸引力的股票期权等形式的有形回报是这种努力的一部分。但是，比起慷慨的薪酬和诸如现场瑜伽课程、免费美食的福利，存在着更多的人力资源战略。

这听上去可能像陈词滥调，科技型公司真的希望让人感觉到它们以某种方式"在宇宙中制造出一个凹坑"来，这里借用了已故 S.Jobs 的一句话。宏伟的使命陈述比比皆是。谷歌公司（Google）希望"把世界的信息变得有条理，实现人人可以访问和普遍有用"。脸书公司（Facebook）的目标是"给予人们分享的能力，使得世界更加开放和连接"。为了培养无限可能性的感觉，科技性公司也在它们核心业务之外的有风险项目上投入了巨资。谷歌公司正在做从无人驾驶汽车到家庭用网络连接小装置的所有事情。脸书公司购买了一家公司，它制造的无人飞机能够向偏远地区提供互联网连接。同时，据说苹果公司正在开发电动车和"虚拟－现实"

耳机。

像其他的创造型人才一样，最好的软件开发人员强烈地认为，关怀意味着分享。全体会议不只是适用于微型的初创企业，甚至在最大的科技型企业里，员工们也希望他们的老板频繁地以真人或用视频连接的方式出现，就从公司战略到办公室咖啡质量的所有事情接受员工的盘问。这种激进开放的场景使得那些沉默寡言的高官们将在该行业另外的"地震"中被淘汰。

一些软件开发高手还是喜欢在一些小型公司里工作，而不只是一部巨大科技机器中的另一个齿轮。为了获得这样的人才，大型科技型公司展开了"默许聘用"（acqui-hire，即人才收购）：它们花大量资金购买几乎没有利润的公司，只是为了获得这些公司的员工，然后通过给予足够的自主权设法留住这些人。例如，2014 年，谷歌公司为购买一家人工智能初创企业——蒂培玛德公司（DeepMind）花费了 4 亿美元，这家公司拥有一些该领域最好的工程师为其工作。

网络巨头越来越意识到需要扩大它们正在其中"钓鱼"的人才储备"池"。某些网络巨头正在花大力气吸引和留住女性员工，在它们的员工中，女性人数仍远远不足。苹果公司和脸书公司已经表示，它们将承担女性员工冷藏卵子的费用，她们在追求其职业生涯的时候想推迟生孩子。脸书公司首席运营官 S.Sandberg 一直支持让更多女性成为高官、让更多女学生学习计算机科学课程的事业。

复制和粘贴

其他类型的公司，甚至银行，将难以与硅谷公司在慷慨补偿和愿意纵容软件人才上相匹敌。但是，这些公司能够通过复制硅谷公司的某些做法，更有效地为获得软件人才去竞争。举例来说，保险公司能够通过兜售它们使世界免受网络犯罪和其他大风险的使命来争取软件开发者的支持。银行和零售商采用"默许聘用"办法，用更多的科技型人才在它们的员工中注入活力。事实上，沃尔玛公司（Walmart）硅谷研究部门——沃尔玛实验室（Walmart Labs）面临着来自亚马逊公司强劲竞争，一直忙于购买小型初创企业，在留下员工的同时，它又迅速关闭了其中的一些小公司。沃尔玛实验室和其他非科技型企业可能会遇到许多障碍，但是这些人才是值得争取的。（www.economist.com，原文标题是 *How to bag a geek*，2015 年 3 月 8 日下载。）

▌奥巴马在"快速审批"贸易政策上做错了

在 2004 年美国总统大选期间，Kohn（见图 2-19）在俄亥俄州的坎顿市，试图为 J.Kerry 拉选票。Kohn 遍访了选情激烈的罗斯特－贝尔特镇（Rust Belt town）周围的社区，敲开居民的家门，向他们重复为选举准备的关于 J.Kerry 参议员计划让中产阶级重返轨道的脚本。

选民们嘲笑 Kohn，描绘了他们破损的住房走廊，叙述了他们感受到的经济衰落。他们指责贸易协议，尤其指责北美自由贸易协议（the North American Free Trade Agreement，NAFTA），这份协议使他们失去了在这个地区的很好的制造业岗位，指责给予钢铁和汽车工厂把工作岗位移至海外机会的法律。一个接着一个，每个选民都提醒我，民主党和共和党都支持蹩脚的北美自由贸易协议，才使他们陷入了这般困境。选民们说，"我们怎么能够相信这些人中的任何一个人能够使我们摆脱困境"。

10年后，恰好在北美自由贸易协议20周年纪念日之后，奥巴马总统与共和党人合作，推动甚至更加糟糕的、在美国经济与劳

图 2-19　本篇短文作者 S.Kohn

动费用上更加有利于大公司的贸易协议，从而形成自由贸易政策的灾难性遗产。

奥巴马总统曾简要叙述过一项帮助中产阶级的雄心勃勃的计划。但是，他急于在贸易政策形式上找到某些与共和党人妥协的领域，冒着破坏他所有其他计划的风险。

星期二[24]晚上，奥巴马总统在他的国情咨文中说道，"我要求两党给予我促进贸易授权（trade promotion authority），用覆盖亚洲和欧洲的强大的新贸易协议来保护美国工人，这个协议不仅是自由的，而且是公平的"。在他说这段话的时候，民主党议员理所当然地坐在位置上，共和党议员则起立鼓掌。

促进贸易授权是"快速审批权"（fast-track authority）新的同义词，它将给予总统自己进行国际贸易协议谈判的权利。国会能够否决这些协议，但不能够修改或阻挠这些协议。快速审批权不仅在美国的立法程序上，而且在美国的经济作为一个整体上删除了重要的监控与平衡。

在美国的近代史上，由华盛顿实施的贸易协议对美国工人和美国经济都是有害的。奥巴马总统和共和党人推动贸易协议对经济增长和创造就业岗位有好处。奥巴马总统说，"全世界95%的消费者居住在美国之外的地方，我们不能把自己关闭在这些机会之外"。

然而，非营利公民组织分析了政府的数据，结果表明，在快速审批贸易协议的20年里，美国的贸易赤字状况变得更加糟糕，增加了440%。近500万个美国的就业岗位，其中四分之一是美国的制造业岗位，因类似北美自由贸易协议的快速审批贸易协议及相关文件而丢失了。

在奥巴马总统强调他希望减少收入不平等的时候，大量研究表明，这些贸易协议导致收入不平等上升。事实上，在美国，工资基本停滞，只是按通货膨胀作些调整，快速审批贸易授权在20世纪70年代中期首次实施，自那时起，美国工人的劳动生产率翻了一番。

所有这一切都表明，我们需要对这些贸易协议进行更多的审查，而不是减少审查。鉴于此前贸易协议有破坏性的证据，我们需要巨大的警示标志、车辆减速带和路障，这不是一条快速通道。

关于快速审批贸易授权的另外一个问题是，这项授权允许我们的贸易代表单方面破坏民主立法程序。例如，《跨太平洋伙伴关系协议》（*Trans-Pacific Partnership*

95

Agreement，TPP）[25] 是一份涉及 11 个国家的协议，得到了奥巴马总统和国会共和党人的支持，但它不是真正的贸易协议。《跨太平洋伙伴关系协议》共有 29 章，其中只有 5 章处理贸易问题。其他章节涉及类似为制药企业制定新的垄断专利保护期这样的事情，这将提高普通美国人用的药品价格，以及为向美国进口食品的外国企业创造从我们现行食品安全标准豁免的权利。

《跨太平洋伙伴关系协议》甚至将限制某些"购买国货"和"购买美国货"的举措，换句话说，它防止美国消费者用他们自己的选票和钱包来抗议贸易协议。

应当补充一点，由于文件泄露，监管机构才这样认为在《跨太平洋伙伴关系协议》中存在的问题。我们并不很清楚，因为在 600 家私人企业卷入闭门的协议条款谈判的时候，甚至国会也没有看到协议的条款，直至它被签署。这就是为什么国会里的民主党人反对这个协议，反对像这份协议那样的灾难性贸易协议。

如果更加糟糕的扼杀就业岗位的贸易法案是两党合作的产物，Kohn 愿意进行更加激烈的争辩。（www.cnn.com，原文标题是 *Obama is wrong about "fast track" trade policy*，2015 年 1 月 25 日下载。）

一场越来越沉重的游戏

《跨太平洋伙伴关系协议》（TPP）是一个推定的贸易协议，它应当使美国、日本和其他 10 个国家之间的贸易更加方便，这些国家的国内生产总值占了全球生产总

图 2-20 《跨太平洋伙伴关系协议》会给签约国带来什么好处呢？

值的五分之二。但是，《跨太平洋伙伴关系协议》会给这些国家带来什么好处呢？支持者声称，这个协议会促进这些国家的出口，在 10 年里的总值将接近 3000 亿美元。反对者说，这个协议不会给这些国家带来多大的变化（见图 2-20）。

这个分歧反映了判断自由贸易协议影响的困难性。几乎所有的经济学家都相信 19 世纪初 D.Ricardo[26] 阐明的自由

25　《跨太平洋伙伴关系协议》（*Trans-Pacific Partnership Agreement*，TPP）的前身是《跨太平洋战略经济伙伴关系协定》（*Trans-Pacific Strategic Economic Partnership Agreement*），由亚太经济合作会议成员国中的新西兰、新加坡、智利和文莱发起，自 2002 年开始酝酿的一组多边关系的自由贸易协定，旨在促进亚太地区的贸易自由化。2011 年 11 月 10 日，日本宣布加入 TPP 的谈判；2013 年 9 月 10 日，韩国宣布加入 TPP 的谈判。

26　D.Ricardo 生于 1772 年，卒于 1823 年。他与 T.Malthus、A.Smith、J.Mill 一起，是最有影响力的经典经济学家。也许 D.Ricardo 最重要的遗产是比较优势理论（theory of comparative advantage）。这个理论提出，一个国家应当把资源完全集中在某些产业里，在这些产业里，这个国家最有国际竞争力，与其他国家进行贸易，以获得在这个国家里不再生产的产品。在本质上，D.Ricardo 把按国家的极端行业分工思想提升到逐渐废除国际性竞争和其他赢利行业的程度。D.Ricardo 认定，目标在于促进某些产业发展、损害其他产业的国家产业政策的存在。对他来说，某些形式的"中央经济计划"（Central Economic Planning）是必要的。D.Ricardo 的比较优势理论一直受到 J.Robinson、P.Staffa 等其他人的质疑，但一直是支持国际自由贸易观点的基石。比较优势理论是通过增长国际贸易来推动全球化的理论先驱。在目前经济政策议程中，全球化是一个指导性主题，而比较优势理论假设了国际贸易的增长将导致经济的繁荣。实施这类政策议程的结果是引起越来越多的争议。

贸易的好处。这就是，当一些国家专注于自己比较擅长生产的行业的时候，它们会做得很好。但是，在不存在诸如安全标准那样非关税壁垒的时候，D.Ricardo 只关注了 2 个国家制造的 2 种产品。这使得 D.Ricardo 的"优雅"模型像用"马车"来预测"飞机"的轨迹那样被用来分析当代的自由贸易协议。

相反，绝大多数经济学家都使用被称为"可计算的一般均衡"（computable general equilibrium，CGE）[27] 的模型进行分析。这个模型建立在一个数据库的顶端，这个数据库寻求完整描述经济活动情况，把收入、利润等作为考虑因素。研究者们把事情排列起来，以使这个模型产生相同的产出，作为一个真正的基准年。一旦做到了这一点，这些经济学家将"冲击"这个模型，调整贸易壁垒，看看在现时和一段时间内结果是如何变化的。

"可计算的一般均衡"模型有很多可取之处。它仅仅是个关于贸易的模型，足以包含服务、投资和规则，所有这一切都是《跨太平洋伙伴关系协议》争论的核心。它也产生对某些变化的预测，政策制定者想知道这些变化：哪个产业部门将做得更好，收入将如何变化。但是，"可计算的一般均衡"模型有着大缺陷。首先，它依赖于数据，在某些产业领域里，数据是非常不完整的。其次，错误的假设可能很快就把预测导入歧路。

对《跨太平洋伙伴关系协议》的研究说明了这些优点和弱点。由东西方研究中心（East-West Centre）的 P.Petri、M.Plummer 和 F.Zhai 开展的研究最有影响力。东西方研究中心是一个研究机构，他们预测，到 2025 年，这个协议会使 12 个签约国的国内生产总值增加 2850 亿美元，或者说提高 0.9%。在声称《跨太平洋伙伴关系协议》将使美国增加 770 亿美元财富的时候，美国政府引用的就是他们的数据。这三个人的模型试图避免"可计算的一般均衡"模型的一些通病。他们的假设是透明的，包括对一系列场景的假设；他们的假设也是保守的，例如，他们想缓慢和部分的实施。这使得它们的结果更加可信。

然而，这个模型的主观因素有很大的影响。这三人使用新的方法预测，随着贸易成本的降低，更多企业将成为出口商。这可能是对先前理论的一个改进，他们假设有一个恒定的出口商数目，但这样一个微调极大改变了结果：根据加拿大 C.D.Howe 研究所的 D.Ciuriak 和 J.L.Xiao 的研究结果，这个微调使收益增加了约 70%。

一些假设也是有争议的。这些研究者通过计算认为，不断加强的知识产权保护有益于所有的国家。由 B.Narayanan、D.Ciuriak 和 H.Vardhana 进行的、由英国政府资助的一份关于《跨太平洋伙伴关系协议》的研究综述对这个结论表示怀疑。对知识产权更加有力的保护应当激励生产商进行更多的投资。但是，对消费者来说，它也可能使得成本超出鼓励创新和减缓技术向发展中国家扩散所必需的水平。

这份研究综述也指出了在"可计算的一般均衡"模型中的许多盲点。绝大多数人使用来自普渡大学（Purdue University）"全球贸易分析项目"（Global Trade

---

27　"可计算的一般均衡"（computable general equilibrium，CGE）模型是一个经典的经济学模型，也被称为"应用一般均衡"（applied general equilibrium，AGE）模型。它使用实际经济数据，估计一个经济体可能对政策、技术及其他外部因素的变化作出的反应。

Analysis Project）的数据，这是可以获得的最好数据库。但是，自从这个数据库最初为农业领域开发以来，它就有了倾向性。它对原料乳和乳制品设有不同的类别，但是把药品合并到化学品这个庞杂的类别里，对这些模型来说，是一个问题，因为《跨太平洋伙伴关系协议》要广泛地处理药物制造商的知识产权问题。鉴于这样的不确定性，M.Ciuriak 和 J.L.Xiao 对来自增强知识产权保护的任何影响都不予考虑。对于出口，他们也使用了一个更加传统的模型。他们估算，到 2035 年，《跨太平洋伙伴关系协议》将仅使 12 个签约国的国内生产总值提高 740 亿美元，比基线预测仅高出 0.21%。其他研究者看到了《跨太平洋伙伴关系协议》将产生更小的影响。在亚洲发展银行（Asian Development Bank）的一篇研究文章里，I.Cheong 预测，美国的国内生产总值将完全不会因《跨太平洋伙伴关系协议》而发生变化。

为什么要费心？

这就产生了这样的问题:《跨太平洋伙伴关系协议》是否非常值得去推进。与"可计算的一般均衡"模型研究一样复杂，这些都只是模型，通过朦朦胧胧的假设去窥视未来。因此，用对已签的自由贸易协议进行研究的结果来支持这些模型是重要的。亚太地区是一个理想的"实验室"，1990 年，这个地区只有 5 个自由贸易协议，到 2015 年，自由贸易协议超过了 200 个。新成立的"亚太地区经济合作"（Asia-Pacific Economic Cooperation）组织的研究发现，在一个自由贸易协议签署后的 5 年里，签约国的出口量相对于前 5 年平均增加近 50%。此后，这些研究者对诸如国内生产总值、距离这样的因素进行了控制，不再把自由贸易协议作为一个变量。这些有着最大影响的自由贸易协议具有共同的特征:它们有更多的成员国，把发达国家和发展中国家联系在一起，针对着非关税壁垒和关税壁垒。

这表明，即使逐渐减少，从自由贸易中得到的收益还远未耗尽。但是，这并不必然使《跨太平洋伙伴关系协议》沿着正确的道路前进。几乎所有的研究都认为，《跨太平洋伙伴关系协议》最重要的局限是规模不够大。尤其是，把中国排斥在外的代价是昂贵的。P.Petri 的研究得出这样的结论:一个更具包容性的太平洋自由贸易协议，如果在国有企业和知识产权方面有更加软弱的规则，应当把 12 个原始签约国的收益、其中包括美国的收益提高到 7600 亿美元，这个数字两倍于《跨太平洋伙伴关系》宣传的数字。不要完全相信如此精确的"可计算的一般均衡"模型预测。但是，从中获得的教益是足够清楚的。目标应当是把更多的国家带入这个"圈子"，而不是推行过于严格的规则。（www.economist.com，原文标题是 *A weighting game*，2015 年 6 月 1 日下载。）

为什么没有人喜欢他们？

在民间传说中，巨大的魔鬼恐吓着山羊和孩子们。在网络上，"巨魔"们发布针对他们从未见过的人的粗鲁信息。在知识产权世界里，"专利巨魔"（patent troll）[28]

---

28 也可译为"专利流氓"、"专利蟑螂"。

这个词表示拥有专利但生产产品或提供以这些产品为基础服务的公司。虽然原则上一个发明者把他的思想许可给或者完全卖给"专利巨魔"没有什么错误，但许多"专利巨魔"不是真正的发明者。此外，新的研究结果表明，费时且代价高昂的专利侵权诉讼，不仅在整体上对于经济而且对于创新来说都是一个负累。

"专利巨魔"不是新鲜的东西。1895年，美国律师 G.B.Baldwin 因一种"改进的道路发动机"被授予了一项专利。这个思想其实不是他的，是他从 1872 年"百年大会"（Centennial Convention）的一个展览会抄袭的。但是，这个事实没有阻止 G.B.Baldwin 控告汽车制造厂商侵犯了他"辛苦得来"的专利权益，迫使汽车制造商向他支付专利使用费（见图 2-21）。

图 2-21　1895 年，美国律师 G.B.Baldwin 获得了"改进的道路发动机"专利，是他从一个展览会抄袭的思想

虽然某些像智力投资公司（Intellectual Ventures）的专利组合管理组织产生了许多自己的发明，但其他许多同类组织简单地购买专利，用控告某些公司侵犯这些专利权益的办法来赚钱。这些非执业实体（non-practicing entities，NPEs）认为，这使得它们能够保护发明者的权利，这些发明者可能不具有与大公司相争的财力。但是，自 2000 年以来，专利相关诉讼的数量上升了 10 倍以上。根据专利咨询公司 RPX 公司的说法，最能诉讼的非执业实体每星期提出 1 件以上的诉讼，而爱卡秀研究公司（Acacia Research）在 2013 年提出了 239 件之多的诉讼。甚至具有长期创新历史的大型科技公司也成了被无情攻击的目标。例如，非执业实体在 2013 年里 59 次起诉了苹果公司。

近期由 L.Cohen、U.Gurum 和 S.Kominers 撰写的一份报告认为，专利相关诉讼数量的上升并没有真正有助于保护发明者的权利。该报告的作者收集了关于非执业实体、相关专利和 2001 年至 2011 年期间这些组织之间诉讼的全面数据。他们发现，这些非执业实体不是充当善意的专利强制实施者的角色，而是简单地以有着大量现金的公司作为目标，然而，好歹它们诉讼的理由是一件专利已被侵权。例如，在一家公司的现金余额突然增多之后，它被非执业实体起诉的可能性会增大一倍。"专利巨魔"们也更喜欢追逐不聘用律师的公司。最大的非执业实体是罪魁祸首。

经济学家们说，"专利巨魔"能够扮演一个有用的角色，帮助由专利产生的利润从制造商那里转移到发明者那里。但是，新的研究结果发现，在侵权官司胜诉之后，发明者仅可得到他们所持专利价值的 5%。剩下部分到了并没有参与创新的律师和非执业实体那里。

实际上，这个结果通过惩罚成功的创新者而伤害了生产率。该报告的作者在他们的数据中发现，在对付"专利巨魔"或庭外调解的诉讼中败诉的公司，比起那些在诉讼中胜诉的公司来，在研发上平均少支出 2.11 亿美元。这也意味着它们也不太可能开展在未来产生新专利的研究。随着经济增长由不断提高生产率的创新型企业来推动，这些遏制因素可能拖整体经济的后腿。

可悲的是，这个问题的解决方案似乎仍遥遥无期。在过去 4 年里，10 项试图处理"专利钓鱼"（patent trolling）的议案已提交美国国会，但没有一项获得通过。这些议案集中在加大对在专利侵权诉讼中败诉的非执业实体的处罚。S.Kominers 说，但是，由于非执业实体说客们的力量，没有哪项严肃的改革能够马上被通过。也许时间是更为创新的方法。（www.economist.com，原文标题是 *Why no one likes them*，2015 年 3 月 4 日下载。）

▌巨大的扭曲

图 2-22 债务和税收补贴人为造成了世界经济的巨大扭曲

一些黑洞使穿越时空的光明大道变得弯曲，人类的智慧不能使这样的道路变得平坦。相比之下，世界经济的巨大扭曲完全是人为造成的。这就是税收补贴，政府为这些补贴欠债（见图 2-22）。半数的富裕国家政府允许本国公民从他们应当纳税的收入中扣除抵押贷款[29]的利息支出；几乎所有国家的政府允许企业对应于它们应当纳税的收入抵消在借贷上的支出。这听上去是平淡无奇的，但是，相应的代价和危害是巨大的。

2007 年，在金融危机导致大幅度利率削减之前，在欧洲，政府放弃的税收收入当年度价值大约是国内生产总值的 3%，或者说 5110 亿美元；在美国，政府放弃的税收收入当年度价值大约是国内生产总值的 5%，或者说 7250 亿美元。这意味着大西洋两岸的政府在降低债务成本上花费了比防务开支还要多的钱。即使在今天，随着利率接近于零，美国的债务补贴花费了联邦政府相当于国内生产总值 2% 以上的资金，这与美国在所有帮助穷人的政策上花费的资金一样多。

这里难以说清楚债务补贴的全部危害，税收优惠[30]养成的行为加剧了这个危害。人们借到比他们以其他方式可借到的更多的钱去购买房产，这抬高了房产价格，鼓励在房地产上的过度投资，而不是在创造财富的资产上进行投资。税收优惠的大部分是由富人们获得的，这使社会的不平等变得更加糟糕。企业财务决策的动机是使债务的税收减免最大化，而不是基础业务的需求。

债务有着许多美妙的特性，它允许企业去投资，允许个人用明天的收入在今天

---

29 抵押贷款（mortgage 或 mortgage loan）是由房地产购买者为购买房地产募集资金或者现有房地产所有者为其他目的募集资金而使用的金融服务项目。这种贷款是以借款人的房地产作为担保的。这意味着抵押贷款确定了一个法律机制，允许借贷人在发生借款人对贷款违约或在其他方面不遵守贷款条款事情的时候，获得和出售所担保（抵押）的房地产，以归还贷款（即取消抵押品的赎回权（foreclosure），或者收回抵押品（repossession））。"mortgage"这个词源自中世纪英国律师使用的一个"法国法律"（law French）术语，意思是"死亡承诺"（death pledge），即在约定的责任得到履行的时候，或在被担保的房地产通过取消赎回权而被收取的时候，相关承诺才会终止。

30 税收优惠（tax break）指任何避免纳税的项目，包括免税（tax exemption）、减税（tax deduction）或税收抵免（tax credit）。

受益。但是，税收补贴却把经济"歪"到一个糟糕的方向。债务和税收补贴创造出一个容易发生危机、对生产性投资有偏见的金融系统，降低了经济增长，加剧了社会的不平等。债务和税收补贴是人为制造的扭曲，需要得到"修理"。

债务和税收，生活中必然的事情

从经济的脆弱性着手来讨论债务和税收补贴问题。偏重于债务的经济更容易发生危机，因为债务把还债的刚性责任强加于脆弱的借款人，而股权是为了把损失分摊给投资者而特意设计的。没有可观的股本缓冲[31]的金融企业更有可能破产，银行更有可能垮台。在2000年至2002年期间，网络泡沫的破灭给股东们造成了价值4万亿美元的损失，带来了一场不太严重的衰退。在2007年至2010年期间，全球举债经营的银行创下了2万亿美元的损失，世界经济到了崩溃的境地。金融监管者已经有了一些办法，通过强迫银行筹集更多的股本来恢复债务的平衡。但是，在很大程度上因为有债务补贴，这种偏差仍然存在。在一个更加中性的税收系统里，金融企业应当出售更多的股本，持有更少的债务。投资者应当适应于更大的波动性，但是，由于股本缓冲更加雄厚，金融企业股东们应当有更小的风险。

一个中性的税收系统会使储户和放贷人作出更有效的选择。今天，在富裕国家里，60%的银行放贷都是抵押贷款。如果没有税收优惠，人们会借更少的钱去购买房屋，银行也会对房地产借贷出更少的钱。在提高生产率的新想法和新业务上的投资相对地会变得更有吸引力，这反过来会促进经济的增长。

移除债务享有的好处也会带来一个更加公平的体系。减少抵押贷款还款是一种补贴，它流向最需要补贴的人那里。研究结果显示，美国20%收入上最富有的家庭获得了绝大部分补贴。抵押贷款应当变得昂贵。但是，新的金融工具应当出现，以允许个人消除当前储蓄和未来收入之间的差距，现在，只有借债没有这种差距。例如，股权分享抵押贷款（shared-equity mortgages）从房屋价格走势划分了银行和房屋所有者之间的收益和损失。

放贷人和借款人

假如摆脱债务扭曲的理由是压倒性的，通往摆脱债务扭曲的道路几乎不会有更多的障碍。政治家们不喜欢会降低房屋价格的变化。这里存在一个大的协调问题，税收是政府的事情，几乎没有哪个国家准备单方面撤除补贴，这可能使得这些国家对自由自在的公司几乎不具有吸引力。此外，既得利益集团会大声抱怨。严重依赖债务的企业，如银行、私募股权投资公司等，将准备支出它们从税收补贴获取的数十亿美元进行游说，以捍卫这项政策。

这里提出了一个阶段性方案。起步之处是撤除住宅抵押贷款补贴。这些补贴不仅增加了金融的脆弱性，而且它们无法实现所标榜的提高房屋所有权的目标。美国

---

31 股本缓冲（equity buffer）或者资本缓冲（capital buffer），指除其他最低资本要求之外，金融机构必须持有的强制性资本。以创建充足资本缓冲为目标的各项规定是按照通过创建反周期性缓冲来削弱贷款的顺周期特性进行设计的。"顺周期"（procyclical）和"反周期"（countercyclical）是用来描述经济数量如何与经济波动联系在一起的术语。在商业周期理论和金融业里，如果某种形式的经济数量与经济总体状况正相关，那么它具有顺周期性的特性。国内生产总值（GDP）就是一个顺周期性经济指标。

和瑞士这两个国家有着大量的补贴，拥有自己房屋的人的比例分别是 65% 和 44%，并不高于像英国、加拿大这样不提供税收优惠的发达国家。最为明智的一步应当是逐步撤除税收优惠，如同英国在 20 世纪 90 年代所做的那样。

摆脱企业债务的税收优惠将是更难的事情。在已试图创建公平竞争环境的国家中，很少有哪个国家通过给予股本等价的救济金做到了这一点。例如，比利时和意大利对流向股本持有者的股息支付和利润给予与支付利息可享受的相同补贴。但是，这样的系统是烦琐的，在政府需要资金的时候降低了国家的税收基础。最好的办法是在降低企业税率的同时逐渐撤出税收优惠。这样做将使这项政策保持税收收入的中性，也将化解政府的风险，政府既想朝前推进此事，又害怕输掉在税收竞争上发动的一场"战争"。

各国应当尽快采取行动，要么一起行动，要么单独行动。当利率像现在那样低的时候，欠债的"甜头"已经很小，因此更容易撤除税收补贴。当利率高的时候，利率不可避免地将会走高，税收补贴将变得更加宝贵。现在是解决巨大债务扭曲问题的时候了。也许永远不会出现一个更好的机会。（www.economist.com，原文标题是 *The great distortion*，2015 年 5 月 15 日下载。）

▌不平等的生活

作为关于收入不平等问题的许多学院式研究的装饰，列克星敦公司（Lexington）正在编撰一本关于顶级富人虚假轶事的集子。理想地，集子的条目可能听起来似乎很合理，但打了一些电话之后，它就变成了"尘埃"。近期增加到这本集子的内容包括据说在纽约曼哈顿上东区向表现突出的妻子支付现金红包，据说由参议员签署的向华盛顿幼儿园入园管理人员推荐婴儿的信件等。编撰这本集子的尝试听起来很无聊，它可能是很无聊，但是，人们愿意相信，顶级富人非常想做的事情是"测量观察者和被观察者之间的距离"。

自从经济学家开始仔细检查纳税申报单、以衡量过去一个世纪里美国人税前收入的不平等性扩大了多少以来，2016 年的总统选举将是首次举行的大选。2012 年的总统竞选也许比 M.Romney 的"汽车电梯"[32] 更快地陷入关于共和党候选人个人财富的辩论之中，但这场总统竞选实际上发生在碎片化资产价格的背景之下。在此后的几年里，标准普尔 500 指数 [33] 上涨了 45%，最富有人群的财富收益也随之增加。民主党人可能被误导了，他们认为在下一次不平等竞选活动中，民主党会是选票的

---

32 M.Romney 生于 1947 年 3 月，2003 年至 2007 年期间出任第 70 届马萨诸塞州州长，2012 年作为共和党总统候选人参选美国总统。"汽车电梯"指媒体在 2012 年总统选举中对 M.Romney 个人财富问题的特别关注。例如，美国"Politic"网站（www.politico.com）2012 年 5 月 23 日报道，"在 M.Romney 计划修建的加利福尼亚海滨别墅里，汽车将有自己单独的电梯。这里还有一个计划中的室外淋浴房和面积为 3600 平方英尺（279 平方米）的地下室"。

33 标准普尔公司（Standard & Poor's Financial Services LLC，S&P）是一家美国金融服务公司，它的历史轨迹可追溯到 H.V.Poor 于 1860 年创立的出版公司。现在的标准普尔公司是由普尔出版公司（Poor's Publishing）和标准统计公司（Standard Statistics）于 1941 年合并而成。"S&P"是著名的股票市场指数，如美国的"S&P 500"指数、加拿大的"S&P/TSX"指数和澳大利亚的"S&P/ASX 200"指数。
标准普尔公司也被认为是全球三大信用评级机构之一，另两个机构分别是莫迪投资服务公司（Moody's Investor Service）和惠誉评级公司（Fitch Ratings）。

赢家。但是，下一次总统选举改写成对被赎回机会的一曲挽歌，是美国梦的一次惊人觉醒，对不平等的担忧普遍存在并受到民主党和共和党的拥护。

共和党总统候选人的主要角逐者有了纠正不平等的方法，而他们的民主党同行对这个问题还谈得很少。所有的人都认为，不平等是一个问题，它能够用好的政策进行修补。假如他们都错了呢？

关于更不平等的美国可能是一个可怕地方的概念得到了大量支持。一个总统候选人为了发动一场可行的竞选活动，只需要确保一位亿万富翁的支持[34]。这位"茅草盖顶"[35]的亿万富翁已更胜一筹，并且实际上正取得进展，他提供了真正的富豪政治可能是什么样子的图景。更进一步的且更加理论性的担忧是民主党人可能需要一个不断壮大的中间层次去工作[36]。智库布鲁金斯学会（Brookings）的 B.Galston 写道，"我们已经知道，自 Aristotle 以来，稳定的宪政民主依赖于一个庞大的、自信的中产阶级"。一个其成员发现他们的实际税前收入永远停留在"前卫摇滚"[37]时代的中产阶级大概不会胜任这项工作。

共和党人倾向于通过提高生产率来提高中等收入水平。这是一个好主意，但是，生产率是很难测量的，更不用说预测和应对了，并且，在任何情况下，生产率收益之间的联系近来也已弱化。民主党人对提高最低收入着迷，鼓励公司部分以股票方式向员工支付工资，也热心于国家资助的儿童保健。这些事情无论如何是值得做的，但作为对全球化和技术的平衡，作为已产生收入不平等的力量，它们似乎过头了。不讨论美国 1% 或 0.1% 顶级富人的财富[38]的做法，完全没有参考 J.Gatsby[39]和"兴盛的 20 年代"[40]。这些比较疏忽的东西是大萧条和第一次世界大战，它们使美国人收入分配"压缩"到 20 世纪下半叶渐渐被认为是正常的范围之内。

或许 2015 年将是美国收入不平等的顶峰（见图 2-23），或许几十年里发表的关

34　2015 年 6 月 16 日，美国亿万富翁 D.Trump 宣布参选共和党总统候选人。2015 年 8 月 3 日，"凤凰卫视"网站（www.phtv.ifeng.com）发文称，"美国亿万富 D.Trump 是地产大亨、真人秀主持人，最近他又多了个头衔叫 '共和党美国总统参选人'。他凭借着雷人言论和高调举动连续一周都登上欧美各大新闻的头条。人们以为他的竞选之旅只是昙花一现，但他不但不是流星，反而是大选舞台上的主角。近日，他口无遮拦地接连惹祸，彻底激怒了他所属的共和党。令人啼笑皆非的是，他的支持率不降反升，从 4% 飙升到 24%"。

35　英文原文为"well-thatched"，亿万富翁 D.Trump 有着一头浓密的白发。

36　中产阶级（middle class）是指社会成员中那部分低层次"生理需求和安全需求"得到满足，中等层次的"感情需求和尊重需求"也得到较好满足，但尚未达到追求高层次"自我实现需求"的人群。在这部分人群中，大部分人的财富是以家庭为单元拥有的，因此，中产阶级主要由中产家庭组成。

37　前卫摇滚（Progressive rock 或 Prog Rock）指 20 世纪 60 年代末在欧洲兴起并在 70 年代初达到顶峰的摇滚乐分支之一，其内涵十分复杂，吸收了诸多其他乐派的元素，因此不能明确定义它的范围。

38　美国的财富不平等指资产在美国公民中的不公平分布。财富包括住房、汽车、个人贵重物品、商业、储蓄和投资的价值。就在奥巴马发表 2014 年度国情咨文之前，美国媒体报道称，1% 的顶级富翁拥有 40% 的国家财富，80% 的低层民众拥有 7% 的国家财富。但后来，美国媒体报道称，1% 最富裕的人拥有比 90% 低层民众更多的财富。10% 最富裕的人和中产阶级之间的差距超过 1000%。1% 顶级富翁与中产阶级的差距达到 2000%。一名普通员工需要工作 1 个多月才能攒到一名首席执行官工作 1 小时就可获得的报酬。

39　J.Gatsby 是 The Great Gatsby（《了不起的盖茨比》）一书的主人公。该书是被誉为美国二十世纪最杰出的作家之一 F.S.Fitzgerald 的代表作，发表于 1925 年，它通过一个名为 N.Carraway 的穷人，目睹并讲述大富翁 J.Gatsby 的个人情感经历，为"爵士时代"送上了一曲挽歌。成为一部传世经典之作。该书先后 4 次被改编成电影上映。

40　英文原文为"roaring '20s"。

图 2-23　或许 2015 年是美国收入不平等的顶峰

于收入不平等主题的论文，连同在所有空闲时间里对想做些什么的冥思苦想，可能被归入"原有问题的博物馆"的档案之中，而这些空闲时间都是由家用电器创造的。这种趋势可能会持续下去。假如确实如此，在一个像美国那样高度重视个人自由的社会里，使这个国家回归到更加平等时代所需要的各种政策将是不可能实施的，这些政策包括在高收入和遗产上征收惩罚性税款。

通过这个方式去观察，收入不平等看起来和全球气候变化一样，是一个巨大的客观力量，可能是不可逆转的。然而，关心气候变化的人们会考虑减轻它的影响，并去适应它。政府能够减少并且已经减少收入的不平等。美国国会预算办公室（Congressional Budget Office，CBO）估计，如果税收支付和转移被考虑在内，在中等收入范围内，美国人的税前收入自 20 世纪 70 年代以来实际增长了 35%。1% 的顶级富人会看到在相同时期里，他们的税前收入是中产阶级的三倍，这虽然是不平衡的，但也许还不是很危险。经历更长时间的积累，中产阶级和顶级富人之间的收入差距将是巨大的，这意味着要考虑去适应它。一个健康但不平等的社会看上去又像什么样子呢？

由于税收基础的收缩，美国政府可能不得不与提供公共产品的个人和基金会友好相处，这些个人和基金会没有来自政府的支持。类似盖茨基金会（Gates Foundation）[41] 的组织可能完全负责政府实际上正在撤出的资助领域，包括药物研究、基础设施和高等教育领域。

在美国非营利组织已占所有私人就业的 10%，超过了银行业和建筑业。这个份额可能随着非营利组织承担某些由政府提供的福利计划而进一步增长。美国政府可能不再资助那些没有人希望为此付钱的事情，例如社会保障；也不再资助那些令私人所有制的思想感到不安的领域，例如警察和武装力量。在一个给予非常富裕人如此之多塑造社会自主权的美国，制定总统竞选财务法律可能是可取的，可减小财产对总统选举的影响。

这听起来可能遥不可及，也许确实遥不可及。但是，试着把这件事告诉那些致力于通过创造使太阳光转向的空中盾牌来改变全球气候变化或者希望用人造云团来填补大气层保持地球凉爽的科学家们吧。任何有兴趣面对收入变化的人，也许必须开始在这个尺度上思考问题。（www.economist.com，原文标题是 *Living with inequality*，2015 年 8 月 5 日下载。）

41　盖茨基金会（Bill & Melinda Gates Foundation）成立于 2000 年 1 月，其创立者为微软公司（Microsoft）创始人 Bill Gates 及其妻子 Melinda Gates。目前，盖茨基金会重点资助：（1）全球人的健康，致力于缩小富国和穷国在卫生保健方面的差距，确保卫生保健领域取得能挽救生命的技术进展，并将这些技术提供给最需要的人，重点领域为传染病、艾滋病及肺结核、生育保健及儿童保健、全球性卫生保健活动等；（2）教育，帮助少数族裔的学生以及家庭经济条件不好的学生得到应有的教育；（3）图书馆，给美国经费不足的社区图书馆提供电脑、图书等帮助，也给发展中国家提供类似的帮助，方便穷人利用图书资源；（4）美国西北部的建设，向当地社区提供资金，改善当地居民的生活水平等。

空间和城市

M.Twain[42]建议购买土地，但人们并未做更多的事情。事实上，土地不是真的稀缺，美国的全部人口能够放入得克萨斯州，而且一个家庭享有超过 1 英亩的土地。驱使土地价格飞涨的是在像伦敦、孟买和纽约这样的大都市里失控的需求和有限的供给之间的冲突。在过去十年里，中国香港的实际土地价格上涨了 150%。地处英国伦敦市中心的梅菲尔（Mayfair）住宅地产价格可能高达每平方米 55 000 英镑（82 000美元）。美国纽约曼哈顿住宅地产的价格达到了每平方英里 165 亿美元。

即使在这些大都市里，土地稀缺也是人为造成的。对建筑物高度和密度的监管限制，制约了土地的供给和价格膨胀。由英国伦敦政治经济学院（London School of Economics）学者提出的最新分析报告估计，英国伦敦西区（West End of London）的土地使用规定使得办公空间的价格上涨了约 800%，在意大利米兰和法国巴黎，土地使用规则推高土地价格约 300%。对于由土地拥有者占有的巨大土地价值，绝大部分是存在的，因为建造新的办公空间去占有这些利润几乎是不可能的。

没有生机的房地产市场的成本是巨大的，主要因为这些成本对个人产生影响。高房价迫使劳动者流向房价更便宜但几乎不进行生产活动的地方。根据一项研究的结果，在美国旧金山海湾地区（Bay Area）的就业可能是在建设上实行严格限制地区就业的 5 倍。把在失去收入和未实现个人潜能方面的成本累加起来，得到的数字会变得令人头晕目眩。在美国，去除城市发展的所有障碍可能使它的国内生产总值（GDP）从 6.5% 提升至 13.5%,相当于它的国内生产总值增加 1 万亿至 2 万亿美元。很难想象其他的许多政策会产生类似的效果。

两个长期存在的倾向引导了这个断裂的市场。一个倾向是作为全球经济引擎核心齿轮的城市的复兴。20 世纪，暴跌的运输成本削弱了城市的吸引力；21 世纪，数字化革命恢复了城市的吸引力。类似技术和金融的知识密集行业依靠聚集劳动者而兴旺发达，这些劳动者分享着思想和专业技能。作为城市复兴的一个结果，像英国伦敦、美国纽约和旧金山这样的大都市的经济和人口已经出现反弹。

还没有恢复的东西是这些城市历史上扩展的能力，以容纳所有想来这里的人们。限制城市扩展有一个很好的理由：19 世纪末期，不加限制的城市扩展"培育"了犯罪和疾病。由此，第二个倾向是城市绿带和分区规则的激增。在 20 世纪里，使用土地规则累积得如此丰富，以致获得计划许可比在一个雨天的下午叫辆出租车更加困难。伦敦有严格的规定，防止新的建筑物阻挡圣保罗教堂的视线。谷歌公司计划在其位于硅谷的"山景"（Mountain View）园区建造住宅的计划在居民可能饲养宠物的土地上受到了抵制，这个建设计划可能危及当地的猫头鹰数量。低密度建筑区域的"宁闭"[43]式居民能够利用从光照水平、停车位到街区规划的所有建筑规划规则。

42　Mark Twain（中文名字为马克·吐温）是美国著名作家 S.L.Clemens（1835—1910）的笔名。12 岁时，M.Twain的父亲去世，他只好停学，在一家工厂当小工。后来，他换了不少职业，曾做过密西西比河的领航员、矿工和新闻记者，并开始了自己的写作生涯。M.Twain 是美国批判现实主义文学的奠基人，他经历了美国经济社会发展的重要过程，其思想和创作也表现为从轻快调笑到辛辣讽刺再到悲观厌世的发展，被誉为"美国文学史上的林肯"。

43　原文为 Nimbyish。Nimby 指反对在自己的住宅附近建造危险或不受欢迎设施的人。

好事情说得太多了。在不断增长的人口压力下，道路和铁路纵横交错的大城市已经"嘎吱作响"。抑制房地产价格损害了一个对中产阶级仍然有效的积累财富途径。谨慎发展房地产的做法是保持城市公共空间和文化遗产的最可靠方式：给经济学家们自己的路，他们很快就会在纽约中央公园上面铺出路来。

不管这些争论怎样在当地规划会议上发生，它们会在更仔细的审查中消失。房屋所有权不是十分平等的。许多房屋因地处更有活力的地方而被估价过高。在受压制的底特律都市区的房屋拥有率约为77%，高于蓬勃发展的旧金山地区房屋拥有率55%，这绝非偶然。在大城市里，你不需要为许多人安家而去建造摩天大楼的"森林"。旧金山能够"塞"入两倍之多的人口，仍可保持纽约曼哈顿地区一半的建筑密度。

分区法规被认为是平衡不断发展的生产型城市社会产品和增长有时变得勉强的私人成本（关系）的一个途径。但是，土地使用规则已经演变成更加有害的东西，这是一种机制，通过它，土地拥有者不仅有意外之财，而且有了防止他人对他们的房地产实施控制的手段。即使恢复个人和公共产品之间健康平衡的小步骤也将产生可观的回报。政策制定者应当关注两件事情。

第一件事情，政策制定者应当确保城市规划决策是自上而下作出的。当决策是在地区层次作出的时候，土地使用规则会趋向于严格。单独的地区无法得到高于成本（视野受阻和拥堵的街道）的大都市人口效益（工作岗位和税收）。把房屋供给决策提升到城市层次，应该意味着适当的比重被放在城市发展的收益之上。由一个地区赢得的对建筑物的限制会被其他地区建筑物的增加抵消，所以城市作为一个整体遵守着它的发展"预算"。

第二件事情，政府应当对土地价值强制征收更高的税。在最富裕的国家，土地增值税（land-value taxes）占政府整个收入的很小部分。土地上的税是有效的。它们难以逃避，你不可能把土地"装"到位于卢森堡的一个银行保险库里。然而，房地产上的高税收能够抑制投资，土地上的高税收创造对开发未使用地区的刺激。土地增值税也有助于满足新来城市人群的需要。新的城市基础设备提升了邻近土地的价值，必然持续增加政府收入，这有助于为改善城市状况提供资金。

没有更好的分区规划，也就没有容易征收的土地税。存在着流通上的障碍，例如评估剥离房产的土地价值。政治事务更加困难。但是，政策上棘手的问题多得很。没有人为解决这些问题的人们提供 10 000 亿美元的报酬。（www.economist.com，原文标题为 *Space and the city*，2015 年 4 月 3 日下载。）

▍欧元区的通货紧缩加快了步伐

波及 19 个使用欧元国家的通货紧缩正在加快步伐。2015 年 1 月，欧元区的价格较 2014 年的水平下降了 0.6%。数字显示，从 2014 年 12 月起，欧元区国家进入通货紧缩深度区间，价格下降了 0.2%。导致价格下跌的一大因素是能源成本下降，在 2014 年年中，石油价格差不多下跌了 60%。如果把食品和能源从计算中剥离出来，欧元区的价格仍以 0.5% 的通货膨胀率上涨，低于一个月前上涨 0.7% 的水平（见图 2-24）。

2009 年 7 月，欧元区有过一次这样的通货紧缩经历，紧随着金融危机，欧元区首次陷入了经济衰退。上周 [44]，欧洲中央银行（European Central Bank，ECB）启动了一项旨在推动价格回升的计划。这项计划被称为量化宽松计划，通过它，欧洲中央银行向经济领域注入约 1 万亿欧元。

图 2-24　欧元国家的通货紧缩正在加快步伐

正是能源价格把欧元区拖入了通货紧缩。但是，整个经济领域的价格还在缓慢上升，虽然远低于欧洲中央银行的目标，但已接近 2%。所以，对于一个能源净进口国，廉价能源是个好消息，同时，如同欧元区那样，存在一定时期影响更广泛、潜在伤害更大的通货紧缩危险。债务可能是个大问题。

在效应上，通货紧缩提高了通货膨胀调整后的实际利率，这使得随着收入下降，借贷人的还款变得更加沉重，或者使得政府的税收更难征收。因此，欧洲中央银行主席 Mario Draghi 无疑将会看到这些数字支持上周推出量化宽松计划的决定，旨在推高通货膨胀。

不过，其他新的数字表明，通货紧缩时期并不一定意味着经济不会增长。在西班牙，在 2014 年大部分时间里，价格不断下跌，但在 2014 年最后一个季度里，经济以不错的 0.7% 速率增长。

贝伦贝格银行（Berenberg Bank）经济学家 C.Schulz 说，最新数字表明，"欧洲中央银行在本月早些时候就采取了积极行动，而不是在为采取此行动作出解释"。"目前，刺激的廉价石油、疲软的欧元、积极的货币宽松政策正在稳定预期，随着时间推移，将帮助欧洲中央银行达到稳定价格的目标"。

在欧元区失业率方面有好消息，2014 年 12 月降低到 11.4%，低于 2014 年 11 月份的 11.5%。在不同的欧元区国家里，失业率数据有很大差异。德国的失业率为 4.8%，但希腊的失业率为 25.8%，西班牙的失业率为 23.7%。在此消息之后，欧元略微升值，与美元的比值上涨了 0.35%，达到 1 欧元比 1.1358 美元，与英镑的比值下降了 0.25%，达到了 1 英镑比 1.3276 欧元。（www.bbc.com，原文标题是 *Eurozone deflation gathers pace*，2015 年 1 月 30 日下载。）

▎英国经济创下自 2007 年以来最快增长的纪录

来自英国国家统计局的数字表明，在 2014 年的最后 3 个月里，英国经济增长了 0.5%。这个数据低于此前 3 个月公布的 0.7% 增长（见图 2-25）。

经济学家们被最后一个季度增长势头减弱是暂时的还是长期的弄糊涂了。英国国家统计局首席经济学家 J.Grice 说，讨论衰退是否会持续，还为时过早。他说，"在建筑、采矿、能源等行业发生收缩的同时，占主导地位的服务业依然看涨，这可能

44　指 2015 年 1 月 18 日至 1 月 24 日这一周。

是不稳定的"。

但是，亲密兄弟资产管理公司（Close Brother Asset Management）的首席投资官 N.Curtin 说，第四季度数据"不可能轰动世界……很明显，经济正在放缓"。她说，"在地平线上令人担忧地出现了阴云，正常选举是其中最大的一团阴云。投资者不喜欢不确定性"。在第四季度，服务业增长 0.8%，但是建筑业收缩 1.8%。制造业仅增长 0.1%，这是自 2013 年年初以来最差的数据（见图 2-26）。

图 2-25 官方数据显示，2014 年，英国经济增长 2.6%，是自 2007 年以来最快的增速，高于 2013 年的 1.7% 增长

图 2-26 英国的一个建筑工地

环球通视公司（IHS Global Insight）首席英国经济学家 H.Archer 说，"对英国经济在 2014 年第四季度增长的主要失望在于，在经济产出方面，它看起来至少是不平衡的"。但财政大臣 G.Osborne 说，数字显示英国经济是在"轨道上"。他警告说，国际经济环境正在变差，所以英国政府必须继续实施它的经济战略。

影子内阁财政大臣 E.Balls 说，第四季度经济增长放缓令人担忧，保守党声称经济已经复苏，只是给英国劳动者画上一个空圈，自 2010 年以来，他们的年工资下降了 1600 欧元。

英国国家统计局发表的数字是对英国第四季度增长的首次估计，随着最后三个月更多的经济数据被统计部门采集，这个数字也许将被上调或下调。

经济和商务研究中心（Centre for Economics and Business Research，CEBR）的经济学家们说，如果英国国家统计局的数字最后被上调，在年底绘制出一幅英国经济更为强劲的图景，他们不会感到惊讶。他们认为，拖累第四季度数字的建筑业数据是惊人的，与其他提供经济健康发展的指标与调查有冲突。

星期三[45]的数字意味着 2014 年英国处在所有主要经济体中表现最好的国家之列。美国经济增长数字将在星期五公布，国际货币基金组织估计美国经济全年增长 2.4%。

国际货币基金组织预测 2015 年英国经济增长 2.7%。然而，名为"资本经济"（Capital Economics）的咨询公司的 S.Tombs 此前估计 2015 年英国经济增长 3%。他说，"随着近期油价减半，及时提升了家庭可支配支出能力，信贷变得更加便宜，支出增长有上升趋势……英国经济复苏的最好日子可能还在后面"。

英国广播公司经济编辑 R.Peston 说，在英国经济中，占主导地位的服务业仍

---

45 指 2015 年 1 月 21 日。

在蓬勃发展，但建筑业在收缩，制造业回到了停滞不前状态，经济增长放缓有怎样的重要性？从欧元区内英国的主要贸易伙伴看，英国的经济减速没有什么了不起。能源供应产业下跌 2.8%，建筑业下跌 1.8%，这两个行业的负面影响显现在趋于不稳定的行业里。这就是说，它使人深思，显然，现在英国经济增长很大程度上由零售和消费支出驱动。我们应当使制造业和投资保持平衡。虽然在过去几年里，这方面有点进步，但两者的平衡似乎正逐渐消失。（www.BBC.com，原标题是 *UK economy records fastest growth since* 2007，2015 年 1 月 27 日下载。）

盖子之下

在外表上，英国的经济看起来好像是在很好地缓慢运转。2014 年，英国经济增长了 2.8%，高于 G7 富裕国家集团中的其他任何国家。英国的失业率一直没有上升。然而，一个长期纠缠的问题困扰着英国的政策制定者们。询问任何一位经济学家，他认为什么是未来英国经济增长的最大风险，回答是相同的：生产率[46]（见图 2-27）。英国目前每个工作小时的国内生产总值（GDP）

图 2-27　与 G7 集团的同伴们相比，英国后金融危机时期的生产率表现一直非常差劲

低于 2007 年的数据，一直是低迷的。M.Carney 是英格兰银行（Bank of England）行长，他说，预测什么时候英国的生产率将恢复增长是他不得不做的最为棘手的事情。G.Osborne 是英国的财政大臣，在选举活动期间，他一直坚定地无视英国的生产率问题，现在，他承诺在他向新议会提交的第一份预算里，提出一个"生产率计划"（productivity plan），这件事情须在 2015 年 7 月份完成。

死抠政策枝节的人和政策制定者的担心是对的。提高生产率是经济增长和生活标准提升的重要源泉。虽然富裕国家的经济学家们都想知道如何使自己国家的生产率活跃起来，但英国在生产率上"抛锚"是特别严重的。比起 2007 年来，美国工人每小时的产出提高了 9%，即使在法国，这个数据也提高了 2% 以上。与 G7 集团的同伴们相比，英国后金融危机时期的生产率表现一直非常差劲。

但是，经济平均值揭示的信息是有限的。在全国生产率一直停滞的时候，各个行业的经历不尽相同。经济学家们观察了占英国经济 1% 份额的行业，发现自 2009 年以来，某些行业一直不受生产率停滞的影响，而其他行业蒙受着生长率停滞带来的痛苦。

飞机、火车和汽车

英国的生产率低迷经历了两个不同的阶段。当 2008 年英国经济陷入一年之久衰退的时候，许多企业决定不解雇工人，而是继续聘用他们渡过难关，以避免此后

46　生产率（Productivity）是生产效率的平均计量值。它可被表达为生产过程的投入产出比，即每单位投入的产出。

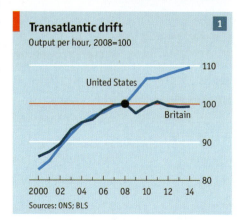

Transatlantic drift
Output per hour, 2008=100

United States

Britain

Sources: ONS; BLS

图 2-28　本图标题是"大西洋彼岸的趋势，每小时产出，设 2008 年值为 100"。左下角写着"来源：（英国）国家统计局（Office for National Statistics，ONS）；（美国）劳工统计局（Bureau of Labour Statistics，BLS）"

费用更高的重新聘用。在生产减少的时候聘用相同数量的工人意味着每小时产出的下降。正如预期的那样，在英国经济开始复苏的时候，每小时产出也开始恢复，在 2009 年至 2011 年期间上升了 3%。

此后，神秘的事情发生了。与绝大多数预测相反，英国的生产率"冻结"了。英国的经济继续增长，但企业不是从现有劳动力那里获得更多的产出，而是继续大规模招聘人员（见图 2-28）。结果是，英国在 2010 年至 2014 年期间增加了 130 万个工作岗位。英格兰银行过去认为短期生产率与需求紧密相关，这家银行使用利率来"驾驭"生产率。今天，面对着强劲的需求但停滞的生产率，这家银行说它已无力在这个问题上做更多的事情了。

拿开英国经济的盖子，显露出生产率改进最快的部门是运输制造业（见图 2-29）。制造汽车、飞机和火车的 34.5 万名工人在每个工作小时里比 2009 年多产出了 56%。而在 2005 年至 2009 年期间，英国的汽车制造业每个工人每年生产 9.3 辆汽车，在 2010 年至 2015 年期间则生产 11.5 辆汽车。汽车生产商和贸易商协会（Society of Motor Manufacturers and Traders）是英国一个行业组织，在此任职的 M.Hawas 说，在这个时期，英国的汽车制造业，包括诸如尼桑（Nissan）、捷豹路虎（Jaguar Land Rover）、迷你（Mini）这样的汽车公司，得益于对新技术的投资、供应链效率的提高和更好的管理。

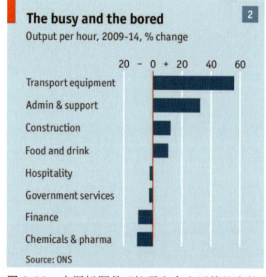

The busy and the bored
Output per hour, 2009-14, % change

	20 - 0 + 20 40 60
Transport equipment	
Admin & support	
Construction	
Food and drink	
Hospitality	
Government services	
Finance	
Chemicals & pharma	

Source: ONS

图 2-29　本图标题是"忙碌和令人厌倦的事情，每小时产出，2009 年至 2014 年，变化的百分比"。纵坐标自上而下表示不同的行业，分别是"运输设备业"、"管理和支持业"、"建筑业"、"食品和饮料业"、"酒店业"、"政府服务业"、"金融业"、"化学和制药业"。左下角写着"来源：（英国）国家统计局"

技术进步正使得制造过程更有效率，企业、大学和政府之间的合作有助于技术进步。劳斯莱斯公司（Rolls-Royce）是一家航空公司，它使用设在谢菲尔德大学（Sheffield University）的先进制造研究中心（Advanced Manufacturing Research Centre，AMRC）研发的方法，把制造喷气引擎用风扇盘和涡轮盘的时间降低了一半。先进制造研究中心建立于 2001 年，现在成为英国政府支持的"弹射中心"（catapult centres）网络 [47] 的一部分，弹射中心的目的是在学术界和工业界之间建立连接。H.Mughal 是劳斯莱斯公司制造部门的主任，他说，这样的连接对制造业取得成功来说是至关重要的，因为它们创造了一个"沙箱"（sandbox）环境，允许开展对单个企业来说是不可行的试验。

一些公司确信制造业的生产率提高将会继续。制造业，尤其是航空制造业的投资周期可能长达数十年，因此，2011 年才被推出的"弹射中心"的影响尚未被充分感受到。工程师们对更有效率生产的潜力感到兴奋，甚至在规模较小、劳动密集型制造领域也是如此。梅杰特公司（Meggitt）是一家航空制造企业，它正在研发一个"智能工作台"（intelligent workbench），这个工作台应用激光和显示技术，在制造过程中帮助指导工程师们。这家企业与先进制造研究中心合作（并且得到了一些纳税人的资助）来做这个工作台的原型。梅杰特公司技术负责人 K.Jackson 说，即使没有合作，这家公司仍然能够推进这些项目，但这些项目进展会很慢，还可能在国外研发。

一些技术含量低的行业似乎也已克服了生产率问题（见图 2-30）。管理和支持业（administration and support）包含了像开皮塔（Capita）这样的外包企业，已经看到了下一轮生产率的大提高，这个产业部门让其他公司把从旅行计划到自己整个人力资源管理外包出去。在 2008 年至 2009 年期间，这个产业部门每小时的产出下跌了 6%，但此后上升了 32%。

即使在现在，管理和支持业每小时的产出大约仅有 22 英镑（34 美元），意味着从事管理业务劳动者的生产率仍然低于诸如信息业（每小时创造 42 英镑（65.1 美元）的产出）或金融业（每小时创造 62 英镑（96.1 美元）的产出）这样的产业部门里劳动者的生产率。这也意味着，在管理和支持业里，即便相对较低的每小时 12.5 英镑（19.4 美元）平均工资也已"吞噬"了劳动者每小时创造价值的 58%，这表明几乎没有涨薪的空间。

图 2-30　没有休息的时间

然而，管理和支持业为关于低生产率是由就业增长造成的争论提供了一个反例。企业一直设法提高它们的生产率和人员配备水平：管理和支持业已经是一个就业的大行业，自 2009 年以来，这个产业部门的聘用人数增加了 30 万以上（新增人员数接近全部从业人数的 25%）。财政大臣 G.Osborne 的希望是生产率的提高将开始转变为更高的工资。

与生产率表现最差行业进行比较是严酷的。金融和保险业的生产率比 2009 年下降了 10%。这部分反映了在经济繁荣时期人为的高生产率，这个时期，价值高估

47　根据英国"弹射中心"网站（www.catapult.org.uk）的介绍，它是"按照转变英国在 7 个专门领域里的创新能力、帮助推动英国未来经济增长设计的世界领先中心网络"，"弹射网络是由一系列实体型中心构成的，在这些中心里，英国最好的企业、科学家和工程师在研发的最后阶段并肩工作，把具有很大潜力的思想转变为新的产品和服务，推动经济增长"。

的金融工具销售和危险的高资本负债率实现了丰厚的利润。这也部分归因于对银行过重的监管负担，这导致了法律和办事官员队伍膨胀。对银行监管的收益是减少了另外一种风险，但无法在生产率统计中显现出来。

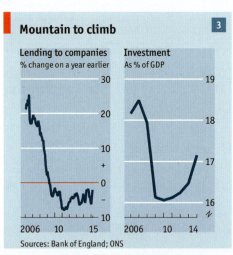

Mountain to climb

Lending to companies
% change on a year earlier

Investment
As % of GDP

Sources: Bank of England; ONS

图 2-31　本图标题是"需要攀登的高山"。左小图的标题是"对公司的贷款，与一年前相比的变化百分比"；右小图的标题是"投资，占国内生产总值的百分比"。左下角写着"来源：英格兰银行，（英国）国家统计局"

更令人惊讶的生产率表现欠佳者是化学和制药产业部门。一些人认为，比起服务行业来，制造业天生更可能使生产率提高，因为制造业是技术更加密集的用户，随着技术进步，使用技术会带来提高生产率的意外收益。化学和制药业现在成了例外。这个行业有着极高的生产率，每个劳动者每小时创造 72 英镑（111.6 美元）的价值。但是，这个行业已严重地"失速"，自 2009 年以来每小时的产出下降了 11%，实际工资下降了 4%，聘用人数下降了 5% 以上。这在当地的生产中心中造成了痛苦。英国贸易和投资部门（UK Trade and Investment）是英国政府的一个机构，根据它的统计，化学企业在英格兰西北部地区就聘用了 5 万名工人。

化学和制造产业部门发生"化学碰撞"的一个可能原因是投资的失败。紧随着 2008 年金融危机，英国伤痕累累的银行削减了它们的企业贷款，企业在证券市场上的借贷变得更加不易。根据伦敦政治经济学院（London School of Economics）的 J.Reenen 和 J.P.Pessoa 的说法，随着投资变得更加昂贵，一些企业聘用了廉价的劳动力，而不是购买贵重的机器。投资没有恢复，借贷也没有恢复。这意味着许多英国人使用过时的设备辛苦地工作，没有多少机会来提高生产率（见图 2-31）。

高技术制造业的惊人表现和金融业的停滞可能看起来像一个降低服务业在英国经济中比重的案例。但是，尽管近期有这样的倾向，金融企业仍保持着比汽车和飞机制造商高出五分之一的生产率。如果制造业在财政开支上继续增长，整体生产率将会下降。

更新换代

关键是找到有效的工作方法或措施，并且模仿它。强大的产业集群将有助于这样做。企业能够通过分享基础设施来削减开支，如同位于英格兰北部地区的化学企业已经做的那样，这些企业使用一个管道系统更加便宜和安全地输运化学品。当地的生产中心也帮助吸引人才和资金。药物研发是一个高风险业务，在这个行业里，企业的命运可能"悬"在一个专利上。在像剑桥（Cambridge）这样的城市里，有着大量新创办的制药公司，很容易吸引人才，工人们知道，如果他们的企业走到了绝路，另外的企业很快就会聘用他们。

假如你看得足够仔细的话会发现，在英国，生产率的收益是存在的。但是，假如表面上令人印象深刻的经济继续朝前运转，企业、人员和资本必定被释放出来，快速地从无效益的生产部门转移到"冒泡"的生产部门。更宽松的规则将使制造类企业有机会实现发展，例如，牛津（Oxford）有一所世界领先的医学院，但它制定了严格的土地"绿色带"（green belt）规则来禁止开发商，使得它们难以为生命科学企业蓬勃发展找到空间。一个更少依靠等待批准申请者名单的社会住房体系将使工人们更加自由自在。更加简便的破产法律将允许资金从失败的业务领域流出来，更加迅速地流入成长中的业务领域（世界银行评价英国的破产框架为 11 分，美国和德国均为 15 分，满分为 16 分）。在这些改革完成之前，英国还将用"手刹车"朝前磨蹭。（www.economist.com，原文标题为 *Under the bonnet*，2015 年 5 月 29 日下载。）

▎规则和秩序

P.Bofiger 是德国经济专家委员会（Germany's Council of Economic Experts）的五位委员之一，这个委员会给德国政府出主意。他感叹道，"无论什么主题，对我来说，都是 4 比 1"。其他 4 位委员认为赤字和债务是糟糕的，反对欧洲中央银行（European Central Bank，EBC）作为货币干预（monetary meddling）措施的量化宽松（quantitative easing）政策，认为紧缩是对欧洲经济危机的回应。P.Bofiger 说，在德国，"我是最后的凯恩斯主义者（Keynesian）[48]，我觉得自己像最后的莫希干人（Mohican）[49]"。

P.Bofiger 先生与其同事之间的关系反映了存在于德国人和盎格鲁 - 撒克逊人（Anglo-Saxon）（或拉丁人）经济学观点之间的差距。长期以来，德国人的经济学思想不同于其他国家的主流经济学思想，这些国家包括欧元区的其他成员。在过去 6 年的欧元区经济危机期间，这个差距已经变得更大、更加明显和更具争议。欧洲外交委员会（European Council on Foreign Relations）的 S.Dullin 说，这个差距相当于德国与世界上其他国家"脱钩"，欧洲外交委员会是一个智库。

这样一个态度给德国之外的经济学家们留下了困惑。为什么德国人对欧洲中央银行提振欧洲经济的努力持怀疑态度？为什么德国人坚持那些需求正在萎缩的国家要实行财政紧缩政策？为什么德国人沉迷于自己的规则，而不关注这些规则的实际效果（见图 2-32）？

对这些问题的回答深深扎根于德国的思想史，尤其是扎根于秩序自由主义

---

48 凯恩斯经济学（Keynesian economics）是以英国经济学家 J.M.Keynes 在 1936 年出版的《就业、利息和货币通论》（*The General Theory of Employment, Interest and Money*）一书作为基础形成的经济学理论。18 世纪末形成的政治经济学等经济理论都认为不断发展社会生产可促进经济增长，但它认为宏观经济趋向将制约个体的特定行为，对商品总需求的减少是经济衰退的主要原因，主张国家采用扩张性的经济政策，通过增加总需求来促进经济增长。

49 莫希干人（Mohican）是使用东阿尔冈昆语的北美洲原住民部族，最早定居在美国哈德逊河流域（Hudson River Valley）和新英格兰（New England）西部。自 19 世纪 30 年代起，莫希干人主要居住在威斯康星州（Wisconsin）沙瓦诺县（Shawano County），与德拉瓦人（Lenape）一起形成了面积为 22000 英亩（约 8 900 公顷）的斯托克布里奇 - 莫希干人社区（Stockbridge-Munsee Community）。

图 2-32　图中的文字是"你不可陷入死亡"

（ordoliberalism）[50]。秩序自由主义是古典自由主义的一个分支，它在纳粹德国时期"发芽"，此时，在弗莱堡（Freiburg），经济学家 W.Eucken[51] 周围持不同政见的人们梦想建立一个更好的经济体系。他们反对纳粹德国和苏联的计划经济（planned economies）。但是，他们也不接受纯粹的自由放任主义（laissez-faire）和凯恩斯的需求管理。

结果是形成了一个学派，它在个人交往中是严密的，在与 F.Hayek[52] 相联系的奥地利经济学派的内容上也是严密的。W.Eucken 和 F.Hayek 都持有这样的观点：为了需求管理的赤字支出是愚蠢的。然而，在认为资本主义需要一个强大的政府、以创造一个规则框架、为自由市场最有效运转提供所需的秩序上，秩序自由主义持有不同看法。

从原始的秩序自由主义引发了在卡特尔（cartel）[53] 控制经济时需要政府干预的大思想。第一个措施是实行强有力的反垄断。第二个措施是实行严格与单一地聚焦于价格稳定的货币政策。第三个政策是强制执行"Haftung"，它不但表示"责任"，也表示"义务"。例如，德国有比美国或英国更加严厉的破产法律。

通过德意志联邦共和国首任经济部长和第二任联邦总理 L.Erdwig 的努力，秩序自由主义对德国在第二次世界大战之后的经济政策产生了强烈影响。20 世纪 60 年代，信奉凯恩斯主义在德国曾一时兴起。但是，德国向欧盟和欧洲中央银行传递了它实行强硬的反垄断和货币政策的哲学。在欧元区稳定和增长协定中，存在着秩序自由主义的痕迹，这个协定是在 20 世纪 90 年代达成的，作为一项以法律为基础的限制预算赤字措施，即使首先违反这个协定的是当时的德国左翼政府。

2008 年的金融危机更加明显地暴露了德国与世界其他国家之间的差距。在美国，这次金融危机使凯恩斯主义重新成为时尚。布什总统和奥巴马总统都采用财政刺激措施作出应对，但是，许多德国经济学家大呼这违反了规则。

此后，P.Bofiger 说，随着欧元危机的展现，他"将永远面对着秩序自由主义的立场"。德国之外的经济学们都认为，微观经济改革是必要的。但是，德国人几乎

50　秩序自由主义（ordoliberalism）是社会自由主义（social liberalism）的德国版本，它强调，对国家来说，需要确保自由市场产生的结果接近其理论的潜力。秩序自由主义的思想（连同各种修改版本）推动了第二次世界大战后德国社会市场经济（social market economy）的创立和随之而来的德国经济奇迹（Wirtschaftswunder）。然而，秩序自由主义思想提升了社会市场经济的概念，而社会市场经济的概念提高了国家相对于市场的强大作用，这在许多方面不同于现在与新自由主义（neoliberalism）术语相联系的经济学思想。秩序自由主义这个术语是 1950 年由 H.Moeller 创造的。

51　W.Eucken 生于 1891 年，卒于 1950 年，是德国经济学家和秩序自由主义之父，他的名字与社会市场经济理论的发展紧密联系在一起。

52　F.Hayek 出生于 1899 年，卒于 1992 年，是出生于奥地利的英国经济学家、社会理论家和政治哲学家，他以捍卫古典自由主义、反对社会主义、凯恩斯主义和集体主义闻名，被认为是奥地利经济学派最重要的成员之一。F.Hayek 关于如何改变价格信息交流、使个体能够协调自身计划的观点被普遍认为是 20 世纪经济学发展中的一个重要成果。1974 年，F.Hayek 与 G.Myrdal 分享诺贝尔经济学奖。

53　卡特尔（cartel）指操纵价格或商品供应的企业集团。

独一无二地主张在需求下降中削减开支的反凯恩斯主义概念。在德国,"债务约束"
(debt brake) 被写进了宪法,要求各州到 2020 年平衡它们的预算,限制联邦债务 (目
前,德国的预算是在誉为"黑色零点"(black zero) 上进行平衡的)。通过 2012 年
财政紧缩协定,德国已经把类似的规则强加给欧盟国家,在一定程度上限制了德国
对这些国家的责任。

　　甚至更具特色的是德国人对待规则的态度。在某种程度上,这种态度反映了德
国的文化。但是,这个态度也起源于秩序自由主义。J.Weidmann 是德意志联邦银
行 (German Bundesbank, 德国的中央银行) 行长,他经常引用 W.Eucken 的话,
尤其是 "Haftung" 必须 "与控制齐头并进" 这句话。这给了德国的经济学家反对
欧元债务和其他债务共担形式、强调欧元区的不救助规则 (no-bail-out rule) 的理由。
类似地,呼吁"团结"(或财政转移支付) 直接遇到了对道德风险的担忧。意大利
前总理 M.Monti 喜欢这样说:在德国,经济学被看作道德哲学的一个分支。

　　毫无疑问,道德的调子不知不觉地在关于德国经常项目盈余 (current-account
surplus) 的讨论中产生,德国现在拥有全球最大的经常项目盈余。对德国之外的经
济学家来说,巨额盈余反映了储蓄超过投资的失衡,与此相对应的是其他国家的赤
字,因为欧盟本身的宏观经济失衡过程表明,需要采取纠正行动。对德国来说,盈
余是经济学美德的符号,它只不过反映了竞争力,不值得作出任何政策性反应。

　　当然,不是所有的德国经济学家把自己看作秩序自由主义者。但是,秩序自由
主义的传统影响在德国的大学里依然强大,在德意志联邦银行和德国经济专家委员
会里也是如此。正如最早的秩序自由主义者进入人文和法律领域,今天的秩序自由
主义者也往往按律师那样进行培训 (例如,德国财政部的模式是值得注意的)。

　　批评者发现秩序自由主义传统是过时的或者是受到误导的。M.Burda 是位于柏
林 (Berlin) 的洪堡大学 (Humboldt University) 的一名美国经济学家,他说,"秩
序自由主义不是非常实用的,它是宗教"。例如,绝大多数德国经济学家简单地假定,
在德国,最低限度的工资将导致失业,尽管美国和英国的实践经验证据说明这并不
是必然的。

　　M.Burda 说,秩序自由主义的最大瑕疵在于它"不做聚集步骤的事情"。本质上,
秩序自由主义是一个微观经济模型,它否定了宏观经济政策,因为它把许多国家甚
至把整个欧元区当作一个个单独的家庭那样来处理。秩序自由主义认为,对个人来
说,当他们负债时实行节约是合乎情理的,如同德国寓言中的 Swabian 家庭主妇所
做的那样。但是,假如所有人在同一时间里削减开支,结果可能是需求短缺,这会
使微观经济改革的好处化为泡影。偶尔地打破规则比所有人承受遵守规则的痛苦更
好。然而,柏林或法兰克福 (Frankfurt) 的情况却不是这样的。(www.economist.
com,原文标题是 *Of rules and order*,2015 年 5 月 11 日下载。)

115

▌希腊之痛

希腊的选民希望待在欧元区里。他们还挑选了打算退出欧元区或"希腊退出"（Grexit）的政府，这看来是非常可能发生的（见图 2-33）。德国财政部长 Wolfgang Schäuble 在 2015 年 2 月 10 日说，"假如希腊新的左翼激进联盟领导的政府不寻求退出紧急财政援助，而这项援助将在 2 月 28 日到期，那么事情就会结束"。在 2 月 11 日举行的一次会议上，希腊向欧元区财政部长表达了它的计划。这次会议在混乱中结束，甚至没有通常关于"富有成效讨论"（fruitful discussions）这样的声明。除非尽快达成某种协议，在国际货币基金组织的债务在 2015 年 3 月份到期的时候，另一项希腊债务违约就会赫然出现。

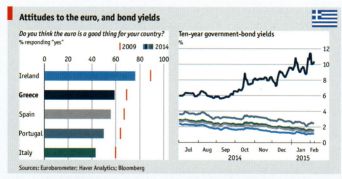

图 2-33 本图标题是"对欧元和债券收益率的看法"。左图的标题是"你认为对你的国家来说欧元是一件好事情吗？"从图可看到，在希腊，2009 年有约 69% 接受调查的人选择"yes"，到 2014 年，有约 59% 接受调查的人选择"yes"。右图的标题是"10 年期政府债券收益率"

政治动乱正在付出经济代价。2014 年初，希腊从经济衰退中摆脱出来，但它脱离经济收缩是短暂的。2015 年 2 月 13 日披露的数据显示，希腊经济仍然同比增长，但在 2014 年的最后 3 个月里，以一个季度为基础，希腊经济出现了萎缩。自 2008 年以来，希腊的经济大约收缩了四分之一。虽然不像美国大萧条那样的深度经济衰退，希腊的经济衰退更持久，完全复苏可能需要更多时间。与希腊相比，近期欧元区和英国的经济衰退似乎是轻微的"打嗝"（见图 2-34）。

经济开始增长后，希腊的经济犯罪是十分令人沮丧的。但是，希腊的选民有着许多理由来选择改变。即使在危机来临之前，希腊也是一个落后国家。2008 年，只有三分之一的希腊家庭有互联网，在欧元区国家里，这个比例是最低的。希腊的青年人失业率水平和政府债务水平也是欧元区国家中最高的。自此之后，希腊和其他欧元区国家之间的距离扩大了。希腊的失业率增至 3 倍，达到 26%，四分之三的失业者已经有 12 个月或更长时间没有工作。超过三分之一的希腊人被认为面临着贫困的风险，远高于欧元区其他成员。

更加糟糕的是，经济衰退加剧了某些令人遗憾的人口学趋势。2009 年，由于生育率下降和寻求工作的移民，希腊的人口达到高峰，恰好超过 1100 万。这推高了希腊老年人口的抚养比率（从本质上说，老年人口抚养比是因年龄过大不能工作的人口数量与处于工作年龄的人口数量之比），这在世界上已是最高的（见图 2-35）。（www.economist.com，原文标题是 *The agony of Greece*，2015 年 2 月 15 日下载。）

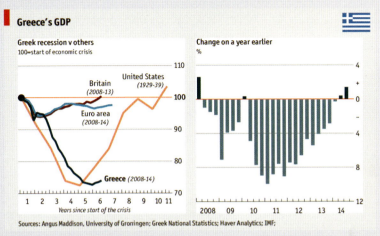

图 2-34　本图标题是"希腊的国内生产总值"，左小图的标题是"希腊的经济衰退与其他国家的比较"，横坐标是"自经济危机爆发以来的年份"。右小图的标题是"同比变化"

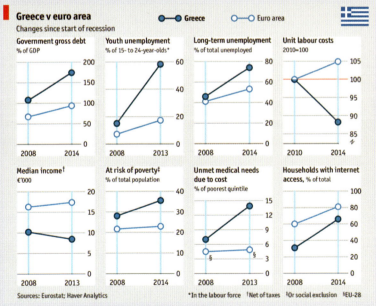

图 2-35　本图标题是"希腊与欧元区的比较"，上方图例中左侧为希腊的数据，右侧为欧元区的数据。从左到右，第 1 行 4 张小图的标题分别是"政府的毛债务"、"青年人（15 岁至 24 岁）失业率"、"长周期失业率"和"单位劳动成本，假定 2010 年的为 100"；第 2 行 4 张小图的标题分别是"中等收入"、"全部人口中面临贫困风险人的比例"、"最贫困人群中因费用无法满足药物需求人的比例"和"全部家庭中可使用互联网家庭的比例"

基本负担不起

尽管世界各地现金拮据的政府寻找削减福利开支、减少赤字的办法，但这似乎是一个考虑慷慨的普遍利益（universal benefit）的奇怪时代（见图 2-36）。然而，"基本收入"（basic income）是一项得到保证的、向所有公民支付的政府支出，无论公

图 2-36 这似乎是个考虑慷慨的普遍利益的奇怪时代

民的私人财富有多少。基本收入正逐渐进入政治议程。紧随着一项国家请愿[54]取得成功，瑞士很快将对每月 2500 法郎（2700 美元）基本收入的提案进行表决。在混乱的希腊，财政部长 Y.Varoufakis[55] 一直暗示他是基本收入的"粉丝"。英国绿党采用了新的基本收入政策版本。把基本收入转变成所有福利支出的替代品将是代价高得令人难以承受的事情。但是，基本收入可能是社会安全网的一个元素。

基本收入思想有着长期的知识积累。1797 年，美国的创始人之一 T.Paine[56] 写了一本小册子，提出每个人有权分享人类共同财富的收益，包括地球上的土地和资源（今天，你可以把无线电频谱和中央银行的利润也包含在内）。T.Paine 建议，在公民 21 岁生日的时候向他（她）支付约相当于今天 2000 美元的钱，在那个时候，这个数字超过了一个体力劳动者年收入的一半，以作为他们对人类共同财富的分享。所有人都将获得这个收益，以避免造成富人和穷人之间"不公平的差别"。自从 T.Paine 提出这个建议之后，普遍支付（universal payouts）、无论是一次性支付还是定期支付的思想一直周期性地得到美国两党的支持。

左派通常认为基本收入是增强社会安全网和与不平等作斗争的方式。这个政策在技术为某些人创造出无法想象的财富而且威胁他人工作岗位的世界里尤其有吸引力。早在 1964 年，经济学家 J.Meade 就提出，技术进步可能减少如此之多的劳动

54 瑞士宪法赋予公民一些直接的民主权利，作为代议民主制的补充，也是"国家主权"与"人民主权"统一的象征。公民的直接民主权利主要有 2 项：（1）复决权，即公民对议会立法具有认可或否决的权利，凡是修改宪法以及政府或议会通过的与宪法有关的法令，均须经过公民表决，由多数公民投票赞成和多数州通过才能生效；（2）创制权，又称为"公民倡议"或"国家请愿"，即某项提案如果征集到 8 万人的签名，就可作为"公民倡议"又称"国家请愿"提出，联邦政府有义务受理，经议会决定，或按原提案或者同时提出对应方案，交付公民投票表决。这种直接民主制度发源于 13 世纪的"露天议会"（又称"广场集会"）。当时，瑞士境内的一些州在广场上举行集会，由公民直接选举州长、州政府成员和决定州的法律等重要问题。随着代议民主制度的发展，这个制度在瑞士绝大多数州内被废除，仅在几个地域狭小、人口稀少的州内被保留。

55 现年 53 岁的经济学家 Y.Varoufakis 曾长期在雅典大学（University of Athens）任经济学理论教授。2015 年 1 月，他被任命为希腊左翼领导执政联盟政府的财政部长。雅典的政治分析家认为，Y.Varoufakis 是一名现实主义者，在与希腊的债权人进行关于左翼联盟政府要求重构希腊主权债务负担的谈判中，他最有可能成为艰苦讨价还价的砝码。Y.Varoufakis 强调，退出欧元区不是左翼联盟政府的选择。

56 T.Paine 生于 1737 年，卒于 1809 年，是一位英裔美国政治活动家、哲学家、政治理论家。作为美国开国元勋之一，T.Paine 在美国革命开始的时候撰写了两个最有影响的小册子，鼓动起义军在 1776 年宣布美国脱离英国独立。他的思想体现了启蒙运动时代（Enlightenment-era）关于跨国人权（transnational human rights）"虚夸的言辞"。

力需求，以致工资会下降到令人无法忍受的低点。在计算机能够突然使一种职业成为冗余的世界里，那些长期努力工作的人未必有体面的生活标准。这可能是要有更慷慨的国家支持的理由（见图 2-37）。

就基本收入的右翼拥护者而言，他们把这项政策看作是对复杂的、根据经济状况调查决定的福利支出的简单替代。一个人人收到相同数量基本收入的体系需要

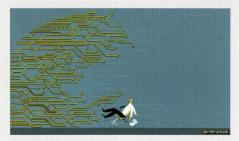

图 2-37　数字革命可能改变劳动力市场，使得福利国家不堪重负

更少的官僚来管理。现有的体系在低收入者赚到更多钱的时候要从他们那里撤回福利收益，这是一项令人沮丧的工作，也把一些人捆在贫困之中。出于这个理由，M.Friedman 希望用一个更加简单的体系来替代全部的福利，这个体系把有保证的最低收入和"平税收"（flat tax）结合在一起，M.Friedman 是一位因其自由主义观点而闻名的经济学家。

虽然基本收入到目前为止还没有取消，但它有了个普通的"表亲"，这就是免税补贴。例如，在英国，在对"随后收入"（subsequent earnings）征收（起点为20%）所得税之前，工人们能够赚 10600 英镑（16500 美元）。对于收入高于下限的 92% 纳税人，每年免税的价值恰好超过 2000 英镑（3100 美元）。假如英国政府用相同幅度的支付来替代免税补贴，对这些纳税人来说没有什么区别。使这种支付通行的代价将是高昂的，但可以通过削减其他福利费用来支付。

然而，2000 英镑并不提供多大的安全网，更加慷慨的体系是极其昂贵的。1970年，经济学家 J.Tobin 提出了用来计算这些体系成本的简单公式。假设政府需要对国家收入（national income）的 25% 征税，以资助像教育、治安和基础设施这样的公共服务。支付价值为平均收入 10% 的基本收入，需要把平均税率提高 10 个百分点，即平均税率达到 35%。支付价值为平均收入 20% 的基本收入，需要把平均税率提高 20 个百分点，即平均税率达到 45%，如此等等。定义收入低于中等收入的 60%为相对贫困，消除相对贫困需要把平均税率提高到 85%。瑞士人关于基本收入的建议昂贵得离谱，粗略计算表明，这将花费约 1970 亿瑞士法郎（2100 亿美元），或者说将花费瑞士国内生产总值的 30%。一个由高税收支持的丰厚的基本收入制度可能会弄巧成拙，因为它可能重新引入某种扭曲，这种扭曲就是，游手好闲者不动一个手指就能舒服地生活，而许多这种基本收入制度的支持者希望把扭曲"赶出"福利体系。

为了防止重新引入扭曲，领取基本收入的资格应当受到限制。经济学家T.Atikinson 是"参与收入"（participation income）的支持者，参与收入仅向对社会有贡献的人发放，无论他们是在工作，还是在找工作，或者是在做义工。这个政策重新引入一些管理负担，但避免资助游手好闲的人。

一个更好的体系也可能由资产的回报而不是税收来资助。美国阿拉斯加州用其石油基金的回报向居民发放年度收益（annual dividend），2014 年的数额为 1900 美元。资产资助的基本收入将清除福利扭曲，没有因高税收而引入新的扭曲。不幸的是，

几乎没有哪个政府拥有财富基金。相反，更多的政府深陷债务困境（虽然一些政府认为它们能够把包括土地在内的公共资产更加有效地货币化）。在任何情况下，许多政府可能担心金融资产的普遍政府所有权将导致对私人产业部门进行官僚干预。

小的更美

基本收入的"粉丝"们创造了充足的好理由。充斥着复杂的平均值测试的福利体系扭曲了激励，对运营来说，这也是件头痛的事情。T.Paine 关于所有公民有权享受地球慷慨赐予的回报的智慧想法是令人信服的。但是，基本收入代价太高，效率太低，难以作为福利的普遍替代品。只有当基本收入的规模较小、辅之更有针对性的扶贫措施时，它才是可行的。基本收入：想法就在它的名字之中。（www.economist.com，原文标题是 *Basically unaffordable*，2015 年 5 月 27 日下载。）

▌欧洲消除与美国数字差距的梦想

图 2-38　欧洲与美国的数字差距

欧洲正在实施一个使其数字产业转型和增加本地企业权利的全面规划，用力挤压美国硅谷的产品（见图 2-38）。本周三 [57]，欧盟委员会公布了这份名为"单一数字市场"（Digital Single Market）的规划细节。这份规划由 16 项行动构成，这些行动是按照为在欧盟的 28 个国家里"拆毁"开展网上商业活动的壁垒而设计的。

欧洲曾经是移动通信领域的世界领导者，但现在数字领域创新方面远远落后于美国。这份规划旨在帮助欧洲企业与美国企业竞争，但要成为法律还需几年时间。欧盟主席 J.C.Juncker 说，"我希望看到泛欧洲大陆的电信网络和跨界数字服务，也希望看到创新的欧洲初创企业大潮"。

欧盟委员会估计，单一数字市场每年能对欧洲的经济贡献 4150 亿欧元（折合 4660 亿美元）的产值，创造 380 万个就业岗位。如果它实现了，这份规划应当使消费者的生活变得更加便捷。这份规划旨在使购物者更好地获得来自全欧洲的产品，解决运输成本过高的问题。欧洲希望停止"地理阻断"（geo-blocking），给予购物者更多的选择。"地理阻断"是一个使消费者根据自己的位置转到特定网站的做法。税务体制也将得到简化。

这份规划的另外一大部分是欧洲电信体制的彻底变革，从而把管理带到数字时代。这将有助于加快推出高速宽带网络，这意味着严重阻碍个人在欧洲旅游的昂贵数据漫游费用走到了尽头。

57　指 2015 年 5 月 6 日。

欧盟委员会还推出一项针对地区物联网商业企业的竞争性调查。这项在今年早些时候就已标明的调查可能把目标瞄准了谷歌公司（Google）和亚马逊公司（Amazon），它们是互联网市场上的大玩家。监管机构说，这项调查将重点关注各家公司在跨境数字化贸易上设置的壁垒，以确定它们是否损害了竞争。上个月，欧盟委员会已就网络搜索结果对谷歌公司提出了诉讼。谷歌公司面临着高达 60 亿欧元的罚款，超过了它一个季度的利润。谷歌公司还可能不得不改变它在欧洲显示搜索结果的方式。欧盟已经处罚了微软公司（Microsoft），在过去的 10 年里，这家公司支付了 16 亿欧元的罚款。欧盟还迫使微软公司给予"Windows"软件使用者除"Internet Explorer"之外的其他浏览器选择。（www.cnn.com，原文标题为 *Europe dreams of closing digital gap with the U.S.*，2015 年 5 月 7 日下载。）

10 年的空客 A380：它会有一个未来？

在它第一次带着革新商业航空业的承诺飞上蓝天的 10 年之后，空客 A380 飞机至今没有兑现这个承诺。虽然初期十分强劲，但近年来空客 380 飞机的销售量逐渐减少。尽管空客公司（Airbus）高级官员予以否认，但关于空客公司是否能够继续生产这款空中巨人的猜测持续增加。也存在着使现有空客 A380 飞机更加有利可图的行动，例如，把多余的座位塞入一个机舱之中，空客 A380 飞机的机舱一度实行了新的宽敞标准。

甚至在 2005 年 4 月 27 日空客 A380 飞机在法国图卢兹布拉尼亚克机场（Toulouse-Blagnac Airport）飞离跑道之前，就存在关于这款飞机的可行性问题，这一天，5 万人观看了它的起飞。空客公司在希望这款飞机的订单源源不断上投入了 130 亿美元和 11 年的时间，搞砸了它最初的目标期限和预算。

空中巨人的新品种

这场冒险是基于航空公司将需要更大的客机、在不断扩张的主要航空枢纽机场之间运输旅客。如果回到 2005 年，这个判断似乎是现实的前景。许多主要机场已在改进它们的基础设施，以容纳空客 A380 飞机。空客公司已将 154 家航空公司的 A380 飞机订单收入囊中，与此同时，竞争对手波音公司（Boeing）正在为它自己的空中巨人——747 型飞机的扩大版而忙碌。

加上双层客舱的空客 A380 飞机立即受到乘客们的喜爱，尤其是那些希望乘坐优质高价座位的乘客，他们喜欢空客 A380 飞机宽敞的空间和令人印象深刻的 15 200 千米飞行距离。

2007 年，新加坡航空公司首先得到了一架空客 A380 飞机（见图 2-39）。其他著名航空公司，包括阿联酋航空公司

图 2-39　新加坡航空公司的一架空客 A380 飞机正在起飞

（Emirate）、澳大利亚航空公司（Qantas）、法国航空公司（Air France）和汉莎航空公司（Lufthansa），此后不久也得到了这款飞机。

空客 A380 飞机的首次飞行在全世界引起了热烈反响，吸引而来的人群对这款飞机的巨大尺寸感到惊叹，它的翼展长度为 79.8 米，机身长度为 73 米。在对空客 A380 飞机的热捧之中，一些航空公司作出了稀奇古怪的承诺，使得它们购买的这款新型空中巨人设备更加齐全，如加设赌场和健身房，虽然它们（最终）没有这样做。

警 钟

J.Strickland 是航空业分析企业 JLS 咨询公司（JLS Consulting）的主任，他说，从航空公司运营空客 A380 飞机享有的消费者反应和规模经济性说明了一个成功的故事。"空客 A380 飞机正在兑现其在经济性方面的承诺，乘客们喜欢这款飞机"。"消费者愿意支付额外的费用。诸如英国航空公司（BA）的航空公司报告，消费者在预订机票时要询问飞机是否是空客 A380"。

然而，这样令人兴奋的事情并没有转变为空客公司的丰厚回报。尽管初期纷至沓来的订单此后翻了一番，但销售步伐明显放缓了，现在，空客 A380 飞机累计销售量达到 317 架，其中 156 架在运营中。2015 年，到目前为止，空客公司没有卖出一架空客 A380 飞机。这与航空市场持续扩大的背景是相悖的，国际航空运输协会（International Air Transport Association）预测，在 2013 年至 2017 年期间，全球航空客运需求将上升 31%。

同时，空客公司没有看到对其 A320、A330、新款 A350XWB 等其他更小且经济性更好飞机的需求出现萎缩，波音公司也是如此。因此，关于空客公司丧失信心的故事一直流传就毫不奇怪了，似乎使人对空客 A380 飞机命运产生怀疑的飞机报价支持了这些传言。

2014 年年末，空客集团首席执行官 T.Enders 说到空客公司面临着"在近中期对空客 A380 飞机的未来作出决定"，对这款飞机敲响了警钟。空客公司首席财务官 H.Wilhelm 承认，一个选择就是"停止生产这款飞机"。然而，几天后，空客公司首席执行官 F.Bregier 对这些说法给予了回击，他告诉记者们，空客公司完全致力于空客 A380 飞机生产。他说，这样的猜测"确实是疯狂的……终究我们做出了努力"。"我可以告诉你们，空客 A380 飞机因市场越来越大而将有一个更加光明的未来"。

到了重新考虑的时候了？

空客公司的行动正在进行之中，试图使空客 A380 飞机成为一种更加有利可图的飞机，近期被披露的座位重新配置受到了"不温不火"的反响，这项措施提高这款飞机的最大载客量，以显著超过目前 853 人的最大值。

也存在一种改造的说法。阿联酋航空公司是空客 A380 飞机的最大用户，建立了由 59 架这款飞机组成的机队，还为 81 架这款飞机下了订单。阿联酋航空公司承诺，如果空客公司改进设计，通过更具效率的新引擎和重新设计的机翼研发出一款能够支撑更大运载量的新 A380 飞机，它将显著增加订单数量。空客公司尚未提出任何想法，而是希望其他航空公司表态予以支持。这样的行动将涉重新研发一架飞机所需的数十亿美元支出，它毕竟与飞机的初始研发费用完全相当。对空客 A380 飞机来说，这当然是个不错的生日礼物，但是，这是值得花的钱吗？

J.Strickland 认为，这笔钱值得花，他说，空客公司对空中巨人的需求预测可能不靠谱，但需求肯定会上升。他觉得，随着大型飞机通过繁忙得令人难以置信的迪拜国际航空枢纽飞短程航线，阿联酋航空公司看到了对空客 A380 飞机座位的可观需求。这是 J.Strickland 认为可在亚洲复制的模型，因为中产阶级旅行者数量的增加创造出更多的航空客运需求，给已面临着诸多限制的主要机场添加更大压力。他说，"尽管这个时候对飞机的需求可能是清淡的，但数年之后它将会再次好转"。因此，空客 A380 飞机未来可能有许许多多的生日。（www.cnn.com，原文标题为 *Airbus A380 at 10 years: Does it have a future?* 2015 年 4 月 28 日下载。）

日本走出了经济衰退，但经济增长仍令人失望

日本在 2014 年第 4 季度走出了经济衰退，但是，这个世界第 3 大经济体的经济增长速度低于预期。按照初步的数据，在到 12 月的 3 个月里，与 3.7% 增长的预测相比较，日本经济以折合成年的 2.2% 速率增长。日本经济在第 4 季度的增长是在前两个季度经济收缩之后实现的（见图 2-40）。日本正在从消费税大幅度上调

图 2-40　2014 年第 4 季度，日本经济出现增长

中恢复过来，消费税抑制了支出。在前两个季度里，日本经济增长了 0.6%，但也跌破了 0.9% 增长的预期。

微弱的增长

这个数据显示了日本经济脆弱的复苏，在这个国家里，消费者信心仍然是疲软的，即使安倍晋三（Shinzo Abe）首相把第 2 次增加消费税推迟到 2015 年 10 月。私人消费约占日本经济的 60%，在 2014 年第 4 季度里，私人消费增加了 0.3%，低于经济学家预期 0.7% 的增长。穆迪分析公司（Moody's Analytics）[58] 高级经济师 G.Levine 说，出口"扎实地"扩充了经济的增长，约占经济增长一半的份额，而其他经济领域仍然是相对低迷的。与第 3 季度相比较，第 4 季度的出口增长了 2.7%，与此同时，进口增长了 1.3%。

58　穆迪分析公司（Moody's Analytics）是穆迪公司（Moody's Corporation）的一家子公司，成立于 2007 年。它是从穆迪投资者服务公司（Moody's Investors Service）分离出来的，聚焦于非评级活动（non-rating activities），向客户提供有关风险的经济研究、绩效和财务模型，也向客户提供咨询、培训和软件服务。

分析师 R.W.Hayes 的看法

日本的经济恢复了增长？据传亚里士多德（Aristotle）曾经说过，一只燕子不成夏天，一日艳阳亦不成夏天 [59]，因此，一个季度国内生产总值的正增长并不成为一种趋势。

经历近两年"安倍经济学"（Abenomics）之后，在日本什么事情确实得到了改变？大量的钱已"塞"入了日本的经济之中，产生了两个重要的作用：推高了房地产业和股市价格；压低了日元的价值。第一个作用使得富裕的日本更加富有，第二个作用使得日本大型出口商更加富有。但是，这个措施现在已经停止了。

实际上，这个措施没有惠及日本各地。在 2014 年大部分时间里，停滞的工资和上涨的价格意味着绝大部分日本人确切地感受到贫穷。一个带来希望的信号是失业率已下降到仅 3.5%。收紧的劳动力市场最终能够迫使日本企业在实际工资增长结构中开始割舍它们巨额资金的一部分，但不要期望太高。

商业投资滞后

日本国内生产总值数据最令人失望的部分是商业投资"微不足道"的增长。穆迪分析公司的 G.Levine 说，"日本企业界正在享受创纪录的利润水平，坐在了'现金大山'的顶上，尤其是，出口型企业正从与日元贬值相关的更好的出口销售中获益"。"然而，到目前为止，日本企业一直不愿意有效利用赚取现金和投资外的额外能力"。他说，这个"信心问题"显示了企业并不相信日本国内经济正在改善，这是安倍晋三首相执行的被称为"安倍经济学"经济政策是否成功的一个反映。

尽管日本政府采取了一系列刺激措施，日本经济增长比预期更加微弱。在 2014 年 12 月里，仅仅在安倍晋三首相在一场提前举行的选举中获胜后的两个星期，日本政府批准了总额 290 亿美元（188 亿欧元）的一揽子刺激计划，旨在帮助企业和消费者。

然而，市场对标准"日经 225"（Nikkei 225）指数在初期交易中创下近 8 年来最高的 18047.07 点做出了积极反应，这标志着日本股市达到了自 2007 年 6 月以来的最高水平。（www.bbc.com，原文标题是 *Japan comes out of recession but growth still disappoints*，2015 年 2 月 17 日下载。）

▌认识安倍晋三，一个股东激进分子

"愚蠢，贪婪，花心，不负责任，威胁"，至少日本负责经济的副首相在 2008 年谈论股票投资者的时候是坦诚的。事实上，他似乎不可能概括绝大多数日本政治家藐视日本企业股东时用过的更简洁的词汇。但是，由于首相安倍晋三试图提振疲软的经济，日本官方对企业股东的态度最后发生了变化（见图 2-41）。

日本的企业坐拥 231 万亿日元（1.9 万亿美元）现金，这个数字接近日本本身经济规模的一半。安倍晋三希望这些钱聚集起来，促进资本支出，或者提高工资，

59　英文原文是 "One swallow does not a summer make, nor one fine day"。

或者返回给能够把这些钱用得更好的投资者。安倍晋三认为，用一点股东激进主义[60]的伎俩就可变幻这个"魔术"。日本政府的要员，包括安倍晋三本人，目前正在与外国股东激进投资者们开会。这周[61]生效的一项新的政府法规要求日本的企业至少聘任 2 名外部董事，寻求打破日本企业董事会这个"惬意的世界"。

图 2-41　由于首相安倍晋三试图提振疲软的经济，日本官方对企业股东的态度最后发生了变化。日本的政治家们现在对一点点盎格鲁 - 撒克逊式的贪婪和恐吓着迷

怀疑者们轻蔑地说，这"是件了不起的事情"。日本企业治理的革命有过许多次虚假的"黎明"。然而，尽管日本的政治家们现在对一点点盎格鲁 - 撒克逊式的贪婪和恐吓着迷，但日本企业本身仍保持着强烈保守的文化。在约 40 000 个企业董事职务中，仅有 274 个董事由外国人担任。网状的持股仍然把大企业捆绑在一起。日本商业游说团体——日本经济团体联合会（Keidanren）[62]竭力淡化这场新的改革。日本的银行仍然维持着许多经济脆弱公司的运转：2014 年，没有一家挂牌上市的日本企业破产，这是自 1991 年以来的第一次，这个事实不只是反映了一个充满活力的经济，而且反映了银行的"俱乐部"与借贷人捆绑在一起。由于安倍晋三充满了改革热情，他还没有接受使企业更加方便地聘用与解聘的措施。对于"霍布斯主义"（Hobbesian）[63]，日本说"不"。

60　"激进的股东"（Activist shareholder）指那些为了把股东们的压力放置在公司管理上而使用其权利的股东。"激进的股东"的目标从财务（如通过改变公司的政策、财务结构、削减成本的措施来增加股东价值等）到非财务（如从特定的国家里撤资采用环境友好的政策等）的范围里。"股东激进主义"（Shareholder activism，也可称为股东维权主义）的吸引力在于它相对较低的代价，持有很少的股份（不超过公司公开发行股份的 10%）就能足以发动一次成功的运动。相比之下，完整的收购是一项代价更大且困难更多的事情。"股东激进主义"作为对公开上市交易公司的一种管理补偿而声名鹊起，公司资产负债表上的现金余额也已上升。不仅在股东激进分子资产类别上的投资持续增加，而且股东激进分子通过采取更加复杂的方法确认他们的平台、运作他们的活动，正在得到主流媒体的正面关注。股东激进分子一度被嘲笑为"企业的掠夺者"，现在他们因引发企业董事会的变化而受到仰慕，导致企业董事会为应对股东激进主义进行最好的实践。

61　指 2015 年 6 月 1 日至 6 月 5 日这一周。

62　社团法人日本经济团体联合会（Keidanren）与日本商工会议所、经济同友会一起，被称为日本的"经济三团体"。它以在东京证券交易所上市的部分企业为核心构成，2002 年 5 月由"经济团体联合会"（经团联）与"日本经营者团体联盟"（日经联）统合而成。

63　T.Hobbes 生于 1588 年，卒于 1679 年，是英国的政治家和哲学家。他创立了机械唯物主义的完整体系，指出宇宙是所有机械地运动着的广延物体的总和；他提出"自然状态"和国家起源说，指出国家是人们为了遵守"自然法"订立契约而形成的，国家是一部人造的机器；他反对君权神授，主张君主专制；他把罗马教皇比作魔王，把僧侣比作群鬼，但主张利用"国教"来管束人民，维护"秩序"。1651 年，T.Hobbes 出版了系统阐述其国家学说的重要著作《利维坦》（Leviathan）。这部著作的全名是 Leviathan or the Matter, Forme and Power of a Common Wealth Ecclesiastical and Civil。在这本著作里，T.Hobbes 提出，在自然状态下，有一些人可能比另一些人更强壮或更聪明，但没有一个会强壮或聪明到不怕在暴力下死亡。当受到死亡威胁时，在自然状态下的人必然会尽一切所能来保护他自己。保护自己免于暴力死亡就是人类最高的必要，而权力就是来自于这种必要。在自然状态下，每个人都需要世界上的每样东西，也就有对每样东西的权力。但由于世界上的东西都是不足的，所以这种争夺权力的"所有人对所有人的战争"便永远不会结束。而人生在这种自然状态下便是"孤独、贫困、污秽、野蛮又短暂的"。社会是一群人服从一个主权之下，每个个人都将自然权力交付给这个主权，让它来维持内部的和平，抵抗外来的敌人。这个主权，无论是君主制、贵族制或民主制，都必须是一个"利维坦"，即一个绝对的威权。法律的作用就是要确保构成国家的契约的执行。人们常用"霍布斯主义"（Hobbesian）一词来形容一种"无限制的、自私的而且野蛮的竞争情况"，以及"强权就是公理"的观念，尽管这些都不是 T.Hoobes 的初衷。

即便如此，有 3 个理由认为日本正在发生真正的变化。首先，市场压力增大了政治压力。机构投资者正越来越多地采用股本回报率来衡量企业，没有哪个投资者拥有比日本的"政府养老投资基金"（Government Pension Investment Fund）更大的影响力。这是日本庞大的国家基金，2014 年，它大举进入股票市场。通过建议投资者抛弃一些表现平平的经理，股东咨询公司正在发挥作用。在这个时候，企业正在通过回购它们的股票来增加收益，它们迟早将不得不去增加收入。

第二，一些最著名的日本企业也在改变它们的类型。日立公司（Hitachi）已经卖掉了亏损单位，以聚焦于像铁路、基础设施这样的行业，2014 年秋天，它"割"断了"服务长度"与工资之间的连接。富士通自动数控公司（Fujitsu Automatic NUmerical Control，FANUC）是一家机器人公司，在它的股东名册里有一位股东激进分子。2015 年，这家公司建立了一个投资者关系热线，授权进行股票回购和增加股息。在一家著名的家族式家具制造商——大冢鹭鹤公司（Otsuka Kagu）里，一场围绕糟糕的企业治理的摊牌随着革新的女儿战胜 71 岁的父亲而告结束。一旦新的正统观念形成了，墨守成规的文化能够很快改变。

第三，对企业来说，吸纳难以聘用的日本工人的需求正在减少。终身聘用（life-time employment）与薪酬及晋升联系在一起，而晋升是与年龄而不是与绩效联系在一起的，这一直是日本企业的社会契约一部分。但是，现在日本劳动年龄的人口正在收缩，使得失业率下降。东芝公司（Panasonic）是一家电子企业，已经关闭了它的"下岗室"（banishment room），在这里，下岗的员工常常无所事事，消磨时间。关于日本企业作为一个安全网络的争论也不如以前那样强劲了。

从灰色到黑色

但是，最大的变化必然是在日本公司的内部。虽然日本公司及其股东之间的关系正变得更加富有成效，但是变化还没有穿透办公室的围墙。除了像日立公司这样的公司外，更多的日本企业仍然起着规避风险的官僚机构作用。假如被用来处理各种事情的时间超出创造利润花费的时间，承担风险的激励机制是"悄无声息"的。年轻的高管们依然发誓服从年纪更大的老板，以赢得各种进步。由于年纪更大的老板没有因表现突出而得到额外的酬金，在日本大型企业，高管的平均收入总和约为 100 万美元，这个数字在国际上是适中的，因此，没有多少人会去承担风险是不足为奇的。引入绩效工资会在日本令人敬佩的技术和团队精神力量中添加企业家们的活力。

改变企业文化是困难的，但不是不可能的。在第二次世界大战之前，日本有强大的股东，没有坚持终身聘用，在困难的时候，企业能够裁员。不要再提盎格鲁-撒克逊式的资本主义了。振作起来的日本人能够做得一样好。（www.economist.com，原文标题为 *Meet Shinzo Abe, shareholder activist*，2015 年 6 月 5 日下载。）

经济放缓的新兴国家

对富裕国家来说，全球金融危机是一次留下伤痕的经历。国内生产总值的短期急剧下降已经让位于相对于金融危机前的期望而言的对稳定侵蚀的经济增长。但正如国际货币基金组织新的《全球经济展望》（*World Economic Outlook*）一个章节解释的那样，新兴国家也进入了一个被预期的下降时期（见图 2-42）。国际货币基金组织认为，考虑到疲软的生产率增长和劳动力老龄化，发达国家经济体的潜在产出在金融危机之前的几年里已经处于衰退之中，如同 20 世纪 90 年代信息技术驱动的繁荣逐渐消失了那样。潜在增长率是对经济发展极限的一个估计，即一个经济体在

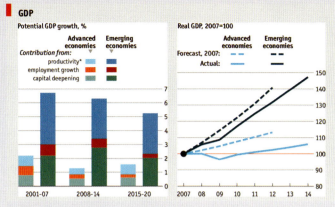

图 2-42　本图标题是"国内生产总值"。左小图标题是"潜在国内生产总值的增长，百分比"；第一列 3 个着色的小框上方标注"发达国家经济体"；第二列上方标注"新兴国家经济体"；第一行 2 个着色的小框左侧标注"来自生产率的贡献"，第二行标注"来自劳动力增长的贡献"；第三行标注"来自资本增长的贡献"。右小图标题是"实际国内生产总值，2007 年数值等于 100"；第一列 2 个着色的小框上方标注"发达国家经济体"；第二列上方标注"新兴国家经济体"；第一行 2 个着色的小框左侧标注"2007年预测"；第二行标注"实际（国内生产总值增长）"。来源：国际货币基金组织

通货膨胀过热之前能以多快速度增长，是根据劳动力、资本存量和生产率的增长来判断的。金融危机压缩了投资，放大了潜在的弱点。在 2001 年至 2007 年期间，发达国家经济体的潜在增长率平均为 2.2%；而在金融危机前夕降低至 2.0%；在 2013 年至 2014 年期间降低至 1.5%。

　　然而，在国际货币基金组织认为在未来几年期间富裕国家的潜在增长率应当有所反弹的同时，发展中国家经济体面临着更为持续的衰退。人口条件正在赶上发展中大国的经济衰退：中国劳动年龄人口开始快速萎缩。国际货币基金组织认为，发展中国家经济体的生产率增长未来也是疲软的，这是因为发展中国家经济体已没有多少赶上发达国家经济体的空间，也是因为美国生产率下降往往波及其他国家。经济上的失望越来越成为一个全球性问题。（www.economist.com，原文标题是 *Slowly emerging*，2015 年 4 月 8 日下载。）

▌了解经济停滞的教训

　　2006 年 6 月，巴西总统卢拉（L.Silva）[64] 去了伊塔博拉伊（Itaboraí），这是一个宁静的农业小镇，坐落在与瓜纳巴拉湾（Guanabara Bay）相邻、与沿海山脉相连的平原地区。他宣布了里约热内卢石油化工联合体（Rio de Janeiro petrochemical complex）的 "Comperi" 项目，这个 "长老" 般的巨型项目包括 2 个炼油厂和

64　L.Silva 的葡萄牙文全名为 Luiz Inácio Lula da Silva，通常被称作 "Lula"（中文音译为 "卢拉"）。他生于 1945 年，是巴西工人党（Workers'Party）的创始成员。他持续参加了在 1989 年、1994 年和 1998 年举行的 3 次总统竞选，但均遭败选。在 2002 年的总统选举中，L.Silva 赢得了胜利，自 2003 年 1 月起成为巴西总统。在 2006 年的总统选举中，他再次胜出，2006 年至 2011 年成为他的第 2 个总统任期。

图 2-43　巴西历时近 10 年的 "Comperi" 项目还没有建成投产

一系列石油化学工厂。预计在这个人口为 15 万的小镇里产生 22 万个新工作岗位，因此，伊塔博拉伊要为未来的繁荣做好准备（见图 2-43）。

今天，伊塔博拉伊几乎是个 "鬼镇"。它那零乱的主要街道与一个尚未开张的购物中心相毗邻，散落着 20 余栋公寓楼和办公大楼，其中一栋大楼的屋顶还有直升机场，所有这些建筑是在过去几个月里完工的，都被贴上了 "出售" 的标记。"Comperi" 项目建设工会的瓦格那销售公司（Wagner Sale）说，"许许多多人在伊塔博拉伊这个新的 '金矿'（EI Dorado[65]）下了赌注，但这个金矿并没有出现"。

那么，究竟发生了什么事情呢？当美国页岩油气的繁荣大幅度降低了它们的竞争成本的时候，原想参与巴西石油公司（Petrobras）在石油化学工厂投资的私人企业感到了惊恐，巴西石油公司是国有的石油巨头。卢拉和他的继任者罗塞夫（D.Rousseff）给巴西石油公司压上了作为垄断经营商来开发深海油田的重任，同时还加上 3 个其他炼油厂的建造。一则腐败丑闻和国际石油价格跳水严重打击了这家公司。"Comperi" 项目已缩减到建造一个小型炼油厂，完工日期也被推迟到 2016 年。

伊塔博拉伊市政府经济发展秘书 L.Guimarães 估计，在伊塔博拉伊有 4000 套写字间空着。两年前，这里的市长打算把伊塔博拉伊作为一个物流中心重新向外推销。伊塔博拉伊的 "王牌" 是它处在一条绕瓜纳巴拉湾的新高速公路和主要沿海铁路的交汇点，但这没有起什么作用，因为巴西联邦政府的 "darned Dona Dilma"[66] 未能建造去伊塔博拉伊的最后路段，L.Guimarães 用此来称呼现任巴西总统。

在拉丁美洲，伊塔博拉伊的困境被复制了，尽管影响要小一些。由中国工业化导致的矿石、石油、谷物等大宗商品价格的上涨，给拉丁美洲带来了黄金十年（或者更加确切地说，给南美洲的大宗商品出口国家带来了黄金十年）。自 2002 年至 2012 年的 10 年间，这些国家的经济以年平均 4.1% 的速率增长。结果是，社会转型出现了：6000 万人脱离了贫困，中产阶级大幅增加。

现在，好时光过去了。拉丁美洲的经济戛然而止，2014 年，它勉强增长了 1.3%。根据国际货币基金组织估计，2015 年的数字将仅为 0.9%，这将标志着拉丁美洲经济连续第 5 年减速。这个数字不仅使绝大多数预测者感到惊讶，而且表明拉丁美洲经济增长比其他新兴地区都要慢。许多人认为拉丁美洲经济现在面临一个 "新常态"，每年仅增长 2% 至 3%。这将危及社会的发展，实际上，贫困人口的下降已经停止。

那么，究竟是什么出了问题呢？难道拉丁美洲挥霍了它的繁荣？对拉丁美洲经济放缓的一个直接解释是这个地区的贸易条件（terms of trade）即出口商品价格与进口

65　EI Dorado 是西班牙语，指旧时西班牙殖民者想象中的南美洲黄金国。

66　"darned Dona Dilma" 可译为 "该死的罗塞夫"，罗塞夫是巴西现任总统 D.Rousseff 名的音译。

商品价格比率的下降。在 2003 年至 2011 年期间，大宗商品价格上涨了 3 倍，此后有所下跌，2014 年则出现了"跳水"。自 2011 年以来，在拉丁美洲各个经济体里，投资已经放缓，国际货币基金组织发现这与大宗商品价格密切相关。金融市场也作出了相应的反应，自 2014 年年中以来，该地区的主要货币正在贬值，与美元的比值平均下降了 20%，绝大多数股市低迷。美国联邦储备委员会即将加息的政策将提高这个地区的借贷成本（见图 2-44）。

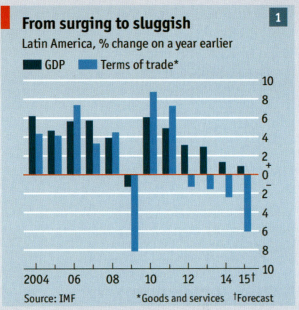

图 2-44 本图标题是"从快速增长到萎靡不振，拉丁美洲，同比变化，百分比"。图例分别表示"国内生产总值"和"贸易（商品和服务）条件"。左下角写着"来源：国际货币基金组织"

扩张的终结

过去，这样的突然扭转往往导致恐慌和资本外流。这一次至少有部分区别。更好的宏观经济政策，例如浮动汇率和更低的公共债务，已使得许多国家更平稳地调整经济。智利、哥伦比亚和秘鲁负责任地处理了它们的事情，经济仍在增长，但非常缓慢。玻利维亚也是如此，该国的左翼政府一直比较谨慎。墨西哥、中美洲国家和多米尼加共和国的经济在未来几年里总体上都会好转，它们是大宗商品的纯进口国。

受到严重影响的是那些在政策上不同程度出现失误的国家。在造成通货膨胀的财政挥霍之后，巴西面临着一次难以避免的调整，根据巴西政府的预测，它的经济在 2015 年将收缩 1.2%，失业率也在急剧上升。阿根廷也正忍受着持久的经济停滞和两位数的通货膨胀。国际货币基金组织说，2015 年，委内瑞拉面临着 7% 的痛苦收缩和 95% 的通货膨胀。自 2015 年 1 月以来，在黑市上，委内瑞拉货币与美元的比价已下跌了一半。

安第斯大学（University of the Andes）的 G.Perry 和 A.Forero 在近期发表的一篇论文总结道，"繁荣没有完全被浪费，但繁荣也没有完全被利用"，这所大学位于波哥大 [67]。拉丁美洲经济繁荣的绝大部分收益维持着一场消费热潮和进口。相比之下，亚洲经济的扩张是由工业品出口、投资和基础设施支出驱动的，这增强了这个地区未来经济增长的潜力。

但是，拉丁美洲传统上的低投资水平确实提高了。更强大和有更好管理的银行、公共财政和更高水平的国际储备意味拉丁美洲顺利通过了 2008 年至 2009 年的大衰

---

67 波哥大（Bogotá）是哥伦比亚的首都，也是哥伦比亚最大的城市，2008 年市区人口为 788.1 万。

退，仅有短暂下降。然而，这个成功冲昏了政治家的头脑。他们的措施过于缓慢，以致不能撤回所使用的财政性刺激措施。除智利和秘鲁有部分例外，没有哪个拉丁美洲国家政府现在有通过货币政策或财政政策来减缓经济衰退的机会。

为了恢复经济快速增长，拉丁美洲国家必须解决其长期存在的结构性缺陷。简而言之，它们的出口、储蓄和投资太少，它们的经济不够多元化，过多的企业和工人不产生效益。

世界银行于 2015 年 5 月发表报告认为，中国和新兴国家的崛起总体上使事情发生了变化。世界银行发现，中国增强了拉丁美洲国家作为大宗商品出口国的地位，同时，它们所产商品出口的相对影响却减弱了。这部分是因为拉丁美洲人的低储蓄率（低于国内生产总值的 20%，相比之下，东南亚国家的储蓄率为国民生产总值的 30%）。拉丁美洲国家一直依赖于吸引外国的储蓄，这意味着此处的货币在经济繁荣时期出现的升值要多于它们在其他情况下可能出现的升值，从而使许多非商品业务变得没有竞争力。

20 世纪 90 年代中期，拉丁美洲国家开始使其出口多元化，销售种类更多的产品。但是，这个情况自 2000 年起发生了逆转。这个地区出口的只有小部分是"复杂的"（即知识密集的）产品，而且比率正在下降。这是个问题，R.Hausmann 是美国哈佛大学的委内瑞拉经济学家，已发现在出口产品的多样性与复杂度和随后的经济增长之间有紧密的关系。R.Hausmann 说，拉丁美洲国家面临的问题是"这里可能有和没有的事情"。拉丁美洲人"很少谈论技术和创新，因此没有可接替现有大宗商品的新产业"（见图 2-45）。

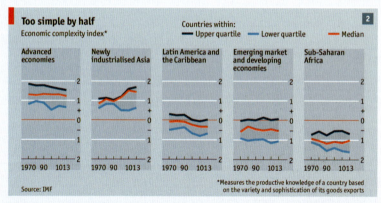

图 2-45　本图标题是"有一半国家过于简单，经济复杂度指数"。右下角对经济复杂度的定义是"基于某个国家产品出口的种类和复杂程度对其生产知识的测量"。上方的图例从左到右分别表示"位于前四分之一的国家"、"位于后四分之一的国家"、"位于中间的国家"。自左到右的 5 个小图分别表示"发达经济体"、"新兴工业化国家"、"拉丁美洲和加勒比海地区"、"新兴市场和发展中经济体"和"撒哈拉以南非洲地区"。左下角写着"来源：国际货币基金组织"

换一个说法，拉丁美洲国家的问题是它们没有参与经济学家们所说的"全球价值链"，事实上价值链主要还是区域性的。现代产业需要精细的供应链，其中部分来自不同的国家，但常常来自邻国。根据世界银行统计，在来自欧洲的出口商品中，约73%的"国外增值"（foreign value-added）部分是"区域内"的，换句话说，它来源于其他欧洲国家。在东亚地区的出口商品中，约57%的"国外增值"部分来自区域内其他国家；在南美地区的出口商品中，这个数值仅为30%。由于与美国经济的一体化，只有墨西哥与这些价值链连接起来（见图2-46）。

图2-46　本图标题是"不理会你的邻居，在出口商品中外国增值部分来源，2011年，百分比"。图中第一行图例表示"区域内"、"欧洲"、"东亚"，第二行图例表示"北美和中美地区"和"南美地区"。纵坐标从上至下分别是"欧洲"、"东亚"、"北美和中美地区"和"南美地区"。图中白色方框内的数字表示"出口商品中外国增值部分，百分比"。左下角写着"来源：世界银行"

"不要局限于你自己编织"

拉丁美洲国家和世界上其他国家之间的生产率差距正在拉大。根据美洲开发银行（Inter-American Development Bank，IADB）统计，拉丁美洲全要素生产率（total factor productivity，指劳动力和资本共同活动的效率）是美国2010年水平的一半略高些，而在1960年，它几乎是美国水平的四分之三。而在同一时期，东亚地区国家已将自己与世界其他国家的生产率差距从约二分之一缩小到三分之一。

为什么相比较而言拉丁美洲人不怎么生产呢？A.Valladares在秘鲁首都利马（Lima）东边胡亚坎（Huaycán）的一条安静小街里经营着自己的业务。在一间有着裸露煤渣砌砖墙的大房子里，A.Valladares在底层安装了20台编织机。他每个月生产约12 000双婴儿袜子。他在本地、也到巴拿马出售这些袜子。他雇用了自己的4个孩子和2个其他的工人。这使他们有了收入，但并不很多。是什么原因阻碍了这个家庭的发展呢？B.Valladares是A.Valladares的一个女儿，她说，是中国人的竞争。15年前的销售比现在更好。近来订单增多了，但只是因为她的家庭已接受了更低的利润幅度。

A.Valladares先生补充道，扩大生产将需要更多的资本。他珍爱自己那些英国制造的"Bentley Komet"品牌编织机，这是他从一些工厂买来的二手货，但相关技术却属于第二次世界大战那个年代。在自己家里，他已没有更多的生产空间。在拖欠借贷还款之后，A.Valladares卖掉了自己的汽车，用出租车向市场发送自己的产品。他并不与银行做更多的生意。他说，"我希望有一个安静的生活"。他的女儿希望学习商务，或者得到一份将在计算机化生产上对她进行训练的工作。但是，她必须把自己的工作和照顾两个孩子结合在一起。

拉丁美洲有大型的现代公司，其中一些已演变为成功的跨国企业。但是，典型的拉丁美洲企业类似A.Valladares的作坊，没有规模，缺乏技术和专业管理。

拉丁美洲企业发现它们难以有更高的生产率有以下一些原因。A.Velasco是智利的财政部长，他强调在除巴西和墨西哥之外都是相当小的国家市场里缺乏竞争。实现更大规模生产是提高生产率的关键，这意味着要到国外去。但是，尽管有许多关

图 2-47　来自玻利维亚的爱和无奈千米

于一体化的讨论，拉丁美洲仍有相当浓厚的贸易保护主义。鉴于南美地区的位置，超出这个地区的发展是很困难的。正如 A.Velasco 指出的那样，在合理的邻近范围（小于 3000 千米）内，德国或中国的出口商面对着占世界经济 20% 的市场，但是，他们的智利同行就没有这样的优势。因此，全球价值链可能是遥不可及。A.Velasco 说，"为了把产品卖到亚洲去，你必须卖掉全部产品，而不是只卖掉一部分产品"。

另一个对拉丁美洲低生产率的老套解释是约一半的拉丁美洲人在没有注册的非正规企业里工作，这些企业很难获得技术和资本。这样的企业与合法企业进行不平等的竞争，使得合法企业的纳税负担更加沉重（见图 2-47）。美洲开发银行的 S.Levy 认为，一些拉丁美洲国家的政府已设立了除向正规就业者征税的传统分担式社会保险计划之外的非分担式养老金和免费医疗保险，通过这些措施来促进非正规企业的发展。

非正规企业是结构复杂且增加企业成本的监管结果。秘鲁工业部长 P.Ghezzi 抱怨说，在位于秘鲁与智利边界的塔克纳（Tacna），有为数不多的秘鲁工业园区，虽然园区提供免除企业所得税的优惠，但它没有租户，这是因为在这里设立企业的程序非常复杂。P.Ghezzi 正在发展一个所谓的"消除官僚主义者"小团队，试图清除监管方面的障碍。

"不要穿行道路"

在生产率上更大的制约是拉丁美洲缺乏道路、港口及其他基础设施。根据安第斯开发银行（Corporación Andina de Fomento，CAF）的统计，在中国将国内生产总值 9% 的资金、印度将国内生产总值 6% 的资金投入到基础设施的时候，拉丁美洲只有国内生产总值 3% 的资金用于基础设施建设。缺乏资金不再是主要问题，像智利、哥伦比亚和秘鲁这样的国家已经动员私人资金投入到基础设施建设。更确切地说，主要问题是建设的困难。以秘鲁为例，这个国家过去 10 年里是拉丁美洲最大的经济体。在 2005 年至 2013 年期间，秘鲁政府批准了价值 150 亿美元的 62 个基础设施建设项目合同。但是，游说者 G.Prialé 说，仅有 55% 的资金花出去了。

从利马驱车南行，来到位于兴隆但杂乱的农业小镇钦查（Chincha）的高速公路终点，你要花 1 小时穿行这个小镇。在这里建设一条旁路的合同是在 2005 年签署的，但政府无法征用到必要的土地。此后，在开始浇筑混凝土之前，有若干许可证需要获取。G.Prialé 说，环境影响研究一般需要 3 年时间。位于秘鲁南部的一根长 1100 千米的天然气管道需要 4102 份单独的许可证。2015 年 5 月，秘鲁议会通过了一项法律来加快这个进程，但这个法律的有效性有待观察。

劣质的道路和公共交通在拉丁美洲的大城市里产生了可怕的影响。拉丁美洲人常常面临在极度拥挤的公共汽车里的每天 2 小时单程上班路程。像 A.Valladares 家庭那样许多人选择在家门口建立不是非常高效的企业。圣地亚哥是唯一设有城市交通管理局的拉丁美洲大都市。缺乏城市规划意味着企业经常会发现自己难以获得能用于发展的土地。

关于拉丁美洲低生产率的传统解释是缺乏教育的劳动力。拉丁美洲在扩展教育覆盖面方面取得了巨大进步。但是，学校的教育质量是低下的：8个拉丁美洲国家参加了15岁"国际学生评估项目"（Program for International Student Assessment，PISA）[68]测试，排名都是倒数第三。一些经济学家警告，教育不是万能的，没有什么证据把接受更多的教育与更高的生产率直接联系在一起。他们指出，存在社会学毕业生开出租车的危险，除非政府努力刺激对高素质工人的需求和供给。

又甜又酸的皮斯科酒（Pisco）[69]

费劲地穿过了钦查，继续行驶100千米，来到了伊卡（Ica）。在这个城镇的入口处有着低矮的建筑物，四周是葡萄园，这里就是农业科技创新中心（Centre for Agroindustrial Technological Innovation）。这个中心是2000年由秘鲁政府设立，得到了西班牙的援助和私人资金的支持，它一直帮助提高秘鲁的葡萄种植、葡萄酒和皮斯科酒酿造行业的生产率。它也免费为农民提出建议，向他们提供小型研究实验室和样板酿酒厂的服务。

自2000年以来，秘鲁的每公顷葡萄产量翻了一番。农业科技创新中心董事会主席、酿酒商 P.Olaechea 说，现在，秘鲁是向中国出口葡萄的第三大国；皮斯科酒的产量也从180万升上升到780万升，皮斯科酒是一种格拉巴酒（grappa）风味的白兰地。秘鲁人的皮斯科酒是一种历史悠久的产品，正在获得全球的声誉。秘鲁工业部长 P.Ghezzi 制定了建立一些类似技术中心的计划，起步的是皮革制品、林业和乳制品的技术中心。

传统上，拉丁美洲在创新上是贫乏的。研发投入占国内生产总值的比例比发达国家的一半还要低。农业是一个出彩的例外。M.Barros 是圣保罗的一位经济学家，他说，在巴西，农业是"唯一把技术放在其业务核心位置的产业"。由位于圣保罗北部的企业——埃纳尔塔公司（Enalta）完成的最新创新被称为"精准农业"，包括在农业机械里安装传感器，以控制种植和肥料的使用，进而提高生产率。M.Barros 先生说，在巴西马托格罗索州（Mato Grosso），几乎一半的农民采用了这项技术。他预计，2015年，正当巴西经济的其他部门收缩的时候，农业企业将增加2.5%。

通过技术应用从自然资源中获得更多的价值是拉丁美洲未来的一部分。但是，这个地区也需要在工业和服务业中发展新的业务。美洲开发银行在2014年的一份有影响力的报告里呼吁采取政府努力培育类似新企业的"生产发展政策"。

在拉丁美洲，"大手笔"的产业政策往往是失败的。位于巴西伊塔博拉伊的"Comperi"项目正是一个最新的例子。新的方法要求更加柔和，提供从特殊技能培

---

68 国际学生评估项目（Program for International Student Assessment，PISA）是一项由经济合作与发展组织（Organization for Economic Co-operation and Development，OECD）统筹的学生能力国际评估计划，主要对接近完成基础教育的15岁学生进行评估，重点测试学生们能否掌握进入社会所需要的知识与技能。

69 皮斯科酒（Pisco）是秘鲁和智利出产的一种无色或黄色带琥珀色的白兰地，它是用葡萄酒蒸馏而成的。

训到建设新的道路或资助创新的各类服务，这些事情的缺失可能阻碍私人投资。例如，哥斯达黎加的投资机构通过说服一家美国公司建立杀菌服务来帮助发展外科手术器械行业。"启程智利"（Start-Up Chile）[70] 为来自世界各地的未来高技术企业家提供资助和签证。这个项目存续下来了，有些微调，智利政府也更替了[71]。智利新政府认为"启程智利"是一个全球品牌，虽然很少有外国人会在智利建立持续存在的企业，但当地的参与者会从他们敢于冒险的方式中学到东西。智利经济发展局（Corfo）的 E.Bitrán 说，"我们认识到这是一个非常有力的工具，来改变智利的文化"。

世界银行拉丁美洲地区首席经济学家 A.Torre 注意到，在过去的 15 年里，只有一个拉丁美洲国家成为世界贸易体系的重要节点。墨西哥加入了全球价值链，使得它的出口产品多元化，并向生产更加复杂的产品转移。然而，墨西哥的经济增长（20 年平均每年增长 2.4%）和生产率一直令人失望。

有一种理论认为，墨西哥有太多的垄断企业，尤其是在服务行业里。由墨西哥总统 E.Nieto 推动的改革可能纠正这种状况。另一些人则认为，软弱无力的法律文化和契约执行能力，以及暴力犯罪，是阻碍投资的因素。潜在的问题是主要位于北部地区的大型现代企业和小型非正规生产者及南部地区之间的生产率鸿沟。

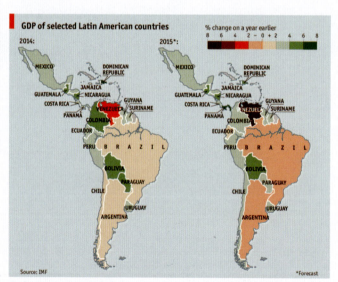

其他拉丁美洲国家也面临同样的问题。美国哈佛大学委内瑞拉经济学家 R.Hausmann 说，"拉丁美洲的问题是它一直没有能力在全国范围内复制表现最好的地区"。这样做需要更好的交通、不断提升技能、更加充分的竞争和技术扩散。在大宗商品繁荣的时期，许多拉丁美洲国家政府可能忽视了这个挑战。它们再也不能忽视这个挑战了（见图 2-48）。（www.economist.com，原文标题是 Learning the lessons of stagnation，2015 年 6 月 27 日下载。）

图 2-48 本图标题是"所选择国家的国内生产总值"。右上角写着"同比变化，百分比"。图中从上至下涉及的国家有墨西哥、危地马拉、多米尼加共和国、牙买加、尼加拉瓜、哥斯达黎加、巴拿马、厄瓜多尔、哥伦比亚、委内瑞拉、圭亚那、苏里南、秘鲁、巴西、玻利维亚、智利、巴拉圭、乌拉圭和阿根廷

---

70 "启程智利" 是智利经济部、外交部、内政部联合推出的一个国际性大型项目，旨在吸引全球各地在创业早期、充满潜力的年轻企业家到智利创业并将业务全球化。该项目的最终目标是将智利逐渐打造成拉丁美洲创业和创新的中心地带。智利政府承诺为每个创业的个人或团队无偿提供 4 万美元的启动资金和为期一年的智利签证，以及其他方面的政策支持。

71 2013 年 12 月，智利举行大选的第二轮投票，中左翼"新多数派联盟"候选人、前总统 M.Bachelet 以较大优势赢得大选，"新多数派联盟"获得智利参众两院多数席位。2014 年 3 月 11 日，M.Bachelet 总统正式就职。

新的鼓动者和混合器

V.Rios 是一位 32 岁的活动分子，她在墨西哥城贫困的郊区长大。但是，她不是一位左翼狂热分子。她毕业于美国哈佛大学，是一个非政府组织（Non-Governmental Organization，NGO）[72] 的领导者，这个非政府组织应用分析、统计和没有节制的社会媒体活动，鼓动建立廉洁政府。她没有采用蛊惑人心的街头抗议策略，而是组织一些公民社会专家运动的成员，这些人在墨西哥有很大影响。这些人的武器是严酷的现实和可靠的理由。V.Rios 说，"我们是公民社会的技术精英"。

在最近几个月里，在 2014 年 9 月墨西哥格雷罗州（Guerrero）西南部发生 43 名学生被谋杀和社会对腐败的广泛指责之后，这些非政府组织发挥了自己的长处。E.P.Nieto[73] 的政府比他原先更希望通过宪法改革来处理腐败问题，这些非政府组织已经说服他再朝前走一步。墨西哥反对党国家行动党的 F.R.Doval 说，"我可以断言，如果没有它们（非政府组织），改革不可能发生"，国家行动党起草了相关法律。

2015 年 4 月，非政府组织和智库成功地为通过政府更多开放信息的法律进行了游说。它们也推出了一个所谓的"公民天文台"（civil observatory）来监测墨西哥城附近新的大型飞机场的建设，墨西哥政府说它将花费 1690 亿比索（Pesos，墨西哥货币，约合 110 亿美元）来建造这个飞机场，但是它没有说明这些钱来自哪里。墨西哥普利麦罗（Mexicanos Primero）是一个教育慈善组织，由一个著名的工业家族成员领导，它正在采取法律行动，迫使墨内政部不屈服于反对彻底教育改革的激进教师们的压力。

这些非政府组织的方法包括在社会媒体中发挥良好的"曝光"（name and shame）运动。V.Rios 女士的团队"我们怎么做，墨西哥？"设计了一种"反腐败呼吸测试仪"（breathalyser，见图 2-49）。它实时显示哪个州批准了、哪个州还没有批准反腐败改革，这个改革将使本州在第一时间内接受联邦审计。2015 年 4 月

---

72 非政府组织（Non-Governmental Organization，NGO）一词最初出现在 1945 年 6 月 26 日签署的《联合国宪章》（*Charter of the United Nations*）第 71 款之中，该条款授权联合国经济和社会理事会（Economic and Social Council，ECOSOC）"为同那些与该理事会所管理的事务有关的非政府组织进行磋商作出适当安排"。1952 年，在联合国经济和社会理事会的决议里，非政府组织被定义为"凡不是根据政府间协议建立的国际组织都可被看作非政府组织"，即在当时，非政府组织主要指国际性的民间组织。1968 年，联合国经济和社会理事会通过决议，规定了联合国同非政府组织关系的法律框架。非政府组织要在联合国经济和社会理事会里取得咨询地位，首先应致力于联合国经济和社会理事会及其附属机构所关注的问题，如国际经济、社会、环境、文化、教育、卫生保健、科学、技术、人道主义、人权及其他相关问题。非政府组织的宗旨与使命不得与联合国宪章的精神、宗旨及原则相抵触，必须有一定的代表性和国际性。自 20 世纪 80 年代以来，联合国体系内的政府间国际组织也发展与非政府组织的联系和合作机制，这些政府间国际组织包括世界银行、联合国开发计划署、国际开发协会、粮农组织、世界粮食署、联合国环境规划署、农业和发展国际基金、世界卫生组织、联合国儿童基金组织、联合国难民事务高级专员等。截至 2010 年，有 2000 多个非政府组织在联合国经济和社会理事会享有正式咨询地位，有 1500 多个非政府组织同联合国建立了正式的工作联系。在 2002 年联合国在南非召开的世界可持续发展全球会议上，有 3500 多个非政府组织获得了与会资格。除此之外，在各个国家、各个地区及有关国际领域里，还有数目众多的各种形式的非政府组织。据统计，截至 2010 年，单是国际性的非政府组织就有约 40 000 个。

73 全名为 Enrique Peña Nieto，墨西哥现任总统。他于 1966 年 7 月出生于墨西哥州的阿特拉科穆尔科市（Atlacomulco），先后获得墨西哥泛美大学（Universidad Panamericana）法学学士和蒙特雷理工学院（Monterrey Institute of Technology and Higher Education，ITESM）工商管理硕士。2003 年 9 月，当选为墨西哥州议员，并任州议会政治协调委员会主席。2005 年 9 月至 2011 年 9 月，出任墨西哥州州长。作为革命制度党党员，曾担任墨西哥州议会革命制度党党团协调人。2012 年 7 月，作为革命制度党和绿色生态党组成的"对墨西哥的承诺"联盟总统候选人，他赢得大选，于 2012 年 12 月 1 日就职，任期 6 年。

图 2-49　V.Rios 女士的团队设计了一种 "反腐败呼吸测试仪"。在本图左下角女士手中提着的盒子写着 "非政府组织"，机器状物体上写着 "反腐败呼吸测试仪"

22 日，墨西哥联邦议会批准了反腐败改革，在这个星期里，在墨西哥 32 个州里，有 10 个州批准了反腐败改革。这使 V.Rios 女士感到高兴。

近期，名为 "墨西哥竞争力研究所"（Mexican Competitiveness Institute，IMCO）和 "透明墨西哥人"（Transparencia Mexicana）的两个非政府组织创造了一个名为 "三分之三"（Three out of Three）的平台，促使 2015 年 6 月 7 日举行的中期选举的候选人超越法律的要求，公开他们的财产、权益和纳税证明。墨西哥竞争力研究所的负责人 J.Pardinas 说，他们的目标是解决墨西哥的政治信誉危机。他竭力主张选民们向候选人发出微博（tweet），说明只把选票投给那些提供了这些信息的候选人。到 2015 年 4 月 29 日，100 名政治家作出了响应，其中包括 9 位州长的候选人。

对非政府组织来说，在一个技术精英几乎自动进入政府的国家里形成影响一直不是件容易的事情。在 20 世纪大部分时间里，E.P.Nieto 总统所在的墨西哥革命制度党（Institutional Revolutionary Party，PRI）竭力拉拢公民社会组织。在 1985 年墨西哥城大地震之后，革命制度党不恰当的救援工作导致基层激进主义的爆发。公民社会组织通过在 20 世纪 80 年代和 90 年代的选举中反对诈骗获得了声望，直至革命制度党在 2000 年最终失去了长达 72 年的执政地位。

美国智库——外交关系委员会（Council on Foreign Relations）的 S.O' Neil 说，一旦墨西哥变得更加民主，一直资助墨西哥一些非政府组织的美国基金会将移情他处。但是，2004 年的新法律给了慈善组织更多获得政府支持的机会，税务部门正缓慢地使慈善组织更容易让捐款免税。美国的资金又回来了。有人估计，类似福特基金会（Ford Foundation）的捐款占大型非政府组织资金的一半以上。墨西哥商业基金会（Mexican business foundations）起的作用并不很大，但正在上升。

经历暂时的平静之后，随着 20 世纪末墨西哥国内安全问题凸显，非政府组织的数量再次上升。由墨西哥商业组织支持的一些非政府组织在说服政府处理诸如华雷斯城（Ciudad Juárez）和蒙特雷（Monterrey）这样的北方城市与毒品有关的暴力事件中变得更加有效。墨西哥政府的一个研究机构——经济研究和教学中心（Centro de Investigación y Docencia Económicas，CIDE）的 J.Salgado 说，存在着社会的分裂。由于暴力犯罪不但影响着富人，也影响着穷人，富有的受害者支持组织带有很强政府关系的色彩出现了。他把这类组织称为 "贵宾型" 非政府组织（VIP NGOs）。基层反对犯罪组织往往更加缺乏资金，更加具有意识形态色彩，更加关注犯罪的起因和人权。它们发现在街头抗议中得到的反响比在政府中得到的反响更加有力。

基层反对犯罪组织可能对更技术性的非政府组织不屑一顾，给它们贴上新自由主义者（neoliberal）和政府奴才的标签。事实上，一些技术性非政府组织的领导人毕业于墨西哥自治科技学院（Instituto Tecnológico Autónomo de México, ITAM），这是墨西哥最负盛名的大学之一，它摒弃了使绝大多数其他大学感到痛苦的意识形态倾向。墨西哥自治科技学院经常带领学生（例如 V.Rios）去美国的常青藤大学，逐渐灌输一种证据为基础的学习方法。

技术官僚有一种使得他们的议程难以说清楚的实用主义倾向。例如，墨西哥竞争力研究所支持能源改革，也支持做能源生意。但它也发起反对肥胖的运动，把肥胖部分归咎于食品工业。在腐败和透明性方面，许多非政府组织联合起来。它们也依靠群众运动，使得政府处于守势，如同 2014 年的街头抗议态度那样，这次抗议活动反对 E.P.Nieto 总统对待学生死亡的态度，以及他的妻子在一个有着潜在利益冲突丑闻里扮演的角色。

墨西哥的一个智库——研究发展中心（Centro de Investigación para el Desarrollo A.C., CIDAC）负责人 L.Rubio 说，这些事件迫使政府采取了措施。他说，"这些非政府组织有一种新的实用主义倾向，但到了最后它们意识到需要一些合理性"。非政府组织的工作不仅是帮助写出一些好的法律，而且要确保这些法律是可执行的。为此，非政府组织需要来自社会和主流媒体的支持。正如 V.Rios 女士所说，"我们有一个声音。但是，新闻媒体是我们的扩音器"。（www.economist.com，原文标题为 *The new movers and shakers*，2015 年 5 月 6 日下载。）

▌巴西的阴晴圆缺

在过去几年里，巴西的经济一直令人失望。在 2011 年 至 2014 年 D.Rousseff 总统第一个任期内，巴西经济平均每年增长 2.2%，这是比巴西绝大多数邻国更慢的数据，更不用说与像中国或印度这样的国家相比了。2014 年，巴西的国内生产总值总体上几乎没有增长。2015 年第一季度，与去年同期相比，国内生产总值萎缩了 1.6%，预计 2015 年全年将萎缩 2%（见图 2-50）。自 2003 年 D.Rousseff 女士的左翼工人党（Workers' Party）

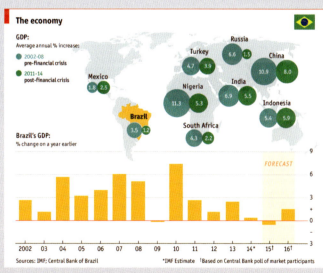

图 2-50 本图标题是"经济"。其中上图的标题是"国内生产总值，平均每年增长的百分比"。图例从上到下分别表示"2002 年至 2008 年，金融危机前"和"2011 年至 2014 年，金融危机后"。图中标注的国家从左到右、从上到下分别为墨西哥、土耳其、俄罗斯、中国、尼日利亚、印度、巴西、南非和印度尼西亚。下图的标题是"巴西的国内生产总值，同比变化，百分比"。左下角写着"来源：国际货币基金组织，巴西中央银行"

执政以来，家庭消费首次同比下降。在相同时期，公共支出猛涨。2014 年，由于 D.Rousseff 女士寻求连任，预算赤字增加了一倍，达到国内生产总值的 6.75%。这是自 1997 年巴西未能拨出任何钱来还给债权人以来的第一次。巴西的计划基本盈余占国内生产总值的 1.8%，这不包括所欠债务利息，最终会成为占国内生产总值 0.6% 的赤字。巴西政府总债务占国内生产总值的 62%，与希腊占 175%、日本占 227% 的政府债务相比，它可能看起来是微不足道的。但是，巴西约 13% 的高利率使得借贷成为昂贵的服务。2014 年，债务支付消耗了超过 6% 的产出。为了让企业和消费者在不是高得离谱的利率下借到钱，公共银行逐渐填补了这个空白，提供便宜并得到补贴的贷款。这些贷款从 2010 年占全部贷款的 40% 增长到 2014 年占全部贷款的 55%。

由于政府放松了对财政政策的控制，巴西中央银行在 2011 年至 2012 年期间过早大幅度下调了基本利率。这推高了通货膨胀，现在，通货膨胀率高于巴西中央银行自己设定的 6.5% 高限，超过了其控制在 4.5% 的目标。这次降息之后情况已被逆转。2015 年 6 月 3 日，巴西中央银行的货币政策制定者再次提高了利率，把利率提高到 13.75%，比决定下调之前的利率还高出一个百分点（见图 2-51 和图 2-52）。在缺乏缜密的宏观经济政策的一旁，存在着大量的微观经济干预。巴西政府奉行着一项笨拙的产业政策，例如，它采用在转让基础设施运营项目上坚持非常低的回报率，欺骗了私人生产部门，难怪在企业界人士中的信任感大幅下滑。繁文缛节、落后的基础设施和强势的货币也已呈现。（www.economist.com，原文标题为 *Brazilian waxing and waning*，2015 年 6 月 9 日下载。）

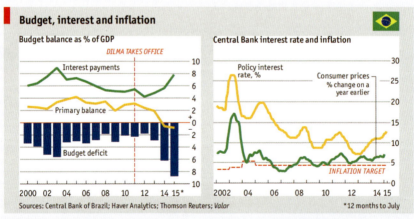

图 2-51　本图标题是"预算、利息和通货膨胀"。左图标题是"预算平衡占国内生产总值的百分比"；图中曲线和方柱从上到下分别标注"利息支出"、"最初的平衡"和"预算赤字"。右图标题是"（巴西）中央银行利率和通货膨胀"，图中黄色曲线标注"政策性利率"，右坐标标注"消费价格，同比变化，百分比"；红线标注"通货膨胀目标"。左下角写着"来源：巴西中央银行，（巴西）人口普查，哈佛大学分析师 T.Reuters"

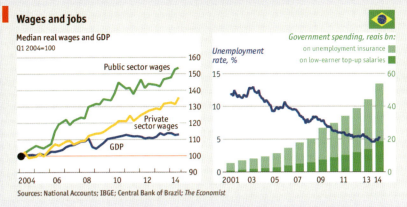

Wages and jobs

Median real wages and GDP
Q1 2004=100

Public sector wages

Private sector wages

GDP

2004 06 08 10 12 14

Government spending, reais bn:
on unemployment insurance
on low-earner top-up salaries

Unemployment rate, %

2001 03 05 07 09 11 13 14

Sources: National Accounts; IBGE; Central Bank of Brazil; *The Economist*

图 2-52　本图标题是"工资和工作岗位"。左图标题是"实际的中等收入和国内生产总值，Q1，2004 年值等于 100"，图中曲线从上到下分别标注"公共生产部门"、"私人生产部门"和"国内生产总值"。右图蓝色曲线标注"失业率，百分比"，右上角写着"政府支出，雷亚尔（巴西货币名称），10 亿"；浅绿色方框标注"在失业保险上的支出"；绿色方框标注"在低收入者最高薪酬上的支出"。本图左下角写着"来源：（巴西）国家经济核算，（巴西）人口普查，巴西中央银行"

俄罗斯遭受经济危机

　　位于莫斯科东南部的野草丛生的废弃工厂区看起来像个战场。事实上，这里确实是莫斯科电影制作人在他们需要拍摄交火镜头的时候需要来的地方。这里有完美的背景：荒废的大工厂，倒塌的墙壁，敞着的墙洞——这不是窗户，锈迹斑斑的围栏把酒鬼们挡在外面（见图 2-53）。在这破败的建筑里，有着一些小小的仓库和办公室。在其中的一个仓库，穿着工作服的工人正在清理库存，把木箱装到一辆面包车上。

　　许多人似乎把俄罗斯所有的经济麻烦都归咎于西方国家。D.Finikov 是一位年轻的销售娱乐用枪支的俄罗斯企业家（见图 2-54），他正在退出进口业务领域。"我们已经清理了中国股票，70% 的俄罗斯企业都退出了"。"我们不得不解雇了 15 个人。我不得不让一位女士离开这里，她在这里已经工作了 12 年。你不可能想象这是多么艰难的事情"。在俄罗斯，不只是 D.Finikov 的生意陷入了困境。

图 2-53　制裁正严重打击俄罗斯许多人

图 2-54　D.Finikov 不得不裁减员工

正在萎缩的经济

驱车去莫斯科城里任何的购物街，你都会看到"出租"的字样。一些企业宣布它们正在减少工作时间，回到每周工作 3 天的时候。在一些地方，甚至出现了工人罢工。

D.Finikov 说，"这是整个经济的问题，经济正在萎缩，零售业如此，批发业如此……"。"我有一个朋友，他做养鱼设备的生意。2014 年，他每个星期可售出 4 套。今年以来，他却只有 2 至 3 个客户"。

俄罗斯政府也在大幅度削减开支。K.Sonin 是莫斯科著名的高等经济学院（Higher School of Economics）经济学教授，他说，"除了军事开支之外，其他每项开支基本上都减少了 10%，每一个预算项目……在政府的机构里，在大学里，每件事情"。"在俄罗斯，几乎所有与教育和健康相关的企业都是国有控股或独资的企业，因此，这些企业的员工是国家雇员。他们发现自己的工资正在被削减"。K.Sonin 教授说，主要原因是全球石油价格下降，导致卢布暴跌（虽然卢布后来有所止跌回升），并且挤压消费支出。

制裁的影响

图 2-55 M.Chebanov 一直干得很好

西方国家的制裁在减少获得信贷计划、阻止外国投资和侵蚀俄罗斯国内商业自信上起了作用。但是，K.Sonin 教授说，制裁也有助于掩盖即使在乌克兰危机之前、俄罗斯经济并没有增长的事实。因此，事实上，制裁给了克里姆林宫一个借口。

不是每个人都在抱怨。一些生产者已经找到了把危机转变为优势的方法。在离莫斯科 30 英里（约50 千米）的一个小型乳牛饲养场，15 头牛在锃光瓦亮的新牛栏里悠闲地大口咀嚼着干草。

M.Chebanov 恰好移动了场地，为这个饲养场的扩建腾出了地方（见图 2-55）。他曾是一家啤酒厂的经理，两年前转移到饲养业，为了给自己的家庭提供高质量牛奶和奶酪，并在农民市场上出售多余的乳制品。

此后，这场危机开始了，对乳制品的需求增加了。仅仅在 18 个月里，M.Che-banov 把他的牛群扩大了 5 倍，这归因于克里姆林宫"反击制裁"、阻止欧洲的乳制品和其他新鲜食品进口。M.Chebanov 是俄罗斯总统普京称为"进口替代品"的一个完美例子。在他的网页上，他甚至向他的顾客提供一个"反击制裁"折扣。M.Chebanov 说，"制裁激励人们以更加爱国的方式作出回应。制裁持续的时间越长，效果越好"（见图 2-56）。

图 2-56 M.Chebanov 扩大了他的养殖场经营，以满足增长的需求

　　不过，尽管少数奶农可能获益，但俄罗斯政府反击制裁的主要影响已是负面的，包括食品价格大幅上涨，最重要的是，这首先打击了贫困人群。药品的成本也飞涨。根据俄罗斯官方公布的数据，2014年10月份的通货膨胀率为8.3%；11月份为9.1%；12月份为11.4%；2015年1月份为15%；2月份为16.7%；3月份为16.9%。

地方的痛苦

　　在莫斯科，许多购物者说，他们正在应对通货膨胀，不是他们的收入足够高，就是他们从亲戚那里获得了帮助。但是，在地方，存在着更多的焦虑。在莫斯科南部小镇奥廖尔（Oryol），一位妇女说，"在旧的苏维埃工厂破产的时候，许多人离开了这里，去莫斯科寻找工作"。"现在，莫斯科的工作岗位正在收缩。但是，在这里，没有多余的工作岗位，物价持续上涨。他们如何生活呢？"她补充道，她知道许多人已停止购买肉食，对那些要养家糊口的人来说，肉的价格太高了。

　　但是，生活下降并不必然转变成为消费者对俄罗斯政府的压力。许多人似乎把俄罗斯的经济困境归咎于西方国家。在莫斯科一家超级市场外面的一位购物者说，"在所有事情的背后是西方国家的制裁，毕竟，它们是敌人"。而许多俄罗斯政治分析人士认为，事实上，西方国家的制裁适得其反。E.Minchenko是一位独立的政治咨询师，他把克里姆林宫列在了自己的客户名单里。他说，"制裁可能伤害俄罗斯的经济"。"但是，从政治上说，制裁把俄罗斯人民团结起来，反对西方国家。最近的民意调查显示，在俄罗斯近期的历史上，反西方国家的情绪达到了最高水平。这可能不容易逆转"。

　　高等经济学院是一所作为帮助制定俄罗斯经济政策的一部分而建立起来的精英大学，在这里，经济学们说，他们被克里姆林宫内部圈子里的人忽视了，这些人关注想象的敌人，而不是俄罗斯的经济现实。K.Sonin教授说，"我不能想象一个明智的经济学家会对正在发生的事情感到高兴"。"经济决策是由那些在军事和安全部门工作的人作出的。他们在军工生产上投入了大量资金，因为在高层，他们感觉北约抵近克里姆林宫的围墙，俄罗斯受到了围攻"。"我认为他们生活在一个很奇怪的世界里。他们生活在一个连着自己的恶魔和噩梦的信息气泡里。经济不是一个主要关心的问题"。

为思想而斗争

　　克里姆林宫的顾问E. Minchenko持有不同的看法（见图2-57）。他认为克里姆林宫关注经济衰退，但是无法简单地找到对付经济衰退的有效办法。他的解读是，俄罗斯重心转向亚洲的努力还不能补偿西方国家商业和信贷额度的损失，在短期内，只有20%的解除欧盟制裁的机会，在目前的气氛下，修复与西方国家关系看起来是不可能的。所以，克里姆林宫正在关注进口替代和其他措施，试图使俄罗斯国内市场运行得更好，这些其他措施包括严厉打击腐败、给予小型和中型企业税收优惠等。

　　这种做法是否会奏效是另外一回事。关于俄罗斯政府近期一次会议的报道表明，普京总统在缺乏愿意冒开拓新业务风险的年轻俄罗斯人上是焦虑和心烦的。在理论上，D.Finikov确实在做普京希望做的事情。他从进口业务转到出口俄罗斯制造的质量更低的枪支和弹药。但是，这只是有必要，而不是选择。

D.Finikov 解释了为什么像他那样的小商人一直很悲观。"我过去常常计划 5 年的事情。现在，我不能计划 2 周或 3 周的事情。在最近的 20 年里，俄罗斯经济已如此全球化，它不能像现在这样存活下去"。"石油价格早晚有一天将再次下降，然后，卢布将再次贬值"（见图 2-58）。"目前，我们正在消耗我们的储备。但是，当这些储备用光了的时候，俄罗斯的经济就会像在 1992 年那样立即下跌"。"你要记住，那个时候，发生了恶性通货膨胀，人们失去了他们的工作岗位，6 个月或者 1 年里没有拿到工资，每个人都去郊区种土豆，以耕作土地来养活自己"。

图 2-57　E.Minchenko 警告，制裁可能会适得其反

图 2-58　石油价格已受到打击

悲观的预测

K.Sonin 教授的预测没有什么惊人之处，但仍然是悲观的。他将俄罗斯可能的未来比作 20 世纪下半叶的拉丁美洲国家：轻微的收缩或者增长如此缓慢，以致它的经济相当于停滞，持续了 10 年或者甚至超过了 20 年，只有当政府停止以牺牲经济增长来实现外交政策目标的时候，俄罗斯才可能从经济危机中走出来。"我不能预见在现行体制下解除制裁。我认为这将是下一届俄罗斯政府才能做到的事情，也许在 20 年里，这将通过谈判找到一个解决方案"（见图 2-59）。

图 2-59　克里姆林宫削减了开支

与此同时，农民 M.Chebanov 有一个"拿破仑"计划，把饲养规模扩大到超过 100 头牛，并且开设一个微型的乳制品和农场商店。他认为危机将会过去。"我们俄罗斯人有比这次更加糟糕的生存危机。无论如何，这都是暂时的"。"迟早有一天，我们将会再次有钱，外国投资将会回来。同时，在持续制裁期间，我们将会变得更加强大"。(www.bbc.com，原文标题是 *Russians reel from economic crisis*，2015 年 4 月 14 日下载。)

中国经济增长减缓至 24 年来的最低点

中国经济增长减缓至 24 年来的最低点，2013 年增长 7.7%，2014 年增长 7.4%。这个世界第二大经济体的经济增长没有达到官方 7.5% 的年度增长目标，在近 15 年里是第一次。但是，中国的年度增长数据仍然高于 7.2% 的市场预期（见图 2-60）。

图 2-60　在生产线上工作的中国工人

在 10 月至 12 月这 3 个月期间，中国经济同比增长 7.3%。与此前 3 个月相比，第四季度的经济增长放缓没有改变，但略高于经济学家的预计。

有弹性的经济

F.Neumann 是香港 - 上海汇丰银行的亚洲经济研究联合主管，他说，中国经济证明比预期更有弹性。他告诉英国广播公司记者，"虽然上个季度 7.3% 的增长并不像过去 10 年那样引人注目，但它仍然是世界最快的增长"。"尤其令人欣慰的是，零售销售和工业生产从 2014 年的 12 月加速，给中国更多的动量进入羊年"。这个月，中国的零售销售同比增长 11.9%，工厂产量同比增长 7.9%。这两项经济指标都超过了预期。

2014 年，中国的经济以自 1990 年以来最慢的速度增长。A.Chan 是穆迪分析公司（Moody's Analytics）的经济学家，他说，经济增长的数字得到了工厂生产加速的帮助，这表明中国经济有能力完成偏离其正在冷却的房地产市场的转变。

房地产投资不足

2014 年，在中国一度红火的房地产市场里的投资增长率同比下降至 10.5%，这是 5 年来，即自 2009 年上半年以来的最低点。这个数字约是 2013 年的 19.8% 增长率的一半，也低于 2014 年前 11 个月的 11.9% 增长率。

香港 - 上海汇丰银行的 F.Neumann 说，中国的中央银行采取更宽松的货币政策可能是需要的，以在 2015 年防止产生于"摇摆不定的房地产市场"的负面风险。他说，"以降息和注入流动性形式的更宽松货币政策可能是需要的，幸运的是，中国具有对经济增长进行微调的工具，我希望中国的官员们充分使用这些工具，确保在 2015 年期间经济增长不会下降到 7%"。

提前的宽松政策?

2014 年 11 月，中国的中央银行出人意外地把利率降至 2.75%，这是自 2012 年以来的第一次，试图重振中国的经济。尽管对于中国政府来说，存在着维持宽松货币政策基础的理由，但经济学家说，中国的政策制定者可能要把经济增长的数据作为正面的事情，不要马上改变各项刺激计划。T.Nash 是三角洲经济公司（Delta

Economics）的全球副总裁，他说，"更多的刺激措施应当出台，但是，执行中国上届政府的连续性财政和投资刺激计划是不可能的"。

同时，亚洲市场对中国的经济数据反应积极，上证综合指数（Shanghai Composite）和香港恒生指数（Seng index）收盘时分别上涨 1.8% 和 0.9%[74]。

国际货币基金组织也欢迎中国经济增长放缓，其经济学家 Olivier Blanchard 说，这表示中国政府正试图重新平衡经济。这个评论是在国际货币基金组织降低 2015 年和 2016 年全球经济增长预测数据之后作出的。（www.bbc.com，原文标题是 China's growth slows to weakest in 24 years，2015 年 1 月 20 日下载。）

▌静悄悄的革命

对于中国，得到的消息符合悲观主义者的想法。这个星期的数据披露中国的经济增长明显放缓，通货紧缩已经来临，这是因为经济被房地产低迷拖累，工厂生产处在自全球金融危机的黑暗日子以来最为疲弱的状况。2015 年前三个月，中国国内生产总值（GDP）同比仅增长 7%。2015 年的经济增长可能是二十多年来最为疲弱的（见图 2-61）。

人们的担忧正在增加，经过 30 年的高歌猛进，中国经济可能"崩溃"。这将是一场灾难。中国是世界第二大经济体，也是亚洲快速崛起的力量。幸运的是，悲观主义者忽略了某些事情。中国在经济上不仅比悲观主义者认可的更加强劲，而且它正在自我完成一个静悄悄且受欢迎的金融革命（见图 2-62）。

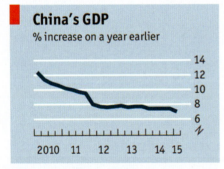

图 2-61 本图左上角的文字是"中国的 GDP，同比增长，%"

图 2-62 中国的经济增长正在放缓。仔细看看在放缓背后发生了什么事情

中国经济的强劲是基于几个支柱。中国绝大部分的债务是国内的，政府仍然拥有足够的影响力来阻止债务人和债权人陷入恐慌。中国正在将平衡从投资向消费方向转变，这将使中国的经济更加稳定。2014 年，依靠服务业的繁荣，中国创造了 1300 万个新的城市工作岗位。这是使得更加缓慢的经济增长是可以忍受的一个纪录。考虑到中国更大规模的经济，比起 2007 年 14% 的经济增长对全球经济的作用来，2015 年预期 7% 的经济增长可能会更加有力地提振全球经济。

---

74 此处是 2015 年 1 月 20 日的数据。

　　然而，对悲观主义者提出质疑的真正原因是中国的改革。经历了 10 年的犹豫不决之后，中国政府正在三个极其重要的领域采取行动。首先是金融领域的改革，中国政府已经开始放松对利率和跨境资本流动的控制。信贷成本长期被人为压低，在挤压向储户提供的回报同时，救助了没有效率的国有企业，推高了投资。由于目前吸引近三分之一居民储蓄的银行账户替代品的猛烈增加，存款利率上限正变得越来越不重要。中国的央行行长说过，到 2015 年年底，存在着利率完全自由化的极大可能性。

　　中国对跨境现金流动正在采取更加宽容的态度。人民币正渐渐地变得更加灵活，跨国企业能够比过去更加容易向境外调动收入。中国政府决定在 2015 年年底之前得到国际货币基金组织承认人民币是可自由兑换货币将为更加大胆的行动铺平道路。

　　第二个改革领域是财政。在 20 世纪 90 年代初期进行的财政体制改革赋予地方政府在支出上的更大责任，但在收入来源上没有授予更多的权利。中国投资太多的问题在更大程度上起源于那个大错误。各个城市仍然绑在一个脆弱的税收基础之上，依靠出售土地来支撑城市运行，一直从事不顾风险的账外借贷。

　　现在，中国的财政部长说，中国政府将在 2020 年收拾完这个烂摊子。中央政府将向各省转移更多的资金，尤其是用于社会优先事项的资金，同时，地方政府将获得更多的税收收入。一个试点计划已经得到启动，以清理地方政府的债务。尽管存在风险，它为建立一个市政债券市场奠定基础，这比现在各省市不透明的资金收支好得多。

　　第三个改革领域是行政。2013 年年初，在其总理任期开始的时候，中国的总理承诺，他将削减条条框框，减轻私人公司的负担。愤世嫉俗总是很容易的，但出现了私人企业注册的热潮，2013 年，有 360 万家私人企业成立，几乎是 2012 年总数的一倍。

　　这些改革迟早将导致资本更加有效地得到分配。银行将更加准确地给风险估价，同时最应得到帮助的企业找到了资金，储户得到了合适的回报。如果是这样的话，中国的经济增长将会放缓，谁说不是呢？但经济增长是渐进的，没有破坏现有的体系。

　　危险依然存在。资本的自由化冒着滋生不稳定的风险。20 世纪 90 年代，当从泰国到韩国的国家废除对资本进行控制的时候，它们的资产价格和外部债务急剧上升，最终导致银行业危机。中国有着更加强大的抵御能力，但尽管如此，它的外债正在上升，它的股市在 6 个月里上涨了四分之三。

　　然后是政治领域的改革。改革最终要求终结令人沮丧的户口或户籍登记制度，这个制度将使从农村迁移到城市的 3 亿人降低到二等市民的地位，阻碍他们成为自主消费者的能力。同样，农民和以前的农民需要出售他们房屋和土地的权利，否则，他们将不可能分享中国转型的好处。

　　中国的总理一直喜欢生动的比喻，他说，经济改革将带来痛苦，如同一名士兵为了继续战斗而截断他自己中毒的胳膊感受到的痛苦。"真正的牺牲"是需要的。中国静悄悄的革命以某种方式推进。但是，他是对的：大量的痛苦就在前面。(www.economist.com，原文标题为 *The quiet revolution*，2015 年 4 月 18 日下载。)

思小赢大的秘密

图 2-63 要学会把复杂问题简单化

简单，它不只是让你的日常生活变得更好，对于信奉简单逻辑的公司来说，有着同样大的回报，在承担那些听上去很复杂的行动的时候更是如此。简单也是强大的，因为它促使你专注于最基本的问题，这些问题决定着成功和失败（见图 2-63）。

有什么能比合并与收购更复杂的吗？这里是公式：取一家公司，把它与另一家公司结合起来，设法把所有运动的部分"玩到一块去"，从而产生规模效益。全世界的首席执行官和高级经理们按照这个结果延续或中断自己的职业生涯。

即使全球经济复苏是反复无常的，企业合并与收购的步伐已在不断加快，尤其是在美国。近期宣布的交易包括 Pfize 公司（中文名字是辉瑞公司）以 170 亿美元收购生物仿制药企业 Hospira 公司；在办公用品行业，Staples 公司以 120 亿美元收购 Office Depot 公司（中文名字是欧迪办公）。对于操作这些收购的公司高级管理人员来说，大的希望伴随着这些交易，更不必说关于 10 亿美元协同效应及类似的声明。假如"转型"（transformational）这个词没有出现在首席执行官的新闻稿里，那么在公共关系部门里的一些人就会被解雇。甚至"协同效应"（synergy）这个词也是时尚，是操作交易的灵丹妙药，不用考虑交易的背后是什么。

许多收购实际上摧毁了比它们创造的更多的股东价值。几乎没有哪个交易达到了标准。所有这一切能够用合并过程中老板们的一点简单来补偿吗？简单是强大的，因为它从不关注其他无休止的细枝末节，或从不关注一些人总是打算提出的分心之事。

在合并与收购的情况下，简单化是多年来我（本文的作者）一直与董事会成员分享的方法。合并与收购的成功依赖于三件事情，它们可归结为"PSI"，即你支付的价格（price）、进行这场交易的战略逻辑（strategic logic) 和整合过程（integration process）。

但是，我会让这个方法更加简单，在某些方面有助于解释糟糕的合并与收购记录。为了赢得合并与收购，你必须在所有三个维度上胜出，在其中两个维度上胜出是不够的。让我们来思考这个问题。假如你的价格溢价是合理的，战略逻辑是有力的，你仍可能因一个无效的整合过程而把整个事情搞砸。这三个标准的其他任意组合也产生相同的结果。例如，即使有一个深思熟虑的战略和一个可靠的整合过程，你可能多付许多许多钱，以致你难以产生足够的好处来弥补你在起点就带来的亏空。只要问 Boston Scientific 公司，它为收购 Guidant 公司而陷入了一场竞价战，把收购价格推高到 2005 年支付的 270 亿美元，产生了一个它用 10 年时间才会形成的"窟窿"。

对于公司的董事会和首席执行官来说，关键是不要在没有意识到你需要得到三个部分权力的情况下，深度进入交易的任何一个部分（通常，它是协议收购价格，因为收购价格把银行家和律师带到谈判桌上来）。要知道并能够清楚表达你在每个方面上的计划。

同样的简单与专注理念适用于创新。这也许是大型公司努力去适应变化、小公司似乎更加灵活的一个原因。在过多细节上设计创新是不必要的，而且常常是有害的。你几乎总会在产生好的想法之外做得更好，在没有试图去完善它的情况下，你会对这个想法进行试验和改进。与你能够想象的任何事情一样，追求完美肯定是让一个潜在很好的并且创新的想法"脱离轨道"的途径。

在规模更小的创业型公司里，经理和管理人员们经常讨论"转身"或"调整"，不要让他们把自己拴在单一庞大的项目上，这样的项目通常过于复杂，以致不能将执行放在首位。相反，这些公司的领导人关注最小的、可望成功的、能够操作并证明概念的"脚步"，然后他们才考虑详细阐述、扩展和改变原有的想法。

考虑 Facebook 这个案例。社会媒体巨头开始没有像今天那样鼓噪，几乎可以肯定，社会媒体巨头甚至没有想到 Facebook 公司的首席执行官 Mark Zuckerberg 取得今天这样的成就。Facebook 公司和其经理们的窍门是在本质上不错的想法上持续寻求创新的机会,没有在公司应当是什么这个问题上陷入一个巨大的新模式"泥潭"之中。

比起制定规则或宣布未来将会怎样，迭代使得公司更迅速与有效地改造和调整。相同的观点可延伸到公司战略本身，这是最为复杂的组织性挑战。假如你是在一个喜欢复杂的战略性规划过程的公司里，你会得到我的同情。当然，随着公司做大，这些是不可避免的。在没有一定程度有条理的思考情况下，把你所有的"鸭子排成一排"是困难的。但是，这不是认可勾画出你将如何在所选择的市场中胜出、以控制你需要做的实际工作这样一个过程的借口。要少说，多做。

关于简单的最后一个看法，尤其适应大型公司。公司做得越大，使公司的各个部门和各种活动有条理就越重要。令人遗憾的现实是，我们要在业务经营中确保灵活性，要避免当管理架构成为一种事后添加物时根深蒂固的混乱，但这两者之间存在着一个必要的权衡。

那么，你如何去组织你的大型企业或者快速成长的企业呢？好的消息是存在着 4 个选项，它们有着 99% 的可能性，假如你知道并考虑这 4 个选项，你能够评价哪个选项最适用于你。你能够通过产品和服务（例如，云服务加上移动服务）来安排业务，能够通过客户（行业，或者业务对业务（business to business）加上业务对客户（business to consumer））来安排业务，能够通过功能（销售加上生产）来安排业务，也能够通过区域（国家）来安排业务。这些确实是桌面上的唯一选择。你要做的是，把复杂的挑战简单化。

假如把本文提到的合并和收购、创新、战略、结构等超复杂（ultra-complex）公司挑战类型简单化是可能的，那么在我们已经创造出来的过度复杂（overly-complex）机构里，什么事情能够被简单化？答案是，当你真的停下来思考这个问题的时候，一些事情能够被简单化，但这还不够。（www.bbc.com，原文标题是 *The secret of thinking small to win big*，2015 年 2 月 26 日下载。）

第三篇
当代科学技术发展

引 言

历时十年的"文化大革命"使我失去了接受完整中等教育的机会。因此，在这段可能萌发更多理想的时期，我从未认真地想象自己成年后想做些什么事情。如果现在有人问我，自己在青少年时期对什么事情最感兴趣，我会告诉他那就是绘画。自童年起，我和兄长都酷爱画画，曾把家里的白墙乃至木制房门作为画板来涂鸦。在离家去江西的时候，我曾在行李里装入了绘画用具；在那些过得很无奈的日子里，我曾提着画箱去丘冈河畔写生，以消磨时光。今天想来，就我个人而言，童年的兴趣与成年后从事的职业竟然毫无联系，其间充满了偶然，也许可说成是命运的摆布。我的兄长则坚持在美术领域里耕耘，现已功成名就。在一个特定的时代，社会进程在个体成长的塑造上具有多么强大的能量啊！

在1985年跨入上海硅酸盐研究所大门之前，我对什么是科学技术、什么是科学技术研究、什么是先进无机材料研究几乎一无所知。当时，我对科学技术的认识主要来自徐迟那篇著名的报告文学《哥德巴赫猜想》[1]，感到科学技术研究就是去摘取处于人类认知顶端的"明珠"，至于这些"明珠"在哪里、是些什么东西就不得而知了。我还觉得从事科学技术研究的人都会像陈景润那样，对名利没有兴趣，对生活中的其他事情没有感觉，每时每刻都在冥思苦想，甚至走路都会不自觉地撞到电线杆上。为了准备研究生面试，我临时抱佛脚，到新华书店买了几本与无机材料、特别是晶体材料相关的科普类书籍，从中找出若干名词定义，并把它们牢牢背了下来，以在复试小组的老师们提出相关问题时有个交代。与当代的年轻人相比，我们这代人在与他们同龄的时候所拥有的知识和技能实在是太有限了。30多年来的改革开放给中国社会带来的最大变化，是使中国的人极大地进步了。越来越多的中国人能够与发达国家的人站在同一个层面上去观察世界，思考问题，做着类似的甚至相同的事情，这是中华民族将会"自立于世界民族之林"的希望。

在人类的思想史上，第一位系统地对自然界运动规律和自然科学内在发展逻辑作出辩证唯物主义理论阐述的是伟大导师恩格斯（F.Engels）。以他在1873年至1886年期间撰写的论文和札记摘辑而成的《自然辩证法》，是那个时候研究生的必修课。根据课程设置，如果通过考试，学生约可获得3个学分。时至今日，我还保存着那本蓝色封面、内芯是用新闻纸印装的《自然辩证法》课本。遗憾的是，那时，我没有学好这门课程。究其原因，除了书中的行文措辞似有些艰涩难懂之外，最主要的是当时的我根本不具有关于欧洲历史的知识，不了解欧洲国家工业化的历程，也不清楚若干自然科学学科发展史及相关伟大人物的地位和作用。缺乏这些知识，怎么能够学好这门课程呢？课程考试前，授课老师公布了命题范围和相应参考答案，这使得我稀里糊涂地过了关。今天，在重新阅读这本处处闪耀着伟人思想光芒的书籍中，我深刻地感受到，任何从事科学技术研究的人，首先要认真学习和掌握关于科学技术活动的先进哲学思想，假如不能以先进哲学思想作为指导，他们的活动也许会过早陷入"枝节陷阱"而不能自拔。同样地，假如一个国家的科学技术活动缺

1　徐迟的《哥德巴赫猜想》最初发表在1978年1月出版的《人民文学》第1期。

乏先进哲学思想的指导，它的活动也许会长期处于迷茫失序的状态，难以形成深厚的科学技术传统和文化。另一方面，这种先进哲学思想不是任何个体乃至一个国家与生俱来的，它必然产生于广泛的科学技术研究实践之中，《自然辩证法》不就是以欧洲工业化进程中科学技术研究实践的伟大结晶？

伟大的时代

　　根据辩证唯物主义的观点，自然界是统一的客观物质世界，它存在于人的意识之外，以自身的规律、而不是依赖于人的意识运动着。人的进化使其逐渐拥有思维和认知的能力；当思维和认知能力达到一定程度时，人就开始探寻人与自然的关系。早在 2000 多年前，在古希腊、中国 [2] 或者其他国家，哲人们就从不同的角度去阐释这个关系，这些探究可被称为古典"自然哲学" [3]。古典自然哲学与近代的自然研究有着本质的区别。正如恩格斯在《自然辩证法》的导言中所写的那样，"现代自然研究同古代人的天才的自然哲学的直觉相反，同阿喇伯人 [4] 的非常重要的、但是零散的并且大部分已经无结果地消失了的发现相反，它唯一地达到了科学的、系统的和全面的发展"。

　　恩格斯在《自然辩证法》的导言中还写道，"现代自然研究，和整个近代史一样，是从这样一个伟大的时代算起，这个时代，我们德国人由于当时我们所遭遇的民族不幸而称之为宗教改革，法国人称之为文艺复兴，而意大利人则称之为 Cinque-cento [5]，但这些名称没有一个能把这个时代充分地表达出来"。恩格斯的这段论述清晰地表明，近代自然研究是欧洲文艺复兴时期 [6] 的产物，在这个时期，人文主义和理性思维驱散了欧洲大陆上空弥漫的宗教阴霾，为欧洲工业化进程奠定了思想、文化和政治基础，催生了欧洲大陆社会生产力的巨大发展，因此，从社会生产力发展的角度看，从古典自然哲学转变为近代自然研究是社会生产力发展的结果。同样地，正是由于 19 世纪和 20 世纪欧洲和北美大陆社会生产力的大发展，近代的自然研究又发展成为当代的科学技术研究。当代的科学技术研究不仅成为推动社会发展的革命力量，而且其自身"就是彻底革命的"：它与宗教和唯心主义坚决地划清了界限；

2　例如，约在公元前 369 年出生的庄周提出了"天"和"人"的概念。"天"和"人"是两个相对立的概念，"天"代表着自然，而"人"指的是"人为"的一切，"人"与"天"不是处在一种"主体"与"对象"的关系之中，而是处在一种"部分"与"整体"、"扭曲"与"原貌"或"为学之初"与"最高境界"的关系之中。

3　自然哲学（philosophy of nature，或 nature-philosophy）是现代自然科学的前身，是古代人对所面对的关于人与自然界关系哲学问题的思考，也是对自然界作出的多少含有形而上学观点的解释。英国物理学家 I.Newton 于 1687 年发表了《自然哲学的数学原理》（*Philosophiae Naturalis Principia Mathematica*），在物理学、数学、天文学和哲学等领域产生了巨大影响。牛顿遵循古希腊的公理化模式，从定义、定律（即公理）出发，导出命题，并就具体问题（如月球的运动）将从理论导出的结果和观察结果进行了比较。这种思维模式和研究方法一直被后人沿用至今。

4　原译文如此。

5　Cinque-cento 是意大利文，中文可译为"五百年代"，指 16 世纪意大利文艺复兴时期（Italian Renaissance），包括当时艺术、音乐、文学和建筑的流行风格。

6　文艺复兴指 13 世纪末在意大利各城市兴起的一场思想文化运动，此后扩展到欧洲各国，16 世纪在整个欧洲盛行。它带来欧洲科学与艺术的革命，被认为是欧洲中古时代和近代的分界。文艺复兴的精神是人文主义。人文主义认为世界是以人为中心、而不是以神为中心的，人的存在具有特定的价值和尊严，人是现实生活的创造者和主人。

它告别了"需要巨人而且产生了巨人"的古典自然哲学乃至近代自然研究的时代；它荡涤着一切束缚着发展的思想、文化和制度禁锢；它不断以新的形态显现在人类社会持续发展的宏伟舞台之上。

人与自然的关系大致可分为三个方面。第一个方面是人以自然界的整体作为研究对象，构建相应的自然图景。自古典自然哲学时代起，人们一直努力从不同的维度去认识整个自然，试图建立以物质观[7]、时空观[8]、运动观[9]、系统观[10]为基本要素的自然观。同时，人们一直试图给出若干关于自然界的基本问题的答案，找到更可靠的证据，例如，宇宙究竟有多大，宇宙里究竟有什么；地球在何时形成，又是如何形成；地球上的生命体存续了多少年，还会存续多少年；物质世界的演变和运动遵循着什么规律，是否存在关于每件事情的理论等。第二个方面是人通过自然科学[11]的具体研究活动去认识自然。自19世纪以来，自然科学的具体研究活动日趋系统化、机构化和专业化，相应成果汇聚在一起，形成了以学科[12]分类为基础的全人类共享的知识体系。今天，这个知识体系是如此庞大，以致每一个人只是了解了它的一小部分。另一方面，社会生产力发展不断给人通过自然科学研究分门别类地认识自然提供强大的武器。一个最新的例子是，发达国家凭借超乎想象的宇宙空间运载、定位和通信能力，使居住在地球上的人们能够在2015年7月观察到冥王星的表面细节，数十年前，这只能是个美丽的梦想。第三个方面是人通过技术和工程活动去改造自然。人总是要去寻找资源，探寻使用资源的途径，把这些资源转变为新形态的物质，然后去消费它们，从而改变自己的生活方式，提高生活质量。这就是劳动的含义。劳动创造了人本身，人的手、语言和思维都是在劳动的推动下逐步形成的[13]。因此，人发展社会生产力的步伐永远不会停止，追求更新更强的改造自然能力的愿望永远不会泯灭。通过技术和工程活动改造自然已成为当今科学技术研究活动中积聚力量最多、面临挑战最大、内涵更新最快的范畴，这是现代科学技术研究和近代自然研究的本质区别。另一方面，随着人对自然的认知水平不断提高，人改造自然的活动一定会变得更有节制，更加科学和理性。也许在中国，再不会有人像20世纪50年代末"大跃进"期间的人们那样喊出"人

7　辩证唯物主义的物质观认为：世界是由物质与意识所组成，其中物质是第一性的，意识是第二性的，物质决定意识，意识反映物质。

8　时空观是关于时间和空间的根本观点。辩证唯物主义的时空观认为，时间和空间是运动着的物质存在的基本形式，是物质固有的普遍属性，时间和空间与运动着的物质是不可分的。时间、空间具有客观性、绝对性和无限性，同时，它们的具体形态和具体特性有着多样性、相对性和有限性。

9　运动指宇宙间一切事物、现象和过程的变化，具有广泛性和普遍性。辩证唯物主义的运动观认为，物质是运动的物质，没有不运动的物质；运动是物质的运动，不存在非物质的运动；运动是普遍的、永恒的和无条件的，因而是绝对的，静止是暂时的、有条件的，因而是相对的。

10　系统观是以系统的观点来观察自然界。辩证唯物主义的系统观认为，系统是物质存在的普遍形式，物质系统具有整体性、关联性、层次性、开放性、动态性和自组织性。

11　自然科学是研究无机自然界和包括人的生物属性在内的有机自然界的各门科学的总称，它的认识对象是整个自然界，即研究各种物质的类型、状态、属性及运动形式，揭示自然界发生的现象和自然现象发生过程的实质与规律性。

12　"学科"这个概念可被用来表示特定科学领域或专门科学的分支，也可被用来表示某个知识系统内子系统的集合。

13　见恩格斯的《劳动在从猿到人转变过程中的作用》一文。这篇论文被收录在《自然辩证法》一书之中。

有多大胆、地有多高产"的愚昧口号了。

　　与 18 世纪和 19 世纪的欧洲相似，拥有近 14 亿人口的中国正处在社会生产力大发展的伟大时代。在中国辽阔的国土上，怎样的科学技术活动才能属于这个伟大的时代？这是每个从事科学技术研究的人应当认真思考并作出回答的问题。

五彩的"科技拼板"

　　在任何一个国家里，科学技术研究活动作为整体，是由不同目的、不同类型并由不同组织实施的研究活动组成的。我们可以把这个格局称为"科技拼板"。不同的国家，有着不同的人口规模，受着不同地缘政治因素的影响。有的国家具有悠久的古典自然哲学乃至自然研究的传统和文化，但有的国家则是空白。不同国家的社会生产力发展水平又处于不同的阶段，由此，世界各国被划分为"发达国家"、"发展中国家"和"欠发达国家"。这些历史或现实条件决定了不同的国家有着不同的科技拼板。例如，对于英国 [14]、法国、德国 [15]、俄罗斯 [16] 等欧洲国家，它们有着深厚的自然研究传统和文化，拥有一大批曾经为人类自然观的形成和自然学科的建立做出伟大贡献的巨人。在封建君王集权统治时期，这些国家一般都建立了专门的科学团体或组织。时至今日，这些团体或组织在全球科学技术活动中仍起着十分重要的作用。因此，在这些国家的科技拼板中，"通过自然科学的具体研究活动去认识自然"板块有着十分浓烈的色彩，占据举足轻重的位置，这是其他国家无法与其相提并论的。又如，虽然美国不具有自然哲学的历史，比较缺乏自然研究的传统，但它不断汇聚全球最优秀的科技人才，从 20 世纪初起，不但在自然学科前沿领域取得许多世界领先的成果，而且在"通过技术和工程活动去改造自然"方面长期处于无人能与其展开全面竞争的位置。美国有着与欧洲国家不尽相同的科技拼板，凭借自己的科技拼板，成为当今全球头号科技强国。19 世纪末，科学语言是拉丁语、德语和英语"三雄鼎立"，而在今天，英语是世界最主要的、甚至唯一的科学语言 [17]，这个过程就是美国占据世界科技顶峰的佐证。再如，在东亚国家里，唯有日本在 100 多年前就构建了科技拼板。自 20 世纪 60 年代起，日本经济高速增长，此时，高傲且满腹不服气的欧洲人认为日本只有"通过技术和工程活动去改造自然"的能力，没有"通

14　1660 年，斯图亚特王朝（The House of Stuart）在英国复辟，查理二世（Charles II）重登皇位，伦敦再次成为英格兰科学活动的主要中心。此时，英国国内对科学感兴趣的人数大为增加，人们觉得英国应当有一个科学机构。因此，伦敦的科学家们在 1660 年 11 月举行了一次集会，正式提出成立一个促进物理·数学实验知识的学院。不久，R.Moray 带来了查理二世的口谕，同意成立"学院"，R.Moray 被推举为这个集会的会长。两年后，查理二世正式批准成立"以促进自然知识为宗旨的皇家学会"（英文简称为 Royal Society），V.Brouncker 担任首任会长。

15　1913 年，在德意志帝国皇帝威廉二世（Wilhelm II von Deutschland）的主持下，以其名字命名的"威廉皇帝科学促进协会"成立，下设"威廉皇帝研究所"、"威廉皇帝生物研究所"、"威廉皇帝人类研究所"、"威廉皇帝煤炭研究所"等研究机构。前三个研究机构现属于柏林自由大学（Freie Universität Berlin, FUB）。二战结束后，威廉皇帝科学协会的许多机构被归入马克斯·普朗克学会（International Max Planck Research School）。

16　1724 年，依照彼得一世的遗嘱，继位的叶卡捷琳娜一世建立了彼得堡科学院。十月革命后，它改名为苏联科学院，其总部于 1934 年从彼得堡迁至莫斯科。1991 年，苏联解体，苏联科学院的主体部分划归俄罗斯，与当时成立不久的俄罗斯科学院合并，组建成新的俄罗斯科学院。

17　见 M.Gordin 的《科学的巴别塔：在全球英语之前和之后科学是如何进行的》（Scientific Babel：How Science Was Done before and after Global English），转引自《参考消息》，2015 年 6 月 30 日，第 12 版。

过自然科学的具体研究活动去认识自然"的能力，简言之，就是认为日本只有技术，没有科学。自 20 世纪 90 年代起，日本对科技拼板作出必要的调整，力图在科学方面整体达到世界先进水平。今天，日本实现了这个目标：在 2000 年至 2014 年的 15 年里，共有 14 位日本科学家分别获得了诺贝尔物理学奖、化学奖和生理学或医学奖，这个结果也许会使自恃颇高的欧洲人瞠目结舌。日本有着与欧美国家不同的科技拼板，随着其社会生产力的发展，这个科技拼板的色彩和结构不断发生着变化。

在春秋战国时期，中国的古代思想家为世界古典自然哲学的发展做出过贡献，他们美妙的哲学思想至今在中国和某些东亚国家里有很大的影响。遗憾的是，中国人与近代自然研究的兴起和自然学科的建立没有任何关系，中国缺乏"通过自然科学的具体研究活动去认识自然"的历史和传统。这是中国与恩格斯定义的"伟大的时代"完全隔绝的必然结果。为什么中国人与这个"伟大的时代"完全隔绝开来呢？1000 多年来，在历朝历代封建王权的严苛统治下，中国人的思想被桎梏了，与国外的文化交流被阻断了，物质和精神层面的创造性被扼杀了，长期生活在万马齐喑的社会环境里。在 1841 年至 1949 年的 100 多年时间里，中国逐步沦落为半殖民地半封建国家，成为欧美国家和日本这些发达国家掠夺和欺凌的对象。在那个战乱不断、社会生产力不断遭到破坏、无数人食不果腹衣不遮体的岁月里，尽管有极少数社会先驱对此状况痛心疾首、不断向社会大声疾呼，但愚昧的统治者怎么可能真正花气力去认识近代自然研究乃至现代科学技术的发展、去创造中国自己的"伟大的时代"、去构建中国的科技拼板？

构建当代中国的科技拼板是从 1949 年起步的。20 世纪 50 年代，中国百废待兴，建立经济社会发展的工业基础是国家的首要任务。因此，在这个时期，中国科学技术发展的重点是"使科学研究真正能够服务于国家的工业、农业、保健和国防事业的建设"[18]。这意味着中国科技拼板的初始结构比较单一，主体是"通过技术和工程活动去改造自然"。自 1957 年起，政治运动对科学技术活动的干扰越来越多，强度越来越大，直至"文化大革命"期间这类干扰达到了顶点，导致科学技术体系混乱，队伍动荡，发展停滞。尽管如此，前辈们仍然在这个特殊的年代用科学技术的力量为国家发展做出了重要贡献。"文化大革命"结束后，拨乱反正带来了中国科学技术的春天。1978 年，中国科学技术发展的方针被确定为"侧重基础，侧重提高，为国民经济和国防建设服务"。此后，科学技术活动被划分成"基础研究"、"应用基础研究"、"应用研究"三种类型[19]，其中，"基础研究"可被归入"通过自然科学的具体研究活动去认识自然"的范畴；"应用基础研究"和"应用研究"可被归入"通过技术和工程活动去改造自然"的范畴，自此，中国的科技拼板从单一结构发展成

---

18 1953 年，中国科学院确定了"科学研究首先要为解决重工业建设所提出的科学技术问题服务"、"在技术科学方面，各所（研究机构）应以解决矿冶、煤炭、石油、机械、动力……方面的问题为主"的方针；1956 年，中国科学院提出，我们首先要考虑的是那些国防和社会主义建设最迫切需要的学科，就是对于其他学科也必须是按照一定的比例发展，不能平均使用力量。见《中国科学院院属单位简史》，第一卷，上册，北京：科学出版社，2010。

19 1983 年底，国家要求中国科学院"大力加强应用研究，积极而有选择地参加发展工作，继续重视基础研究"。基础研究指那些"认识自然现象、揭示自然规律，获取新知识、新原理、新方法的研究活动"；应用基础研究指那些"方向已经比较明确、利用其成果可在较短期间内取得工业技术突破的基础性研究"活动；应用研究指那些"针对特定的实际应用目的（或目标）而开展的创造性研究活动"。

为"通过技术和工程活动去改造自然"和"通过自然科学的具体研究活动去认识自然"并重的结构。1984 年，中国拉开了经济体制改革、教育体制改革和科技体制改革的大幕，"把主要力量动员和组织到国民经济建设的主战场，同时保持一支精干力量从事基础研究和高技术跟踪"，"发展高技术，实现产业化"，引导中国的科技拼板调整到上述两者并举、以"通过技术和工程活动去改造自然"为重的结构上来，并特别强调科技拼板内不同类型活动之间、科技拼板和经济社会活动之间的键连。2006 年年初，国家发布了 2006 年至 2020 年期间的科学技术发展规划，确定这个时期科学技术发展方针是"自主创新，重点跨越，支撑发展，引领未来"。科学技术活动被划分成"原始创新"、"集成创新"、"引进消化吸收再创新"[20] 三种类型，创新成了中国科技拼板中统领一切的大旗。

回顾这段历史，我们可以体会到，作为一个亿万量级人口规模的发展中大国，中国一直为构建符合自身不同发展阶段要求的科技拼板努力探索。伴随着中国经济社会的快速发展，中国不仅有了自己的科技拼板，而且它的色彩愈来愈绚丽，结构愈来愈完整，与发达国家的科技拼板有更多的相似性和可比性，也受到发达国家更多的关注和尊敬。然而，随着社会公众受教育程度愈来愈高、有能力与科学技术近距离或零距离接触的人愈来愈多，科学技术不可能仅是社会的宠儿，不可能只是科技旗手们的神圣殿堂，而将成为社会公众广泛参与并由社会实践作出评价的一类社会活动。科学技术不会再是研究机构和大学的专营领地，更多的社会组织将介入、参与和独立策划实施，成为新的活动主体，同时，政府将从包揽一切回归到市场经济体制下的恰当角色，市场要素将在资源配置中占据更大的比重。科技拼板与经济社会发展之间的隔墙将被彻底粉碎，社会大众不会仅仅满足跟踪模仿带来的"脸面光彩"，而是希望本土的科学技术能够为解决发展中的问题提供更多的整体解决方案。概括地说，中国的科技拼板必将更加大众化、社会化和价值化。特别地，中国进入了"创新驱动、转型发展"新的发展阶段，迫切需要有与这个阶段要求相适应的科技拼板。这是"伟大的时代"对中国科技界的庄严召唤。

公共科技服务

目前，在中国的科技拼板中，研究机构及大学实施的科学技术活动占有极大的比重。这些组织是公共财政全资举办的，它们的运行也主要由公共财政支持，从这个意义上说，这些组织属全社会所有，它们的产出应主要由全社会共享。当市场真正成为科技资源配置的决定性因素、其他社会组织（包括多元投入的企业）成为若干科学技术活动主体的时候，研究机构及大学将彻底告别计划体制下能够不断扩大

---

20 "自主创新"是在中国总体处于在全球范围内建立社会生产价值链、大规模从发达国家引进产业技术的历史阶段中产生的科技概念，可以指"掌握特有的核心技术并在此基础上实现新产品、新服务的价值过程"。"原始创新"可以指"取得重大科学发现、技术发明、原理性主导技术等科技成果"，但严格地说，科学发现不应属于"创新"的范畴。"集成创新"可以指"利用各种先进技术和工具，通过对包括技术在内的创新要素的选择、集成和优化，实现新产品或新服务的价值过程"。"引进消化吸收再创新"可以指"以理解和掌握所引进的先进技术为基础，或者实现产品和服务增值，或者产生新产品新服务的过程"。在上述的科技概念中，都有"创新"这个名词，因此，完整准确地理解"创新"的含义对于把握这些科技概念至关重要。创新不等同于一般的科学技术活动，而是以知识与技术为基础的价值创造活动。

组织规模和活动范围、无限延长价值链条的时代，也将彻底摆脱自 20 世纪 80 年代以来逐渐异化而成的团体利益化倾向，回归到公共财政举办的组织向社会提供公共科技服务产品的属性。也许少数团体利益化拥护者会认为，研究机构及大学的传统领地在未来将会受到挤压，但是，恰恰是团体利益化将严重撕裂中国的科技拼板，极大地弱化公共财政投入的效益，因此，对研究机构及大学来说，这不是挤压，而是历史的必然，更是面向未来的调整和发展机会。同时，由政府分配和管理的公共财政也不可能统管全部的社会科学技术活动，它对科技拼板的投入重点，将更多聚焦到建设公共科技平台、创造社会共享的科技服务产品、构建健康的生态环境上来，促进各类创新要素在科技拼板之间和科技拼板与其他经济社会发展领域之间的顺畅流转。

由公共财政举办的研究机构及大学应当向社会提供哪些公共科技服务产品呢？这些产品大致可以分为三类，它们分别是"提供社会共享的知识"、"提供社会公用的知识技术仓库"[21] 和"提供整体解决方案"。在这三类活动中，"提供社会共享的知识"对应的科学技术活动可被称为"基础性研究活动"；"提供社会公用的知识技术仓库"对应的是"内在逻辑驱动的科技活动"[22]；"提供整体解决方案"对应的是"重大问题导向的科技活动"。"重大问题导向的科技活动"又可分为两类。一类是"产业领域重大问题导向的科技活动"，它具有专用性和趋利性的属性。一般来说，研究机构或大学或将联合其他社会组织来实施这类活动，或参与由其他社会组织领衔实施的这类活动。在这类活动中，存在着知识产权的创造、转移和应用，更加需要健康的社会"生态"环境。另一类是"社会发展重大问题的科技活动"，它具有公益性和非营利性的属性。根据具体活动的内涵和需要，研究机构或大学或能够独立实施这类活动，或与其他社会组织联合实施这类活动。

"基础性研究活动"能够按照学科结构来划分次级精细的活动范畴，例如，数学、物理学、化学、天文学、地学、生物学等构成了这个学科结构的第一层级。"内在逻辑驱动的科技活动"可以按照若干研究对象分类展开，例如，我们可以设定信息领域、先进能源领域、空间领域、人口健康与医药领域、先进制造与新材料领域、

---

21 "技术仓库"（technological warehouse）是一个很形象但内涵很丰富的词汇，它表示那些在起步时、甚至在中（终）止时尚无具体应用形态的科学技术活动成果，它们可以像零配件、工具那样存储在"仓库"里，一旦需要就可把它们从"仓库"里取出来，经过再加工和综合集成，转变为具体的应用形态。正如英国空间局的 D.Southwood 在评价"丽莎探路器"项目时所说的那样，"这是一个迷人的任务，在认知前沿上是合适的，它带来在空间确定引力波的一天。但是，只是测量重力，并不需要使用这些技术。这是事物的本质，一旦你为了一个特定目的，把某些事情推到极致，另外的聪明人会受到激励，获得这些思想，把这些思想应用于其他地方。这些应用是什么，无人能够预计。这是它的美妙之处"。

22 这类活动指沿着"科学思想→实验验证→原理雏形→原型样品（机）→产品、市场和服务"的轨道运动的科学技术活动，这个轨道就是知识技术内生的发展逻辑。在科学技术领域里，这类活动是大量存在的，光导纤维从科学思想到产品、市场和服务就是一个典型案例。20 世纪 60 年代初，英国标准电话与电缆公司 C.K.Kao（2009 年获得诺贝尔物理学奖）在一篇公开发表的论文里提出，如果每千米的光损耗降至 20 分贝及其以下，光导纤维就具有传输光的特性，纯二氧化硅是潜在的传输光的理想材料。约在 1966 年，康宁公司的 R.D.Maurer 了解到 C.K.Kao 这个科学思想和实验验证结果，并在康宁公司发起了研发光导纤维的计划。1970 年，R.D.Maurer 和他的同事 D.B.Keck、P.C.Schultz 设计并制备出第一根光损耗为每千米 20 分贝的光导纤维。这是光导纤维的原理雏形。此后，康宁公司投入巨资，花费约 20 年的时间，独立完成了光导纤维从原理雏形到原型样品、从原型样品再到产品、市场和服务的过程。今天，光导纤维成为现代通信设施的最基础材料。在光导纤维的发展过程中，C.K.Kao 完成了从科学思想到实验验证的过程，康宁公司完成了从实验验证到产品、市场和服务的过程。

先进工业生物技术领域、现代农业领域、资源与海洋领域、生态与环境领域、基于大型科技装置的综合型研究等。这些领域都是人为设立的，但它们与国家社会生产力发展水平、人口规模、资源禀赋等因素密切相关，或者说，在发展中国家里得到高度关注的领域，也许在发达国家里却会受到冷遇。"提供整体解决方案"可以按照国家根据发展战略确定的重点研发领域来展开，例如，目前，国家确定的重点研发领域是农业、能源、制造业、城镇化和生态文明建设。在科技拼板中，"基础性研究活动"和"内在逻辑驱动的科技活动"可被归入"通过自然科学的具体研究活动去认识自然"范畴；"重大问题导向的科技活动"则属于"通过技术和工程活动去改造自然"板块。

对于任何一个国家，拥有丰厚的社会共享的知识是它文明进步的标志和社会发展水准的体现。然而，任何一个国家要实现持续发展，仅有丰厚的社会共享的知识是不够的，它需要有自己的知识技术仓库，需要建立强大的提供整体解决方案能力。另一方面，无论是创造和更新知识技术仓库还是提供整体解决方案，都是以社会共享的知识作为基础的。拥有庞杂的知识技术仓库，不等于拥有提供整体解决方案的能力。把知识和技术从这个仓库里取出来，把它们组合起来，转变成为解决经济社会发展重大问题的整体解决方案，必须经历一个再创造的过程。当且仅当存在对整体解决方案的强劲需求、全社会愿意为这个过程承担风险、投入更多资源的时候，知识技术仓库里的东西才会有用处，才不会陈腐，其本身才不会萎缩。从总体上说，任何一个发展中国家，任何一个谋求经济转型和持续发展的国家，必然把提供整体解决方案放在自己科技拼板的主导位置。这就是"科学技术是第一生产力"的含义。另一方面，这些国家必然努力使自己的社会共享的知识接近甚至达到世界科技前沿，必然按照经济社会发展的要求大力充实和壮大自己的知识技术仓库，努力提升和拓展自己的提供整体解决方案能力。因此，面向世界科技前沿、面向国家重大需求、面向国民经济主战场是对当代中国科技拼板特征的完整概括。

西班牙思想家 J.O.Gasset 在《大众的反叛》[23] 一书中写道，为了取得进步，科学必须专业化（specialization）——不是科学自身的专业化，而是科技人员的专业化。科学在本质上是不能专业化的，否则它必然因此丧失其可靠性，甚至作为一个整体，实验科学一旦与数学、逻辑学以及哲学相分离，它就将不复存在，但是，科学工作却必然需要专业分工。他还写道，我们会看到科学家们是如何一代接一代地把自己限制在日益狭小的知识范围之内。然而，这不是历史所揭示出的最为重要的一点，最关键的毋宁是这个问题的反面：每一代科学家由于不得不缩小其工作领域，结果导致他们与科学的其他分支以及对宇宙的完整解释逐渐失去了联系，而唯一能堪称科学、文化和欧洲文明的恰恰就是对宇宙的完整解释。这时我们就会发现一种历史上前所未见的科学家之典型：除了一个能够做出良好判断的人所必须具备的知识之外，他只熟悉某一门具体的科学，甚至就是对这门学科，他也仅仅知晓其中的一小部分，只有在这个领域里他才是学有专长的研究者。他甚至可能声称这是一个优点，对自己特别倾注的那个狭隘范围之外的一切东西，他都弃之不顾，他把所有对普遍

---

23 J.O.Gasset 生于 1883 年，卒于 1955 年，是现代大众社会理论的先驱，《大众的反叛》（the Revolt of the Masses）是他最负盛名的代表作。

知识的好奇心都称作业余的爱好。21 世纪的科技人员，难道不应该努力去改变这个状况吗？

使人类健康发生革命性变化的 5 篇研究论文

在候诊室里，你不大可能找到《柳叶刀》（*The Lancet*）[24]、《胸科》（*Thorax*）[25] 和《美国医学学会期刊》（*Journal of the American Medical Association*）这样的学术刊物，但是，比起常见的生活类杂志来，它们的内容对你的健康能产生更大的影响。

在这些刊物上发表的文章是由同领域其他科学家评审的，研究者在这些刊物上提出他们关于疾病如何发生、药物如何挽救生命或什么样的外科手术程序最好的发现。

第一份名为《哲学公报》（*Philosophical Transactions*）的学术刊物是在 350 年前（即 1665 年）3 月份出版的（见图 3-1）。与其他成千上万种学术刊物一起，这份刊物仍在延续。在本文中，介绍许许多多研究论文中的 5 篇文章，它们在几个世纪里改变了医学实践，也改变了人们的生活。

图 3-1　世界上第一份学术刊物《哲学公报》和它的创始人 Brouncker 子爵、英国国王 Charles 二世与 F.Bacon。图中的文字是"哲学公报：给出关于在世界许多值得关注方面的现有的巧妙任务、研究与工作的一些报道，第一卷"

J.Jurin 和预防接种：阻止天花[26] 蔓延

在 18 世纪，天花是人类的一大杀手。给人接种以使他们免遭天花感染的想法是由 M.W.Montagu 夫人引入英国的，她是英国驻土耳其君士坦丁堡（Constantino-ple）大使的妻子。当一场天花传染病威胁英国的时候，她要求医生给她的女儿接种。皇家医生接受了她的想法，各地的医生跟着这样做。

但是，这种治疗方法是有争议的，人们认为接种会给他们带来疾病。《哲学公报》的编辑 J.Jurin 爵士收集了来自英国各地的报告。他的研究结果发表在 1723 年的《哲学公报》上，发现死于天花的人远多于死于接种的人。这个发现也以小册子形式发表，在使公众相信接种的价值中起了重要作用（见图 3-2）。

---

24 《柳叶刀》（*The Lancet*）是一份同行评议（peer-reviewed）的综合性医学周刊，也是世界上历史最为悠久、最为著名的综合性医学学术刊物。

25 《胸科》（*Thorax*）是英国胸科协会（British Thoracic Society）的官方期刊，也是世界领先的呼吸道医学专业刊物，发表关于呼吸道医学、儿科学、免疫学、药理学、病理学与外科手术的临床和实验研究文章。

26 天花（smallpox）是天花病毒感染人引起的一种烈性传染病。没有患过天花或没有接种过天花疫苗的人均可能被感染，染病后死亡率高。天花病毒是痘病毒的一种，人被感染后尚无特效药物可以治疗，患者在痊愈后脸上会留有麻子，"天花"由此得名。

J.Lister 和防腐：可生存下来的手术

直到 19 世纪末，进入医院的病人仅有 50% 的机会活着出来。外科医生在接触病人过程中不洗手，他们相信疾病是通过空气传播的。

J.Lister 认识到石炭酸[27]可被用来消毒污水。1867 年，他在《英国医学学报》（*British Medical Journal*）发表了一篇研究论文，在这篇文章里，他说明了自己如何使用石炭酸治疗严重骨折的病人。在文中，他写道，石炭酸"似乎在低级生命形式上产生了一种独特的破坏性影响"。J.Lister 描述了用石炭酸清洗病人的伤口，以杀死"脓毒性微生物"。然后，他用一种防腐膏敷病人的伤口，这种防腐膏是用碳酸钙、石炭酸和亚麻油制成的，病人的骨头在没有感染的情况下治愈了（见图 3-3）。

但是，J.Lister 的研究并没有在他自己的国家里得到认同。同事们不相信细菌的存在，因为他们没有看到细菌。J.Lister 的理论首先是在欧洲大陆国家和美国被采用的。

图 3-2 一幅 1873 年制作的关于接种天花疫苗场景的版画

图 3-3 J.Lister 的照片（左）和 19 世纪末的一种防腐喷洒装置（右）

R.Doll：吸烟和肺癌

20 世纪 40 年代后期，医生们注意到，自第一次世界大战结束以来，在英国、澳大利亚、加拿大、美国、土耳其和日本，因肺癌致死的人数大幅增加。存在着两个潜在的、在 20 世纪发生了变化的根源，就是工业污染和吸烟。

R.Doll 是一位英国统计学家，在英国医学研究协会工作。1950 年，他在《英国医学学报》上发表了一篇突破性的研究论文，推断在肺癌和吸烟之间"存在着实际的联系"（见图 3-4）。他考虑了在大量病人中吸烟人数的比例和肺癌的发病率，将这些病人的经历与患有其他癌症病人的经历进行了比较，科学家们把这种方法称为对照组（a control group）实验。

他的发现导致他自己戒掉了吸烟。尽管许多后续的研究支持 R.Doll 关于吸烟与肺癌之间存在联系的观点，但烟草行业一直没有接受这类研究。

---

27 石炭酸（carbolic acid）即苯酚（phenol），化学式为 C_6H_5OH。它是一种具有特殊气味的无色针状晶体，是德国化学家 F.Runge 于 1834 年在煤焦油中发现的。

图 3-4 吸烟一度被认为既时髦又有利于健康

B.Marshall：胃溃疡和细菌

胃溃疡一直被认为是由压力、个性、吸烟或者基因引起的，唯一的治疗方法是采用中和胃酸的药物。但是，在 20 世纪 80 年代期间，两位澳大利亚研究者开始调查胃溃疡的另外成因，他们分别是 R.Warren 和 B.Marshall。

到 1982 年年中，他们辨认出一种称为幽门螺旋杆菌（*Helicobacter pylori*，*H.pylori*）的细菌是问题的根源，但是，同事们认为生物不可能在胃的酸性条件下存活。后来，在他们获得诺贝尔奖的时候，B.Marshall 说，"再多的逻辑推理也不可能说服人们改变对他们心底里认为是正确的事情的看法。胃溃疡是由压力、不良的饮食、吸烟、饮酒和容易感染的基因引起的。细菌引起的理由是荒唐的"。

在失望之中，B.Marshall 决定在自己身上进行试验。他喝了含有幽门螺旋杆菌的肉汤，正如所预料的，他病了。经过 10 天的呕吐和口臭之后，他要求一位同事使用内窥镜观察自己胃的内部，在这里，他找到了细菌，也发现会导致溃疡的其他征兆（见图 3-5 ）。

幽门螺旋杆菌已被证明是胃溃疡的原因。这两位研究者的研究论文于 1984 年 6 月被发表在 *The Lance* 杂志上。2005 年，R.Warren 和 B.Marshall 被授予诺贝尔生理学或医学奖。目前，采用短疗程的抗生素治疗方法，胃溃疡可被治愈。

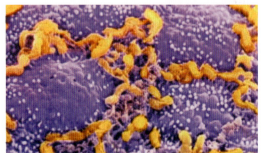

图 3-5 在胃中导致溃疡的幽门螺旋杆菌

F.Banting：糖尿病[28]和胰岛素

1922 年 1 月，14 岁的 L.Thompson 因患严重的 1 型糖尿病住在多伦多（Toronto）的医院里。唯一有效的治疗方法是减少体内的糖分，因此，他变得非常瘦弱，等待着死亡。但是，他是如此幸运，成为由 F.Banting 提供的、从母牛体内提取的胰岛素（insulin）的第一个接受者。他对第一次注射有过敏性反应，但是对第二次注射更加纯净的提取物有激动人心的正面反应，他又活了 13 年（见图 3-6）。

医生们知道，在 1 型糖尿病中胰腺（pancreas）工作的方式出现了问题，这将增加血液中的糖分。但是，在 F.Banting 和其他人的研究工作之前，医生们不能找到一种提取现在我们称为胰岛素的物质的方法。

仅仅在 L.Thompson 第一次治疗后的两个月，描述这项工作的文章发表在《加

---

28 糖尿病是一组以高血糖为特征的代谢性疾病，高血糖则是由于胰腺分泌缺陷或其生物作用受损引起的，或者是因两者同时存在引起的。患有糖尿病的病人长期出现高血糖症状，病状严重时，病人的其他组织（如眼睛、肾脏、心脏、血管、神经等）会受到损害。

拿大医学学报》（*Canadian Medical Journal*）上。1923 年，F.Banting 和他的同事 J.McLeod 被授予了诺贝尔生理学或医学奖。数以百万计的生命因胰岛素的发现而得以挽救。（www.bbc.com，原文标题是 *Five research papers that revolutionised health*，2015 年 3 月 15 日下载。）

图 3-6　C.Best 和 F.Banting 共同发现了胰岛素

▋2015 年，哪些科学故事
　会被英国人认为是了不起的事情？

2015 年，两个非常不一样的倒计时将吸引许多人的注意，一个是巴黎气候变化的倒计时，另一个是英国首位宇航员飞往国际空间站的倒计时。

通常，你可以以英寸而不是英里为单位来测量世界在全球变暖上的进步。现在，由于中国和美国这两个最大的排放国在削减温室气体排放上达成一致，联合国希望在这件事上有新的动力牵引，如果不能形成一个条约，至少能够达成某种更广泛的协议。为了集中总统和总理们的注意力，一份时间表已为承诺在巴黎峰会之前采取削减碳排放步骤的国家制定出来。乐观主义者会吹嘘巴黎峰会的前景。但是，任何见证最近一次大型气候峰会即 2009 年的哥本哈根峰会[29]失败的人可能有点愤世嫉俗。

同时，在开始其历史性的半年太空之旅之前，T.Peake 将完成最后一轮训练。数十年来，载人航天飞行一直没有引起历届英国政府的关注，但现在大臣们因发展中的太空产业有着产生巨大收益的机会而变得激动起来。T.Peake 的旅程始于俄罗斯宇航基地拜科努尔（Baikonur），在这里，他将进入可靠的"联盟"（Soyuz）号火箭，经过 6 小时飞行到达国际空间站。火箭发射定于 2015 年 11 月 20 日，星期五，伦敦时间晚上 9 时。

时速 1000 英里的跑车

嘣嘣，嘣嘣！在 2015 年，一个最值得期待的声音将是"不列颠寻血犬"（British Bloodhound）号跑车破除声障时发出的双声霹雳。这台汽车装有一台欧洲台风战斗机（Eurofighter-Typhoon）用喷气发动机，这台发动机与一台火箭发动机栓接在一起。这台汽车有望突破目前时速 763 英里（约 1230 千米）的世界地面速度纪录，这项纪录是 Andy Green 在"推进"（Thrust SSC）号[30]跑车上创造的（见图 3-7）。

29　2009 年联合国气候变化大会（2009 United Nations Climate Change Conference，COP15）于 2009 年 12 月 7 日至 18 日在丹麦首都哥本哈根举行。根据"巴厘路线图"，本次会议将产生《哥本哈根议定书》，以代替 2012 年到期的《京都议定书》。

30　"推进"（Thrust SSC）号跑车是英国人设计的，装有两台战斗机用涡扇发动机，1997 年在美国内华达州的沙漠里创造了时速 763 英里的世界陆地速度纪录。

图 3-7　装有一台欧洲台风战斗机用喷气发动机和一台火箭发动机的"不列颠寻血犬"号跑车

　　2015 年年底前，在"不列颠寻血犬"号跑车穿越南非北开普（Northern Cape）省一个干涸湖床的时候，一位英国皇家空军（Royal Air Force，RAF）中校（Wing Commander）将再次负责操纵这台跑车。最终的目标是使世界地面速度纪录超过 1000 英里 / 时（约 1610 千米 / 时），但是，这要等到 2016 年。这无疑是一次刚刚起步的战斗。

　　寻找技术解决方案，以保持这台跑车在高速行驶中不受空气传播的影响，一直是为什么这个项目超出原定计划 4 年的主要原因，结果是，所需经费增加了三倍多。但是，研制团队认为，现在做好了突破世界地面纪录的准备。

　　时光倒流到 1997 年，"推进"号跑车是初出茅庐的英国广播公司网站报道的首个故事。我们（指英国广播公司员工）的在线服务刚在数周前开通。在最终的图像滤除了见证这个事件的英国广播公司团队之前，我们只有一些原始文本，此后还有一些图像。现在，时代变了。"不列颠寻血犬"号跑车将安装照相机和传感器，在南非北开普省亥克斯金·潘沙漠（Hakskeen Pan Desert）上为这台跑车特别准备的 11 英里（约 18 千米）长跑道也将安装照相机和传感器。所有的信息将立即被传输到全球的互联网用户。预计这是 2015 年一个扎眼的工程学时刻。

在空间的英国人

　　2009 年，奇切斯特出生的陆军少校（Army Major）T.Peak 被选为欧洲航天局（European Space Agency，ESA）宇航员（见图 3-8），在欧洲引起了一阵嘘唏。英国政府传统上藐视载人航天飞行，对这项欧洲航天局特定的计划没有什么贡献。但是，"大 Tim"是一位出色的候选人，在欧洲航天局内部，一些人希望这个举动能够鼓励英国人更多参与载人航天飞行。

图 3-8　将在 2015 年年底搭乘俄罗斯飞船前往国际空间站的英国宇航员 T.Peak 少校

　　这样，到 2015 年年底，当 T.Peak 在俄罗斯飞船里开始为期 6 个月的国际空间站逗留的时候，他在手臂上佩戴英国国旗。

　　观察者将密切关注 Tim 效应是否能够激励年轻的新一代科学家和工程师，增强英国高技术产业的自信。为此，欧洲航天局负责人已经组织了在校学生的竞赛，为 T.Peak 配制太空食物，为他设计任务补丁。

　　在严格的宇航员训练计划之后，这位前直升机飞行员将在 2015 年 11 月开始执行他的任务。他好像同样对他的大使角色有自信，如同他在训练舱里自如地应对英国广播公司的采访。

通往巴黎峰会之路

正是在 2015 年，政治家们应当在气候变化上"设计"和"生产"出新的通用条约。在巴黎的高层会谈和科学家们所说的之间必然会存在鸿沟。但是，压力依然存在。

通往巴黎之路的第一个里程碑将出现在 2015 年 3 月，此时，中国、美国和欧盟将承诺为减少全球化石能源的依赖采取行动（见图 3-9）。到 11 月，所有的国家，无论是富国还是穷国，将被要求自愿稳定或减少排放，虽然达成的协议（或通用条约）将依靠来自同伴的压力，不具有法律约束力。

如果富国不拿出足够的现金来帮助穷国获得清洁能源，巴黎的峰会必定失败。穷国不能签署一份允许富国逃避削减排放责任的协议。但是，气候变化在 G7 和 G20 的议程里已牢牢扎了根。没有一个大国希望受到政治无能的影响，而政治无能使 2009 年哥本哈根气候变化峰会蒙羞。

图 3-9　温室气体排放

我们脚下的土壤

可以这样预计，谈判毫无疑问地会贯穿巴黎峰会前的整个一年里。但是，对于我们的脚下的土壤来说，与巴黎峰会相比，未来的 12 个月如果不是更重要的也将是同样重要的。

2015 年是联合国国际土壤年（International Year of Soils），这个活动希望强调地球上这一最为复杂的生物材料的重要性。一把泥土可能含有数百万个微生物，形成 1 厘米厚的表土需要 1000 多年的时间。我们滥用着土壤，无视着土壤，我们是要承担风险的。没有土壤，我们就没有食物可吃，我们就会失去重要的生态系统服务，这个系统支持着我们的经济、社会和环境的健康（见图 3-10）。

在世界气候谈判在巴黎费力进行的同时，世界土壤科学家聚集在法国的另一个地方——第戎（Dijon），出席首届"全球土壤生物多样性会议"，在这次会议后，首部《世界土壤资源状态报告》将得以出版。

土壤是地球最大的碳储存地，吸收着超过 10% 的全球碳排放量，因此，不管有多少政治家在巴黎自以为是地谈论，或者承诺去做什么事情，如果没有健康的土壤（全球有超过 100 000 种土壤），他们的努力都会转变为灰尘。

图 3-10　我们脚下的土壤

强大的矮行星 [31]

人们为探测矮行星的任务等待了很长时间，那么，两个矮行星一起来了。

2015 年 7 月，美国航空航天局的太空探测器将抵近冥王星 [32]，这是一个神秘的冰雪世界，处在离太阳平均 59 亿千米的地方。冥王星是 1930 年由 Clyde Tombaugh 发现的，在 2006 年前一直有着行星的地位，这一年，它被降级为矮行星。矮行星是一种散布在太阳系之中体积较小的星体。

但是，冥王星降至更低等级不会湮灭人们对这个独特任务的兴奋，这个任务也将收集冥王星卫星的数据。我们对冥王星表面的了解全部来自哈勃太空望远镜（Hubble Space Telescope，HST）[33] 获取的一些相对模糊的图像（见图 3-11），但是，这次探测任务将是太空探测器首次实现人与这个曾被称为"第九大行星"星体的抵近接触。

图 3-11 冥王星表面的图像

2015 年年初，准确地说是 3 月份，美国航空航天局的"黎明"（Dawn）号太空探测器 [34] 将抵达被称为"谷神星"（Ceres）的另一个神秘的世界，谷神星是小行星带（asteroid belt）中体积最大的星体，它是一堆岩石，处于火星（Mars）和木星（Jupiter）之间，与小行星带中其他不规则外形的星体不同，谷神星如此之大，具有近圆形的形状。

密度测量表明，在谷神星表面可能有充足的水冰储量。科学家们认为，当谷神星在其轨道最接近太阳的位置摆动的时候，其一部分冰冻的表面将变得足够温暖，导致水蒸气呈羽毛状喷出。"黎明"号的研究团队很快就能验证这个想法。

前往谷神星和冥王星这两个探测任务将是 2015 年科学编年史上的重要事件。

---

31 矮行星（dwarf planet），或者称为"侏儒行星"，指体积介于行星与小行星之间的星体，它围绕着太阳运转，质量足以克服固体引力，具有达到流体静力平衡（近于圆球）的形状。

32 冥王星（Pluto）曾是太阳系的九大行星之一。它与太阳的平均距离为 59 亿千米，直径为 2370 千米，平均密度为约 2.0 克每立方厘米，质量为 1.290×10^{22} 千克，公转周期约为 248 年，自转周期为 6.387 天，表面温度在 -220℃以下，表面可能有一层固态甲烷冰。2006 年 8 月 24 日，在国际天文学联合会大会上，与会代表以 237 票对 157 票通过决议，定义了 6A-冥王星级星体。自此之后，冥王星被视为太阳系的矮行星，而不是大行星。

33 哈勃太空望远镜在轨道上环绕着地球运动的天文望远镜。由于它处在地球大气层之上的空间中，因此它获得的图像不受大气湍流的扰动，不受大气散射形成的背景光影响，可检测到会被地球臭氧层吸收的紫外线。哈勃太空望远镜于 1990 年成功发射，是人类天文学发展史上最重要的仪器之一。2011 年 11 月，借助哈勃空间望远镜，天文学家们首次拍摄到围绕遥远黑洞存在的盘状构造；2013 年 12 月，天文学家利用哈勃太空望远镜在太阳系之外发现了 5 颗行星。

34 "黎明"（Dawn）号太空探测器是美国航空航天局为探索谷神星（Ceres）与灶神星（Vesta）这两个矮行星发射的无人太空探测器，它于 2007 年 9 月 27 日发射，2011 年 7 月 16 日抵达灶神星，2012 年 9 月 5 日正式启程前往谷神星，预计 2015 年抵达谷神星。

碰撞的回归

强子对撞机（Large Hadron Col-lider，LHC）有着世界上最著名的地下环形隧道，2015 年，这个装置在经历 2 年的沉寂之后将再次点燃它的加速器（见图 3-12）。

欧洲核子研究中心（CERN）是位于瑞士日内瓦（Geneva）附近的粒子物理研究组织，这里的研究团队曾暂停了对撞机的升级。

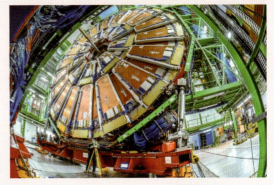

图 3-12　欧洲核子研究中心的强子对撞机

强子对撞机下一个三年期的实验运行，将点燃围绕其约 27 千米（17 英里）周长隧道运动的粒子束，粒子束的能量约是此前的两倍。

在 2012 年成功地确定希格斯玻色子存在之后，根据英国利物浦大学（University of Liverpool）Tara Shears 教授的说法，运行欧洲核子研究中心 4 个主要实验的研究团队仍然有"尚未完成与宇宙相关的事业"。

如同完全理解希格斯伴随着性质一样，存在着回答一些与暗物质、反物质和超对称性相关的悬而未决的大问题。

Tara Shears 教授领导了一个在强子实验室工作的研究团队，在边界的法国一侧地下开展一项实验，目的是找到在大爆炸应当产生等量反物质的时候，宇宙主要是正物质的原因。他说，"我们希望看到，新的数据向我们显示反物质，为什么在宇宙中不存在反物质"。"我们希望追逐我们已在此前测量中看到的线索，在这些线索转变为发现的情况下，这些行为并不符合我们的预计"。（www.bbc.com，原文标题是 *What science stories will be big in* 2015? 2015 年 1 月 19 日下载。）

▌我们什么时候会有一个万物理论？

近期一部名为《万物理论》（*The Theory of Everything*）的电影讲述了霍金（S.Hawking）的故事，他一直打算成为世界上最著名的物理学家，尽管他因退行性疾病而离不开轮椅。这部电影主要讲述了霍金与他前妻的关系，但影片用了一些时间来说明霍金在他的职业生涯里做了些什么事情。

霍金当然不缺乏志向。在试图找到一个"万物理论"即将解释宇宙中每件事情的简单理论的诸多物理学家中，霍金一直是其中的一位。他追寻着爱因斯坦（A.Einstein）的足迹，爱因斯坦试图创造这样的一个理论，但他失败了。

找到万物理论理所当然是一个巨大成就，最终理解宇宙中所有怪异和美妙的事情（见图 3-13）。数十年来，自信的物理学家们曾经说过，找到这个理论指日可待。因此，我们确实快要理解宇宙中的每件事情了吗？

从表面上看，找到万物理论听起来像一个离谱的要求。英国剑桥大学的 J.Barrow 说，它将会解释从莎士比亚作品、人的大脑到自然界的森林和山谷的每件事情，"这

165

图3-13　宇宙含有数十亿个星系。来源：哈勃望远镜记录档案，欧洲航天局，美国国家航空航天局

就是宇宙的问题"。然而，J.Barrow认为，找到万物理论是"很可能"的。这是因为"自然定律是相当少的，它们是简单和对称的，自然界存在着4种基本的力"。在某种程度上，我们必须抛开我们生活着的世界的复杂性。J.Barrow说，"自然定律的结果，即我们看到的周围的事情是复杂得多"，但是，构成其基础的自然定律可能是简单的。

1687年，对许多科学家来说，一个万物理论似乎被找到了。英国物理学家牛顿（I.Newton）出版了一部书，在这部书里，他解释了物体是如何运动的，叙述了引力是如何工作的（见图3-14）。这部书的书名是《自然哲学的数学原理》（*Mathematical Principles of Natural Philosophy*，*The Philosophiæ Naturalis Principia Mathematica*），它描述世界是一个美妙和有序的地方。

这个故事是这样的，23岁时，牛顿正在一个花园里行走，他看见一个苹果从树上掉了下来。这个时候，物理学家们知道地球如何通过引力吸引物体。牛顿进一步拓展了这个思想。根据牛顿后来的助理J.Conduitt的说法，看到苹果掉落引导牛顿产生这样的思想：引力"并

图3-14　牛顿发展了光、运动和引力的理论。来源：绘画，Alamy图片社

不限制于与地球的一定距离之内，而是这种控制力必定比人们通常认为的有更进一步的延伸"。根据J.Conduitt的叙述，牛顿后来问道，"为什么没有像月亮一样高？"苹果掉落给了牛顿灵感，他发展了万有引力定律，这个定律同样适用于地球上的苹果和围绕太阳运动的行星。所有这些物体看上去是如此不同，原来都遵循着相同的定律。

在同一部书里，牛顿陈述了控制物体运动的3个定律。与万有引力定律结合在一起，这些定律解释了当你扔出一个球体的时候，球体是如何运动的。这些定律也解释了月亮如何围绕地球运动。J.Barrow说，"人们认为他（指牛顿）已经解释了需要解释的每件事情。他的成就是巨大的"（见图3-15）。问题是，牛顿知道他的工作是有漏洞的。例如，引力不能解释小的物体相互吸引在一起，因为小物体之间的引力并不很大。还有，牛顿能够解释引力如何产生，但不能解释引力如何作用。这个理论是不完整的。

但是，存在着一个更大的问题。在牛顿的定律解释了宇宙中绝大多数常见现象的同时，在某些情况里，物体违反了他的定律。这些情况是罕见的，通常涉及极端

图3-15　我们的太阳系。来源：美国国家航空航天局，欧洲航天局

的速度或强大的引力，但这些情况是存在的。一个这样的情况是水星的轨道，这是离太阳最近的行星（见图3-16）。和每一个绕太阳运行的行星一样，水星也在旋转。牛顿的定律能够用来计算这些行星应当如何旋转，但水星"不予合作"。相当奇特的是，水星的轨道是偏心的。

图 3-16　水星以一种奇特的方式围绕太阳运动。来源：MESSENGER团队，美国约翰·霍普金斯大学（Johns Hopkins University）应用物理实验室，美国国家航空航天局

这个证据是清楚的。牛顿的宇宙万有引力定律不是普遍适用的，它还不是一个定律。在后来的两个世纪里，爱因斯坦用他的广义相对论"挽救"了万有引力定律（见图3-17）。2015年，人们庆祝了广义相对论诞生100周年，爱因斯坦的思想提供了对引力的更深入理解。

图 3-17　20世纪，爱因斯坦革新了物理学。来源：照片档案，Alamy 图片社

爱因斯坦的核心思想是空间和时间实际上是交织在一起的，这两者似乎是不同的事情。空间有3个维度，它们分别是长度、宽度和高度。此后，空间有了第4个维度，我们把这个维度称为时间。所有这4个维度在一种巨大的宇宙片（cosmic sheet）里连接在一起。如果你曾经在一部科幻电影里听到"时空连续体"（the space-time continuum）这个词，它就是人们谈论的时间和空间问题。

爱因斯坦的伟大思想是，像行星那样真正重的物体或者真正快速运动的物体能够使时空扭曲。这有点像一张蹦床绷紧的床面：如果你在它的上面放上一个重物，床面就会弯曲。任何其他物体此后将向着这个物体滚落到床面。根据爱因斯坦思想，这就是引力把物体相互拉在一起的原因。这是一个非常奇怪的想法。但是，物理学家们确信它是正确的。一方面，它解释了水星的奇特轨道。根据广义相对论，太阳巨大的质量使得它周围的空间和时间变形（见图3-18）。作为离太阳最近的行星，水星比其他行星经受了更大的变形。广义相对论方程描绘了这种扭曲的时空会如何影响水星的轨道，并且预言了水星的位置成了一个"球座"。

图 3-18　太阳巨大的质量影响了水星的运动。来源：美国国家航空航天局

尽管广义相对论在解释水星轨道上取得了成功，但它不是万物理论，没有比牛顿的理论有更大的进步。如同牛顿的理论不适应巨大物体的运动那样，爱因斯坦的理论不适应非常小物体的运动。

一旦你开始观察像原子那样小的物体的时候，就会发现它们很奇怪的行为。直

图 3-19　原子有一个被电子围绕运行的核。来源：科学照片藏品，Alamy 图片社

至 19 世纪后期，原子一直被认为是物质的最小单元。原子这个词来自希腊语，意思是不可分割（indivisible），根据最初的定义，人们认为原子不能被划分成更小的粒子。但是，在 19 世纪 70 年代，科学家们发现了比原子轻约 2000 倍的粒子。科学家们采用对真空管里的射线进行称重的方法，发现异常轻的、带有负电荷的粒子。这是亚原子粒子（subatomic particle）——电子的首次发现（见图 3-19）。

在接下来的半个世纪里，科学家们发现了原子有一个中心核，电子围绕着这个中心核运动。这个中心核是原子最重的部分，是由两种亚原子粒子构成的，它们分别是电中性的中子和带正电荷的质子。

但是，科学家们的步伐并没有就此停止。从这个时候起，科学家们找到了把物质分成更小部分的方法，继续重新定义关于基本粒子的概念（见图 3-20）。到 20 世纪 60 年代，科学家们发现了数十种基本粒子，编制出被称为"粒子园"（the particle zoo）的长长的清单。如同我们今天所认识的，在一个原子的三个部分中，电子是唯一的基本粒子。中子和质子能够进一步划分成极微小的、被称为"夸克"的粒子。

图 3-20　亚原子世界（The subatomic world）充满了奇特的粒子。来源：I.Cuming，Alamy 图片社

这些亚原子粒子的运动是由一组定律控制的，这组定律完全不同于控制类似树木和行星那样大物体运动的定律。这些新定律是最不可预测的，而且在其中作梗。在量子力学里，粒子没有确定的位置，它们的行踪有点模糊。我们所能说的是，每个粒子出现在每个位置上都有确定的概率。从本质上说，这意味着这个世界是一个不确定的地方。

这似乎是非常难以理解和标新立异的想法。我们所能说的是，不是你才有这样的感觉。物理学家 R.Feynman 是一位量子力学方面的专家，他曾经说过，"我认为我能够有把握地说，没有人（真正）理解量子力学"。爱因斯坦也受到模糊不清的量子力学的干扰。J.Barrow 说，"尽管他曾推动量子力学的发展，但爱因斯坦从未真正相信过量子理论"。

在大物体和小物体各自的领域里，同样地，广义相对论和量子力学被一次又一次证明是非常准确的（见图 3-21）。量子力学已解释了原子的结构和行为，包括为什么有些原子具有放射性。这构成了现代电子学的基础。没有这个

图 3-21　关于类似星体的大物体的广义相对论作品。来源：美国国家航空航天局，欧洲航天局，哈勃望远镜，HPOW

基础，你不能够读懂这篇文章。同时，广义相对论被用来预测黑洞的存在。存在这一些星体，它们的质量如此之大，以致自行崩垮。它们的引力是如此强大，以致没有什么物体、甚至光能够避开这个引力（见图 3-22）。

图 3-22　广义相对论认为黑洞是存在的。来源：欧洲航天局，V.Beckmann，美国国家航空航天局

但是，问题是这两个理论是不兼容的，所以它们不可能都是正确的。广义相对论认为物体的行为能够被准确地预测，然而量子力学认为你能够知道的是物体在某个时刻的行为概率。这意味着存在着物理学家们还不能够描述的事情。黑洞是一个特别的问题。黑洞是巨大的，所以广义相对论是适用的，但它们又是微小的，所以量子力学也是适用的。除非你接近一个黑洞，这两个理论的不兼容性不会影响你的日常生活。但是，在 20 世纪绝大部分时间里，这个不兼容性一直困惑着物理学家们。正是这个不兼容性驱动着对关于每件事情理论的求索。

爱因斯坦用一生的大部分时间试图找到这样的一个理论。他从来就不是量子力学随机性的狂热追捧者，他想创造一个将引力和物理学其他部分结合起来的理论，把与怪诞的量子力学结合起来作为次要的结果（见图 3-23）。

图 3-23　A.Einstein 希望去认识宇宙。来源：R.Gendler，J.Mistin

爱因斯坦的主要挑战是把引力作用和电磁作用结合在一起。19 世纪，物理学家已确认带电粒子能够相互吸引或者相互排斥。这就是某些金属被吸引到磁铁的原因。这意味着存在着物体能够相互施加的两种力：物体以引力相互吸引，以电磁力相互吸引或相互排斥。爱因斯坦希望把这两种力结合起来，形成"统一场理论"。要做到这一点，他把他的时空概念延伸为 5 个维度。除了 3 个空间维度和 1 个时间维度外，他增加了第 5 个维度，这个维度如此之小而且是蜷曲的，以致我们不能看见它。

这个问题没有得到解决，爱因斯坦花了 30 年的时间进行了无谓的探索。在 1955 年他去世的时候，他的统一场理论仍未形成。但是，在而后的数十年里，万物理论最有力的竞争者出现了，这就是弦论（string theory）。

弦论背后的思想是出奇的简单。构成世界的基本元素，例如电子，完全不是实际的粒子。作为替代，这些基本元素是很小的圈（loops）或者"弦"（见图 3-24）。只是这些弦是如此之小，它们看似不过是些小点。如同吉他上的弦一样，这些圈处在张力之下。这意味着它们依据其尺寸以不同的频率振动。反过来，这些振动决定

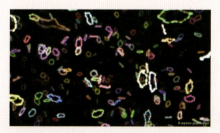

图 3-24　也许不是粒子，而是每件事情是由弦构成的。来源：E.Graphics，空间物理实验室（SPL）

图 3-25 弦论可能是个答案。来源：C.Werner，M.Werner，视觉无限公司（Visuals Unlimited Inc），空间物理实验室

了每个"弦"看起来是什么"粒子"。以一种方式使一个"弦"振动，你可得到一个电子。以另外一种方式使这个"弦"振动，你可得到其他粒子。所有在 20 世纪发现的粒子实际上是同一种"弦"，只是以不同的方式振动着（见图 3-25）。

为什么弦论是一个好的思想可能不是立即显现的。但是，弦论似乎弄清楚了自然界中起作用的所有力，这就是引力、电磁力，加上 20 世纪才被发现的两个力。这两个力是强核力（strong nuclear force）和弱核力（weak nuclear force），它们仅在微小的原子核内部起作用，这就是人们花了如此之长的时间才注意到它们的原因。强核力使原子核结合在一起。弱核力通常不起什么作用，但是，假如它变得足够强大，会使原子核破裂，这就是某些原子具有放射性的原因。

任何万物理论都必须解释所有这 4 种力。幸运的是，这两种原子核力和电磁力都可被量子力学覆盖。每种力由一种专门粒子输运。但是，没有粒子输运引力。一些物理学家认为存在着输运引力的粒子。他们把这种粒子称为"引力子"（graviton）。引力子必须没有质量，以一种特定的方式旋转，以光速运动。不幸的是，没有人曾经找到一个引力子。

这是弦论起作用的地方。弦论是这样描述一个看上去确实像引力子的弦：它向右旋转，没有质量，以光速运动。这是人们首次发现广义相对论和量子力学有共同的基础。作为结果，20 世纪 80 年代，物理学家们为弦论的出现感到异常兴奋。J.Barrow 说，"1985 年，我们认识到弦论解决了大量问题，在过去 50 年里，人们一直努力解决这些问题"。但是，弦论还有许多问题（见图 3-26）。

图 3-26 弦论有着主要问题。来源：C.Werner，M.Werner，视觉无限公司，空间物理实验室

首先，英国牛津大学（University of Oxford）的 P.Candelas 说，"我们确实不理解弦论的全部细节，我们没有一个好的办法来描述弦论"。弦论也使得某些预测似乎非常怪异。在爱因斯坦的统一场理论依赖于一个隐藏的额外维度的时候，弦论的最早形式总共需要 26 个维度。这些会使数学与我们已知的宇宙相符。

弦论的更新版本被称为"超弦理论"（superstring theories），它仅需要 10 个维度。但即使这样，也与我们在地球上见到的 3 个维度相距甚远。J.Barrow 说。"我们使超弦理论需要的 10 个维度和 3 个空间维度相符合的方法是说在我们所处的世界里，仅有 3 个维度进行扩展，而且变得很大。其他的维度是存在的，但仍然非常小"。

由于这些问题和其他原因，许多物理家对弦论持怀疑态度。某些物理学家不再研究弦论，而去研究另一种理论，这个理论就是"圈量子引力论"（loop quantum gravity）。

圈量子引力论不是在建立可把粒子物理学收纳其内的一个包罗万象理论上的尝试。相反，它只是打算找到引力的量子理论。圈量子引力论比弦论有更大的局限性，但它也不复杂。

圈量子引力论提出，空间和时间实际上被划分成一些小的部分（见图3-27）。当你把这种小的部分拉远，它似乎是一种光滑的薄片，但当你把它拉近，它是一束与线或环连接在一起的点状物。这些小的纤维相互交织在一起，为引力提供一个解释。这种思想与弦论一样令人难以置信。它与弦论有着相同的问题，这就是没有过硬的实验证据。

图3-27　圈量子引力论认为空间本身被折断了。来源：E.Graphics，空间物理实验室

为什么这些理论总是跌跌撞撞的？一个可能性是我们确实还不知道足够多的东西。假如存在我们从未见过的重要现象，我们总是试图去理解大的图景，同时忽略了一半的细节（见图3-28）。J.Barrow说，"认为我们已经发现了万物理论是非常诱人的，但是，2015年，我们是否能够进行万物理论必不可少的观测是令人怀疑的。为什么是我们？"

图3-28　我们要从这里去哪里？来源：T. A. Rector and B. A. Wolpa，美国国家光学天文台（National Optical Astronomy Observatories，NOAO），美国国家科学基金会（National Science Foundation，NSF）

还存在着更为紧迫的问题。这些理论实在难以测验，很大程度上因为数学是如此巧妙复杂。多年来，P.Candelas一直在寻找测验弦论的方法，至今没有取得成功。"对弦论的发展来说，主要的障碍是还没有足够的推进物理学研究的数学工具"。尽管存在问题，弦论仍然看起来前景良好。"多年来，人们一直试图把引力与物理学其他部分统一起来。我们有可以很好解释电磁力和其他力的理论，但没有可以很好解释引力的理论。我们用弦论把它们结合在一起"。

真正的问题是，一个万物理论可能是无法识别的。

在20世纪80年代弦论变得流行的时候，实际上存在着5个不同的弦论版本。J.Barrow说，"人们开始担忧，假如存在一个万物理论，为什么有5个弦论版本"（见图3-29）。在接下来的十年里，物理学家们发现这5个弦论版本能够相互转换。它们是观察同一物体的不同方式。

终端结果是1995年提出M理论。这是弦论的更深度版本，它把所有更早期的

图3-29　弦论本身也缠结成一团。来源：E.Craddock，SPL

弦论版本合并在一起。M 理论看上去不错，至少我们回到了一个简单的理论。M 理论也仅仅需要 11 个维度，这至少比弦论的早期版本需要 26 个维度更好。但是，M 理论没有提供一个万物简单理论。它提供了数万亿个版本。总的说来，相对于 500 个理论的能力，所有这些理论在逻辑上是连贯的并且能够描绘一个宇宙，M 理论给了我们 10 个这样的能力。

这看起来比 M 理论没有用处更加糟糕，但是，许多物理学家现在认为 M 理论指向了一个更加深刻的真理。

图 3-30　弦论提出存在着许多宇宙。来源：D. Ravenswaay，空间物理实验室

最简单的结论是，我们的宇宙是许多宇宙中的一个，每个宇宙由 M 理论数万亿个版本中的一个加以描述（见图 3-30）。宇宙的巨大集合被称为"多元宇宙"（multiverse）。J.Barrow 说，刚开始时，多元宇宙像"大量的气泡，所有的气泡在现状和尺度上略有差异"。此后，每个气泡发展成它自己的宇宙。J.Barrow 说，"我们只是这些气泡中的一个"。随着气泡的扩展，其他气泡能够出现在这些气泡的内部，每个气泡就是一个新的宇宙。"这使得宇宙的地理学（geography of the universe）实在复杂"。

在每一个气泡宇宙里，同一个物理学定律将得到应用。这就是在我们的宇宙里，每件事情似乎都有相同行为的原因。但是，在其他的宇宙里，物理学定律将是不同的。J.Barrow 说，"在我们的宇宙里，我们所见到的物理学定律只是像'内部章程'，它们控制着我们这一小点，但不能控制所有的宇宙"（见图 3-31）。

这使得我们得出一个怪异的结论。假如弦论确实是把广义相对论和量子力学结合起来的最佳办法，那么，弦论既是又不是万物理论。一方面，弦论能够给予我们对自己的宇宙一个完美的描述（见图 3-32）。但是，不可避免地，弦论似乎也导致这样的思想，这就是存在着数万亿个其他的宇宙，每个宇宙都是独一无二的。J.Barrow 说，"在认识上的一个重大变化是，我们并不指望存在着唯一的万物理论。存在着如此之多可能的理论，它们几乎充填着认识上的每种可能性"。（www.bbc.com，原文标题为 *Will we ever have a theory of everything*？ 2015 年 4 月 10 日下载。）

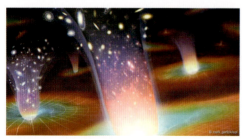

图 3-31　每个宇宙有着不同的物理规律。来源：M.Garlick，空间物理实验室

图 3-32　这是我们生活在内的奇特的宇宙。来源：D.Ravenswaay，空间物理实验室

172

生命将在地球上存活多久？

所有的事情必然过去。包括地球上的生命，可以肯定，它将最终消失。但是，它在地球上已存活了多长时间呢？

化石记录告诉我们，地球上的生命至少已存续了 350 亿年。在那个时候，它经历了寒冷、遭遇来自空间的岩石撞击和大规模被污染、甚至遭受致命的辐射而存活下来。显然，使地球上完全没有生命是困难的。但是，关于将来世界末日的说法永远不会消失。在地球上的生命中，谁最终将使地球变成荒芜？

火山灾难，时间范围：0 至 1 亿年？这可能发生吗？

最近一次地球上的生命走到了最后毁灭的事件发生在 2.5 亿年以前，这就是二叠纪（Permian）[35] 末期的生物物种灭绝时期。这次事件消灭了约 85% 的生活在陆地的物种和 95% 的存活于海洋的物种。

没有人对那时究竟发生了什么事情有十足的把握，但是，物种灭绝和确可预示大灾变规模的火山活动同时发生似乎不是巧合。今天，我们担心像"黄石"（Yellowstone）[36] 那样的超级火山的破坏

图 3-33　有时，火山爆发使大片土地窒息。来源：Jabruson，国家物理实验室

威力（见图 3-33）。但是，这些超级火山可能带来的危害无法与 2.5 亿年前发生的火山活动相比较。那个时候，西伯利亚[37] 经历了一个大范围且持续的火山活动时期，在此期间，熔岩厚厚地覆盖了面积是英国国土 8 倍的区域（见图 3-34）。如此规模的火山活动是罕见的，但不会是悄无声息的。

挪威奥斯陆大学（University of Oslo）的 H.Svensen 说，没有人知道下一个事件会在什么时候发生。类似的火山喷发发生在 2 亿年、1.8 亿年和 6500 万年以前，

35　二叠纪（Permian）是古生代的最后一个纪，始于距今约 2.99 亿年，结束于距今约 2.5 亿年，共计经历了 4500 万年。在二叠纪期间，地壳运动比较活跃，古板块之间相对运动加剧，许多地槽封闭并陆续地形成褶皱山系，古板块间逐渐拼接形成联合古大陆（泛大陆）。陆地面积的进一步扩大、海洋范围的缩小、自然地理环境的变化，促进了生物界的重要演化，是生物发展史上的一个新时期。古生代（Paleozoic, PZ）是地质时代中的一个时代，始于同位素年龄（542±0.3）百万年，结束于（251±0.4）百万年。古生代的上一个代是新元古代，下一个代是中生代。古生代包括了寒武纪、奥陶纪、志留纪、泥盆纪、石炭纪和二叠纪。泥盆纪、石炭纪和二叠纪又合称晚古生代，在动物群中，以海生无脊椎动物中的三叶虫、软体动物和棘皮动物最繁盛。在奥陶纪、志留纪、泥盆纪和石炭纪，相继出现了低等鱼类、古两栖类和古爬行类动物。鱼类在泥盆纪达于全盛。

36　黄石国家公园（Yellowstone National Park）位于美国怀俄明州（Wyoming）、蒙大拿州（Montana）和爱达荷州（Idaho）的交界处，地处美国西部落基山（Rocky Mountains）和中落基山之间的熔岩高原上，占地面积约为 898 317 公顷。该地区最猛烈的一次火山喷发发生在 210 万年前，释放出 2450 立方千米的火山物质，形成了被称为黑果木山脉凝灰岩的岩石。120 万年前，一次规模相对较小的火山喷发释放出约 280 立方千米的火山物质，形成了一个破火山口（Calderas）。另一次灾难性的火山猛烈喷发发生在 64 万年前，释放出了约 1000 立方千米的火山物质，形成了一个近 1 千米深、84 千米×45 千米宽的破火山口。

37　西伯利亚地区（Siberia）西起乌拉尔山脉（Ural Mountains），东迄太平洋，北抵北冰洋，西南抵哈萨克斯坦中北部山地，南与中国、蒙古和朝鲜等国为邻，面积为 1276 万平方千米。除西南端部分区域以外，西伯利亚地区都在俄罗斯联邦境内。

图 3-34　在西伯利亚，熔岩厚厚地覆盖着面积是英国领土 8 倍的区域

因此，火山喷发不是非常有规律的。但是，这样的事件最终将肯定发生，当它发生的时候，关键的问题将是它在什么地方发生。

H.Svensen 的研究提出，火山猛烈喷发吞噬物种的能力将取决于它确切地在什么地方穿透地壳[38]。这是因为 2.5 亿年前的火山活动也许与生物物种大规模灭绝没有直接的联系。杀死生物的成分也许是盐。

西伯利亚地区有着丰富的沉积盐。H.Svensen 认为，当这些沉积盐被火山活动"烘烤"的时候，它们向大气释放出大量破坏臭氧层[39]的化学物质。假如大气中的臭氧层被破坏，世界上所有的生物物种必须承受来自太空的有害辐射，臭氧层通常吸收了这些有害辐射。这也许会杀死绝大部分生物物种。

坏的消息是在今天的地球上存在着大量的沉积盐。H.Svensen 说，"东西伯利亚仍处于最大的储水区域之中。位于地球另一边的巴西也有很大的储水区域"。假如在这些区域的一个地方发生一次火山猛烈喷发，许多生物物种将会死去。但是，生命本身不可能会消失。毕竟，在二叠纪末期生物物种大灭绝时期，植物和动物不能幸免，但像细菌[40]那样的单细胞有机体几乎毫发无伤。

小行星威胁，时间范围在 4.5 亿年之内，这可能发生吗？

目前，小行星和恐龙不会共存是一个普遍的知识。假如一个质量很大的小行星能够使世界上所有的大恐龙灭绝，它是否也能消灭这个星球上的所有生命吗？再者，小行星消灭地球上的生命体可能取决于相撞的岩石地究竟在哪里（见图 3-35）。我们知道，地球已经受到了一些质量很大的小行星撞击，几乎没有哪次撞击被记录到对生物物种灭绝造成的很大影响。

图 3-35　一次小行星的冲撞将消灭许多物种。来源：J.Swanepoel，Alamy 图片社

38　地壳指地球由岩石组成的固体外壳，是地球固体圈层的最外层，也是地球岩石圈的重要组成部分。岩石圈是地球上部相对于软流圈而言的坚硬岩石圈层，厚度为 60~120 千米。它包括地壳的全部和上地幔的顶部，是由花岗质岩、玄武质岩和超基性岩构成的。

39　臭氧层（ozone）指在大气层的平流层中臭氧（O_3）浓度相对较高的部分，主要分布在离地面 20~50 千米的高空。一般认为，臭氧分子的产生是由于在太阳光的短波紫外线照射下，一个氧气分子（O_2）分解成两个氧原子，每个氧原子又分别与一个氧气分子结合，形成臭氧分子。臭氧分子不稳定，在太阳光的短波紫外线照射下，一个臭氧分子又会分解成一个氧气分子和一个氧原子。

40　广义的细菌（bacteria）即原核生物（prokaryotes），指一大类没有核膜（nuclear membrane）包裹的原始单细胞生物，包括真细菌（eubacteria）和古生菌（archaea）两大类群。狭义的细菌是一类形状短、结构简单、多以二分裂（binary fission）方式进行繁殖的原核生物，它们是自然界中分布最广、个体数量最多的有机体。

成为恐龙尺度生物体"杀手"的撞击也鲜有记载。加拿大的马尼夸根（Manicouagan）[41]陨石[42]坑是这个星球上最大的陨石撞击坑，它是由约2.15亿年前的一次小行星撞击形成的。但是，化石记录表明，这次撞击没有引起恐龙尺度生物体的灭绝，这可能是因为该陨石坑是在相对惰性的结晶岩石里形成的。相反，在易挥发的沉积岩中形成的陨石坑可能把导致气候变化的气团排入大气，引起全球生物物种的大规模灭绝。

好的消息是成为恐龙尺度生物体"杀手"的撞击是罕见的。这样的大撞击可能每隔5亿年才在地球上发生一次。但是，即使这样的大撞击真的发生了，生物物种的大规模灭绝也不可能成为大规模的"灭菌"。假如地球遭受比小行星更大的物体撞击时，这样的事情才可能发生，这个物体是一个异常的星球。可能存在着一个先例。一些科学家认为地球在其形成后不久就遭遇了一个奇异星体的猛烈撞击，所产生的碎片云形成了月球。H.Svensen说，"在观看了L.Trier[43]导演的名为《忧郁症》（Melancholia）[44]的影片之后，我们可以把这种假说称为抑郁症假说"。然而，地球遭受奇异星体猛烈撞击的可能性似乎非常渺小。

什么时候地心会冻结？时间范围：30亿年至40亿年

在我们谈论电影主题的时候，可以思考2003年出品的名为《地心毁灭》（The Core）[45]的影片。这部影片叙述的故事是地心神秘地停止了转动，因此，美国政府支持一个朝地心钻孔并重新使地心旋转的计划，这是因为如果没有一个活动的地心，地球会失去它的磁场，所有的生命会受到威胁（见图3-36）。

影片《地心毁灭》所述故事的大部分是无稽之谈，理所当然地受到科学家们的嘲弄。但是，并不是这部影片讲述的所有科学问题都是荒唐的。一些研究者确实认为地球磁场偏转了来自太阳的电离粒子，否则，这些粒子将损害地球的大气层。假

41　加拿大马尼夸根（Manicouagan）陨石坑位于南魁北克地区，它的直径约为70千米，外围有一圈环状的蓄水池。这个陨石坑可能是由2.15亿年前一颗小行星的碎片撞击这个地区形成的。

42　陨石（meteorite）是地球以外未燃尽的宇宙流星脱离原有运行轨道、以碎块方式散落到地球表面的固态物质。散落到地球表面的大多数陨石来自于火星和木星之间的小行星带，有的陨石也可能来自月球或火星。

43　L.Trier是丹麦电影导演和编剧。他与前卫电影制片运动——"道格玛（Dohme）95"紧密联系在一起，虽然他自己的电影采取了不同的风格。

44　《忧郁症》（Melancholia）是丹麦电影导演和编剧L.Trier于2011年出品的一部艺术电影，该片获得了2011年第64届戛纳电影节最佳女演员奖。《忧郁症》的故事情节大致是：浪漫之夜，才华横溢的美丽少女Justine和她心爱的Michael步入婚礼殿堂，姐姐Claire和家人们为他们的婚礼尽心操持。然而，莫名的恐慌与悲伤袭上了Justine的心头，使她整晚郁郁寡欢，她的婚姻刚开始就到了崩溃的边缘，她与亲友同事的关系也变得十分紧张。Claire试图将Justine带出忧郁症的困扰，然而收效甚微。与此同时，一颗神秘的小行星正向地球飞速逼近，似乎正是它带来了在Justine的忧郁，又似乎那原本郁结在Justine心中的烦恼只不过被它释放了而已。

45　《地心毁灭》（The Core）是美国电影导演J.Amiel于2003年出品的一部科幻电影。《地心毁灭》的故事情节大致是：地心因不明原因停止转动，导致地球的电磁场急速崩解，世界各地都出现异常的灾难。在波士顿，32名装置心律调整器的市民瞬间死亡；在旧金山，金门大桥突然断成两截，数百人坠入大海；在伦敦，聚集在特拉法加广场的成群鸽子瞬间失去辨识方向的能力，成千上万只鸽子冲进人群，或是撞上玻璃窗；在罗马，无数游客目睹着古罗马竞技场被密集的闪电击成碎片。美国政府及军方在面临这个空前危机时，决定向顶尖地球物理学家和全球最杰出的科学家求助，找来了一艘前所未有的"地心航舰"，载着这群科学家去执行一项空前绝后的任务，这就是深入地心去引爆核弹，让地心再度转动，从而避免因地心停止转动导致世界末日的来临。

如这些研究者的想法是正确的，那么如果没有磁场，我们的星球将失去它的大气层，所有的生命体将会死亡。

像这样的事情也许已经在火星上发生，火星可能一度比现在更加适合生命的存在（见图 3-37）。1997 年，位于帕萨迪纳（Pasadena）的美国加州理工学院（California Institute of Technology）的 J.Kirschvink 和他的同事们找到了很好的证据，表明火星曾有过一个磁场，后来火星失去了这个磁场。J.Kirschvink 说，"火星的磁气层在 370 亿年之前的某个时候崩溃了，这大约是火星进入永久雪球状态的时候"。

图 3-36　给予足够的时间，地心将会凝固，来源：J.Swanepoel，Alamy 图片社

图 3-37　火星现在是寒冷、干燥和贫瘠的，但它过去不是。来源：美国航空航天局，美国地质调查局

你也许听说过地球的磁场正在减弱。但是，你不要担忧：这是因为地球的磁场处在翻转方向而不是消亡的过程之中。数百万年来，地球磁场方向的翻转一直周期性地发生。地球的磁场最终会消失吗？英国利物浦大学（University of Liverpool）的 R.Holme 说，"假如地球的磁场翻转，这并不意味着它完全消失"。对地球的磁场来说，方向翻转可能产生一些奇怪的事情，"但不会严重地扰乱生命体"。英国剑桥大学（University of Cambridge）的 R.Harrison 说，地球的磁场在短时间内不会很快消失。

如果地球的磁场消失，地心必然会完全固化。目前，在地球里，仅有内核[46]是固态，外核[47]还是液态。R.Harrison 说，"（地球内核的半径）每年约增加 1 毫米"，而熔融的外核有着 2300 千米的厚度。

伽马射线[48]爆发，时间范围：50 万年内

存在着一颗编号为 WR104 的邻近双星[49]，它在 50 万年内可能产生一次伽马射

46　地球的内核（inner core）指地球最深处的部分。根据地震研究的结果，地球内核是一个绝大部分为固态的球体，半径约为 1220 千米，相当于月球半径的 70%。地球内核被认为主要是由铁－镍合金构成的，有着与太阳表面大致相同的温度，约 5400℃。

47　地球的外核指地球中位于固态内核之外、地函之内的部分。它是由液态的铁和镍构成的，厚度约为 2200 千米。地球外核的外层边界在地壳表面之下的约 2900 千米处，内核和外核转换的位置在地壳表面之下的约 5100 千米处。

48　伽马（γ）射线是波长小于 0.01 埃的电磁波。

49　双星（binary star）指两颗绕着共同重心旋转的恒星，对于其中一颗来说，另一颗就是它的"伴星"。相对于其他恒星来说，这两个星体的位置看起来非常靠近。

线爆发，但即使它发生了伽马射线爆发，也可能很好地避开地球。

我们是单独生存于宇宙之中的吗？假如不是，为什么我们还没有接触到外星人的文明？另一种生命"杀手"可能是被称为伽马射线爆发（Gamma-ray bursts, GRBs）的强烈辐射波。

伽马射线爆发是由太空中的猛烈爆炸引起的，例如，当一个巨大的星体爆炸或者两个星体碰撞的时候，猛烈的爆炸就会引发伽马射线爆发。伽马射线爆发可能持续不到一秒钟的时间，也可能持续数分钟的时间。从理论上说，一次时间较长的伽马射线爆发能够摧毁地球的臭氧层，使得地球表面的生命体暴露在来自太阳的致命紫外线辐照之下（见图 3-38）。

根据 2014 年由西班牙巴塞罗那大学（University of Barcelona）的 R.Jimenez 和以色列耶路撒冷希伯来大学（Hebrew University of Jerusalem）的 T.Piran 发表的一项研究结果，太空中的许多区域因过于频繁的伽马射线爆发而被描绘成不适宜生命的存在。但是，地球所处"社区"的情况可能是好的。伽马射线更加频繁地发生在银河系[50]的中心区域和恒星密集的区域（见图 3-39），地球离这两个区域都很远。

R.Jimenez 说，"生命的存在归因于这样的事实：对于有着真实破坏性的长时间伽马射线爆发，地球相对是安全的，这样的伽马射线爆发将导致生物物种的完全灭绝"。"假如地球与银河系中心区域的距离缩小一半，地球上的生命将会消失"。这就是说，地球也许经历了偶然的伽马射线爆发，在化石记录中可能存在着这类事件的痕迹。大约 4.4 亿年以前，许多物种在奥陶纪[51] – 志留纪[52]大灭绝（Ordovician-Silurian extinction）[53]期间消失，一些科学家认为它是由一次伽马射线爆发引起的。

图 3-38 伽马射线爆发已暂时与过去的物种灭绝联系起来。来源：美国航空航天局，空间物理实验室

图 3-39 伽马射线爆发。来源：双子座天文台（Gemini Observatory），Aura，L.Cook 的艺术作品，空间物理实验室

---

50 银河系（the galaxy）是太阳系所在的星系，包含 1000 亿至 4000 亿颗恒星和大量的星团、星云，还有各种星际气体和星际尘埃。银河系的直径约为 12 万光年（光在真空中沿直线传播一年时间的距离，约为 94605 亿千米），中心厚度约为 1.2 万光年，可见物质的总质量大约是太阳质量的 2500 万亿倍。

51 奥陶纪（Ordovician）是古生代的第二个纪，始于距今约 4.8 亿年，结束于距今约 4.4 亿年，延续了约 4400 万年。在奥陶纪，原始的脊椎动物出现了。

52 志留纪（Silurian）是古生代的第三个纪，始于距今约 4.38 亿年，结束于距今约 4.13 亿年，延续了约 2500 万年。

53 奥陶纪 – 志留纪灭绝事件（Ordovician–Silurian extinction event）指发生在约 4.4 亿年前生物物种大规模灭绝的事件，它在地球历史上 5 次生物物种大规模灭绝事件中排列第二。在此期间，约有 85% 的生物物种灭绝。

但是，即使这个看法是正确的，奥陶纪 – 志留纪大灭绝也没有达到杀死每个生物物种的地步。关于致命的伽马射线爆发会消灭地球上生物物种的警告一个接着一个，但是，任何一个潜在的邻近伽马射线来源就会构成实质性威胁是不可能的。

有着更好的消息，伽马射线爆发的速度正在下降。位于美国伊利诺伊州巴塔维亚（Batavia）费米国家加速器实验室（Fermilab）的 J.Annis 对这个问题进行了一些数学运算，估计现在，银河系每 10 亿年间将经历 5 至 50 次伽马射线爆发。由于银河系是巨大的，伽马射线接近地球的机会是很渺茫的。

即便一次奇异的伽马射线爆发攻击了地球，J.Annis 认为它消灭地球上所有生命也将是非常不可能的事情，因为海水是一种出色的辐射保护屏障。他说，"我感觉到，确实难以相信伽马射线爆发能够杀死海底火山口的生物群落。我确实认为，难以相信伽马射线爆发能够杀死绝大部分海洋鱼类。我更加认为，伽马射线爆发能够杀死以陆地为生存基础的生命体，也许还会杀死更大的海洋表面生物，在某种程度上，这是把生物进化的时钟重置到生物体占据陆地之前的状况"。毫无疑问，人类将被消灭，但其他形式的生命体将会继续存在下去。

游荡的星星，时间范围：可能在接下来的 100 万年之内

数十亿年来，太阳系的行星[54]一直是围绕太阳的那场"优雅高贵舞蹈中的演员"。但是，假如另一个星体高速穿过太阳系，将会发生什么事情呢？这个想法可能听

图 3-40　斯考勒兹星就在太阳旁边穿过。
来源：M.Osadciw，罗切斯特大学

上去不合情理，但是，2015 年 2 月，由纽约罗切斯特大学（University of Rochester）E.Mamajek 领导的研究人员宣布，这样的事情已经发生，而且令人惊讶地就在最近发生。

仅仅在 7 万年前，即大约在人类离开非洲的时候，被称为斯考勒兹星（Scholz's star）[55]的红矮星（red dwarf）[56]穿过了太阳系的外围（见图 3-40）。这颗红矮星穿

54　行星（planet）指自身不发光且环绕着恒星旋转的星体。

55　斯考勒兹星（Scholz's star，WISE 探测器将其编为"WISE 0720-0846"或"fully WISE J072003.20-084651.2"）是一个双恒星系统（binary stellar system），位于接近银河系平面（Galactic plane）的南麒麟星座（southern constellation Monoceros），到太阳的距离为 17～23 光年。

56　恒星可依据其表面的温度进行分类。在一定的温度范围内，恒星只会吸收特定波长的光谱，因此，根据检视光谱中被恒星所吸收的光谱特征，就可确定该恒星表面的温度。19 世纪末，天文学家把恒星的吸收光谱特征分为 A 至 P 的 16 种，这是目前使用的恒星吸收光谱的起源。矮星（dwarf）指在恒星吸收光谱分类中光度级为 V 的星体。在恒星吸收光谱中，属于 O、B、A 型的矮星称为蓝矮星；属于 F、G 型的矮星称为黄矮星（如太阳）；属于 K 型及以后各型的矮星称为红矮星。红矮星（red dwarf）是一种表面温度较低、颜色偏红的矮星，尤指主序星中比较"冷"的 M 型及 K 型恒星。这些恒星的质量在 0.8 个太阳质量（一个太阳质量约为 1.989×10^{30} 千克）以下，表面温度为 2500 开尔文至 5000 开尔文。在赫罗图（Hertzsprung-Russel diagram，H-R diagram，表示恒星吸收光谱类型与光度之间的关系），恒星的分布不是随机的，而是集中在某些区域内。包括太阳在内的大多数恒星集中在赫罗图中从左上角至右下角的一条对角线上，位于这条对角线上的恒星被称为主序星，它们目前都处在氢燃烧阶段，当氢燃烧完之后，就会开始氦燃烧，进而膨胀成红巨星。

过了被称为奥尔特云（Oort cloud）[57] 的区域。奥尔特云远离太阳系的各个行星，是由很小且冰冷的块状物体构成的稀疏云团（见图 3-41）。

斯考勒兹星不是第一颗、也不会是最后一颗穿越太阳系的奇异星体。天文学家们已辨认出处于未来数百万年与太阳系碰撞进程的其他星体。

也是在 2015 年 2 月，位于德国海德堡（Heidelberg）的马克斯·普朗克天文学

图 3-41 奥尔特云远离任何的行星。来源：M.J.Jensen，空间物理实验室

研究所（Max Planck Institute for Astronomy）的 C.Bailer-Jones 强调，有两个星体可能被证明是有问题的。编号为"Hip85605"的星体将在 24 万年至 47 万年期间抵达太阳系的附近，而编号为"GL710"的星体将在约 130 万年后抵达太阳系。E.Mamajek 说，编号为"GL710"的星体"比斯考勒兹星更大一些"，但可能会在更远的地方穿过太阳系。即便如此，在这两个星体中，哪个将威胁地球上的生命呢？回答是一句话，这两个星体都不会威胁地球上的生命。C.Bailer-Jones 说，"这是因为一个星体能够扰动奥尔特云，但这并不意味着地球在劫难逃"。

这两个星体可能把奥尔特云中的一些小物体推入与地球相撞的进程。但是，正如我们已经看到的，即使其中的一些小物体最终会撞击我们的星球，它们也不可能消灭地球上所有的生命。

在理论上，假如一个巨大的奇异星体在它穿越奥尔特云的时候成为一个超新星（supernova）[58]，并向太阳系的内部辐射伽马射线，事情就可能变得惊险。C.Bailer-Jones 说，"超新星越近，电离辐射强度越高。超新星近 10 倍，电离辐射强度将提高 100 倍。这可能严重到达到足以造成实质性伤害的程度"。但是，发生这样的"完美风暴"机会也是非常渺茫的。

假如一个奇异星体穿越太阳系的内部区域，它也将有更大的危险，在这个区域有着行星。但是，这种情况还是不可能发生的。C.Bailer-Jones 说，"我们知道没有哪个星体拥有很高的进入太阳系内部区域的概率"。地球是一个极小的目标，从地球到奥尔特云边缘的距离比从地球到太阳的距离长 50 000 倍。

研究人员可能假设，对地球上生命的威胁几乎没有尽头（见图 3-42）。2015 年 2 月似乎是一个"世界末日"要来临的月份：另一项研究提出，我们甚至应当担忧银河系中神秘的"暗物质"。E.Mamajek 说，鉴于实际上我们对暗物质知之甚少，我们

---

57 奥尔特云（Oort cloud）是一个假设包围着太阳系的球体云团，其中布满大量不活跃的彗星，距离太阳约 50 000 个至 100 000 个天文单位（定义地球到太阳的平均距离为一个天文单位，2012 年，一个天文单位的定义值被确定为 149 597 870 700 米），它们的最大半径约为一个光年。天文学家们普遍认为，奥尔特云是 50 亿年前形成太阳及其行星的星云残余物质，这些残余物质包围着太阳系。

58 一个超新星（supernova）就是一次恒星爆炸。它在整个银河系中最为璀璨，在数周或数月内逐渐消失之前，它预计在整个生命周期内辐射出与太阳或其他恒星同样多的能量。极度发光的辐射爆发以高达每秒 30 000 千米的速度（10% 的光速）排放绝大部分或全部的构成恒星的物质，驱使冲击波进入星际介质。这个冲击波清除着一个不断扩展的壳体状区域内的气体和尘埃，该区域被称为"超新星残迹"。超新星是潜在的银河系引力波的强大来源。极大部分初级宇宙射线来自超新星。

图 3-42　地球上的生命可能根本是不稳定的。来源：美国航空航天局，R.Wiseman

确实不应当去担心它。"我们并不了解暗物质粒子是什么，我们并不了解假如这些粒子能够湮灭并产生能量、情况将会怎样"。

事实上，从这项研究得到的实用信息是，不存在来自太阳系之外的某种貌似合理的"灾难剂"[59]，它能够在未来数十亿年里消灭地球上的生命。E.Mamajek 说，"几乎可以肯定，存在着能够在任何灾难中生存的有机组织"。

除了生命本身之外，没有什么事情可担心的，时间范围：5 亿年

但是，存在着一种"毁灭剂"[60]，它确实强大到足以消灭全部生物物种。根据华盛顿大学 P.Ward 的研究结果，生命的最大威胁可能来自内部，该大学位于美国西雅图（Seattle）。P.Ward 把这个思想称为"美狄亚假说"（Medea hypothesis）[61]。这个名字是对著名"盖亚假说"（Gaia hypothesis）[62] 的认同。盖亚假说是以"地球的希腊女神"命名的，认为生命有助于保持地球的易居性。作为鲜明的对比，Medea 是一个希腊神话人物，她因杀死自己的孩子而为大家所共知。P.Ward 认为，在地球的历史上，许多生物物种大规模灭绝是由生命本身造成的。

例如，大约 23 亿年前，新的光合生命形式向大气释放出大量氧气。此前，地球上从未有过游离的氧气分子，因此，地球上的微生物不能够应对氧气，接着就发生了一场生物物种的大规模灭绝。

此后，大约 4.5 亿年前，地球上有了第一批陆生植物。植物根系把基岩破碎成土壤，加快了这些基岩中的矿物质和大气中的二氧化碳之间的化学反应。这就去除

59　英文原文为"catastrophic agent"。

60　英文原文为"agent of destruction"。

61　在希腊神话里，Medea 是科尔基斯（Colchis）国王 Aeëtes 的女儿和太阳神 Helios 的孙女，也是英雄 Jason 的妻子。在 Euripides 的《美狄亚》戏剧里，当科林斯（Corinth）国王 Creon 把自己的女儿 Glauce 嫁给 Jason 的时候，Jason 离开了 Medea。Medea 杀死了自己和 Jason 生育的两个孩子，来报复丈夫对她的背叛。

62　在希腊神话里，Gaia 是地球的化身和伟大的母亲，也是希腊原始神（Greek primordial deities）之一。盖亚假说（Gaia hypothesis）是英国大气学家 J.E.lovelock 在 20 世纪 60 年代末提出的，后经过他和美国生物学家 L.Margulis 的共同推进，逐渐在科学界受到重视，对人们的地球观产生着越来越大的影响。盖亚假说主要包含以下内容：（1）地球上的各种生物有效地调节着大气的温度和化学构成；（2）地球上的各种生物体影响着生物环境，而生物环境反过来又影响生物进化过程，两者共同进化；（3）各种生物与自然界之间主要由负反馈环连接，从而保持地球生态的稳定状态；（4）大气之所以能够保持稳定状态，不仅取决于生物圈，而且在一定意义上为了生物圈；（5）各种生物调节着物质环境，以便创造各类生物优化的生存条件。盖亚假说的核心思想是认为地球是一个生命有机体。为了使这个有机体健康存续，假如它的内在出现了一些对它有害的因素，地球本身具有一种反制回馈的功能，能够将这些因素去除。

了大气中的二氧化碳，减弱了温室效应，引发了一个致命的冰期[63]。

P.Ward 说，如果快速进入到地球遥远的未来，这些效应可能对地球造成威胁。随着时间的推移，太阳正变得越来越炙热，结果是，地球表面的温度将会升高。这意味着岩石和大气中的二氧化碳之间化学反应将会加快，植物根系的反应更加快了这个过程。

最终，如此之多的二氧化碳将被从大气中清除，以致植物不能够进行光合反应。所有的植物将会死去，所有动物的生命也不会长久。P.Ward 说，也许在 5 亿年里，令人惊讶地，这个情况可能会很快发生。

地球上仍存在着微生物，但它们将是脆弱的。P.Ward 说，"当你退化成一些微生物，你也不会有个强大的系统，那是物理扰动可能带来大规模生物物种灭绝的时代"。

P.Ward 说，如同在 A.Christie 的《东方快车谋杀案》（*Murder on the Orient Express*）[64] 这部小说在 1934 年出版时的情节介绍那样，消灭地球上所有的生命，可能需要数个杀手，在大致相同的时间里一起采取行动。"它们可能是很大的冲撞，或者是邻近的超新星，甚至是类似地心的冻结这样的事情"。但是，假如在生命"洗劫"自身之后，一块巨大的岩石或者伽马射线爆发攻击地球，大规模生物物种灭绝可能随之发生。

研究外星人"法医"[65] 问题的科学家们很可能得出这样的结论：地球上的生命在自己的终结上"有一手"。

膨胀中的太阳，时间范围：10 亿年至 75 亿年

假如没有一个杀手能消灭地球上的生命，那么太阳将会这样做。太阳让我们沐浴在阳光之中，为地球上几乎所有的生命提供能量。但是，太阳不会永远友好下去。

正如我们早已知道的，太阳正逐渐变得更加炙热。最终，太阳将会热得足以使地球上所有的海洋蒸发（见图 3-43），产生使温度骤升的失控温室气体效应。这个过程可能在约 10 亿年里开始，它将会消灭几乎所有的耐热微生物。

图 3-43　当太阳变得更加炙热，地球上的海洋将会蒸发。来源：Alamy 图片社

但这并不是全部。从距现在约 50 亿年的时候开始，太阳将会膨胀，成为一个

63　冰期（Ice Age）指地球表面覆盖有大规模冰川的地质时期，所以又被称为冰川时期。两次冰期之间唯一相对温暖时期，称为间冰期。地球历史上曾出现过多次冰期，最近的一次是第四纪冰期。第四纪冰期始于距今 200 万年至 300 万年，结束于距今 1 万年至 2 万年，在这个时期，欧洲冰盖的南缘抵达北纬 50° 附近地区，北美冰盖的前缘延伸到北纬 40° 以南地区，南极洲的冰盖也远比现在的大得多，包括赤道附近地区的山岳冰川和山麓冰川都曾经向下延伸。

64　《东方快车谋杀案》（*Murder on the Orient Express*）是著名英国推理小说作家 A.Christie 发表的受到极大好评的小说，被多次改编为电影。

65　在日常生活中，法医是运用各种医学科学技术手段对与案件有关的人身、尸体、物品或物质进行鉴别并作出相关结论的专业人员。

被称为"红巨星"（red giant）[66] 的肿胀星球。到未来的 75 亿年，太阳的表面将超过现在地球轨道所在的地方。所以，不断膨胀的太阳将吞噬和消灭地球（见图 3-44）。有人提出，地球可能会逃逸。在太阳膨胀的时候，它将会丢失质量，因此，地球将进一步向外旋转。但是，根据 2008 年进行的计算结果，这个情况不足以拯救我们的地球（见图 3-45）。

图 3-44　太阳将膨胀，最终会吞噬地球。来源：Alamy 图片社，奥格尔在线（AlgolOnline）

图 3-45　一旦太阳变成这个样子，太阳的"游戏"就结束了，来源：D.Ravenswaay，空间物理实验室

　　假如这一切都是真实的，拯救地球的唯一希望在于我们。如果地球附近还有人类，他们也许拥有将地球移至安全区域的技术。否则，地球上的生命只有 75 亿年的最高寿命。（www.bbc.com，原文标题为 *How long will life survive on planet Earth*？2015 年 3 月 26 日下载。）

▎生命的故事

　　在《经济学人》杂志科学办公室的一面墙上，有一幅由美国哈勃（Hubble）空间望远镜[67] 拍摄的照片。这幅照片被称为"极端深场"（Extreme Deep Field）。观看这幅照片是获得对浩瀚宇宙本质理解的好途径。这幅照片显示了一片天空，它的尺寸小于一个完整月亮的一百五十分之一。这是空间的一个小点，含有超过 5000 个星系。把可观察到的空间做个乘法，你会认识到这里包含了 1500 亿个星系北部的某个区域。每一个这样的区域依次含有数十亿个恒星。

　　任何仔细琢磨无限天穹的人无疑想知道在茫茫宇宙的其他地方（见图 3-46），其他形式的生命是否可能在爬行、飞翔或四处跳跃，它们也许正在自己琢磨完全相同的

66　当一颗恒星度过其漫长的主序星阶段、步入其生命周期的"老年期"时，它将首先变为一颗红巨星（red giant）。红巨星是恒星燃烧到后期所经历的一个较短但不稳定的阶段，根据恒星质量的不同，这个阶段历时数百万年不等。在红巨星时期，恒星表面的温度相对很低，但极为明亮，因为它的体积非常巨大。在赫罗图上，红巨星是一类巨大的非主序星，吸收光谱属于 K 或 M 型。

67　哈勃空间望远镜（Hubble Space Telescope, HST）是以著名天文学家、美国芝加哥大学天文学教授 E.P.Hubble（生于 1889 年 11 月，卒于 1953 年 9 月）命名的，它处于地球轨道（指地球围绕太阳运行的路径，大体呈偏心率很小的椭圆，其半长轴（a）为 $1.496×10^8$ 千米，半短轴（b）$1.4958×10^8$ 千米，半焦距（c）为 $25×10^5$ 千米；周长（l）为 $9.4×10^8$ 千米）上，围绕地球运动。哈勃空间望远镜于 1990 年 4 月 24 日由美国"发现者"号航天飞机送上空间。由于哈勃空间望远镜位于地球的大气层之上，因此它所获图像不受大气湍流的扰动，又没有大气散射造成的背景光，并能观测到被臭氧层吸收的紫外线，因此是迄今为止人类天文学研究史上最重要的大型科学仪器之一。

问题。没有人知道这件事情。但是，1961 年，美国天文学家 F.Drake[68] 提出了思考这个问题的新方法。他指出，承载生命的行星数目必定是某些因素的函数（见图 3-47），这些因素包括有多少颗恒星维系着这些行星；实际上有多少颗行星是围绕这些恒星形成的；其中适合生命存在的行星数所占的比例；生命实际上已经起始的行星数所占的比例等。

图 3-46　在茫茫宇宙的其他地方是否存在其他形式的生命？

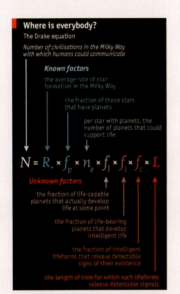

图 3-47　图中 "N" 表示 "所有的人在哪里？Drake 方程，在银河系里人类可能与其联络的文明社会数目"；"R_*" 表示 "未知因素，在银河系里恒星形成的平均速度"；"f_p" 表示 "拥有行星的恒星比例"；"n_e" 表示 "每个有行星的恒星拥有可能支撑生命的行星数目"；"f_l" 表示 "未知因素，在某处实际繁衍生命的可能存在生命的行星比例"；"f_i" 表示 "繁衍有智慧生命的承载生命的行星比例"；"f_c" 表示 "释放关于存在可被察觉信号的智慧生命形式比例"；"L" 表示 "这样的生命形式释放可被察觉信号的时间长度"

Drake 方程把人们的直觉变成了规则。收集足够多的信息，把这个方程外推到整个宇宙，你能够提出对宇宙中是否存在生命问题的答案。

Drake 方程的各个物理项是容易填充的。根据像"极端深场"那样的照片，研究人员产生了存在多少颗恒星的好想法。系外行星（exoplanets）指那些绕其他恒星而不是太阳旋转的行星，对系外行星的研究也使 Drake 方程添加了关于行星的数据。从 2000 颗或已知的系外行星进行外推，表明绝大多数恒星都有系外行星。估计多少颗系外行星是 "可居住的"（habitable）是一件不确定的事情，主要因为在 "可居住的" 定义上存在着争议。但是，仅仅在银河系里，"可居住的" 行星的最低数目有数十亿个。

填充 Drake 方程的各个生物项是非常困难的。科学研究仅仅获得推断地球上的生命从何而来的简单例子。但是，假如研究人员能够 "破译" 生命如何开始，他们将获得这个过程可能是怎样的或者不可能怎样的认识，也将获得发生这个过程可能需要什么条件的认识。这将是进步，然而，地球上的生命如何起始本身就是一个重要问题。

追寻祖先

回答这个问题有两个途径。一个途径是从化学出发 "向上" 推导，一个途径是从现有的细胞出发 "向下" 推导。

68　F.Drake（生于 1983 年 5 月）是美国天文学家和天体物理学家，作为 "探寻外星有智慧生命"（Search for Extraterrestrial Intelligence，SETI）的先驱者而闻名。

现代细胞[69]依赖长链 DNA（deoxyribonucleic acid，脱氧核糖核酸）[70]为它们的基因信息编码，依赖短链 RNA（ribonucleic acid，核糖核酸）[71]携带这些信息，依赖蛋白质[72]使用这些信息，并运行细胞存活所需要的化学反应。即刻完全形成这样一种三重体系（trifold system）是不可思议的。然而，细胞的组成部分之———RNA 能够执行其余两者的功能，可能先于 DNA 和蛋白质去执行功能。和 DNA 一样，RNA 能够在其组成基础的顺序里存储基因信息。和蛋白质一样，RNA 能够催化化学反应，包括自身复制的化学反应。

现代细胞内的线索表明，细胞可能确实起源于 RNA 为基础的生命。几乎所有的细胞拥有被称为核糖体（ribosome）[73]的结构，这是一个"分子工厂"[74]，把蛋白质用被称为氨基酸（amino acid）[75]的化学物质串接起来。一些极为重要的结构可能长期被保存下来，保存时间甚至超过了数十亿年。然而，一个核糖体的活动终端即为实际上进行组装的部分，是 RNA 的一个单独的长链。现代细胞也有意蓄起被称为核酶（ribozyme）[76]的化学物质，核酶是从 RNA 而不是从蛋白质形成的酶（enzyme）[77]，它执行着各种重要的细胞功能。像核糖体一样，核酶可以是来自生命最早期时代的生物化学化石。

这样一个"RNA 世界"在理论上可能是合理的，在这里，小部分东西在复制自己，有时候发生突变。但是，这就产生了另外的问题：RNA 从何而来？为了回答这个问题，另外的研究人员已采用了相反的途径，即从化学出发，看看能够构建起什么东西。

---

69 细胞（cell）是生物体的基本结构和功能单元。除病毒之外，其他所有的生物体都是由细胞构成的。病毒的生命活动也必须在细胞中实现。一般地，细菌等绝大部分微生物及原生动物是由一个细胞组成的，它们被称为单细胞生物。高等植物与高等动物则是多细胞生物。细胞分为原核细胞、真核细胞两类，但也有人把属于原核细胞的古核细胞独立出来，作为与原核细胞和真核细胞并列的一类。

70 脱氧核糖核酸（deoxyribonucleic acid，DNA）是具有双链结构的分子，由脱氧核糖核苷酸构成，可组成遗传指令，引导生物发育与生命机能的运行。带有遗传信息的 DNA 片段称为基因。构成简单生命至少需要 265 到 350 个基因。

71 核糖核酸（ribonucleic acid，RNA）是存在于生物细胞及部分病毒、类病毒中的遗传信息载体，由核糖核苷酸经磷酸二酯缩合而成。一个核糖核苷酸分子由磷酸、核糖和碱基构成。RNA 的碱基主要有 4 种，它们分别是 A 腺嘌呤、G 鸟嘌呤、C 胞嘧啶和 U 尿嘧啶。

72 蛋白质（protein）是一类具有确定空间结构的物质，由氨基酸以脱水缩合方式形成的多肽链经盘曲折叠而成。蛋白质含有碳、氢、氧、氮等元素。蛋白质是人体所有细胞和组织的重要组成部分，更是一切生命体的物质基础。

73 核糖体（ribosome）是细胞的重要组成部分。除了哺乳动物成熟的红细胞之外，细胞中都有核糖体的存在。一般地，原核细胞只有一种核糖体，而真核细胞有两种核糖体。核糖体在细胞中根据"中心法则"（genetic central dogma，指在细胞中遗传信息从 DNA 传递给 RNA、再从 RNA 传递给蛋白质的遗传信息转录和翻译过程，或者遗传信息从 DNA 传递给 DNA 的复制过程）负责完成将遗传信息从 RNA 传递到蛋白质的过程。在生物学中，这个过程被称为"翻译"。

74 英文原文为 molecular factory。

75 氨基酸（amino acid）是含有氨基和羧基的一类有机化合物的通称。

76 核酶（ribozyme）指生物体中具有催化功能的 RNA 分子，是可降解的特异 mRNA 序列，在生物体的新陈代谢和维持其生物特征的活动中扮演着生物催化剂的角色。

77 酶（enzyme）指具有生物催化功能的高分子物质。在酶的催化反应体系中，反应物分子被称为底物，底物经酶的催化转化为另一种分子。

最为著名的这类实验是 S.L.Miller[78] 和 H.C.Urey 在 1952 年进行的（见图 3-48）。他们把水、氢气、氨气和瓦斯装入一个烧瓶，这些化学物质的混合物被认为大致与地球早期大气层的组成相同。以电火花（以代替闪电，虽然太阳紫外光照也许同样提供了必要的活力）形式加入能量，使得这些化学物质结合成更长、更复杂的化学物质，这些黏稠的黑褐色东西存积在细颈瓶的底部。对这些污泥般的东西进行了分析，除其他物质外，它竟然含有几种氨基酸。

图 3-48　1952 年，犹太裔美国化学家 S.L.Miller 在生命起源上进行了具有里程碑意义的实验

有人在这里吗?

此后，S.L.Miller 和 H.C.Urey 进行验证的"原始汤"理论[79]不再受到重视。批评者指出，即使有数量巨大的闪电，化学合成的速度也是极其缓慢的。也不清楚"原始汤"的组成如何能够聚集起来。但是，在"选项"上还有其他的思想。美国航空航天局的研究人员 M.Russell 认为，生命可能起始于水下被称为"白色吸烟者"（white smokers）的塔状物，它们是由从海底下面喷涌而出、经火山加热的富矿物质的水构成的。这样的"吸烟塔"具有一种蜂窝状结构,由伦敦大学学院（University College，London）N.Lane 进行的实验显示，这种蜂窝状结构的空洞能够作为原始细胞，浓集其内部的有机物质，甚至建立起像驱动现代细胞那样的电场梯度。

由于没有生命最初时期留下的化石，这些理论最终成了关于合理性的争论。可是，研究人员能够做的一件事情是在实验室里自己动手去创造简单的生命。哈佛大学（Harvard University）生物学家 J.Szostak 正在努力做这样的事情。他把"从上至下"和"从下至上"的方法结合起来，试图从简单的前驱化合物创造出原型细胞，但这也提供了少量 RNA 能够催化自身复制过程的环境。

J.Szostak 博士及其团队已经用某种油分子的小部分创造出被称作"脂质"（lipid）[80]的原型细胞，它们形成了真实生命细胞的外膜。这些原型细胞足够结实，可以隔离任何包含外部世界影响的 RNA。

185

---

78 S.L.Miller 生于 1930 年 3 月，卒于 2007 年 5 月，是一位犹太裔美国化学家，因在生命起源上进行了具有里程碑意义的实验而广受尊敬和赞誉。他的实验证明了范围广泛的重要有机化合物能够用无机物质通过相对简单的化学过程来合成。

79 "原始汤"（Primordial soup）是苏联生物学家 A.Oparin 在 1924 年提出的关于地球上生命起源的理论。在"原始汤"里，含碳分子逐渐发生化学演化，并在演化过程中通过转变而形成生命。生物化学家 R.Shapiro 以所谓的"成熟形式"（mature form）对"原始汤"理论进行了总结，相关要点有：（1）早期地球有一个化学还原性的大气层；（2）这个大气层暴露于各种形式的能量之下，产生简单的有机化合物（单体）；（3）这些化合物在"原始汤"里积累，可能在不同的地方（岸线、海洋出口等）存积；（4）通过进一步转变，更加复杂的有机聚合物乃至最终的生命形式可在"原始汤"里逐渐形成。

80 脂质（lipid）指由脂肪酸和醇反应生成的酯及其衍生物，它一般不溶于或微溶于水，但溶于脂溶性溶剂。

有人在外面吗?

另一个发现早期生命如何起源的途径是在空间其他地方寻找生命。50 年前的这个星期 [81]，英国科学家 J.Lovelock 在《自然》杂志上发表了一篇文章，它的题目是《生命探测实验的物理基础》（*A physical basis for life-detection experiments*）。这篇文章第一次提出了如何在远处进行这样的探寻，并且把重点放在寻找行星大气里的不稳定化学混合物。

此后，在 20 世纪 70 年代，一对美国火星探测器，即"维京人着陆舱"（Viking landers）[82]，发现了一些奇怪的化学反应，但是没有发现明确的生命迹象。尽管如此，一些研究人员继续希望火星生命能够被找到。虽然液态的水是每一种已知生命形式的基础，而现在的火星是冻结的沙漠，但证据表明，在火星的青春期，它更加温暖，更加湿润。通过轨迹和散落在表面的沉积岩，火星表面上的古河道能够被辨认出来。

假如地球上的生命确实起始于"原始汤"，或就此而言确实起始于"白色吸烟者"，那么，这两者在火星上的对应物也许提供了与它们同样优异的可能性。可以想象的是，火星上的生物今天还顽强存在着，掩埋在存储着少量液态水的地方。事实上，对于一个整体还不清楚的行星，很难理解关于"隐居"的火星微生物的思想如何曾经遭到全面的驳斥。

然而，在太阳系的其他地方，在那些仍然存在充足水的地方，"外星猎人"（Alien hunters）也许在探寻外星生命上有更好的运气。两个这样的"外星猎人"是"木卫二"（Europa）[83] 和"土卫二"（Enceladus）[84]，它们分别是木星和土星的卫星。这两个卫星都是冰冻世界，似乎有着巨大的地下海洋，在其母星（即木星和土星）引力对它们作用中产生了热量，使其内部保持着一定的温度 [85]。

"土卫二"显示了喷入空中的水柱。2008 年，属于美国航空航天局的"卡西尼"（Cassini）号探测器穿越了这些喷泉，并且报告它们含有碳基分子（这些分子被化学家称作"有机分子"，无论其来源是否是生物）。此时，"土卫二"拥有构成生命

---

81 指 8 月 3 日至 8 月 7 日这一周。

82 维京人（Viking）指公元 8 世纪至 11 世纪在海上劫掠和贸易的斯堪的纳维亚人。

83 "木卫二"（Europa，以希腊神话中的 Phoenician 公主的名字命名）是伽利略（G.Galileo）于 1610 年发现的木星的卫星。它比地球卫星——月球略小一些，直径约为 3100 千米。根据美国哈勃空间望远镜的观察，木卫二有一层含氧的稀薄大气。

84 "土卫二"（Enceladus，以希腊神话中的巨人 Enceladus 的名字命名）是 F.W.Hersche 于 1789 年发现的土星的卫星。根据 1977 年发射升空的美国"旅行者"（Voyager）号探测器的观测结果，土卫二的直径约为 500 千米，其表面几乎能完全反射太阳光。

85 "木卫二"赤道地区的表面温度平均为 110 开 [尔文]（－163 摄氏度）；南极和北极地区的表面温度则更低，约为 50 开 [尔文]（－223 摄氏度）。但是，引力变化产生的热量可能会使"木卫二"两极地区表面冰层之下的水保持液态。根据美国哈勃空间望远镜分别在 1999 年、2012 年 11 月和 12 月获得的"木卫二"图像，天文学家发现"木卫二"间隙出现高约 200 千米的"喷泉"，并确定在其南半球的两个不同区域存在着过多的氢和氧，这些氢和氧应当是从它喷射出来的水被电解而成的。天文学家通过对"土卫二"引力场的分析，判断它有一个巨大的地下海洋。1997 年发射升空的美国"卡西尼"（Cassini）号探测器于 2005 年对"土卫二"进行了抵近观察，发现它的南极分布着一些平行条带状地貌，并有冰屑间歇喷泉。据"卡西尼"号探测器在 2010 年和 2012 年期间 3 次抵近"土卫二"获得的数据，天文学家确定"土卫二"的引力场存在"引人注目的不对称性"，认为"起弥补作用"的是位于其南极表面之下的液态水，因为液态水的密度大于固态水，形成的引力也大于固态水。"土卫二"的地下海洋位于其南极厚度为 30 至 40 千米的表面冰层之下，自身厚度约为 10 千米，并延伸至其南纬 50° 左右的区域。

的基本模块，它们分别是水、有机化学物质和能量。目前，人们正在讨论由机器人执行的各种探测任务，机器人可能在"土卫二"上进行近距离观察。

即使地球所处的太阳系证明是贫瘠的，但在其他的类太阳系里，很快发现生命、至少发现重要的生命迹象也许是可能的。在这些类太阳系里，通过寻找一个恒星光照的细微衰弱，绝大多数行星已被发现，恒星光照的细微衰弱是在它的一颗行星在恒星与地球之间运动时被发现的。当这种情况发生时，恒星光照的极少部分将穿透行星的大气层。相应区域的气体将对恒星光照的特定部分产生吸收，在频谱上留下了空洞（显示为黑线）。这些黑线的形态将揭示行星大气的组成。

人们特别有兴趣的气体是氧气。在太阳系里，仅有地球在它的大气层里有很多自由的氧分子，因为生命或者至少是参与光合作用[86]的细菌和植物会产生足够多的氧气，以与它们通过同诸如甲烷的其他气体反应被从空气中去除的速度相匹配。假如一个外部行星的大气既含有氧气，又含有甲烷，这样的气体混合物应当具有 J.Lovelock 博士提出的不稳定性的关键特性。这将表明此处的某些物质正在产生一定数量的氧气，很难理解除光合作用之外的任何过程怎么能够在很长时间内产生氧气。

可是，与来自大气的高度提示性证据相反的确凿证据将是难以获取的。生命存在的唯一明确示范将是在肉体里看到（如同火星微生物可能发生的那样），或者，假设生命是有智慧的，为了发现它们之间任何刻意交流的事情，例如被称为"探寻外星有智慧生命"（Search for Extraterrestrial Intelligence）[87]的计划，数十年来一直在进行，但没有获得什么结果。

可能地球确实是独一无二的，它有着各种情况不太可能发生的结合，衍生出一个不太可能发生的、在其他地方不常见的自我复制化学过程。但是，Drake 方程的可测量项表明这个化学过程是不可能发生的。正因为外星生命还没有被发现，这意味着外星生命仍有可能存在。也许，外星生命将存在于下一个将被研究的类太阳系里。或者，也许有一天，J.Szostak 博士将走进他的实验室，看到此前没有见过的、在烧杯中"游来游去"的东西。（www.economist.com，原文标题是 *Life story*，2015 年 8 月 7 日下载。）

宇宙中最大的东西

10 多年前，在获得宇宙温度的同时，天文学家们发现了一些奇怪的东西。他们发现了天空中的一个区域异常寒冷，它有 20 个月亮的宽度。天文学家正在测量

86　光合作用（photosynthesis）指含有叶绿体绿色植物、动物和某些细菌在可见光照射之下，经过光反应和碳反应，利用光合色素将二氧化碳（或硫化氢）和水转化为有机物质，并释放出氧气或氢气的过程，同时还伴有将光能转变为有机物质中化学能的能量转化过程。光合作用是一系列复杂的代谢反应总和，是生物界赖以生存的基础，也是地球碳–氧平衡的重要媒介。

87　一般地，"探寻外星有智慧生命"（Search for Extraterrestrial Intelligence, SETI）是探寻外星有智慧生命的科学活动的总称。例如，将来自外空间的电磁辐射作为其他星球文明的传递信号记录下来。

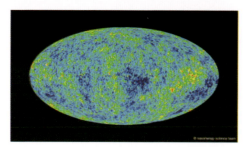

图 3-49　宇宙微波背景。来源：美国航空航天局，威尔金森微波各向异性探测器科学团队

围绕整个宇宙的微波辐射，这是大爆炸[88]的发光遗迹（见图 3-49）。关注宇宙微波背景（cosmic microwave background，CMB），就是了解原始的宇宙[89]，在那个时候，宇宙的年龄还不足 40 万年。

微波背景覆盖天空，看上去每个地方都是相同的，在 2.725 开 [尔文] 的寒冷温度下积累，这个温度只比热力学温度高 2 摄氏度。但是，配备了新近发射的威尔金森微波各向异性探测器（Wilkinson Microwave Anisotropy Probe，WMAP）卫星[90]，天文学家们已着手调查细微到十万分之一摄氏度的温度变化（见图 3-50）。温度的随机波动产生于量子泡沫[91]，这有助于科学家们认识宇宙是由什么构成的，宇宙又是怎么来的。量子泡沫是大爆炸后立即形成的宇宙。

而且，在温度随机波动中，扎眼的是冷斑点（cold spot）。多年来，天文学家们提出了从仪器误差到平行宇宙的各种想法，试图对冷斑点作出解释。但是，现在，他们注意到一个最重要的问题，这就是存在着一个巨大的空洞，它被称为宇宙超级空洞（cosmic supervoid），它是如此巨大，以致它可被想象为宇宙中最大的结构体。

图 3-50　威尔金森微波各向异性探测器。来源：美国航空航天局，威尔金森微波各向异性探测器科学团队

根据理论，这样巨大的空洞能够在宇宙微波背景上留下一个寒冷的印记，在空洞里，没有恒星或星系存在。此后，对这个神秘现象的解释，可能简单地归结到（空洞里）"没有东西"。然而，谜团依然存在，事情远没有了结。

88　大爆炸宇宙论认为：宇宙是由一个致密炽热的奇点（即宇宙中具有无限大的物质密度，无限大的压力、无限弯曲的时空等性质的点）于 137 亿年前一次大爆炸后膨胀形成的。1927 年，比利时天主教神父 G.Lemaître 首次提出宇宙大爆炸假说。1929 年，美国天文学家 P.Hubble 根据这个假说，提出了星系红移量与星系间的距离成正比的哈勃定律（Law of Hubble）。1946 年，美国物理学家 G.Gamow 正式提出了大爆炸理论。

89　在宇宙中，观测越遥远的星体，实际看到的是它越早的状态。实际上，宇宙辐射是一群古老的光子，它们是在宇宙大爆炸后约 10 万年发出的，经过 140 亿光年才到达地球。因此，观测宇宙辐射背景，就是记载古老光子在不同方向上的强度，从而了解宇宙 140 亿年前的状态。

90　威尔金森微波各向异性探测器（Wilkinson Microwave Anisotropy Probe，WMAP）是美国航空航天局于 2001 年发射的航天器，它的任务是进行宇宙学的基本测量，宇宙学将宇宙作为一个整体进行研究。威尔金森微波各向异性探测器已获得惊人的成功，产生了新的宇宙学标准模型（Standard Model of Cosmology）。现在，威尔金森微波各向异性探测器的数据流已经结束，完整的数据分析已经完成，相关出版物也在 2012 年 12 月 20 日提交。

91　量子泡沫（quantum froth）也叫时空泡沫（spacetime foam），是 1955 年 J.Wheeler 提出的概念。在量子泡沫的普朗克尺度（1×10^{-35} 米）上，时空不再是平滑的，许多不同的形状会像泡沫那样随机浮出，又随机消失。在这样微小的世界中，能量的起伏就是量子涨落。在量子涨落中形成的小通道被称为时空洞（Wormhole），它们连接着周围众多的起伏泡沫。量子泡沫就是幼宇宙。

如何在宇宙微波背景里制造一个冷斑点?

冷斑点不是宇宙微波背景里唯一奇异的事情。科学家们发现了其他一些反常现象，例如，来自一半天空的信号比来自另一半天空的信号略微强一些。宇宙学标准理论以其他的方式一直像预言家那样来预言宇宙微波背景的细节，但它不能完全解释这些奇异的东西，而冷斑点是其中最重要的东西之一。

对反常现象的最简单解释是，它们是偶然事件，是在宇宙辐射背景的随机温度波动中的"文物"。当你将一个硬币抛掷一百次，总是存在你连续得到 20 次、30 次、甚至 50 次"面向上"的机会。对科学家们来说，挑战是弄清楚这些发生反常现象是否归因于运气，或者依靠一个被投掷的硬币。至于冷斑点，数据显示它是偶然事件的可能性为二百分之一。这意味着，它并非不可能是偶然事件，但似乎不太可能是偶然事件[92]。

一些科学家认为，冷斑点是仪器误差造成的，或者是数据分析方法产生的。但在 2013 年，来自普朗克卫星[93]的最新观测结果证实了早期对冷斑点的观测结果。然而，它需要一个解释。

由于顶级的假说是宇宙空洞，那么，目前有什么东西正在出现呢？宇宙中的所有东西，从星系到不可见的暗能量，以一个由"薄片"、"卷须"和"纤维"构成的浩瀚网络在空间铺展。在这些东西之间的"空旷口袋"被称为空洞，它们有着各种形状和尺寸。一个非常大的空洞能够起着某种"扭曲的透镜"作用，使得相应的宇宙微波背景看上去比它的实际更加寒冷。

原因是这样的：当光穿过一个空洞的时候，它会失去能量，其频率会下降，朝着更低的频率即光谱的红端偏移（见图 3-51）。与绝大多数的物体一样，光容易受重力的影响，能够沿着它们的行程对光子产生作用。然而，在一个空洞的内部，缺乏物质意味着这里几乎不存在对光产生影响的重力。对于光子，穿越一个空洞就像攀登一座高山。攀登高山需要能量。但是，光子能够再次得到这个能量。一旦光子离开这

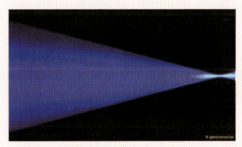

图 3-51　光穿过一个空洞时会失去能量。来源：GIPhotoStock，空间物理实验室

个空洞，它会发现自己再次被物质包围着，重力的影响足以"拉住它"，给它注入已失去的能量。

为了让光子失去能量，你需要宇宙加速膨胀（见图 3-52）。当一个光子在空洞内部慢慢运动的时候，宇宙越来越快地持续膨胀。到它离开空洞的时候，由于宇宙的膨胀，这个光子会发现所有物质都已分散开来。由于宇宙中的东西更广泛地分布，

92　英文原文为"Not impossible, but not likely, either"。

93　普朗克卫星（Planck satellite）于 2009 年 5 月 14 日由法国"亚利安五号"（Ariane 5）火箭连同赫歇尔太空天文卫星（Herschel）发射升空。这是欧洲航天局和美国国家航空航天局合作开展的空间科学计划的一部分，目标是补全威尔金森微波各向异性探测器（WMAP）在测量大尺度星体上的缺失。

图 3-52　膨胀中宇宙的模型。来源：C.But-ler，空间物理实验室

因此它们的重力作用不是很强，不能像以往那样用相同的力量来"拉住"这个光子。这个光子无法恢复自己曾经拥有的能量。

　　早在 20 世纪 60 年代末期，物理学家们就解释了这个现象，但没有人真正观察到这个现象。然而，在冷斑点被发现之后，类似夏威夷大学（University of Hawaii）I.Szapudi 那样的天文学家开始寻找这个现象的证据。这个现象被称为集成 Saches-Wolfe 效应或者 ISW 效应。2008 年，I.Szapudi 找到了证据。

令人惊奇的超级空洞

　　I.Szapudi 不能确定在宇宙微波背景上留下印记的单独空洞，他还没有数据做到这一点。相反，他和他的团队在 100 个空洞和星系团的统计分析中探寻了综合 ISW 效应，这些空洞和星系团的重力分量创造了一种热效应，并在宇宙微波背景上留下了热斑点（hot spot）。研究人员发现了真正的 ISW 效应，它使宇宙微波背景的温度平均改变了 1000 万分之一开 [尔文] 或者 10 微开 [尔文]。

　　与冷斑点相比较，ISW 效应是很小的，冷斑点比宇宙微波背景的平均温度低 70 微开 [尔文]。但是，此处将显示空洞能够创造冷斑点。假如一个空洞足够大，可以想象它能够创造冷斑点。I.Szapudi 说，"如果这个冷斑点在宇宙微波背景里是最大的反常事物，它很可能是一个巨大空洞的迹象，而这个空洞在宇宙里是非常罕见的"。"所以，我想我们应当寻找这个空洞"。

　　2010 年，在首次尝试中，他就找到了空洞。但是，数据是有限的，仅仅覆盖了冷斑点之内的几个点。令人不解的是，研究结果还表明，可能存在一个小于 30 亿光年距离之外的空洞。

　　2014 年，I.Szapudi 和他的研究团队又进行了一次尝试，这个时候，他们用了更多数据，覆盖了超过首次数据处理时覆盖区域 200 倍的空间，包含了整个冷斑点。由于使用了涵盖数千个星系的大量数据（见图 3-53），早期的迹象合并成一个真实的空洞。所用的数据是可靠的。I.Szapudi 说，"我们绝对肯定，存在着一个空洞"。"我敢用我的房子打赌"。

　　而且，这个空洞是巨大的。它的半径

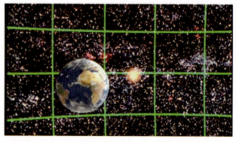

图 3-53　宇宙微波背景如何从地球角度进行标示。来源：美国航空航天局，威尔金森微波各向异性探测器科学团队

有 220 百万秒差距（megaparsecs）[94]，超过 7 亿光年，这使得它是宇宙中最大的或者不是最大的物理结构。I.Szapudi 说，这样巨大的空洞是罕见的，也许仅存在少数

94　秒差距（parsecs）是天体距离单位，约等于 3.25 光年。

几个。如此罕见的空洞与冷斑点重叠在一起似乎不太可能是个巧合，其本身就是另外的罕见事情。更为可能的事情是，这个空洞导致了冷斑点。事实上，他计算得出，比起空洞和冷斑点恰好在一条直线上出现的可能性来，这种情况出现的可能性要高出 20 000 倍。

其他人还没有肯定这个看法。对诸如西班牙坎塔布里亚大学（University of Cantabria）P.Vielva 那样的天文学家来说，空洞的稀有性仍然是个问题，P.Vielva 在 2004 年发现了冷斑点。假如证明这些空洞是更普遍存在的，那么空洞和冷斑点在一条直线上出现将不是引人注目的。也许这就是一个巧合。这就是为什么研究人员需要更多的数据来判断这些空洞的稀有性。P.Vielva 说，"现在，我认为这是需要建立的最重要事情之一"。

并不足够寒冷

但是，存在着一个更大的问题。

超级空洞不可能在宇宙微波背景中变得足够寒冷。这个尺寸的空洞仅仅比宇宙微波背景温度低 20 微开 [尔文]（见图 3-54）。然而，冷斑点的温度比宇宙微波背景温度平均低 70 微开 [尔文]，在一些地方，下降的温度达到 140 微开 [尔文]。

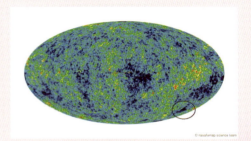

图 3-54　超级空洞的位置。来源：美国航空航天局，威尔金森微波各向异性探测器科学团队

在温度差异的背后，一个可能的理由是空洞实际上比测量值更大。如果是这样的话，空洞的 ISW 效应将会更强。鉴于 I.Szapudi 测量的不确定性，这个空洞的半径可能延伸到 2.7 亿秒差距。P.Vielva 说，然而，这个空洞还没有大到足以说明冷斑点存在的程度。事实上，根据目前的宇宙学理论，宇宙甚至不可能形成一个足够大的空洞。P.Vielva 说，"问题是，你因 ISW 效应需要的这种空洞是不存在的"。

图 3-55　宇宙可能布满"纹理"和"缺陷"吗？来源：M.Garlick，空间物理实验室

但是，假如没有空洞，情况又会怎样呢？ P.Vielva 说，冷斑点也许归因于宇宙的纹理（见图 3-55），这是宇宙中的一种缺陷，与在固态冰里可找到的裂纹或斑点类似。随着早期宇宙的演化，它经历了一次相变，类似于水在冻结时所发生的相变那样，此时，水从液态转变为固态。在固态冰里，当水分子不做有序排列的时候，你就会看到缺陷。在宇宙里，你可能找到纹理。

然而，纹理是推测性的东西，没有人找到纹理存在的证据。R.Weijgaert 是荷兰格罗宁根大学（University of Groningen）的天文学家，他说，"纹理是一个非常不错的想法，但是，我们没有关于纹理是否切合实际或者不是的线索"。

R.Weijgaert 说，对绝大多数天文学家来说，一个超级空洞仍然是最好的解释。"到目前为止，超级空洞被认为是最为可信的选择之一"，"这是你也许会有些疑问的 ISW 效应的重要性，它不是不可信的"。当然，空洞假说无疑是有趣的。但是，温度的差异必须首先得到解决。

更多的数据将是有益的。例如，更多的观测将使天文学家获得对超级空洞尺寸和性质更准确的测量。更多的观测还可能揭示在前景（foreground）里是否存在一个更小的空洞，它有助于宇宙辐射背景的温度下降。也许，冷斑点是如此寒冷，因为超级空洞也恰好是在宇宙微波背景某个区域的前面，这个地方已经比正常冷斑点冷一些。

即使现在的数字还不能说得通，也没有理由去烦恼。C.Frenk 是英国杜汉姆大学（University of Durham）的天体物理学家，他说，"在这点上，因为不确定性是如此之大，一个人不应当为此事失眠"。他的直觉是采用更多的数据，进行更多的分析，超级空洞将作为正确的答案出现。

如果是这样，冷斑点就相当于对超级空洞的首次测量，它通过 ISW 效应在宇宙微波背景里留下了印记。在一定程度上，这是很重要的，因为超级空洞的确很大。在另一种方式上，超级空洞也是重要的："我们还有研究暗能量的方法，暗能量是宇宙中最为怪异的东西"。ISW 效应只是因为宇宙越来越快地膨胀才存在，推动宇宙分离的神秘力量是暗能量（见图 3-55）。通过测量来自超级空洞的 ISW 效应，研究人员能够探寻暗能量的影响，并且更好地理解暗物质是如何表现的，它又是什么东西。

但在现在，冷斑点的奥秘仍在继续。C.Frenk 说，"我们还不知道故事的结尾，我不认为有人知道故事的结尾"（见图 3-56）。（www.bbc.com，原文标题是 *The largest thing in the universe*，2015 年 7 月 27 日下载。）

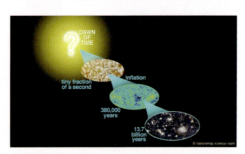

图 3-56 宇宙的创造如何产生宇宙微波背景。来源：美国航空航天局，威尔金森微波各向异性探测器科学团队。图中标注的文字：黄色球体内写着"该死的时间？"；从上至下分别写着"一秒钟的极小部分"、"膨胀"、"38 万年"和"137 亿年"

生命、宇宙和任何事情，世界最大的机器准备重新启动

它不可能给出对生命、宇宙和所有事情的回答，但是，当位于日内瓦的西欧核子中心大型强子对撞机（Large Hadron Collider，LHC）在这个月重新启动的时候，粒子物理学家正计划对这个问题打出最好的"一枪"。

在 2013 年最终确定难以抓住的希格斯玻色子（Higgs boson particle）之后，物理学们现在正在探索暗物质。希格斯玻色子粒子是揭开宇宙中某些最悠久秘密的基本粒子。

由于大型强子对撞机有了新的磁铁、能量更高的粒子束和更高的真空，科学家

们希望揭示宇宙中某些神秘的现象。

强子对撞机有长度约为 27 千米（17 英里）的环形粒子加速器，占据着位于法国和瑞士边界的隧道（见图 3-57）。

M.Lamont 博士是这个设施运行团队的领导人，他说，"希格斯是我们称为粒子物理标准模型拼板的最后一块"，"但是，我们知道这个模型是不完整的"。

图 3-57　在欧洲核子中心，一名工作人员在加速器隧道里骑着自行车

暗物质

"我们知道这里的一件大事情是暗物质，但我们还不了解暗物质"。"有着大量天文学观察支持这个事实，这个东西是存在的，因此，这是我们可能希望暗物质显现的事情"。

暗物质目前还是个假设。暗物质是一种物质，它不可见，但它的存在能够从其对可见物质的引力作用、辐射、甚至宇宙的极端结构推断出来。物理学家认为，这种不可见物质占了宇宙中所有物质的 85%。通常的物质只占约 4% 的已知宇宙物质能量，我们是由这类物质组成的，所有的恒星、行星和其他有形的宇宙材料也是如此。换言之，构成现实世界的绝大部分物质仍然不为我们所理解。

在这个效率更高的对撞机在这个月完成实验的时候，毫无疑问，粒子物理学家将会坐不住，虽然处理数据可能需要数月时间。M.Lamont 补充道，在这个设备第一个三年的运行中，研究团队完全没有得到暗物质的踪影，"现有大量向你给出暗物质候选者的理论，其中最热门的理论是超对称性"（supersymmetry）。

"物理学家们希望的事情是由于能量提高，我们能够探索更多的参数空间（parameter space），有时，新东西将会戏剧性地显现"。

目　标

图 3-58　本图的标题是"强子对撞机第 2 季（LHC SEASON 2）：什么是新的？"图中方框内的文字依次是："1-新磁铁"；"2-更强的连接"；"3-更安全的磁铁"；"4-高能粒子束"；"5-变得更窄的粒子束"；"6-小型但紧凑的质子盒"；"7-更高的电压"；"8-超常的低温"；"9-抗辐照电路"；"10-更稳定的真空"

"假如做到这一点，它是有望获得诺贝尔奖的事情，它实际上是一个重大突破。假如做不到这一点，它回归到粒子物理标准模型拼板的工作"。

对于这项新的研究工作，新的对撞机增加的能量是关键。2015 年，大型强子对撞机的能量将是 13TeV（tera-electron volt，10^{12} 电子伏 [特]），相比之下，在 2012 年的上次运行期间，它的能量是 8TeV（见图 3-58）。

虽然这个设施是一个大型工业性动力用户，它满负荷运行时，需要 180MW 的电力，但是它对电力的需求还没有大到要在周边地区调暗灯光或调低空调。M.Lamont 说，"我们有一个控制器，它会告诉我们正在使用多少动力，相当于日内瓦地区整个动力的 10%"。

但是，任何期待灯光闪烁、噼里啪啦放电的《科学怪人[95]的新娘》版本的人将会感到失望。根据 M.Lamont 的说法，虽然这个设施是非常强大的，但是，它在真空中运行，这使得它相对安静。"粒子束本身发出嗡嗡声，我们能够听到粒子束在振荡，但是，一个质子和另一个质子之间的碰撞能量就像每个小时里一只家蝇去叮 5 英里外的另一只家蝇"。"然而，粒子束有着巨大的能量，我们对它必须非常小心"。

巨　响

M.Lamont 说，质子束在圆形环的切线方向发射出来，当质子束的能量需要被吸收的时候，他们用石墨块来使它的能量减小。"现在，真的给出了一声巨响，我们在下面有麦克风，你能够听到它"。

虽然每一组有数以十亿计的质子以每秒 11 000 次的速率被发送并飞速穿过对撞机，但每一组仅有 20 个或 30 个质子将实际发生碰撞，产生出能够被研究的效应。通常，在 12 小时里，科学家必须记录下每秒几亿次的碰撞。M.Lamont 说，"这些实验需要碰撞，因为像希格斯那样使人感兴趣的东西是极其稀少的。有时，这些碰撞极为罕见地产生令人感兴趣的东西，对我们来说，引发它是一个很大的挑战"。

很多好的物理

希格斯也许要走很长的路去回答粒子物理标准模型抛出的问题，但 M.Lamont 说，仍然有很多好的物理要由这台世界上最大的机器有效地进行实验。"我们正在计划 2023 年至 2025 年期间的一次重大改造，这将允许我们把能够发送的碰撞数提高 5 倍"。"这个计划是到 2035 年为止……某些令人感兴趣的里程碑事件将会出现"。

然而，M.Lamont 保持着乐观，经过数星期的碰撞，数月与数年的研究，科学家和研究者们实际上也许能够在回答超出粒子物理标准模型之外的神秘和悖论上走得更远。"也许宇宙比我们想象的更简单一些"。（www.cnn.com，原文标题是 *Life, the universe and everything? World's largest machine gets ready to restart*，2015 年 3 月 11 日下载。）

95　《科学怪人：弗兰肯斯坦》（*Frankenstein*）是西方文学中的第一部科学幻想小说，最初于 1818 年在日内瓦出版，较为普及的版本是 1831 年印行的第三版，属于受浪漫主义影响的哥特小说。

丢失的"猎兔犬2号"探测器被发现在火星上"完好无损"

失踪的"猎兔犬2号"(Beagles-2)火星轨道探测器 [96] 已在火星 [97] 表面上找到，而且显然是完好无损的。从轨道获取的高分辨率图像已确定"猎兔犬2号"在火星表面上的着陆地点，它看上去是个整体（见图3-59）。

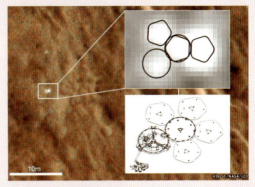

图 3-59 （美国航空航天局的）图像分析者确认本图中看到的这些特征属于"猎兔犬2号"太空探测器

这个由英国人研发的探测器试图在2003年圣诞节那天，使用降落伞和登陆舱在火星这个满是灰尘的世界上实现软着陆，但是，人们没有与这个探测器建立起无线电联系。许多科学家认为它在高速冲撞中被摧毁了。

由美国航空航天局"火星侦察轨道飞行器"(Mars Reconnaissance Orbiter, MRO)获取的新图像证明这个概念是不真实的，暗示了在这项欧洲人的任务里到底发生了什么事情。

图 3-60 "猎兔犬2号"探测器有一个"花瓣"面板系统，在这些"花瓣"上安装着太阳能电池板

"花瓣"

"猎兔犬2号"探测器的设计包括一系列糟糕透顶的"花瓣"，在这些"花瓣"上安装着太阳能电池板（见图3-60）。从获取的图像看，这个系统似乎没有完全展开。

M.Sims教授来自莱斯特大学(Leicester University)，是"猎兔犬2号"任务的经理。他解释说，"太阳板没有完全展开，由于无线电频率天线是在太阳能板下

96　"火星快车"轨道飞行器是欧洲宇航局花费3.5亿欧元研制的第一个火星探测器，2003年6月2日由俄罗斯"联盟–FG"号运载火箭在哈萨克斯坦拜克努尔卫星发射场发射升空。"火星快车"轨道飞行器重约2吨，携带欧洲国家研制的7台仪器。按计划，它将在约6个月后抵达火星轨道，并在轨道上对火星进行全火星年（669个火星日，相当于687个地球日）观测，主要任务是对火星表面进行拍摄。"火星快车"轨道飞行器到达火星轨道后，它携带的"猎兔犬2号"探测器将与它分离，借助减速伞在火星表面降落，对火星表面进行为期180个火星日的考察。"猎兔犬2号"探测器重量为45千克。可挖掘数十厘米深的火星表层土壤，并对土壤颗粒进行分析，分辨出180种盐分、矿物质、水和有机物质。此外，它还可记录火星的大气温度、气压和风速等数据。按照原定计划，"猎兔犬2号"探测器会把收集到的各种信息发送回地面。

97　火星（Mars）是太阳系由内往外数的第4颗行星，直径约为地球的53%，自转轴倾角和自转周期均与地球相近，公转一周的时间约为地球公转时间的两倍。火星因其地表的赤铁矿（氧化铁）而呈橘红色。火星基本上是一个沙漠行星，地表遍布沙丘和砾石，没有稳定的液态水体。二氧化碳为主的大气既稀薄又寒冷，沙尘悬浮其中。

面，所以我们没有办法与它建立联系"。他告诉英国广播公司记者，"这可能是最不走运的情况，失败的原因纯粹是猜测，但是，这也许是，也可能是，遇到了坏运气：严重的反弹可能使结构变形，以致展开太阳能板的间隙不很大，或者破损且缓慢泄漏的空气气囊不能有效地与登陆器分离，导致太阳能板的展开被搁置"。

"击中横梁"

"猎兔犬 2 号"探测器是在首席研究员 C.Pillinger 去世不到一年时重新出现的。在 2015 年 1 月 16 日举行的 Colin Pillinger 纪念会上，英国皇家社会科学机构宣布向他授奖。Colin Pillinger 曾经说过，"最终查清楚发生了什么事情，是了不起的"。

在这个项目背后，这位英国开放大学（Open University）[98] 的科学家（指 Colin Pillinger）是推动者，虽然他的任务不是想探索火星，但激发公众对太空研究的巨大热情是他的功劳。

他的妻子 J.Pillinger 博士也是"猎兔犬"团队成员，她说，"C.Pillinger 总是喜欢拿足球作类比。我想他也许把'猎兔犬 2 号'探测器在火星上着陆比作'击中横梁'、而不是'丢失目标'，虽然他不能与这个探测器通信。'猎兔犬 2 号'在他追求

图 3-61 "猎兔犬 2 号"探测器的下降和着陆系统（EDL）散布在火星表面。右上角方框标注"猎兔犬 2 号"；中间的方框标注"降落伞"并加上了问号；右下角方框标注"后盖"。本图可能是美国航空航天局的"火星侦察轨道飞行器"获取的

科学知识中应运而生，如果他知道球队差一点得分，他也许肯定会以'猎兔犬 3 号'来实现'反弹球轻松入网'，并且继续进行试验，来回答关于火星生命的问题"。

对于这个项目背后的科学和工程团队来说，结果是十分令人沮丧的，因为他们到现在才知道自己如何接近于成功。确切地说，"火星侦察轨道飞行器"的数据证实"猎兔犬 2 号"探测器是在离其目标着陆区域中心仅 5 千米的地方着陆的。

目标着陆区域是一个椭圆形区域，长 500 千米，宽 100 千米，处于一个平坦的近赤道的地面上，这块平地被称为"伊希蒂斯"（Isidis）。着陆点离开目标着陆区域中心这样一点偏差，相当于同处"靶心"的位置（见图 3-61）。

"火星快车"

"猎兔犬 2 号"探测器是由欧洲航天局的"火星快车"轨道飞行器（Mars Express orbiter，MEx）运载到这个红色的星体。"火星快车"轨道飞行器现在仍在运行（见图 3-62）。

"火星快车"轨道飞行器是在 2003 年 12 月 19 日那天沿着陆轨迹释放出"猎兔犬

---

[98] 英国开放大学于 1969 年获得英国皇家特许令，1971 年正式成立，是一所通过电视和广播课程、通信课程、地方指导和夏季学校教授的成人大学，拥有学位授予权。

2号"探测器这个小型机器人的。"火
星快车"轨道飞行器甚至还给登陆舱
里的"猎兔犬2号"探测器拍了张快照。
"猎兔犬2号"探测器渐渐消失在远处，
随后发生的事情就是个谜了。

　　在预定的着陆时间即格林尼治时
间（Greenwich Mean Time，GMT）
2003年12月25日2时45分之后，"猎
兔犬2号"探测器与地面失去了联系，
各种各样的理论为此作出了假设。

图 3-62　欧洲航天局的"火星探测漫游者"（ExoMars）探测器目前正由英国的空中客车公司工厂研发

　　研发团队自己猜测，"猎兔犬2
号"探测器因进入火星大气层而突然陷入困境。火星大气层比探测器计划飞行的大
气层为更稀薄。这也许意味着在接近火星表面时，"猎兔犬2号"探测器运动得太
快了。但是，美国航空航天局获取的图像显示，探测器着陆的所有动作，即下降和
着陆系统（Descent and Landing System，EDL）[99]是管用的：

　　• 这些图像的特征达到火星侦察轨道飞行器能够观察到的极限，但物体和它们
的分离与预计的相一致。

　　• "猎兔犬2号"探测器的太阳能板部分展开了，即有2个（最多3个）"花瓣"
伸开了。后壳靠近减速伞与主伞。

　　• 图像中出现的情况证实了下降和着陆系统软件是可靠的。"猎兔犬2号"探测
器的表面操作软件也开始工作。

　　• 太阳能板展开任务为什么没有完成，尚不得而知，存在元件损坏或者气囊阻
塞的可能性。太阳能板没有完全展开意味着无线电传输失效。

　　• 没有什么办法能使"猎兔犬2号"恢复工作。

　　显然，登陆舱保护"猎兔犬2号"探测器免受与火星大气层摩擦生成的热量的
伤害，降落伞和跳袋必然掉落，为使探测器最后缓和地抵近火星的表面。在美国航
空航天局的图像里，甚至可能辨认"猎兔犬2号"探测器接近火星表面时的一些下
降与着陆系统动作。

官方调查

　　欧洲宇航局（European Space Agency，Esa）和的英国宇航局前身共同建立的
调查委员会，把"猎兔犬2号"探测器的失败归咎于差劲的管理、系统和元件不充
分试验等因素的混合。调查委员会不得不承认，起初被分配给"猎兔犬"项目的经
费过少。整个"猎兔犬2号"探测器的预算约5000万欧元，这仍然是人们构想的
最便宜空间计划之一。

　　调查委员会的报告提出了19项建议，其中包括要求未来通过不同的下降阶段
来保持地面与探测器的通信（见图3-63）。近些年来，这项要求已经成为标准的做法，

197

99　下降和着陆系统指太空飞行器在星体表面安全着陆所需要的一套系统。

图 3-63 对"猎兔犬 2 号"探测器的官方调查提出了一些建议，这些建议影响了欧洲宇航局下一个火星登陆计划

但是，与"猎兔犬 2 号"探测器最后的接触大体上是它在着陆前 6 天渐渐离开"火星快车"轨道飞行器的黑白照片。

当欧洲航天局的"火星探测漫游者"（ExoMars)[100] 定于 2019 年在这个红色星体表面着陆的时候，这个探测器将持续把信息传递下来。这个计划的着陆硬件是俄罗斯制造的，但诸如下降雷达这样的关键传感器技术则是由欧洲国家研发的，并将在 2016 年下半年的示范性着陆中进行测试。

欧洲航天局局长 J.Dordain 告诉英国广播公司新闻频道，"我们已经从'猎兔犬'的失败中尤其是在需要连接方面获得了许多教训，因为从通信角度看，假如我们与探测器连接起来，我们也许会知道自己就在火星上"。

J.Dordain 认真思考了 C.Pillinger 在火星探测项目里的作用，他补充道，"很遗憾，他不能再与我们在一起，因为'猎兔犬 2 号'探测器是他的孩子。我真的很高兴，我确实高兴，为了他，这个探测器被找到了"（见图 3-64）。（www.bbc.com，原文标题是 *Lost Beagle2 probe found "intact" on Mars*，2015 年 1 月 18 日下载。）

图 3-64 在公众的心目里，C.Pillinger 教授成了火星计划的同义词

▌精密的重力探测器离开英国

"丽莎探路者"（Lisa Pathfinder）合同象征着英国航天工业的一个分水岭。英国航天工业部门完成了为"丽莎探路者"配置的模块制造（见图 3-65）。

这个引人注目的探测器将尝试确定空间引力波所需要的关键技术。如果空间引力波能够被测定，对黑洞和其他天体物理现象（的研究）将成为科学研究的一个全新时代的开端。

"丽莎探路者"模块是在空客防务与空间公司（Airbus Defence and Space）的英国分部组装的。这个模块在 2015 年 2 月 23 日被运往德国，在位于慕尼黑郊外的 IABG 咨询公司（IABG consultancy）进行最后的集成与测试。为了 2015 年 9 月的火箭发射，"丽莎探路者"还将被从慕尼黑运到法属圭亚那的库鲁（Kourou）。

---

100 "火星探测漫游者"（Exobiology on Mars，ExoMars）是欧洲宇航局和美国航空航天局联合进行的非载人火星探测任务，原定 2011 年由俄罗斯联盟号运载火箭发射。但在 2009 年 7 月由这两家机构提出的火星联合探测任务（Mars Exploration Joint Initiative, MEJI）中，"火星探测漫游者"发射时间被推迟，并与另外两个计划合并成一个多探测器计划。

　　自 1986 年"乔托"（Giotto）卫星[101]
被送上太空、在"哈雷彗星"（Comet
Halley）的另一边飞行以来，欧洲航天
局（European Space Agency，ESA）的
任务第一次由英国来引导。从严格意义上
说，对于英国航天工业部门，"丽莎探路
者"是一个转折点。在英国的斯蒂夫尼奇
（Stevenage），空中客车公司的 A.Stroomer
告诉英国广播公司，"自'乔托'卫星之后，
有几年不景气，但是，你能看到我们现在
具有的势头。我们正处在某些非常特别事
情的开端"。

图 3-65　在空客防务和空间公司英国分部组
装的"丽莎探路者"卫星配置的模块

　　离这里一箭之遥的地方，有一个正在建造的全新设施，它将给欧洲航天局计划
于 2019 年送上火星表面的机器人探测车装配提供场所。

　　离开斯蒂夫尼奇的"丽莎探路者"的两个部分是主卫星和将把主卫星推离地球、
开始执行其任务的推进单元。此时，最重要的科学仪器包没有在主卫星里。在接下
来的几周里，科学仪器包将在 IABG 咨询公司进行安装。

　　"丽莎探路者"卫星是欧洲航天局希望 2030 年发射的未来卫星构想的一个演
示者。未来卫星构想是一个被称为"激光干涉式空间天线"（Laser Interferometric
Space Antenna，Lisa，缩写的中文音译就是"丽莎"）的概念，它将尝试确定引力波。

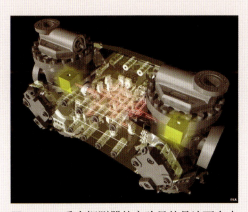

图 3-66　重力探测器的实验目的是让两个小
铂金块进入完美的自由落体之中，然后用激
光跟踪它们的相对运动

　　爱因斯坦的广义相对论预测，当巨大
的物体像黑洞那样凝聚和合并的时候，在
空间时间的基本结构里，将会产生波动。
即使预计信号是极其微弱的，这些信号仍
应当在一个超稳定、超精密的测量系统里
显示。"丽莎探路者"卫星的任务就是证
明这个计量学思想。为此，"丽莎探路者"
卫星将尝试让两个小铂金块进入完美的自
由落体之中，然后用激光跟踪它们的相对
运动。意图让这两个铂金块沿着仅由重力
定义的一条直线运动（见图 3-66）。

　　要做到这一点，需要所有其他可能对
这个演示产生干涉的力都被去除。这意味
着，例如，要仔细控制温度场和磁场的影
响。假如某些残余气体分子被允许与这两个铂金块碰撞，甚至在真空状态下，"噪声"
也会被引入系统之中。在"丽莎探路者"卫星中进行的实验已按会被检测到的对铂

101　"乔托"（Giotto）卫星是欧洲航天局发射的、以探测哈雷彗星为主要任务的卫星，以曾在 1301 年观测
　　过哈雷彗星的意大利画家 Giotto di Bondone 命名。1985 年 6 月 2 日，"乔托"卫星在法属圭亚那的库鲁
　　被送上太空。1986 年 3 月 13 日，它成功地以 596 千米的距离通过哈雷彗星的核心。

金块仅几皮米的扰动要求来设计。1 皮米是一个氢原子宽度的一小部分[102]。

C.Garcia 是欧洲航天局"丽莎探路者"项目经理。他把这个卫星描述为也许是迄今为止最精密的卫星。他说，"最终的目的是确信我们能够获得并测量一个纯粹的网格球形运动。它是一种服从 Riemann 张量即时空曲率的运动。这就是我们想要做的事情：工作在噪声源里，抑制噪声源，了解噪声源，然后，剩余的噪声必须是一条直线"。

正是在这些完美自由落体的条件里，人们才可能寻找到引力波。然而，"丽莎探路者"本身不能感觉到引力波。由合并黑洞产生的波动有着过低的频率。但是，如"丽莎探路者"任务所提出的那样，假如这个方法按比例被放大，连同相隔数百万千米的分段精密测量，这些非常微弱的信号应当被检测出来（见图 3-67 和图 3-68）。

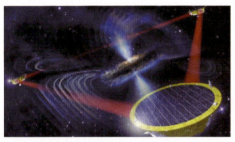

图 3-67 这些是探测太阳和观察地球的卫星。这是被称为"激光干涉式空间天线"（Laser Interferometric Space Antenna，Lisa，缩写的中文音译就是"丽莎"）的概念，它将尝试确定引力波

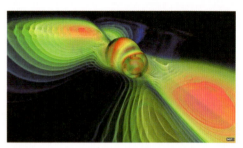

图 3-68 凝聚巨大的物体将以光速辐射引力波

图 3-69 "丽莎探路者"模块坐在它的推进单元上面。仍在"探路者"大型洁净房内调试的主卫星和推进单元是欧洲航天局的项目，总金额超过 10 亿欧元

在欧洲航天局在 2004 年与空客公司签订建造"丽莎探路者"合同的时候，D.Southwood 是科学主任。现在，他在英国空间局（UK Space Agency）的指导委员会工作。周五[103]，他在现场观看了"丽莎探路者"模块被包装起来，准备运往 IABG 咨询公司（见图 3-69）。他告诉英国广播公司，"这是一个迷人的任务，在认知前沿上是合适的，它能带来在空间确定引力波的一天。但是，只是测量重力，并不需要使用这些技术。这是事物的本质，一旦你为了一个特定目的，把某些事情推到极致，另外的聪明人会受到激励，获得这些思想，把这些思想应用于其他地方。这些应用是什么，无人能够预计。这是它的美妙之处"。（www.bbc.com，原文标题是 *Lisa Pathfinder*: "*Exquisite*" *gravity probe leaves UK*，2015 年 2 月 28 日下载。）

---

102 1 皮米（picometer）$= 1 \times 10^{-12}$ 米。

103 指 2015 年 2 月 20 日。

什么事情是我们最能记住的?

与存储卡已满、不能再拍更多照片的数码相机不一样,我们的大脑似乎从来没有把它的"空间"充满。然而,用作家 K.Vonnegut[104] 的话说,一个成人的大脑是一块"鲜血浸透的海绵",它应当能够无限地记录新的事实和经验,但这是违反逻辑的(见图 3-70)。神经科学家们长期试图测量我们最大的智力容量。然而,把简单估算人脑记忆能力弄得一团糟的是由那些专注奉献的个体和有着非典型大脑的人们实现的令人震惊的认知水平。

图 3-70　人的大脑容量有一个极限? 来源: Getty 图片社

在我们中间,很多人难以保证把电话号码记下来。你能记住 67980 位数的数字吗? 这是 2005 年一位来自中国的 24 岁研究生吕超背诵的圆周率[105] 位数。在 24 小时里,吕超没有休息,说出了这些字符,打破了世界纪录[106]。可以说学者们已有甚至更使人感到惊讶的表现,有着出奇的记忆能力,记住从名字、数字到复杂视觉场景细节的所有东西。在罕见的情况下,此前健康的人受到伤害似乎会引发所谓的"后天性学者征候群"(acquired savant syndrome)[107]。例如,O.Serrell 在 10 岁的时候,头部的左侧遭到了一个棒球的猛击。他突然发现自己能够回忆起无数个牌照,能够计算复杂的日历条目,例如,算出数十年前的一个日子是星期几。这些人的脑袋瓜怎么就使普通人的大脑记忆力为之羞愧呢? 而且,在关于人类大脑真实能力方面,这些圆周率背诵者和学者们的能力又说明了什么呢(见图 3-71)?

图 3-71　有无可能解开隐藏的记忆天赋? 来源: Getty 图片社

---

104 K.Vonnegut 生于 1922 年,卒于 2007 年 4 月,是美国黑色幽默文学的代表人物之一。他以喜剧形式来表现悲剧内容,让人们在灾难、荒诞、绝望面前发出笑声。这种黑色幽默风格始终是 K.Vonnegut 小说的特点。

105 圆周率(π)定义为圆的周长与直径的比值,也等于圆的面积与其半径平方的比值。圆周率是一个无限不循环小数。

106 2005 年 11 月 20 日,中国西北农林科技大学学生吕超在经过 4 年准备之后,用 24 小时 4 分钟的时间连续说出圆周率的 67980 位数字。

107 后天性学者征候群(acquired savant syndrome)指儿童或成年人在脑部受伤后突然发展出学者征候群患者的特殊才能。

大脑字节

在一个可量化的层次上，我们的记忆能力必然在大脑生理学上有一定的基础。在这个方面，一个粗略但也许有用的定量化结果是，大约 1000 亿个神经元[108]构成了我们的大脑。然而，仅有约 10 亿个神经元在长期记忆中发挥着作用，这些神经元被称为"锥体细胞"（pyramidal cell）[109]。

如果你打算假设一个神经元仅仅能够持有一个"单位"的记忆，那么，我们的大脑将会"装"得满满的。美国西北大学（Northwestern University）心理学教授 P.Reber 说，"假如你能够有与神经元数量一样多的记忆，那么这不是一个非常大的数目。你将很快用完自己大脑的空间"。

相反，研究人员认为记忆形式是在神经元和整个神经网络[110]之间连接之中。每一个神经元生长出延伸部分，就像从一个换乘枢纽向外辐射的铁路线，并且与约1000 个其他神经元构成回路。一般认为，这种结构使得记忆元素能够遍及整个缠成一团的神经网络。因此，"蓝色天空"这样的概念能够出现在对户外场景的难以计数且形式上互不关联的记忆之中。P.Reber 把这种效应称为"指数存储"（exponential storage），有了这种效应，大脑的记忆能力能"穿透天花板"。

P.Reber 说，"根据任何合理的猜测，大脑的记忆量进入了数个 PB[111] 的范围"。一个 PB 记忆量相当于 2000 年的 MP3 歌曲文件的大小[112]。当然，我们还不能准确知道一个单独记忆需要多少个连接，或者，即使一个单独记忆的存储量能被比作一台数字计算机，这样的比较也许不是完全可信的。因此，我们只需说，根据 P.Reber 的说法，"你有无比巨大的记忆空间"。

更高级？

生来具有超级记忆量的人就能够拥有非凡的大脑吗？简短的回答是"不"。像吕超那样的圆周率背诵纪录保持者，和绝大多数记忆锦标赛的获胜者一样，发誓他们是普通的人，只是为保持和检索所选择的信息专门训练了自己的大脑。N.Dellis

---

108 神经元（neurons）又可称为神经细胞，是构成神经系统结构和功能的基本单元。神经元是具有长突触（轴突）的细胞，由细胞体和细胞突起构成。在长的轴突上套有一层鞘，组成神经纤维，它的末端的细小分支叫做神经末梢。细胞体位于人的大脑、脊髓和神经节，而细胞突起可延伸至人的全身器官和组织。细胞突起是从细胞体延伸出来的细长部分，它又可分为树突和轴突。每个神经元可以有一个或多个树突，可以接受刺激并将兴奋传入细胞体。每个神经元只有一个轴突，可以把兴奋从胞体传送到另一个神经元或其他组织，如肌肉或腺体。

109 锥体细胞（pyramidal cell）是人大脑皮层的主要投射神经元，可分为大、中、小三型。锥体细胞呈锥形，从锥体尖端所发出的一条较粗的突起称为主树突，该突起伸向皮质的表层，并沿途不断发出许多小的树突分支。在锥形细胞底部还发出一些基树突，它们沿水平方向扩展。在所有的树突上，都有大量的树突棘。树突棘的数量随胞体的距离增加而增加。轴突自细胞底部中央与主树突相对的位置上发出，细而均匀，长短不一。短者走行在所在皮质范围之内，与邻近细胞形成突触联系；而长者则离开皮质，或参与组成下行至脑干和脊髓的投射纤维，或走行至同侧及对侧的不同皮质区，形成连合纤维。

110 神经网络（neural network）指高级动物大脑中的神经元、细胞、触点等构成的网络，能够产生意识，作出判断和响应。

111 PB（petabyte）是表示信息存储量的单位，等于 1024^5 个字节。

112 设一首 MP3 歌曲播放时间为 60 秒，比特率为每秒 128KB，那么这首 MP3 歌曲的存储量为 0.9375MB，1PB 存储量可存储 1.1523 首这样的 MP3 歌曲。

是一位美国记忆锦标赛的冠军，他说，在成为一名智力竞赛运动员之前，他的记忆力实际上是很差的。"在数个星期甚至更短的训练时间里，一直做着对正常人来说几乎不可能做到的事情。我们都有这个技能"。

几年前，在 N.Dellis 第一次开始自己的大脑训练的时候，他花了 20 分钟记住了一副扑克牌。现在，他能够保证在 30 秒时间之内，换句话说，在一次发牌中，记住所有 52 张扑克牌的顺序（见图 3-72）。2015 年 3 月 29 日，在纽约举行的美国记忆锦标赛上，N.Dellis 成功卫冕，在此之前，他每天在扑克牌计数和其他记忆竞赛项目上进行 5 小时的训练。

和其他的记忆冠军一样，N.Dellis 为了快速记住一些事情依靠被证明有效的策略。一个流行的诀窍是构建"记忆宫殿"（memory palace）[113]。如同 N.Dellis 解释的那样，他想象自己熟悉的一个住所，例如他儿时居住的房子。他把自己需要记住的东西转换成图像，然后把这些图像放在靠近门口的桌子上，例如，放在厨房里的桌子上。他说，"你在精神上引导自己通过这个空间，捡起你留在那里的这些图像，再把它们转回到你曾记住的东西"。圆周率的背诵者也常常使用"记忆宫殿"或者类似的诀窍，例如，把大量数字转变为单词，这些单词相互串接在一起，构成一个冗长的故事（见图 3-73）。

图 3-72　有些人能够在 30 秒时间内记住扑克牌洗牌的顺序。来源：Thinkstock 网站

图 3-73　你能够学习记住长串的数字又不借助字符串吗？来源：Thinkstock 网站

"内心的学者"（inner savant）

这些记忆策略的广泛成功表明，假如下了决心，几乎每个人都能成为一个奇才。但是，你没有付出大量艰苦的努力就能够成为一个奇才吗？这是 A.Snyder 研究的目标，他是悉尼大学（University of Sydney）脑中心主任。他提出了有争议的想法，这就是我们所有的人都拥有一个"内心的学者"，采用合适的技术，这个"内心的学者"能够被挖掘出来。根据 A.Snyder 的想法，普通的人脑主要在高层次的概念思维上运行，而不是自我关注无数低层次的细节。他说，"我们意识到事物的整体，不是弥补整体的局部"。

作为我们实现概念思维而具有的内在智力规划的单元演示，A.Snyder 和他的同

---

113 1984 年，美国耶鲁大学历史学家 J.Spence 出版了名为《利玛窦的记忆宫殿》（*The Memory Palace of Matteo Ricci*）一书，讲述了 M.Ricci（生于 1552 年 10 月，卒于 1610 年 5 月，意大利天主教传教士，学者，在明朝万历年间曾来中国传教）如何具有过目不忘的能力。

事们进行了一个实验。他用记住有着大量类似方向盘、车轮、挡风玻璃雨刷、头灯等项目的购物单来考验他的同事。A.Snyder 说，"人们对记住这份购物单感到为难"，但是，同事们都告诉 A.Snyder，他在说"汽车"，事实上，此时他没有说"汽车"。"他们把各个部件'组装'在一起"。这似乎是合理的，进化也许磨炼了我们的大脑，使大脑以这样的方式工作。例如，我们的大脑不会念念不忘一头狮子脸部的每个小细节，诸如每根毛发的色彩，而是迅速地猜测出，喔！这是一头食肉动物，我们需要尽快作出反应。

换句话说，我们的感官传递给大脑的绝大部分数据都没有提升到一个有意识的水平。然而，在学者中，这种高层次概念思维没有开始运行，面对蜂拥而至的细节，概念思维向他们提供了"特许通道"（privileged access）。例如，当他们记住了这份购物单的时候，他们能够记住各个部件（头灯、挡风玻璃雨刷等），但不能抓住整体的概念：这是汽车。

像 O.Serrell 那样的后天性学者征候群案例促使 A.Snyder 寻找这种现象的生理学基础，如前所述，O.Serrell 遭到了棒球的猛击。在我们左耳上部的左前颞叶（left anterior temporal lobe）是候选脑区。研究人员已注意到在自闭症患者和学者征候群患者里，还有在陪伴新生艺术和音乐能力的阿尔茨海默病病例中，左前颞叶有着功能性障碍。这个区域也对应于 O.Serrell 童年遭受创伤的部位。

A.Snyder 采用一种能产生磁场、他取名为"思维帽"（thinking cap）的医学装置，慢慢地抑制了在志愿者大脑左前颞叶区域内神经元的活动。有趣的是，他报告这些人暂时表现得得到改善了的绘画、校对和计算技能。

尽管 A.Snyder 有自己的最求目标，但任何盼望快速成为天才的人将不得不等上一段时间。其他因素，例如试验者因其头上有极其新潮的小东西而增强了自信和机敏，带来明显的大脑收益，这是完全可能的。更为重要的是，近期开展的试验一直是相对有限的（例如，A.Snyder 尚未试验长期记忆的极限），因此，志愿者们脑部功能的改善还难以达到像 O.Serrell 那样被认可的学者使人眩晕的高度。

由于存在这些限制，一些科学家一直嘲笑 A.Snyder 的说法，虽然在刺激大脑的使用上有着不断增长的兴趣，这些科学家追求的目标总体上变得更加适度。但是，A.Snyder 的初步工作至少表明，我们越了解大脑的运动，大脑越可能让我们感到惊讶。

记忆的瓶颈

看起来，已清楚的事情是大脑的记忆有着内在限制。那么，为什么我们不能记住每件事情呢？包括我们绝大多数人不能回忆起来的细节和学者们经常疏忽的总体概念。A.Snyder 说，"我不知道"，"但是你应当考虑它与信息处理的经济性有关"。美国西北大学的 P.Reber 也认为人的大脑根本无法跟上外部刺激的"洪流"，如同人的大脑解释大脑的秘密那样。P.Reber 说，"这可能是不能记住每件事情的原因，从我们的感官到我们的记忆存在着瓶颈"。

P.Reber 说，援引熟悉的计算机类比，在人一生中，他的记忆极限不是"计算机硬盘的空间"，而是"下载的速度"（见图 3-74）。"我们的大脑并没有充满，我们正在体验的信息比内存系统能够记录的信息来得更快"。（www.bbc.com，原文标题是 *What's the most we can remember*？ 2015 年 4 月 3 日下载。）

真正的个人电脑

"Ood"[114] 是一些个古怪的东西。《神秘博士》（*Doctor Who*）[115] 是一部关于在时间和空间里的一名旅行者遭遇的系列电视剧，在这部电视剧里，在更为神秘的外星人经常遇到的东西中，绝大部分 "Ood" 是无声的，虽然有时候会发出像不安的鱿鱼发出的声音。更重要的是，进化使 "Ood" 有两个大脑，一个大脑在它们的头部，另一个在它们手边（见图 3-75）。

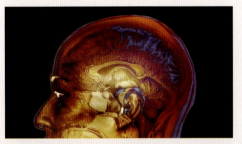

图 3-74　你能够用计算神经元的方法来测量一个大脑吗？不见得。来源：空间物理实验室

图 3-75　"进化使它们有两个大脑，一个在它们的头部，另一个在它们的手边"

把 "Ood" 放在发达国家任何一处的公共交通车里，虽然它的触角会分开，但它可能不会抬起有疑问的眉毛。其他乘客可能十分繁忙，把注意力放在他们现在手上携带的 "大脑" 上，与外星人做事十分相似，关注着特别古怪的任何事情。

目前，在全世界，有 20 亿人在使用智能手机，这些手机与互联网连接，有一个触摸屏，或者有一个类似的东西作为接口。根据 Andreessen Horowitz 公司的 B.Evans 预测，到二十一世纪第二个十年末，使用智能手机的人看来会翻一番，超过 40 亿人，Andreessen Horowitz 公司是一家风险投资公司（见图 3-76）。智能手机已经有巨大的吸引力，2015 年预计在中国销售 5 亿部智

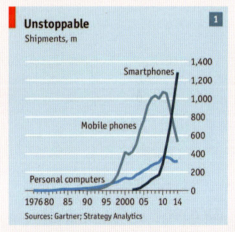

图 3-76　本图的标题是 "不可阻挡的，出货量，百万部"；图中自上至下分别为 "智能手机"、"移动电话" 和 "个人电脑"；左下角写着 "来源：甘特纳公司（Gartner）；战略分析公司（Strategy Analytics）"。从图可以看到，2014 年，全球智能手机的出货量约为 13 亿部，移动电话出货量约为 5.3 亿部，个人电脑的出货量约为 3.2 亿部

---

114 "Ood" 也是 "Object-Oriented Design"（面向对象设计）一词的缩写。

115 《神秘博士》（*Doctor Who*）是一部由英国广播公司制作的系列科幻电视节目，自 1963 年起播放。它描述了一位神秘的时间旅行者 "The Doctor" 和他的搭档乘坐名为 "Tardis" 的时间船发生的故事。

能手机。智能手机不仅在富裕人群中正变得更加有用，而且在底层人群中也变得更加便宜。在印度，最受欢迎的智能手机品牌"Micromax"的基本型售价低于40美元。当智能手机在市场里得到认可的时候，每个人希望有一台智能手机的要求，迫使最初用智能手机的人不愿撒手，最终使得智能手机无处不在，新加坡南洋理工大学的R.Lin把这种现象称为"移动逻辑"（mobile logic）。

成功不是智能手机独自的故事。根据波士顿咨询公司（Boston Consulting Group）的资料，2009年至2013年期间，移动通信行业投资了18 000亿美元，用以改进全球的基础设施。下载速度提高了12 000倍，数据价格下降到每兆字节几个美分。连同家庭和办公室的WiFi，这使得增加远离数据中心的智能手机自身计算功能变得可行。亚马逊网络服务（Amazon Web Services）是世界上最大的云计算提供者，声称它每天都在增加与10年前其电子商务母公司需要运行的整个全球基础设施一样多的服务器容量。

"让它响得更久一些"

到2020年，约80%的成年人将拥有与如此出色的全球资源连接的智能手机。假如他们像今天的欧洲人和美国人那样在这些事情中处于领先位置，他们每天将使用2小时的智能手机；假如他们像今天欧洲和美国的青少年那样，他们每天将使用超过2小时的智能手机。这样的想法将被长期遗忘，找到一台电脑的正常地方是在桌上，它独自"待"在那里，此后，它是在地下室里。

像此前的书、钟和内燃机那样，智能手机正在改变人们相互之间联系的方式，正在改变他们与周围世界联系的方式。通过使网络世界更加相关和更加适用，对于从A到B、找到一个日子去照看孩子或检查自动温度调节器的每一项任务来说，智能手机添加了各种便利。然而，除了便利之外，总与你在一起的智能手机删除了此前关于能够做什么、什么时候能够做、什么地方能够做的许多限制，悄然破坏了类似那是什么、他是谁的原先确定无疑的事情。此前清晰的差异，例如，一种产品和一种服务之间的区别，一个轿车拥有者和一个出租车司机之间的区别，一个城市广场和一个政治运动之间的区别，会变得彼此模糊。这个世界正变得更加"流畅"（见图3-77）。

这些变化和驱动智能手机发展的工具重新调整了电脑行业。多亏了"iPhone"手机，苹果公司不久以前还是一个"利基"式台式计算机和笔记本电脑的制造商，现在的价值已超过世界上任何其他的公司，刚刚有了公司历史上收益最高的季度。B.Evans先生认为，目前苹果公司的收入高于整个个人电脑行业公司的收入。小米公司（Xiaomi）是中国一家快速成长的智能手机制造商，已成为世界上最有价值的创业型公司。智能手机已是信息技术的核心产品。它产生了绝大部分利润，吸引了绝大部分资本，吸引了最聪明的人。

目前，苹果公司的"APP Store"和"Android"操作系统中相等的东西——"Google Play"向使用者提供超过300万种的应用软件，"Android"操作系统在全世界82%的智能手机上运行，与之相比，苹果公司的操作软件只在15%的智能手机上运行。2014年，苹果公司单独销售了价值超过140亿美元的应用软件。比起轿车来，可

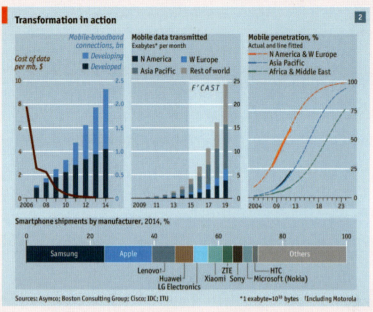

图 3-77 本图的标题是"行为里的变化"。本图含有 4 幅小图，此处分别称之为"左图"、"中图"、"右图"和"下图"。左图右上角蓝色字为"移动宽带接入量，单位：10 亿个"，左上角棕色字为"数据成本，单位：美元 / 兆字节"；蓝色方框标注为"发展中国家"，深蓝色方框标注为"发达国家"。中图的标题是"移动数据传输，单位：千兆兆字节 / 月"；图例第一行为"北美地区"、"西欧地区"，第二行为"亚太地区"和"世界上其他地区"。右图的标题是"移动通信百分比，单位：%"；图例从上到下为"北美和西欧地区"、"亚太地区"及"非洲和中东地区"。下图的标题为"2014 年制造商的智能手机出货量，单位：%"，其他文字分别是重要智能手机生产厂商的名字，包括三星公司（Samsung）、苹果公司（Apple）、联想公司（Lenovo）、华为公司（Huawei）等

以这样说，智能手机起初都是一样的，现在能够定制，以满足几乎无限的需求和兴趣。"哭声翻译器"（Cry Translator）标榜可解释宝宝的心情；"剧情"（RunPee）会告诉你，在任何一部电影里，你在何时最好中断观看去上厕所和弥补你错过的情节。

事实上，智能手机能够看，能够听，知道自己在哪里，正以多快的速度运动，能够感知或者推断其他各种情况，这增加了智能手机享有的超越桌上那些"盒子"（台式计算机）的优越性。什么时候有下班车？什么是不被认可的音调？那种带有条形码的产品在其他地方的价格是多少？在菜单上，那些东西确切地是什么？在使用者自己能够找到的任何网络环境里，本地数据和云计算的结合就可以回答这些问题。

应用软件让人们在他们的智能手机上做更多的事情，也让人们离开智能手机做更多的事情。假如某些东西能与互联网连接，例如一扇门、一个冰箱或者一个自动温度控制器，能够通过一个应用软件加以访问。这样，智能手机是物联网（internet of things）成功的核心。可穿戴技术产品，例如健康跟踪器、智能手表、夹戴式照相机等，将主要通过穿戴者的智能手机以类似的方式工作。部分原因在于穿戴设备能够短距离无线连接到一台智能手机，而不是自己连接到互联网上，这意味着穿戴设备能够采用更小的电池和更简单的电路；部分原因在于智能手机已经是阅读、存

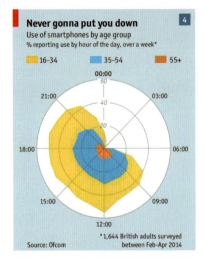

Never gonna put you down
Use of smartphones by age group
% reporting use by hour of the day, over a week*

16-34　　35-54　　55+

*1,644 British adults surveyed
between Feb-Apr 2014

Source: Ofcom

图 3-78　本图的标题是"永远不会把你放下，不同年龄人群的智能手机使用，单位：%，调查获得的在一个星期内每天使用智能手机的时间"；右下角写着"2014 年 2 月至 4 月期间调查的 1644 个英国成年人"；左下角写着"来源：英国通信管理局（Office of Communications，Ofcom）"

储和处理各种数据的重要方式。智能手机能够转变为几乎任何东西的遥控器，你甚至能够添加一个名为"dog-whistle"的应用软件，向你的宠物发出命令（见图 3-78）。

"请检查号码"

　　Uber 公司是最著名的以应用软件为基础的公司，它的价值为 410 亿美元，这是由于它在把智能手机转变为出租车的遥控器上取得成功。智能手机给 Uber 公司两类用户即驾驶者和乘客带来了所需要的控制。它也给 Uber 公司的数据处理提供了所需要的、从轿车位置到客户反馈的各种数据。

　　类似的服务提供者正在使用智能手机来调整当地的物流。多年来，许多公司一直试图把食品杂货及其他商品的分送变成一个大业务。最新出现的公司似乎更加得益于自由个体购物者的智能手机，这些购物者会立即行动，购买需要买到的某些东西。"Instacart"[116] 是这类服务规模最大的平台之一，与美国 15 个城市的 4000 个购物者有合同。它的收入已从 2012 年的 100 万美元发展到 2014 年的 1 亿美元。这样的业务模型不是没有批评者："Plattform-Kapitalismus"平台把人们的生活和生计更加彻底地整合到一个市场交易网络之中，这种方式在欧洲左翼人士中受到越来越多的关注。

　　智能手机和应用软件带来的新业务并不只是扩展了互联网，而且通过某些现有网民可能觉得难以忍受的方式，正在重新塑造互联网。谷歌公司通过收购和研发"Android"操作系统方式自行进入智能手机世界的一个理由是调整自己的业务以适应由另一家公司主导的智能手机世界。当人们用智能手机上的应用软件、而不是用个人电脑上的浏览器访问互联网的时候，他们的体验是不同的。互联网看上去不像一组相互连接的页面，这使得那些帮助人们找到想要看到的网页、并在此过程中看看广告的业务看上去没有太大吸引力。绝大多数智能手机用户通过应用软件、而不是通过搜索或通过广告来购买东西。

　　如果转移到智能手机的世界，诸多公司面临的一项挑战已在网页上产生，虽然"Facebook"网页提供了如何取得成功的例子，但对于那些只是初次接触网页的公司来说，这个挑战可能是雪上加霜。媒体公司通常依赖用户浏览它们的网页（虽然让用户为浏览它们的网页支付费用总是困难的）。但是，人们现在正在寻找他们想通过"Facebook"、"Twitter"和越来越多的信息服务阅读或关注的东西。"Snapchat"网站在青少年中极受欢迎，因为它允许他们发出数秒钟后将会消失的图片，近来它

116　"Instacart"是美国"一小时送达"的移动购物平台。

又推出了一项名为 "Discover"（发现者）的服务。它提供来自美国有线电视新闻（CNN）、国家地理（National Geographic）及其他媒体的文章和视频，这些文章和视频在 24 小时后就会消失。有些出版物推断网站已过全盛时期，目前计划只是直接分发它们的产品。

其他的扰动更多是私人性质的。如 E.Topol 在他名为《病人现在想见你》（*The Patient Will See You Now*）一书中提出，在智能手机时代，医生和病人之间的关系是另一种将变得更加 "流畅" 的事情：配有合适传感器的智能手机能够收集从体温到血糖的医学相关数据；智能手机能够传输损伤的图片，甚至两台智能手机可以用作一台用于耳朵检查的耳镜及其他形式的医学器械。E.Topol 博士是斯克里普斯转化科学研究所（Scripps Translational Science Institute）的主任，也是一名心脏病学专家，他预计智能手机将产生 "聪明的病人"（smart patients），可以在一个更加平等的位置上与医生对话。

过去，社会行为和礼仪已适应了新的技术，它们将再一次这样做。在习惯的潜意识层面，智能手机已被奇特地融入人们的生活之中。特定的空间提示，例如进入电梯或者走上火车，能够可靠地触发一次对手机屏幕的检查。在厕所里类似的效应被认为是三星公司开始制造更多型号防水智能手机的原因。

一种奇怪的感觉

保护用户不可能总是像保护他们的智能手机那样容易。理疗师们警告用户患上 "短信脖"（text neck），与 "Ood" 不同，人类的进化，使得他们的整个大脑在脊椎顶部保持平衡，持续向前躬身带来了应力和压力。一些心理学家警告使过去习惯成瘾的危害。他们不只是警告赌博类应用软件的危害，而且警告更为普遍方式的危害，像赌博那样，人们以这样方式检查智能手机上有否来电，这是一次为了难以实现的回报的搜索，每一次失望增强了试图再次搜索的欲望。D.Greenfield 是互联网和技术成瘾研究中心的创始人，也是一名心理学家，他把智能手机称为 "世界上最小的 '老虎机'"。

青少年在智能手机上花去的时间使他们的长辈在智能手机上花去的时间相形见绌，他们正在发展一种社会生活，在这种生活里，面对面的接触和数字形式的接触被交替使用，而且往往是同步发生的。南加利福尼亚大学（University of Southern California）的 M.Castells 认为青少年以智能手机为基础的生活在 "永恒的时间"（timeless time）里 "上演"，在此期间，活动和交流并行发生，甚至向后发生（假如人们的生活按照时间表进行，在你知道他们接下来会说些什么之后，就会知道他们最初会说些什么，这是一个普遍的经历）。

更多了解 "屏幕时期"（screen time）模式

适应其他概念努力的流动性可能显现，这些努力说明智能手机是真正的个人计算。机械式钟表以新的方式使得工业革命成为被普遍接受的东西；汽车改变了陆地的景观，并且扩展了人们生活的地理范围；有着封皮、被固定放置在书架中的印刷书籍使得人们的知识更容易理解，更容易创建，可得到更彻底的考查。现在，确切地说是在更早的时候，对智能手机的严格管制似乎已经放松。智能手机鼓励租赁使用，而不是购买使用；鼓励试用，而不是自我限制地使用；鼓励在使用过程中而不是预先确定地相互协调事情。

近期政治抗议活动已经利用了新的流动性优势。智能手机并没有引发起义或者革命，但它已经影响了政治抗议活动的动态：动员组织的成本已变得更加低廉，建立集中组织已变得更加没有必要。在近期发生在美国密苏里州圣路易斯郊区的弗格森（Ferguson）和中国香港的政治抗议活动中，短信应用软件被用来在抗议活动发生的场地实时协调各种活动。

对这些政治抗议活动来说，一个固定场地的意义也已变得更加重要，乌克兰基辅的独立广场（Maidan）、埃及开罗的解放广场（Tahrir Square）、美国纽约的祖科蒂公园（Zuccotti Park）和中国香港的市民广场（Civic Square）就是证明。用Arthesia公司的T.Sevcik的话说，发生在这些地方的政治抗议运动转喻反映了物理空间正在变为"一个虚拟世界功能"的方式，Arthesia公司向城市的政府提供建议。城市的公共广场重新塑造成政治运动的平台，反映了物理场所的用途现在越来越不依赖于它们处于什么地方和它们设计的功能，越来越依赖于与它们已有的或人们带到这里来的"屏幕"相关的事情，这类物理场所可以是道路、房间或建筑物。

这样的变化将引起社会科学家的极大关注，对一些社会科学家来说，智能手机已成为"望远镜"和"显微镜"，使得他们能够更加精确地、在比以前更宽阔的尺度里观察社会现象。像麻省理工学院传媒实验室的A.Pentland这样的乐观主义者认为，手机能够提供的巨量数据能够巩固一门新的预测性"社会物理学"的基础。这门新的科学也许能够建立从流行性疾病到暴力活动的许多世界性问题模型，有助于缓解这些问题的危害。

"狂暴时期"（wild time）才刚刚开始

然而，对悲观主义者来说，智能手机是G.Orwelld的小说《1984》[117]中的"电屏幕"（telescreens）的缩小版，在这部小说中，"电屏幕"是无处不在的工具，使得"思想警察"们能够辨认国家的敌人。"民主"国家的安全部门已经在进入更多智能手机的能力上表现出浓厚兴趣。"专制"国家的安全部门无疑在做相同的事情。在全世界，人们正在匆忙购买设备。通过这些设备。他们能够在以前不可能达到的"亲密"层次上对智能手机进行监测。国家在进行监测，被托管数据信息的公司在进行监测，偷取智能手机信息的黑客们在进行监测，只是想看看在智能手机上"张贴"了什么东西的好奇之人也在进行监测（见图3-79）。

图3-79 "狂暴时期"才刚刚开始

智能手机为基础的社会媒体、短信服务和其他应用软件已经使得人们的生

117 《1984》是英国作家G.Orwelld创作的一部著名的政治寓言小说，1949年出版。

活更加公开。进入云端的黑客已经暴露了部分人以智能手机为基础的、他们也许宁愿保密的生活。"民主"国家可能有能力找到一些已暴露问题可被接受的解决方案。A.Pentland 先生呼吁实施一项"数据新政"（new deal on data），它应当包括给予个人明确的私人数据权利，允许人们对如何使用信息进行更好的控制。

在《黑箱社会》（*The Black Box Society*）一书中，美国马里兰大学（University of Maryland）的 F.Pasquale 主张在政府和公司的数据使用中有更多的透明性，并且把数据使用限制在允许的范围之内。

存在某些问题的技术解决方法。现在，美国加利福尼亚州坚持认为，智能手机有着假如它被偷窃、允许它的拥有者远程锁牢它的"总开关"，这样，对小偷来说，降低了被窃手机的价值，保护了用被窃手机能够访问的数据。苹果公司"iOS"操作系统和微软公司"Android"操作系统的最新版本，在智能手机上以只有使用者才能够解码的方式自动对使用者的数据进行编码。

在智能手机流行的世界里，也许最为基础的问题是在一般情况下智能手机的"潮流"是否会把人们聚集在一起，或者把他们分开。忽视"Ood"的现象，在火车和公共汽车上那些"短信脖"伸长着注视智能手机屏幕的"上班族"们甚至比以往更加彼此隔绝。2013 年，在美国旧金山"Muni"列车上的安全录像显示，大量乘客没有注意到一个男人正在玩弄一把手枪，直到他向一些人射击。由麻省理工学院的 S.Turkle 写的一本书的标题和副标题似乎概括了一些真实的事情，这本书的书名是《一起孤独——为什么我们从技术上而不是从彼此交往中得到更多的东西》（*Alone Together— Why We Expect More from Technology and Less from Each Other*）。

不过，智能手机确实把人们更紧密地聚集在一起。通过保证总是有人在玩、实际上与他人连接起来玩一个游戏，智能手机不经意地做到了这一点。智能手机把需要工作的人与需要他们的人进行匹配，把有着要出售商品的人与希望购买这些商品的人进行匹配，在商业上做到了这一点。智能手机把明星的自拍照片送到了大量的追随者那里，客观地做到了这一点。智能手机使家庭成员之间有了近乎固定的交谈，把你在其他情况下也许会失联的朋友终身连接起来，亲密地做到了这一点。智能手机可能以让人们排除向他们挑战的声音方式做到这一点，也可能以极为平凡的方式做到这一点。智能手机还根据年龄和性别的差异做到这一点。一些研究表明，至少在某些文化环境中，女性用智能手机来分享照片和类似的东西，充实和强化现有的社会关系，而男性则用智能手机来分享各自的兴趣，创建新的或强化相对更弱的社会关系。尽管如此，智能手机这样做了。

对智能手机潮流来说，新的计算技术很有可能意味着目前的智能手机形式不会永久持续下去。尽管使你适应周围环境、反之亦然的事情似乎肯定要坚持下去，但真正的个人电脑手机是可能的。人们将会生活在彼此之间和与云计算能力之间永恒的联系之中。

"Ood"是值得记住的东西，它们不仅仅有两个大脑，一个大脑在头上，一个大脑在手上，还有第三个"行星"大脑，被所有的人以心灵感应的方式分享。世界可能变成这样，人们手中握着手机，口袋和钱包里装着手机，人类创造着自己的生活方式。（www.economist.com，原文标题是 *The truly personal computer*，2015 年 2 月 28 日下载。）

互联网看上去像什么：在世界各个角落铺设的海底光缆

世界海下光缆形成了网络。信息时代是由埋设在海底的细细的光导纤维驱动的，它们分布在各个国家之间，连接地球上最偏远的地方（见图3-80）。这些巨大的"动脉"近乎占据着我们所有的国际网络流量，其中的每个干线已被位于美国华盛顿的研究型公司——电信地理学公司（Telegeography）在它的"2014年交互海底光缆地图"（Interactive Submarine Cable Map 2014）中记录下来。这家公司的研究主任A.Mauldin向美国有线电视新闻网（CNN）介绍了世界海下网络的情况。

图 3-80　欧洲地区的海底光缆

我们完全依赖海底光缆吗？ A.Mualdin说，99%以上的国际通信是由海底光缆传输的（见图3-81）。普遍的认识是，卫星通信是未来信息传输的方式，但是，在相当长一段时间里，卫星通信不会成为现实。卫星用于广播，并且对农村和非常边远地区的通信来说，卫星通信也是有效的。光缆的主要优势是它的成本更低。卫星通信的容量受到限制，所以卫星通信非常昂贵。相对而言，光缆能够传输大量数据，所以光缆通信更加便宜。

为什么海底光缆发展如此之快？ A.Mualdin回答道，海底光缆一直作为通信传输的主要方式来使用，因为互联网无处不在。变化是更多的海底光缆正在此前没有海底光缆的地方铺设。在过去几年里，许多海底光缆正在非洲东部地区铺设，这个地区仍在使用卫星通信。我们看到海底光缆正在抵达诸如汤加（Tonga）[118]、瓦努阿图（Vanuatu）[119]等岛屿国家（见图3-82），把那里的"袖珍都市圈"带进了全球的光纤网络之中。但是，仍然存在需要更多海底光缆来建立回路的空间，因为在海底光缆断裂的情况下，我们需要在每条路径上有更多的回路。在世界主要枢纽之间存

---

118 汤加王国（The Kingdom of Tonga）位于太平洋西南部赤道附近，由173个岛屿组成，大部分为珊瑚岛，其中36个岛屿有人居住。汤加与斐济的距离为650千米，与新西兰的距离为1770千米，陆地面积为747平方千米，水域面积为25.9万平方千米。2014年，汤加的人口为10.64万。

119 瓦努阿图共和国（Republic of Vanuatu）位于太平洋西南部，由80多个岛屿组成，其中68个岛屿有人居住，陆地面积为1.22万平方千米，水域面积为84.8万平方千米。2006年，瓦努阿图的人口为22.1万，其中98%为瓦努阿图人。

在着许许多多海底光缆,你需要不同的路径去避免海底断层区域,以在不同国家"登陆",也可为线路的"弹性"和更好的性能去避开某些国家(见图 3-83)。

图 3-81 中东地区的海底光缆

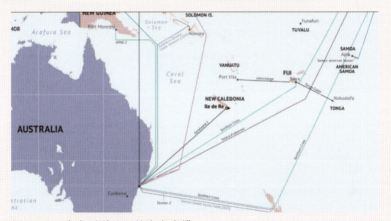

图 3-82 南太平洋地区的海底光缆

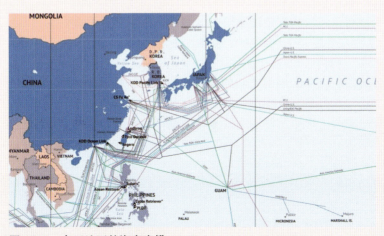

图 3-83 东亚地区的海底光缆

现有导致海底光缆损坏的主要问题是什么？对于这个问题，A.Mualdin 说，75% 的错误归因于外部损害，大多数损害是通过人的行为造成的，例如钓鱼、船舶的起锚或下锚。也存在地质因素对海底光缆造成损害，例如，海底的地震和塌方、地壳板块漂移和台风等。在 2011 年日本海啸期间，这个国家约半数的海底光缆运行中断，但是，运营商们有能力将通信容量转换到其他路径上去，所以，日本仍很好地运转。2014 年春天，连接非洲东部和欧洲的地中海海底光缆发生损坏。但是，这个损坏源自最近一次彻底的停电。

海底光缆的损坏会造成多大的伤害？A.Mualdin 说，近些年来，具有受到损害可能的国家是那些在一个地方只有一根或两根海底光缆的国家。假如海底光缆出现一次停止运行，非洲国家就会处于风险之中（见图 3-84）。绝大多数国家乐意提供可靠的服务，为建立多重海底光缆路径作出努力。像汤加这样的岛国只有一根海底光缆，因此，很显然，假如这根海底光缆受到损害，这些岛国就会"卡"住。极少数国家会依赖于一根或者两根海底光缆。有些国家可能仅有一根海底光缆，但还会有一种陆地连接方式。

图 3-84　非洲东部的海底光缆

海底光缆会达到它的容量极限吗？A.Mualdin 说，存在着很多发展空间。约有 13 根海底光缆在为跨越大西洋通信服务（见图 3-85），低于 20% 的潜在容量现在处于服务之中，我们把这部分容量称为"lit"（发光）。自 2003 年以来，大西洋里没有增加新的海底光缆，但是它们的使用量很低，这是因为技术不断取得进步，所以海底光缆的潜在容量在使用的同时不断增加。运营商们不断地使海底光缆具有传输更多数据的能力。它们能够增加更多的波长，以提高比特率[120]。不存在海底光缆容量枯竭的威胁。

在海底光缆性能上存在很多变化吗？大西洋海底电缆比沿非洲东部海岸铺设的海底电缆有更高的容量（见图 3-86）。海底光缆的容量依赖于其服务的市场。不要

---

120 在通信和计算机技术领域里，比特率（bit rate）指单位时间内传输或处理的数据数量。

说非洲的海底光缆不太有用，事实上，这里很多海底光缆是新铺设的，只是迄今为止对容量的需求还不是很高。非洲的状态不错，因为新的多重海底电缆已经铺设，而且海底光缆是按持续使用至少 25 年来设计的，所以海底光缆的容量在未来许多年里能够增长，一旦你建立了一根海底光缆，随着时间的推移，购买容量的开支会逐渐地让人负担得起。

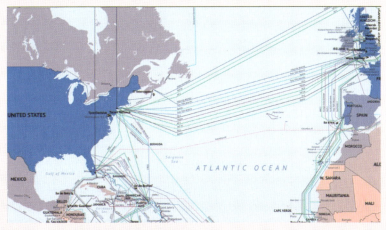

图 3-85　美国东部地区的海底光缆

图 3-86　围绕非洲大陆的海底光缆

　　成本在哪里？最新铺设的跨越太平洋海底电缆花费了 3 亿美元；在亚洲，一根抵达许多地方并在 2014 年投入运营的海底光缆花费了 4 亿美元。成本主要归结于光缆在海底的长度，也与它在陆地上的成本有关（见图 3-87）。比起一根只连接 2 个点的海底光缆，一根在 10 个不同国家"登陆"、与每个国家的连接有数千千米长的复杂海底光缆要花费更多的资金。

　　哪里还有需求？我们是否接近于完成海底光缆的铺设？基本说来，今天，我们几乎已经在地球的各个角落铺设了海底光缆。剩下的地方一般是非常偏远的岛屿"社

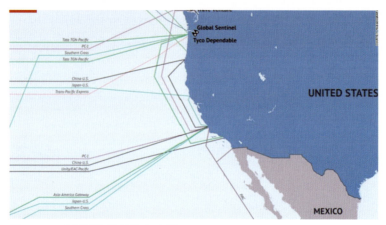

图 3-87　美国西海岸的海底光缆

区"。当然，可能存在改进的方面，也常常存在一根海底光缆不够用的情况，我们需要有多重海底光缆，以提供一种平衡和可靠的途径去连接世界。假如受到损害，这根海底光缆在数星期里不能运行，情况会变得很糟。假如你是这个国家里的一名使用者，这种情况是不可接受的，你期望在任何时间里有不间断的高质量网络连接。

在欧洲、美国和亚洲，人们不必考虑"如果互联网崩溃怎么办，我不能发出一份重要邮件"的问题，因为这种情况不会出现。但是，假如你是在孟加拉国，你仍会为此担忧（见图 3-88）。每个国家正在寻求向使用者提供高质量的、有弹性的互联网络，以使海底光缆的作用"消失在背景之中"，你不用考虑海底光缆的事情。假如一根海底光缆被切断，存在着不同的路径对它进行"备份"。

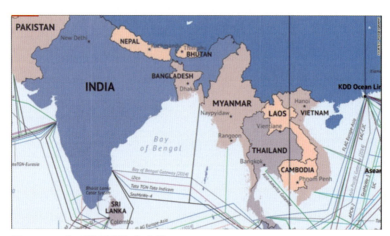

图 3-88　南亚地区的海底光缆

下一个大型海底光缆工程是什么？美国莫菲尔公司（America Movil）C.Slim 支持的海底光缆将把美国和墨西哥及许多拉丁美洲国家联系在一起，这项工程将在 2015 年进行准备（见图 3-89）。2015 年晚些时候，另一根海底光缆将连接印度和马来西亚。更早一些时候，我们知道人们已经公开宣布连接英国和日本的海底光缆工程定于 2016 年第一季度启动。

"2014 年海底光缆交互地图"遗漏了什么？A.Mualdin 说，这份地图一直在更新（见图 3-90）。我们知道所有处于运行之中的海底光缆，也一直收到来自那些说"嗨，你们在这里漏掉了一根海底光缆"的人们的信息。我们希望这份地图尽可能是准确的。我不能说它是完美的，它也许遗漏了一些小型的国内海底光缆，但是，对国际系统即更大的系统来说，它是全面的。在这份地图里，我们还包含了正在计划的海底光缆，它有可能被铺设，也可能不被铺设。我们还会跟踪海底光缆的"非活性化"问题，有时，一些海底光缆被停止运行，假如这些海底光缆不再运行，保养它们或者让它们不再有运行能力将是非常昂贵的。（www.cnn.com，原文标题是 *What the internet looks like：Undersea cables wiring ends of the earth*，2015年 7 月 24 日下载。）

图 3-89　中美洲地区的海底光缆

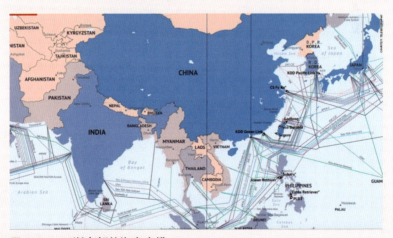

图 3-90　亚洲南部的海底光缆

优步公司许诺在新的欧洲协议下提供 50 000 个工作岗位

网络出租车分享企业优步公司[121] 的首席执行官 T.Kalanick 说，他希望 2015 年是这家公司在欧洲快速发展的一年。在慕尼黑举行的一次会议上，T.Kalanick 说，作为它与欧洲各个城市新的伙伴关系一部分，优步公司能够创造 50 000 个工作岗位（见图 3-91）。

图 3-91　在智能手机上使用优步公司的应用软件联系出租车司机

快速扩张的优步公司已经在全球引来了批评，这些批评来自监管机构和已有的出租车运营商。T.Kalanick 的话被看作企图建立与批评者的桥梁。

优步公司帮助用户在他们的智能手机上召唤类似出租车那样的服务，它起步于 4 年之前，现在已在全球 250 个城市中运营。根据来自投资者最新一期的融资（数据），这家总部位于美国旧金山（San Francisco）的创业企业被估计值 400 亿美元（255 亿欧元）。

但是，批评者一直指责优步公司公然藐视竞争规则，没有对司机和他们的车辆进行足够的安全检查。优步公司已经在比利时、法国和德国遭到了法院禁令的打击，在包括伦敦的主要城市里面对着来自出租车公司的抗议。一名据称遭到优步公司联系的出租车司机强奸的印度妇女正在美国的法院里起诉这家公司。

对优步公司的一些批评已经引起了这家公司激烈的反响，包括 T.Kalanick 频繁批评繁文缛节和监管，他认为各个城市使用这些环节来保护根深蒂固的出租车公司的利益。

过于轻率

但是，T.Kalanick 在与媒体和高技术产业相关的 DLD（Digital-Life-Design，数字 – 生活 – 设计）大会上说，"优步公司致力于与欧洲各个城市建立新的伙伴关系，以确保创新，保证强有力的经济收益，提升城市的核心功能"。他承认需要有司机的驾驶规则和安全检查，他说，"这很容易被说成是优步公司过去对所有法律轻率地持消极态度"。

这位首席执行官说，优步公司正在新的规则上与政府合作，以确保公众安全得到保护、选择和竞争的繁荣、经济的增长和税收收入的增加。他表示，优步公司正在开发新的技术工具，这些工具可提高安全性，进行背景调查，改进与本地官员和执法部门的沟通。

同时，T.Kalanick 说，那些向优步公司开放出租车服务的城市政府将会看到新

---

121 UberInc，"优步"公司，是一家风险投资创业公司和交通网络公司，总部位于美国加利福尼亚州旧金山。优步公司以移动网络应用程序连接乘客和司机，提供租车及实时共乘的服务。优步公司已在全球数十个城市开展业务。

增的数以千计工作岗位和更高的税收收入。"到 2015 年年末，如果我们能使这些伙伴关系生效，我们会在欧盟创造 50 000 个新的工作岗位"。他补充道，"优步公司希望与税务部门密切合作，在各个城市和欧洲各国里，提高运输供应者的接受程度，增加整体的税收收入"。（www.bbc.com，原文标题是 *Ubertaxi firm promises 50 000 jobs under "new" Europe deal*，2015 年 1 月 19 日下载。）

穿戴设备，为什么要拥有它，如何使用它

"从一开始就是苹果公司，所有的事情都是它做的，没有它，任何事情都不会是这个样子"。如果科技新迷们打算写自己的"圣经"，这几句话也许是开头。苹果公司重新定义计算机范畴的吸引能力，已经引起了数以百万计追随者确定无疑的信仰。苹果公司已有 4 次使现有技术受到大众的热捧，这就是 1984 年的"Macintosh"计算机、2001 年的"iPod"、2007 年的"iPhone"和 2010 年的"iPad"。近来，苹果的"信徒"们一直祈望它将用智能手表再次做到这一点。许多公司制造了基于腕关节的设备，它们测量睡眠和锻炼的状态，但是，到目前为止，这类产品仍然是"土包子"，还是运动员们的一个小玩意儿。

2015 年 3 月 9 日，苹果公司聚起了它的全体"信徒"，分享"Apple Watch"的细节，这款产品在 4 月销售。苹果公司的老板 T.Cook 把"Apple Watch"称为"有史以来最先进的钟表"（见图 3-92）。除了报时之外，"Apple Watch"能够回应语音命令，测量穿戴者的心率，在支付点上用作信用卡，为来电和邮件提供警示。"Apple Watch"能够显示在智能手机上流

图 3-92　2015 年 3 月 9 日，苹果公司老板 T.Cook 介绍"Apple Watch"

行的应用软件，例如社会网络的应用软件，没有了必须打个电话的烦恼（见图 3-93 ）。

"Apple Watch"的价格为 350 美元到 17 000 美元，它将使苹果公司获得数十亿美元的收入，虽然分析师们对于这次"巨响"将会有多大有着不同的预期。在不久的将来，这款产品不太可能达到苹果公司某些其他发明那样的成功，这些发明一直处于历史上最好销售的技术产品之列。在它需要从一个磁充电器获得更多电力之前，"Apple Watch"的电池只能持续 18 小时。"Apple Watch"还需要一台邻近的"iPhone"才能发挥作用，这减损了它的实用性。

"Apple Watch"的问世指出了一个含义更为广泛的事情，对穿戴技术的高期待将会很快过去。穿戴设备是一种含有收集和显示信息的电子线路的移动设备，包括各种各样的衣柜产品，如可测量体力的衣服，还有可覆盖真实景色信息与增强图像的眼镜。根据一家名为 IDC[122] 的研究型公司统计，2014 年全球销售了 2100 万件穿

---

122 IDC（International Data Corporation，中文直译为国际数据公司）是一家提供市场信息、咨询服务和信息技术、电子通信和消费类技术市场事件的公司，拥有 1100 名分析师，在全球超过 110 个国家里开展业务。

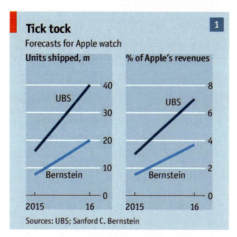

图 3-93　本图的标题是"嘀嗒声,对 'Apple Watch' 的预测";左边小图的标题是"出货数,单位:百万";右小图的标题是"'Apple Watch'销售收入占苹果公司收入的百分比"。图中的"UBS"是 UBS 公司（瑞银集团）,这是一家全球金融服务公司,目前是欧洲第二大银行和全球第二大私人财物资产管理公司;"Bernstein" 的全称是"Sanford C.Bernstein",这是一家成立于 1971 年的面向私人委托人的投资管理公司,现被 Alliance Capital 公司（联合资本管理公司）收购。到 2016 年,UBS 公司预计"Apple Watch"的出货量为 4000 万台,销售收入占苹果公司收入的 7%;Bernstein 公司预计这款产品的出货量为 2000 万台,销售收入占 3.8%

戴设备,大多数是包括手表在内的手腕穿戴设备。

消费者准备花合理的钱购买穿戴设备。但即便如此,他们购买穿戴设备的兴趣仍然处于落后于许多硬件公司所显示的爱好的方式上,在穿戴设备设计上,这些公司花费了大量投资。像三星公司、摩托罗拉公司和华为公司这样的巨头在开发智能手表,像 Pebble 公司这样的小公司也在开发智能手表。谷歌公司试图开发一种称为"Google Glass"的智能眼镜,没有取得多大成功,现在,它聚焦于为智能手表提供操作软件。在穿戴设备上,更有可能的是,比起卖硬件来,公司可在销售操作系统上发大财。

体育服装公司竞相开发装有传感器和无线电路的运动衫、运动鞋和内衣。公司追求的目标涵盖从关键性产品到有趣可爱产品的范围。例如,一些公司提供使用全球定位系统（GPS）技术来跟踪可能走失孩子的小产品。CuteCircuit 公司是一家英国的创业型公司,它设计了一款智能衫,当有人向穿戴者送去一个文本信息的时候,这件智能衫将会重复产生被拥抱的感觉。

健康是一个有着特定前景的领域。手表和其他穿戴设备能够帮助人们监测他们的活动,激励他们运动。苹果公司的手表提供"触感反馈"（haptic feedback）功能,用振动提醒穿戴者,例如,假如穿戴者坐得太久,提醒他们站起来。这款手表也为健康研究提供新的数据采集功能。这些都是"量化自我"（quantified self）运动的前期,此时,人们为个人用途去跟踪关于自己的大量数据,也许与公司分享。

主要得益于智能手机的热潮,芯片和传感器已变得更便宜,体积也更小。阿迪达斯公司（Adidas）的 S.Burr 说,这帮助穿戴式运动"从一个'星际迷航'式的梦想变成了现实",阿迪达斯公司是一家体育服装制造商。但是,在它们的潜力开始被认识之前,可能有 5 年左右的时间。S.Burr 说,"对于穿戴设备,我们还处在与'Palm Pilot'[123] 问世时相似的日子里",她指的是已经绝迹的智能手机"先祖"（见图 3-94）。

有几件事情阻碍着智能手表和其他穿戴设备的发展。许多智能手表的电池寿命很短,这限制了它们的吸引力。作为例外,假如有一台伴随的手机在附近,大多数

123 "Palm Pilot"是 20 世纪 90 年代掌上电脑的一个品牌,"Palm 1000"是 1996 年 4 月由 Palm Computing 公司推出的一款掌上电脑,使用 Palm OS 1.0 操作系统,内存为 256K。

带着"Moto 360"这款摩托罗拉公司出品的智能手表的人只能用它打电话，或者执行其他功能。在其他不能作为他们已随身携带设备替代品的设备方面，许多消费者没有兴趣。

在穿戴设备上加上"穿着"

迄今为止，穿戴设备还缺乏优雅设计和便于使用，这两件事帮助智能手机圈取得了成功。甚至被雇来四处演示"Google Glass"的时尚模特们，也竭力使这种眼镜看起来是高雅的。Forrester 公司的 J.P. Gownder 说，绝大部分公司正聚焦于面临的工程性挑战，几乎不关心"文化工程化"，对于穿戴设备变得可被接受来说，文化工程化需要发生（Forrester 公司是一家研究型公司[124]）。苹果公司已经从诸如"Burberry"和"Yves Saint Laurent"[125]的奢侈品牌那里

图 3-94　本图的标题是"假如价格是合理的，多少受访者愿意购买穿戴设备，%"；右下角写着："以 2014 年 8 月对巴西、英国、中国、法国、德国、日本和美国的 10 500 人的调查为基础"；左下角写着"资料来源：摩根士丹利公司（Morgan Stanley）；图中红色的字为"'Apple Watch'的准入水平，349 美元"

聘用了高级时尚设计人员，以使它的手表更吸引人，但还没有明显的迹象说明它已破解了时尚的"密码"。

对于购买智能手表来说，最为普通的场地也是一个令人不满意的因素。现在，已经向消费者出售智能手机的公司说，瞥一眼你手腕上的通知是更有效利用时间，这比使用手机更有礼貌。D.Singleton 是谷歌公司的工程主任，谷歌公司已使它的"Android"操作系统适用于智能手表，他说，智能手表使得穿戴者"与其周围的人更加协调"。然而，事实是，盯着看你的手表和盯着检查你的手机信息一样，都是疏远朋友和同事的方式。

但是，面对穿戴者，穿戴设备的最大挑战是没有"杀手级"应用软件的日期。智能手表还没有提供比现有智能手机更多的功能，某些智能手机则提供更少的功能。Creative Strategies 公司[126] 的 T.Bajarin 说，超越手机功能需要时间。这也依赖于让软件开发者开发出充分利用穿戴设备应用可能性的软件。Andreessen Horowitz 公司[127] 的 C.Dixon 说，目前，绝大部分研发者专注于智能手机，它有着数以亿计的用户，相比之下，智能手表仅有数百万用户。

许多研发者还在等待，在向穿戴设备投入时间、精力和资金之前，看看什么操

---

124 Forrester 公司是一家技术和市场调研公司，创立于 1983 年 4 月，它针对技术给业务和客户带来的影响，向客户提供务实和有前瞻性的建议。

125 "Burberry"（中文名称为"博柏利"）是著名的英国传统风格奢侈品牌；"Yves Saint Laurent"（中文名称为"圣罗兰"）是法国著名的奢侈品牌，主要有时装、护肤品、香水、箱包、眼镜、配饰等。

126 Creative Strategies 公司是一家创建于 1969 年的技术咨询公司。

127 Andreessen Horowitz 公司是美国硅谷的一家风险投资公司，创建于 2009 年，专注于种子基金、创业性企业及其他早期投资。

作系统会占据主宰地位。苹果公司和谷歌公司正以正面对抗方式，从它们的智能手表、智能手机到它们的轿车和通用电器，研发将使人们生活的不同领域合到一起的操作系统。

一些分析师认为，穿戴设备的"杀手级"功能最终可能是它们将向使用者提供一种"持续存在"的数字身份，把驾驶执照、信用卡、房屋钥匙、汽车钥匙和计算机的功能融合到一个小型装置里，这个装置穿戴在使用者的手腕或脖子上。要看看未来可能的样子，请去奥兰多（Orlando）的迪士尼世界主题公园（Disney World Theme Park）旅游。迪士尼公司投资了10亿美元建立了一个系统，在这个系统里，人们使用一个称为"MagicBand"的手镯，去驾驶，购买食物，进入他们的旅店房间。对客人们来说，这项技术是很方便的，他们不必携带许多的卡，但可能在旅行结束时耗费他们更多的时间，因为他们不用考虑钱就可方便购物。这些手镯让迪士尼公司即时收集关于客人们搭乘的交通和用餐的饭馆的信息，以便把员工部署在正确的地方。其他的公司正在类似的方向上采取犹豫不决的行动。像现代公司（Hyundai）的汽车制造商正在开发应用软件，让人们用智能手表和手机远程解锁和发动自己的汽车。

对穿戴设备来说，像这样的消费者软件不是取得成功的唯一途径。确实是，在过去的几十年里，消费者一直是由许多技术趋势驱动的，从电影和音乐的潮流到像"Airbnb"[128] 和"Lyft"[129] 的"分享经济"（sharing economy）业务，都是如此。但是，在穿戴设备发展中，下个阶段可能由使用者来引领。穿戴设备仍处在发展的初期。A.Lund 是通用电气公司的高级工程师，他说，"我看到的每件事情都是试验"（见图 3-95）。在工作场所，以各种方式，穿戴设备都会是有用的。

在工厂和仓库里，智能眼镜能够使放置和传送货物更有效率，同时能够关注工人们的生产率。采矿和石油公司能使用穿戴设备检测危险状况下工人的安全。名为"First Vision"的公司是一家西班牙创业型公司，正在开发一种带有嵌入式相机的运动衫，将给予粉丝们某种运动的运动员眼中景观。维珍航空公司（Virgin Atlantic Airways）[130]、日本航空公司和其他航空公司已经尝试使用智能眼镜和智能手表来改进它们的登机服务。消费者可能最终受益，但这类穿戴设备的购买者将是企业。

对公司来说，为其员工配备穿戴设备的费用，比起建立支撑这些设备和处理它们的数据所需的计算机系统，不是一个问题。Covisint 公司的 D.Miller 说，"对于每一项应用，它可能花费 50 万美元或者更多的钱"（Covisint 公司是一家技术公司）。

穿戴设备有可能改变某些产业。假如药物制造商用穿戴式监视器让病人参与，临床试验可能变得更便宜，也更准确。医院和医生的外科手术能够使用这样的监

---

128 "Airbnb"是"AirBed and Breakfast"的缩写，中文译为"空中食宿"，这是一个联系旅游者和家有空房出租的房主的服务型网站，向用户提供各式各样的住宿信息。

129 "Lyft"是一个提供私家车搭乘服务的服务型网站，提供"在你需要用车的时候出现有车的朋友"服务，乘客可以在移动地图上观察他们的司机，他们的行程将实时导航到移动地图上，乘车费用通常比出租汽车低约 80%。

130 维珍航空公司（Virgin Atlantic Airways）是英国的一家航空公司，成立于 1984 年，提供来往英国的洲际长途航空服务。

视器，以减少对家庭访问的需要。保险公司可能进入一个新的时代，它们既可为外科手术提供保险，也可降低风险。一家美国健康保险公司已经向客户发放健康监测手镯，向那些多次进行手术的人承诺（收取）更低的保险费。银行可能奖励那些使用具有身份验证功能穿戴设备的客户，以减少信用卡诈骗的风险。

机会是无限的，但困境也是无限的。穿戴设备是高度个人化的，但它把人们暴露在现实的风险之中。随着消费者把他们更多的生活定量化，把他们更多的健康和医疗数据以数字方式存储起来，他们可能受到危害的机会增加了。目前，还没有简单的方法去消除穿戴设备可能丢失或被窃取的个人信息。Axway 公司的 M.O' Neill 说，穿戴设备为网络犯罪提供了"新的攻击途径"。Axway 公司是一家法国软件安全公司。

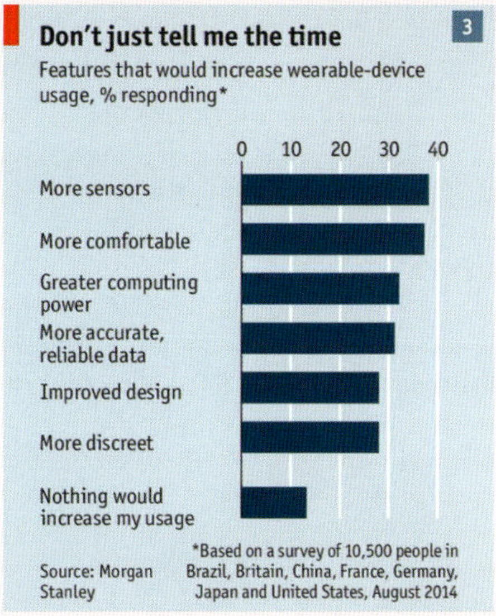

这些担忧需要得到缓解，因为消费者会像许多公司现在那样对穿戴设备感兴趣。但是，智能手机的爆炸式成功证明了当软件开发商把他们的脑子转到开发有着传感

Don't just tell me the time　③
Features that would increase wearable-device usage, % responding*

- More sensors
- More comfortable
- Greater computing power
- More accurate, reliable data
- Improved design
- More discreet
- Nothing would increase my usage

*Based on a survey of 10,500 people in Brazil, Britain, China, France, Germany, Japan and United States, August 2014

Source: Morgan Stanley

图 3-95　本图的标题是"不要只是告诉我时间，将会增加穿戴设备使用的特征，回答的%"；右下角写着："以 2014 年 8 月对巴西、英国、中国、法国、德国、日本和美国的 10 500 人的调查为基础"；左下角写着："资料来源：摩根士丹利公司（Morgan Stanley）"。纵坐标上的特征分类，自上而下是："更多的传感器"；"更舒适"；"更强的计算能力"；"更加准确的可靠数据"；"改进的设计"；"更加持重"；"没有什么特征会增加我的使用"

器和计算功能设备全部潜力的应用软件时候，奇迹就可能发生。目前还不清楚穿戴设备"杀手级"应用软件会是什么。但是，苹果公司的"信徒"们将会继续祈祷，某一天，这样的应用软件将被显现出来。（www.economist.com，原文标题是 *The wear, why and how*，2015 年 3 月 13 日下载。）

纸张能够在数字时代存活下来吗？

图 3-96　对许多人来说，无纸化办公的梦想还没有实现

"无纸化办公"的说法早在 20 世纪 70 年代就提出来了，这个时候，评论员们受令人兴奋的技术潜力刺激，预测所有的记录处理到 20 世纪 90 年代将实现完全的电子化。但是，如图 3-96 所示，我（指本文作者）的办公桌上散落着许多纸质文件，对实现无纸化办公来说，我们还有很长的路要走。

在一定程度上，无纸化办公还没有实

现的原因在于成本：给员工一张纸要比给员工配置一台电子设备便宜很多，许多公司正在采用的云存储也可能有很高的成本。

但是，在更为具体的层面上，有着一些令人宽慰的关于纸张的事情。意大利笔记本制造商莫勒斯金公司（Moleskine）首席执行官 A.Berni 说，"当写作行为在个人维度上进行的时候，是纸张和手写优于在键盘上敲击的时候"。

记笔记

莫勒斯金公司近期出席了在加拿大温哥华举行的 TED（Technology, Entertainment and Design，技术、娱乐和设计）大会，鼓吹了纸张的好处，热衷于显示纸张

图 3-97　书写艺术需要笔和纸张吗？

能够与数字式替代品一起"存活"下来。对这个以前沿技术示范而闻名的大会来说，莫勒斯金公司似乎是首个不大可能出现的伙伴。但是，这家公司出品的笔记本成了这次大会的主要物品：它们被装在著名的"TED"礼品袋里发送，在为时 18 分钟的"TED"交流期间，代表们经常使用这种笔记本记笔记（见图 3-97）。

如同 A.Berni 指出的那样，每个人都需要记笔记，在这个以"值得传播的思想"为口号的大会上，在纸上写写画画确实不会少见。他说，"纸张将永远在我们的身边。纸张有助于表达人类经验的基本部分"。

智能笔记本

但是，A.Berni 承认，纸张确实面临着来自数字式工具的竞争（见图 3-98）。为了应对这个竞争，莫勒斯金公司与阿道比公司（Adobe）和电子笔供应商利弗斯克拉博公司（Livescribe）建立了合作关系。2012 年，莫勒斯金公司和艾沃诺特公司（Evernote）合作，创造了一种纸张 – 数字混合笔记本。

图 3-98　莫勒斯金公司在"TED"大会邀请的代表前，回答一系列与纸张相关的问题

艾沃诺特公司是一家典型的硅谷初创公司，致力于生产的数字化，现在已有了 1 亿家用户。它与莫勒斯金公司的合作，创造出智能笔记本，这意味着用户能够对他们的纸质笔记拍照，把相应的照片放在埃文诺特公司开发的应用软件里，使之成为可编目和搜寻的数字内容。这种纸张 – 数字混合笔记本有一个特殊的布局，使得它容易捕捉手写的东西，同时，智能贴纸使得使用者可对笔记进行分类，并可进行搜索。

无纸化的未来

作为一场不断增强的、旨在消除大量纸张引起的浪费和混乱的运动组成部分，智能笔记本为物理性工作和数字式工作提供了连接。然而，我们的无纸化进程并没

有就此结束。

在你下一次通勤旅程中，环顾你的四周，几乎没有人翻阅沉重的报纸，人们转而选择使用智能手机或平板电脑来阅读新闻（见图3-99）。下了火车，通勤者[131]"大潮"更可能"流"过可使用智能卡或信用卡刷卡的关卡，同时，在飞机场，纸质机票也正在变成一种稀有物品。甚至我们与政府的相互交流正在发生根本性的数字化转变。英国政府废除了纸质汽车税单，现在，人们按规则填写电子纳税申报单。

图 3-99　在通过平板电脑翻阅变得更加容易的时候，人们在火车上几乎不可能去阅读纸质报纸

"纸折飞机"

根据美国森林和造纸协会的统计，2015年2月，美国纸张出货量与2014年同期相比整体减少了5%，同时，根据道听途说的数据，我们使用的纸张量是20年前的三分之一。尽管如此，造纸行业仍然很强劲，根据一些估计，美国在2014年生产了约2100万吨纸张，相当于用了5500万棵至1.1亿棵树。

然而，在办公室，纸张仍然是重要的工具。根据可持续发展慈善组织"Wrap"（Waste and Resources Action Programme，废弃物和资源行动计划）的统计，一般的办公室人员每天最多使用45张纸，在这些纸张里，超过一半被认为是浪费，同时，办公效率公司埃恩－芒腾公司（Iron Mountain）估计，仅有微不足道的1%办公室实现了真正的无纸化。

研究型公司IDC的分析师M.Heys说，"纸张使用量正缓慢下降，但是，无纸化不会一蹴而就"。"现在，我可通过在自己的手机上显示一张电子客票登上飞机，但我仍持有一本纸质护照，以及将需要一段时间才可替换的纸质文件"。

办公室正在采取越来越多的措施来减少它们的用纸量负荷。根据M.Heys的估计，即使像打印管理系统那样简单的一些事情，也能够减少高达20%的纸张用量，这个管理系统将取消隔夜打印的作业，或者限制能被打印出来的电子邮件数量。

图 3-100　我们如何在单一的数字世界里做一个"纸折飞机"？

M.Heys补充道，"但是，对一些事情和喜欢手写的人来说，纸张仍然是更好的东西。研究已经显示，从屏幕上学习将触发大脑不同于从纸张学习时所触发的部位"。因此，纸张似乎将与我们长期在一起，如果没有其他的东西，这样将会使一代感到厌倦的学童高兴，为了他们，卑微的纸折飞机仍能提供一些急迫需要的愉悦（见图3-100）。（www.bbc.com，原文标题是

---

131 通勤者（commuter）指远距离上下班往返的人。

Can paper survive the digital age？ 2015 年 4 月 22 日下载。）

▎你的电视机会看你

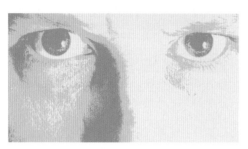

图 3-101 "你的电视机会看你"

这个发现使人感到惊讶，但它不是意想不到的事情。我们周围的东西越来越多，越来越电脑化，越来越多地与互联网连接起来。绝大多数东西都在"听着"（见图 3-101）。

当我们进行音频和视频呼叫的时候，我们的智能手机和计算机当然"听着"我们。但是，麦克风总在那里，存在着黑客、政府或者聪明的公司在我们并不知晓的情况下打开这些麦克风的方法。有时，我们自己打开麦克风。如果我们有一台苹果手机，声音处理系统"Siri""听着"我们，但只有当我们按下苹果手机按钮的时候才会这样。与三星手机一样，带有"Hey Siri"功能的苹果手机能够在所有时间里"听着"我们。带有"OK Google"功能的安卓（Android）设备能够这样做，称为"Echo"的亚马逊（Amazon）声控系统也能够这样做。Facebook 具有在你使用苹果智能手机的时候打开你的麦克风的能力。

即使你不说话，我们的电脑也会留意着。Gmail "听着" 你写下的每件事情，并据此向你展示广告。你会感觉自己永远不是孤独的。Facebook 根据你在此平台上写下的每件事情作出相同的反应，甚至 "听着" 你写下的但没有发出的东西。我们觉得，Skype 没有 "听着"，但如同《明镜》（*Der Spiegel*）周刊指出的那样，自 2011 年起，来自这项服务的数据 "已容易地被美国国家安全局（National Security Agency，NSA）窥探"。

因此，美国国家安全局一定在 "听着"，它 "听着" 所有的 "听着" 你的公司。俄罗斯等国家也在这样做。

不只是设备在 "听着"，绝大多数数据在互联网上传输。Samsung 公司在其政策声明中，说明将把数据发给所谓的 "第三方"。后来，Samsung 公司披露，第三方是你从未听到过的一家公司——Nuance 公司，它把声音转变为文档。Samsung 公司承诺，数据会立即被删除。在 "听着" 你的其他公司中，绝大多数承诺没有做这样的事情。事实上，它们长时间存储你的数据。当然，政府也会存储你的数据。

对于罪犯来说，这些数据是一个宝库，像数以亿计的客户记录重复被盗那样，我们一次又一次认识到这一点。上个星期，有报道称，黑客侵入了 Anthem Health 公司约 8000 万客户和其他的个人记录。2014 年，黑客侵入了 Home Depot、JP Margan、Sony 及其他公司。我们是否会认为 Nuance 公司的安全性比其他公司更好些？我确信不是。

在某种程度上，我们一直同意所有这样的 "听着"。在 Samsung 公司 1500 字的隐私政策中，有一句简单的话，我们中的绝大多数人没有读过这句话，它说，"请注意，如果你说的话含有个人或者其他敏感的信息，这些信息将处在被获取的信息之中，并通过你使用语音识别功能被传输到第三方"。其他的服务也很可能有类似的警告：要意识到，你的邮件提供者知道你对你的同事和朋友说了些什么；你的蜂窝手机知道你在哪里睡觉，你和谁睡觉，假设你们两人都有智能手机，就是这样。

互联网上充塞着"听众"。更新款的汽车装有电脑，它记录着行车速度、方向盘的位置、踏板的压力，甚至轮胎的压力，这些都是保险公司希望"听到"的。你的蜂窝手机当然会在你拿着它的所有时间里记录下你所在的准确位置，甚至在你关闭了手机的时候也是这样。假如你有一个智能温度调节器，它会记录下你屋子里的温度、湿度、环境温度和附近的任何动作。你佩戴的任何一种健身追踪器会记录下你的动作和某些生命体征，许多电脑化的医疗设备也能这样做。无人飞机和其他侦查飞机添加了安全摄像机和录像机，会在几乎所有的时间里监视、跟踪和"听着"我们。

这是监视无所不在的时代，互联网公司和政府共同为此加薪添火。由于发生在这样的背景中，我们真的不知道监视会是怎么样的。

这必须改变。我们需要控制它，包括什么东西被收集了，它们又是如何被使用的。但是，在我们完全知道监视之前，即在知道谁在"听着"我们和他们用听到的东西做些什么之前，控制监视的事情不会发生。Samsung 公司在其隐私政策中掩藏了监视的细节，后来它已修改了隐私政策，使其更加清晰。我们只能有这样的讨论，因为《野兽日报》(Daily Beast)的一名记者无意中发现这个问题。我们需要更加直截了当的对话，讨论能够在屋子里、在没有电视机"听着"的情况下自由讲话的价值，或者讨论在没有 Google 和政府"听着"的情况下进行邮件交流的价值。隐私是自由表达的一个前提，失去了隐私将是对我们社会的一个巨大打击。(www.cnn.com，原文标题是 *Your TV may be watching you*，2015 年 2 月 13 日下载。)

227

▎大数据，大危险

描述人类进步的一个方法是盯着我们不断增长的可测量能力。像"经济萎缩 2.7%"这样精确的表述取代了像"时日艰难"这样的笼统表述（见图 3-102）。

"大数据"(big data) 和 "证据作为基础的政策"(evidence-based policy) 是现在的主流思想。这么说吧，2014 年 5 月，美国白宫报告，"大数据将成为一种历史性进步的驱动器，它帮助我们的国家永久保持公民和经济的活力，而这个活力一直是美国的标志"。

白宫的报告表达了大数据是一种在分析上非常强大的技术。报告认为，大

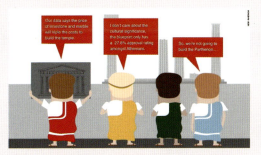

图 3-102　三个红色框中文字的翻译：左边为"我们的数据反映，石灰石和大理石的价格将是建造这个神庙成本的 3 倍"；中间为"我并不关心文化的意义，建造图纸在雅典人中只有 27.8%的满意度"；右边为"所以，我们不要继续建造帕特农神庙"

数据创造的社会和经济价值应当在抵触"隐私权和公平、公正、自主等核心价值观"上取得平衡。

但是，没有看到白宫平衡大数据成本和收益的工作有更大的图景。在大数据和定量化分析能力上存在着限制，约束着大数据驱动发展的能力。

数据用不好比没有数据更糟糕

数据驱动技术只是政府、工业界和公民社会作出重要决定的一部分。数据用不好可比完全没有数据更加糟糕。如同 2014 年 12 月《纽约时报》（*The New York Times*）关于雅虎公司（Yahoo）首席执行官 Marissa Mayer 的报道指出的那样：

"Marissa Mayer 也偏爱季度绩效评估系统，即 Q.P.R.s.（system of Quarterly Performance Reviews），这个系统把雅虎公司的每一名员工在每一团队中按第一等至第五等进行排队。这个系统意图鼓励努力工作，淘汰绩效不好的员工，但它很快就产生了完全相反的效果。由于只有排位在第四等或第五等的员工能够被分派工作，有才能的人不再想一起工作；公司的战略目标被舍弃了，因为员工们不希望调整项目，给自己留出取得一个很低分数的空隙"。

如同雅虎公司的案例说明的那样，关于定量化技术可客观地评价各种工作的假设是有严重缺陷的。许多收集和解释数据的尝试不仅错过了关键的因素，而且使它们声明仅仅用作测量的系统变得更加糟糕。

法律测试

Sheri Lederman 是纽约长岛的一名四年级教师，2014 年 10 月，她控告纽约州教育局，这也许是对大数据危害最清晰的法律测试案子。Sheri Lederman 得到了她的同事和上级的高度认同，按其所在学校校长的话说，她是一名"受尊敬的教育工作者"。

然而，Sheri Lederman 认为，被称为"价值增加模型"（value-added modeling，VAM）的统计技术是无效的，这项技术旨在以学生被标准化的测试成绩作为基础来评估老师的业绩。美国统计协会（American Statistical Association）批评价值增加模型是一个无效的措施。统计学家说，"根据其 VAM 分数来对教师进行排名可能产生降低教学质量的意外结果"。

尽管统计学家们有着怀疑态度，他们很好地意识到自己创造的工具的弱点，但州教育局的官僚们却欣然接受了价值增加模型的使用。在许多正受到"数据时尚"伤害的人之中，Sheri Lederman 似乎是独一无二的。

过度使用数据的冲动，不是教育官僚们特有的。定量化使官僚权利更加集中，给短期行为赋予了超出实际的重要性，因为短期行为更容易测量。这不是一个平衡大数据能力与危险的问题，而是重新认识大数据能力特殊局限性的问题。

数据倡导者的核心理由是，数据总是有一些积极的价值。这个前提是错的。对于数据采集的对象来说，数据收集似乎对管理层没有伤害，但经常给管理层带来不必要的重负。

监测人员

亚马逊公司（Amazon）的客户服务代表总在写他们每个工作日的每一刻如果被检测和测量的报告，或者在写被爆料是目标公司（Target）雇员的人召回的类似活动的报告。在这两种情况下，上司评估下属的分散的人工过程已经被集中的定量化计量制度所取代。这种转变已经发生在零售、客户服务和食品制造行业，这些行业占用了美国超过 20% 的劳动力。

作为结果，以一位被 Gawker[132] 爆料曾是目标公司经理的人的话说，"当然，我们作弊了，正如俗言所说的，如果你没有作弊，你就不要去尝试"。根据这位前经理的说法，目标公司的管理层正在试图通过测量客户满意度分数来提高客户的满意度，而员工们篡改了数据。假如这些数据的编制作弊，那么数据对公司高层是没有用处的。编制数据的重负导致此前有些专业自主权的零售业员工不断感受到处于集中监控之下。

比起其倡导者的认识来，数据更是操控的对象。甚至 2011 年麦肯锡全球研究所（McKinsey Global Institute）推广"大数据"概念的报告也承认，它的核心主张——"我们处在创新、生产率和增长大潮的风口浪尖，所有这些是由大数据驱动的"是个假设。麦肯锡公司承认，"迄今为止，在特定行业里，还没有数据强度和生产率之间相联系的经验证据"。在随后几年里，这样的证据依然很少，即使定量化评估大潮已聚集了许多气泡。例如，大学排名和联邦审判指南都是复杂社会系统的定量化，被广泛认为对着意建立标准与秩序的体系构成了伤害。

什么数据没有告诉我们

许多重要的问题根本不适应定量化分析，而且永远不会适应定量化分析（见图3-103）。我的孩子应当去哪里上学或者什么时候去上学？我们应当如何惩治罪犯？特许学校是个好主意吗？我们应当资助人类基因组计划或者资助基础研究吗？我们应当有幼儿园吗？对这些问题作出定量化的回答，不仅冒着给出错误答案的严重风险，而且以伤害我们共同福祉的方式去影响现实基础。

图 3-103　什么是大数据？

这些问题需要明智的判断，这种判断要对价值观、优惠、环境及其他因素作出平衡。通常难以找到公正的人，他能够平衡这些因素，并得到信任。在所有的社会系统里，这个困难是固有的。

在明智判断的基础上解决重要的问题，似乎比使用定量化技术更加主观。通过把自己的偏见和先入为主转变为用来设计定量计量的方法，政策制定者和社会科学家们能够欺骗自己和他人，相信他们是公正和不偏不倚的。

---

132 Gawker 是由 Nick Denton 和 Elizabeth Spiers 在纽约市创建的博客。

再举一个例子，确认人类基因组计划的价值，应该取决于某人对从中获取的生物学和医学知识价值的看法。在 2013 年的国情咨文里，奥巴马总统声称，"我们投到人类基因图谱的每一个美元，给我们的经济返回了 140 美元"。这个说法与辩论帕特农神庙（Parthenon）建造是否划算一样，是无关紧要的。

没有有效的方法去评估人类基因组计划和帕特农神庙两者的长期经济影响，而且这样做是没有意义的。Pericles[133] 不建造帕特农神庙，2500 年后就不会吸引旅客到雅典来。现在成为旅游景点的事实并不能说明帕特农神庙的价值。同样地，在人类基因密码上投资的意义，将会随着时间推移而被认识，不能根据短期经济影响来判别。

关注巴特尔纪念研究所（Battelle Memorial Institute）使用的"投资回报技术"（return-on-investment techniques）中的许多瑕疵，也是不得要领的，奥巴马总统提及了这个问题。

测量知识?

奥巴马总统宣布了精确的回报数字，像一个图腾，使在人类基因组计划上的投资变得合理。但是，在人类基因组计划投资的强有力理由在于它创造知识，而不是经济效益，这是不可能进行有意义的测量的。

对于经济学家进行测量来说，在新的关于经济结构的科学知识方面的工作过于发散和复杂。我们没有进入到一个虚拟世界里，在这个世界中，人类基因组计划并不存在。

当然，近年来，社会和经济系统定量化研究具有体系性缺陷的事实，不是未来的研究将会承受相同缺陷的证据。然而，我们有理由相信，假如使用相同的基本方法，即使更多的数据收集起来，这些缺陷仍将继续存在。

理解黄油对你是好还是坏的唯一办法是真正去认识到当你吃了黄油的时候会有什么事情发生，不要继续试图梳理出健康指数和黄油消费之间更加错综复杂的统计回归。

混沌理论

20 世纪 80 年代后期，在 James Gleick 出版的畅销书《混沌学传奇》（*Chaos: Making a New Science*）的刺激下，出现了一波关注当时的新兴学科——混沌理论的热潮。James Gleick 向公众介绍了这样的思想：许多真实世界的系统表现出"对起始条件敏感的依赖性"。稍微改变系统的输入，不同的输出很快就会出现。确定无疑地说出这是什么引起的，例如飓风的形成，是不可能的事情。

人的社会系统，例如公立小学和中学、大学或者刑事司法系统，是复杂系统，就像天气系统那样。关注混沌理论成为一种时髦，但在政策制定者开始认真对待这个理论之前就消逝了。

133 Pericles（伯里克利，约生于公元前 495 年，卒于公元前 429 年）是古雅典顶峰时期具有重要影响的领导人。他在希波战争后的废墟中重建了雅典，扶植文化艺术。现存的很多古希腊建筑都是在他的时代所建造的。

理解社会系统的复杂性，意味着要理解社会系统成因问题的确切回答将总是难以获得的。收集更多的数据，2倍的数据、10倍的数据甚至100倍的数据，将不会改变这一点。

为了有效地讨论公共政策或者企业的战略，我们将必须持续讨论原则。在这样的讨论中，在有着不同思想前提的人群中，分歧将会永远存在。

对于这样的讨论，相信公正的、严格的定量判断能够系统地替代会危及计划或者行动，这些计划或行动的代价是直接的，但它们的收益是间接的，因而更加难以测量。便于测量并不与重要性相符。如同其声称的那样，证据生成的管理机构仅仅追求"好的政策"，但它本身就是一个追求特定政治目的的利己主义者。

2014年12月，布鲁金斯学会（Brookings Institution）出版了《给我看证据：奥巴马总统为社会福利政策的严谨与结果而斗争》（*Show Me the Evidence: Obama's Fight for Rigor and Results in Social Policy*），该书总结了这样的理念："证据为基础的运动给出的图像是，美国将会有数千个证据为基础的社会计划，这些计划将面对美国每一个最重要的社会问题，在这些越来越有效的计划猛烈冲击下，美国的社会问题至少会消退。"

这幅雄伟的图景，如果作为灵丹妙药，是危险的，也是有破坏性的。除非证据的狂热鼓吹者受到抵制，否则他们将压垮他们无法测量的东西，无论对个人还是对社会而言，留给我们更加糟糕的东西，掩埋在与现实无关的数字构成的官僚体制之中。（www.cnn.com，原文标题是 *The big dangers of "big data"*，2015年2月3日下载。）

▌摩尔定律的终极

能够被集成在一个芯片中的晶体管数目每年翻一番甚至更多，芯片的性能也将成倍提高。许多人略微了解摩尔定律，例如，我们认识到有时摩尔定律必然与计算成本的暴跌有关。戈登·摩尔（G.Moore）是芯片制造商英特尔公司的创始人之一（见图3-104），甚至在他作出这个著名预言的50年之后，摩尔定律的精确本质和含义仍然难以把握。摩尔定律是什么？

摩尔先生的预言聚焦在芯片上，芯片也被称为集成电路，是现代计算机计算负荷的承担者。在芯片上的关键元件中有晶体管，这是极其微小的电子开关，芯片的逻辑电路是从这些电子开关构建起来的，从而允许芯片处理信息。在1965年4月19日发表的

图3-104　摩尔先生

一篇文章里，摩尔先生预言，通过缩小晶体管的体积，工程师们能够使装在一块芯片上的晶体管数目每年翻一番。后来，他修正了这个预言，提出装在一块芯片上的晶体管数目每两年翻一番，这是摩尔定律通常表述的方式（见图3-105）。在固定间隔上实现翻番是指数式增长，对于线性思维的人来说，这不是一个容易把握的概念。英特尔公司估计，比起它在1971年生产的第一只晶体管来，它现在生产的晶体管运

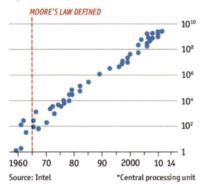

A persevering prediction
Number of transistors in CPU*
Log scale

MOORE'S LAW DEFINED

Source: Intel   *Central processing unit

图 3-105 本图左上角的文字是"一个坚持不懈的预言，在中央处理器（Central Processing Units，CPU）中的晶体管数目，对数刻度"。红色虚线表示摩尔定律是在 1965 年提出的，顶端的字是"摩尔定律被定义"

行效率提高了 90 000 多倍，价格下降到原来的六万分之一。假如一台每 100 千米消耗 15 升汽油、价值 15 000 美元的轿车以相同的方式提高性能，现在，它每 100 千米将仅消耗二十分之一毫升的汽油，价值仅有四分之一美元。

然而，在我们的物理世界里，指数式增长最终走到了终极。对摩尔定律"死亡"的预言几乎和这个预言本身一样古老。摩尔定律还有着藐视怀疑论者的历史，对我们这些喜爱小巧且功能强大的消费电子产品的人来说，这是非常好的运气（见图 3-106）。然而，征兆至少正在积累，它表明摩尔定律正在失去活力。这并非是物理极限正在"挡道"（尽管生产 14 纳米或 10 亿分之一米线宽的晶体管可能是相当困难的，14 纳米线宽是目前的工艺标准）。英特尔公司说，它能够至少在另一个十年里继续保持摩尔定律有效，最终将它生产的晶体管缩小至 5 纳米，这个线宽值与一个细胞膜相当。其他策略提供了提高产品性能的附加途径，例如，在构建 3D 芯片中，英特尔公司也已开始研发堆栈元件。

假如摩尔定律已经开始衰落，这主要是经济上的原因。如同摩尔最初表述的那样，摩尔定律不仅是关于晶体管尺寸减小的定律，而且是关于价格下降的定律。数年前，当线宽 28 纳米的晶体管是工艺标准的时候，芯片制造商们发现它们的设计和制造成本开始快速上升。新的 "fabs"（半导体制造工厂）现在要花费 60 亿美元。换句话说，晶体管能够被进一步缩小，但它们现在正变得越来越昂贵。随着云计算的兴起，强调台式计算机和笔记本电脑处理器的运行速度不再有多大意义。数据处理的主要单元不再是台式计算机和笔记本电脑中的处理器，而是一组服务器，甚至是数据中心。目前，问题不是有多少晶体管能被压缩到一块芯片之中，而是有多少晶体管在经济上会被放入仓库。摩尔定律将走到终极，但它也许是第一次使自己变得无关紧要。（www.economist.com，原

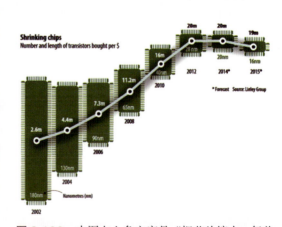

Shrinking chips
Number and length of transistors bought per $

*Forecast Source: Linley Group

图 3-106 本图左上角文字是"把芯片缩小，每美元可购买的晶体管数量"。从图可以看到，2002 年，每美元可购买 180 纳米工艺制造的晶体管 260 万个；2015 年，每美元可购买 16 纳米工艺制造的晶体管 1900 万个

232

▌机器人的兴起：福特汽车公司装配线的演变

在不太久远的过去，有一个汽车制造依靠四轮马车把车架送到工人那里的时代。福特（H.Ford）决心找到一种更加有效的方式来制造汽车。1913 年，他在位于美国密歇根州底特律的哈兰德派克工厂（Highland Park Plant）推出了汽车工业界第一条移动装配线。由钢绳和滑轮构成的系统使汽车在装配线上移动，装配线上的每个工人都有特定的任务。这个系统大为减少了一台 T 型轿车的人工装配时间，从 12.5 小时下降到 6 小时（见图 3-107）。

图 3-107　1913 年，福特在位于美国密歇根州底特律的工厂里推出了汽车工业界第一条移动装配线，使得 T 型轿车的人工装配时间从 12.5 小时下降到 6 小时

一百多年后的今天，移动装配线仍是全球汽车制造业的一个基本组成部分，虽然你如今难以找到原始的钢绳和滑轮。超强的机器人，有的还带有"激光眼睛"，和它们的真人同事们一起，在工厂的车间里执行着从焊接、压铸到刷漆的各项工作。今天，福特汽车公司在全球有 20 000 多台机器人在运行。让我们通过本文看看革命性的汽车装配线发展中的工程里程碑。

那么，首条汽车移动装配线是如何工作的呢？沿着一条长为 150 英尺（1 英尺 = 0.3048 米）的直线，配置大约 140 名工人，同时配有向前拖拉底盘的一台绞车和钢绳。

一台轿车的装配过程被划分成 84 个独立的步骤，每一个步骤由不同岗位的工人来完成。B.Hettle 是福特汽车公司负责北美地区制造的副总裁，他说，"移动装配线有什么意义？它确实提高了工人们能够制造的汽车产量、减少了浪费吗？""它把汽车的成本降低到更多的人能够买得起的地步，因此，它不仅改变了汽车的制造，而且改变了文化和当时的社会"（见图 3-108）。到 1927 年，福特汽车公司已在全球销售了 1500 万台轿

图 3-108　在这张 1913 年拍摄的照片里，一长行工人们在 T 型轿车的飞轮上放置磁铁

车，占当时销售的汽车总数的一半。

汽车装配线继续进步，从钢绳和滑轮构成的传送带发展成机械化的传送带（见

233

图 3-109）。在 20 世纪 40 年代期间，福特汽车公司负责制造的副总裁 D.Harder 成立了第一个自动化部门（Automation Department）。这个开拓性的部门探索了在生产线上使用所谓自主型机器的新途径（见图 3-110）。到 40 年代末，福特汽车公司在美国纽约州的布法罗（Buffalo）建立了金属薄板冲压工厂，安装了数百台自我调节的机器，这家工厂在 1950 年正式开业。

图 3-109　在汽车装配线中，由钢绳和滑轮构成的传送带发展成机械化的传送带

图 3-110　这张照片摄于 1941 年，工人们仍然在汽车装配线上起着核心作用

1962 年，一款名为 "Versatran" 的机器人问世，这是一种圆柱形机器人，它的名字是由 "versatile"（多功能）一词的前缀 "versa-" 和 "transfer"（转移）一词的前缀 "tran" 组合而成的。6 台这样的机器被安装在福特汽车公司位于美国俄亥俄州康通（Canton）的工厂里，每台机器有 5 个运动轴，把 25 个单独人的动作包含在内。

图 3-111　美国工程师 V.Scheinman 在 1969 年发明的 "Stanford Arm" 机器人，它拥有 6 个运动轴，并由计算机控制

在 20 世纪 60 年代的 10 年间，机器人继续变得更加精密。1969 年，美国工程师 V.Scheinman 发明了名为 "Stanford Arm" 的机器人，它是一个有 6 个运动轴、由计算机控制的电子臂（见图 3-111）。这种机器人后来被用来建造福特水泵，成为工业机器人设计中的一个里程碑。

1982 年，福特汽车公司在位于德国科隆（Cologne）的工厂里安装了 6 台点焊机器人，每台机器人花费了 10.9 万美元。两年后，另外 100 台机器人被引入同家工厂中，它们在梅尔库尔汽车公司（Merkur）"Scorpios" 轿车和福特汽车公司 "Fiestas" 轿车装配中提供支持（见 3-112）。"Fiestas" 也是世界上第一台由机器人在车架中注入防腐密封材料的轿车。

2004 年，作为 "Mustangs" 品牌的 "Sparks fly" 轿车在福特汽车公司位于美国密歇根州菲莱特劳克（Flat Rock）的工厂里由大型机器人臂进行装配（见图 3-113）。2006 年，由位于比利时根克（Genk）生产的新款 "Mondeo" 轿车成为福特汽车公司首款由机器人进行激光焊接的车型。B.Hettle 解释道，"在今天一个典

图 3-112　在这张 1984 年拍摄的照片里，机器人正在焊接福特"Sierras"轿车的车体，车间里看不到人影

图 3-113　2004 年，在位于美国密歇根州菲莱特劳克（Flat Rock）的工厂里，轿车装配线上的大型机器人臂正在进行轿车装配

型的大型工厂里，你可能看到在一个区域里有 500 台机器人，这些机器人可能做着类似把配件固定在一起和把重量大的部件从一处移动到另一处的工作"。"但是，你也可能看到许许多多的工人做着更加轻松的装配、质量评价和大量的测试工作"。

　　到 2012 年年底，福特汽车公司已开始研发 3D 虚拟工厂（见图 3-114），这个系统能够监测工人们在装配线上必须伸展的运动，直至他们每个手指的动作。通过排除紧张的姿势，整个过程有望变得更加有效率。B.Hettle说，"我们相信，我们的员工确实是汽车制造过程不可缺少的，我们真的不会见到这样的一个世界：我们会完全以机器或机器人作为基础"。"我们看到的是一个有着某种混合体的世界，这就是我们今天所看到的世界"。

图 3-114　到 2012 年年底，福特汽车公司已开始研发轿车制造的 3D 虚拟工厂

　　2012 年，配有激光引导"眼睛"的机器人被安装在福特汽车公司位于美国肯塔基州路易斯维尔（Louisville）的工厂里。这些新型机器不是"不假思索"地在轿车上放置部件，而是能够确定物体的位置并据此调整自己。这些机器人以拥有吸盘手作为特征，被用来在福特汽车公司新款"Escape"轿车上安装挡风玻璃和挡泥板（见图 3-115）。B.Hettle 说，"今天，我们使用机器人去做那些繁重的吊运工作或者非理想的工作"，"就我们的员工而言，我们利用他们的大脑进行判断和决策是合乎情理的"。

图 3-115　2012 年，在福特汽车公司位于美国肯塔基州路易斯维尔的工厂里，拥有吸盘手的机器人正在轿车上安装挡风玻璃

　　2013 年，在福特汽车公司位

图 3-116　2013 年，在福特汽车公司位于美国密歇根州的迪尔伯恩卡车工厂，一辆轿车正在通过表面缺陷检查系统

于美国密歇根州的迪尔伯恩卡车工厂（Dearborn Truck Plant）里，这看上去可能像科幻电影的场景，但这是"F-150"型轿车确实在通过一个高科技的灰尘检查系统。这个系统使用高分辨率相机和反射光，在轿车表面寻找尺寸小于一个盐粒的缺陷，这个工作直至近期还是依赖于人的眼睛（见图 3-116）。

展望未来，B.Hettle 说，3D 打印可能在汽车行业里扮演一个举足轻重的角色。"当我们使用 3D 打印技术制造从汽车上的排气口、引擎的汽缸盖到变速器的各种部件的模具"（见图 3-117）。"这种技术确实可使我们的工程师快速创造出一系列进行测试的选择"。

在福特汽车公司推出首条移动装配线之后的 112 年里，机器人快速发展，这就是今天在美国底特律看到的轿车制造过程。在迪尔伯恩卡车工厂，巨大的机器人臂被用来组装新款"F-150"型轿车，这款轿车的车身使用轻质铝合金而不是钢铁材料（见图 3-118）。目前，在全球，每 60 秒钟有 16 辆福特轿车下线，这不是四轮马车时代可以实现的事情。（www.cnn.com，原文标题为 *Rise of the robots: The evolution of Ford's assembly line*，2015 年 4 月 30 日下载。）

236

图 3-117　工程师正在清理使用 3D 打印技术制造的模具

图 3-118　在福特汽车公司迪尔伯恩卡车工厂，巨大的机器人臂在组装新款"F-150"轿车

▌随着日本人口老龄化，机器人被看作是劳动力解决方案

人们聚集在位于东京的高档"三越"（Mitsukoshi）百货公司入口处，这家商店可追溯到 17 世纪后期的一家和服店。与这家商店的历史相符，新的迎宾员穿着传统的日本和服，向不断增多的人群传递信息，其表情从"消遣"变化到"困惑"。难以想象 17 世纪末期这家商店的奠基人会想到今天的商店有这样的雇员。这是因为这个迎宾员不是一个真人，而是一个机器人（见图 3-119）。

"Aiko Chihira"是一个由东芝公司（Toshiba）制造的机器人，按照看上去像个真人、可以像真人那样移动来设计。它在这家百货公司进行临时性表演。东芝公司说，"Aiko Chihira"机器人装有 43 个马达，使其可以移步，用手语说话，甚至可以唱歌。

真正的迎宾员 Ayako Seiryu 说，她并不担心机器人会取代她，甚至一台按照这位 32 岁妇女定制的机器人也不能取代她。她说，"沟通是重要的。我的实力是我能够与人进行实际交谈"。东芝公司的发言人 Hitoshi Tokuda 承认，"Aiko Chihira"机器人不能与人交谈。但是，他说，机器人技术正快速发

图 3-119　"这台机器人能够识别你的情感吗？"

展，终有一天，像"Aiko Chihira"那样的机器人能够取代实际工作岗位上的真人。

作为劳动力的机器人？

越来越多的日本企业正在试验机器人作为应对这个国家日趋紧缩劳动力的一个可能的解决方案。机器人出现在商场和银行里，甚至很快会出现在旅店里。东京三菱（Tokyo-Mitsubishi）银行正在试验一种客户服务机器人——"Nao"机器人，它可回答客户的基本问题，是按会说 19 种语言设计的。在 2020 东京奥林匹克运动会期间，会说多种语言的机器人能够向外国旅客提供通常的服务。到这个时候，日本的银行希望有更多的机器人员工。

"Pepper"机器人是一种可与客户聊天的类人机器人。它有与人相似的特征，例如它有手臂、腿和脑袋，但是，它是按照看上去像个机器人来设计的。2014 年，"Pepper"机器人第一次出现在东京的商场里。制造商软银公司（Softbank）希望这种机器人最终成为一种"家庭机器人"，如同"The Jetsons"机器人是"Rosie"机器人的时髦版本[134]那样。

一家定于 2015 年夏季在位于长崎（Nagasaki）的豪斯登堡（Huis Ten Bosch）主题公园[135]开业的旅店，计划拥有 10 个机器人员工，目标是将机器人员工数目提高到可以承担超过 90% 的旅店服务。

今天的新奇玩意儿可能成为明天的必需品。日本人口正在老龄化，这产生了一系列关于如何把机器人纳入日本日趋紧缩劳动力之中的议论。似乎乐意接受机器人的群体是日本年长的公民。由家庭护理经营者奥利克斯·利唯公司（Orix Living）进行的一项调查发现，比起由一个外国护士护理来，许多由一个机器人护理的老年人将感到更加舒服。

在一个人口逐渐减少、劳动力逐渐短缺并深刻抵制移民的国家里，似乎只有机器人将在日本的未来中扮演一个更重要的角色。（www.cnn.com。原文标题是 *As Japan's population ages, robots seen as workforce solution*，2015 年 4 月 27 日下载。）

237

134　"The Jetsons"机器人是一个能做寿司的机器人，也是 2011 年曝光的"Rosie"机器人的升级版，它采用了一系列传感器，能够自动识别当前的位置并可根据物体（如碟子）的厚度来判断掌握的力度和角度。

135　豪斯登堡主题公园是一处体现 17 世纪荷兰街景的度假地，园内有齐全的住宿设施。该主题公园获得了荷兰王室的建筑许可，因重现荷兰女王的居住地豪斯登堡宫殿而被命名为豪斯登堡主题公园。

欧盟委员会要求无人飞机拥有者注册

欧盟正极力主张创建一个无人飞机网上注册的办法。这个建议是由欧盟委员会提出的，它将调查保护无人飞机的使用需要哪些法律。这个建议提出，相关数据库初期应该包括无人飞机的商业和专业使用者，此后扩展，包含相关客户。

图 3-120　欧盟委员会说，在接下来的 35 年里，150 000 个与无人飞机相关的工作岗位能够在欧洲创造出来

然而，一位专家对这样的注册是否有用表示怀疑。欧盟委员会的报告警告，过度的管理存在扼杀无人飞机产业的风险，估计到 2050 年，这个产业能够在欧洲创造出多达 150 000 个工作岗位（见图 3-120）。尽管如此，这份报告提出，创建数据库有助于当局管理和跟踪无人飞机。

此外，欧盟委员会的报告还提出了其他一些建议，这包括：（1）更多使用地理栅栏（geo-fencing）程序控制的无人飞机，它们基于自己的 GPS 坐标，不能从特定的地方起飞或者飞入这些地方，这些地方包括机场、监狱和其他高风险场所；（2）在如何强制实施现有安全法律方面，对公众进行更清晰的指导；（3）使用风筝符号或其他标识来表示被归入可安全使用等级的无人飞机；（4）在关于需要购买什么保险方面，给予商业性无人飞机经营者更多指导。

欧盟委员会女主席 B.O'Cathain 说，"我们有一个巨大的机会，使得欧洲在无人飞机技术上成为全球的领导者"。"但是，也存在一个风险。只要有一次灾难性事故，就会摧毁公众的信任，使整个无人飞机产业倒退。因此，我们需要当局管理和跟踪无人飞机。这就是为什么一个关键性建议是无人飞机的飞行必须是可追溯的，这可有效地通过一个普通公众使用应用软件就可访问的网络数据库来实现"（见图 3-121）。

图 3-121　数量不断增多的无人飞机能够在网上购买，能够在没有特别许可的情况下飞行

受限制的意识

英国现行的无人飞机监管规则是由英国民航管理局（Civil Aviation Authority，CAA）制定的。它禁止无人飞机在离开任何拥堵地区少于 150 米的空域内飞行，或者在任何船只、汽车或建筑物的 50 米空域内飞行，这个空域没有空管人员进行控制。

英国民航管理局一直明令禁止使用重量超过 20 千克的无人飞机，但是，假如它们保持在操作者的视线之中，低于这个重量的无人飞机是能够使用的。

由伯明翰大学（University of Birmingham）于 2014 年提出的一份报告提到，法规意识和遵守法规在实践中是受到限制的。这份报告补充道，在应对预期中的飞机使用数量上升方面，英国的空中交通控制系统是力不从心的。

一位专家告诉英国广播公司的记者，他担心欧盟的建议还不够充分，伯明翰大学的报告引用了他的看法。D.Dunn 教授曾为皇家国际事务研究所（The Royal Institute of International Affairs）写了关于使用无人飞机的文章，他说，"守法的公民可能去注册，但是，在从国外购买无人飞机和其后在英国使用它们中，阻止恐怖分子和其他犯罪分子是非常困难的"。"无人飞机技术已具有撞击人群并致人死亡的能力，如同它们已在美国所做的那样，或者，它们实际上可飞入飞机的引擎，产生机械鸟类撞击的结果。一些无人飞机可用来携带重量为 1 千克的物体，因此，它们可用来携带爆炸装置，或者确实可用来喷洒气体"。

"过去，无人飞机是昂贵的，需要能够驾驶飞机的技能，这两者本身就是规则的一种形式。现在，你能够相对容易地在人们的头顶上驾驶无人飞机"。"我不能确定，这个问题是否已得到充分考虑，它应当得到充分考虑"。

检测我们的忍耐力

相比之下，欧盟委员会强调无人飞机作为产品的潜力，它可执行"乏味、肮脏或者危险的任务"，包括商品送递、搜寻与救援行动、地理调查等（见图 3-122）。《经济学人》（Economist）杂志也曾指出，通过使得用无人飞机来检查风轮机裂纹、执行输电线巡查任务变得相对便宜，它们就可用来改进而不是威胁公众的安全（见图 3-123）。

图 3-122　亚马逊公司（Amazon）说，假如能够得到法规允许，它计划使用无人飞机进行商品送递

图 3-123　欧盟委员会认为，假如法规没有阻止这些活动的话，媒体将越来越多地使用无人飞机来拍摄照片和视频

然而，来自英国帝国学院（Imperial College）的一位专家注意到，假如在欧盟区内无人飞机的使用像欧盟委员会提出的那样快速上升，这个时候，公众对相应事故的忍耐力可能会经受考验。R.Vaidvanathan 博士说，"这是我担心的事故规模问题"。"如果一架以相对较低速度飞行的无人飞机刮擦了我的汽车侧面，我不得不把汽车修好，但是，由这架无人飞机的拥有者或制造商的保险支付这笔费用，

图 3-124 专家警告，无人飞机的拥有者通常只有有限的相关法规知识，这些法规对他们使用无人飞机进行管理

那么，我认为对于这样的事情公众会有很高的忍耐力"。"但是，举个例子，如果一架无人飞机割伤了某个人，或者撞击了一辆汽车的挡风玻璃，迫使它偏离道路，那么，我不认为公众会接受这样的事情"（见图 3-124）。（www.bbc.com，原文标题是 *Drone owners register called for by House of Lords*，2015 年 3 月 5 日下载。）

美国海军推出消防机器人

16 世纪，使西班牙无敌舰队 [136] 的士兵们最为惊恐的不是炮弹的呼啸声，不是抓钩的嘎吱声，也不是火枪的咔嚓声，而是火。英国海军中将 F.Drake 爵士使用火船产生了毁灭性效果，迫使西班牙人的舰船打乱了编队，这些火船是被点燃的老旧船只，在水面上自由漂浮，进入无敌舰队的编队之中。然而，400 多年过去了，火仍然是对船上的生命最严重的威胁之一。

老的威胁，新的技术

为了减轻海上的火灾危险，诸如消防演习、船载警报、关闭防火门这样的船上防火程序也许还会长期存在，但是，美国海军正在寻求新的技术来帮助它与火灾威胁作斗争。美国海军最新的解决方案是把耐火的金属"人"送到着火军舰的充满烟雾且炙热的支撑点上，投掷阻燃手榴弹，使用一种能够通过烟雾观察的相机对火灾危险作出评估。

美国海军研究办公室（Office of Naval Research，ONR）的研发团队选择了一种类人型机器人作为通过现代舰船上狭窄的通道、梯子和舱口（都是按真人行走设计）的最好办法，这种机器人被称为"船载自主消防机器人"（Shipboard Autonomous Fire-Fighting Robot，SAFFiR，见图 3-125）。

图 3-125 美国海军推出机器人消防员

美国海军研究办公室"人与机器人相互作用和认知神经科学"（Human-Robot Interaction and Cognitive NeuroScience）项目经理 T.Mckenna 博士告诉美国有线

136 西班牙无敌舰队（Spanish Armada）是 1588 年 8 月从西班牙拉科鲁尼亚（A Coruña）启航的一支由 130 舰船组成的舰队，由 M.Sidonia 公爵指挥，护送来自佛兰德斯（Flanders，中世纪欧洲的一个封建诸侯国家）的一支军队去进攻英国。这次军事行动的战略目标是推翻英国 Elizabeth I 女王和新教徒的都铎政权（Dudor），期望能够阻止英国人对西属尼德兰（Spanish Netherland）的干涉以及英国和荷兰海盗对西班牙利益造成危害。

电视新闻网记者，"在舰船上，每个隔舱和通道是按真人居住和行走设计的"。"存在着大量障碍，例如门槛，它会阻止轮式机器人的通行。此外，类人型机器人能够使用按真人使用设计的消防设备，例如防护外套、背包式灭火装置、手持传感器、消防水管喷嘴等"。他说，"长远的目标是使水手们免受直接暴露在大火之中的危险"。

　　T.Mckenna 说，比起陆地上的火灾，船上火灾暴露了完全不同且更加紧急的一连串问题。"船上的火情必须得到遏制，然而，在许多陆地火灾里，一个建筑物可被考虑作为损失，关注点可以转移到为防止火势蔓延而容忍大火的燃烧"。"在船上，对船只和船员的生存来说，遏制火情是至关重要的，狭窄的空间、烟雾、热量和气体可能对人构成威胁"。

　　船载自主消防机器人原型是由弗吉尼亚理工大学（Virginia Tech）的研究人员研发的，并得到了美国海军研究办公室的资助，2014 年，这个机器人原型在退役的"沙德韦尔"（USS Shadwell）号军舰上进行了测试，并在 2015 年 2 月举行的"未来海军科学和技术博览会"（Naval Future Force Science & Technology EXPO）上对外公布。

超越真人范围

　　船载自主消防机器人站立起来高 5 英尺 10 英寸（约 1.78 米），重 143 磅（约 64.86 千克）。独特的机械设计为它配备了超越真人范围的运动能力，以在船上复杂的空间里熟练谨慎地行走。研发团队为这款机器人装备了一套传感器，它包括一台相机、一个烟雾传感器和一台立体声红外相机，这套传感器将使它找到通过使真人窒息且充满黑烟的道路，这样的黑烟会使真人消防员不敢穿越。

　　船载自主消防机器人的"身躯"是按可操控灭火设备、甚至可投掷助推灭火剂（propelled extinguishing agent grenades，PEAT）手榴弹设计的。研发者说，这款机器人能够自行操控消防水管。它配置了足以进行 30 分钟灭火的电池，能够在所有方向上行走，能够在波涛汹涌的大海里保持平衡，还能够绕过障碍物。

　　弗吉尼亚理工大学机械工程系副教授 B.Lattimer 说，"在任何类型地方，尤其在对双足行走机器人来说是不寻常的地方，使机器人保持平衡是非常困难的"。机器人"整体动量控制允许它优化所有关节的位置，以使它能在不确定和不稳定的地面上维持好自己的重心"。

机器人：团队中的一员

　　B.Lattimer 说，尽管下一代船载自主消防机器人将按照提高智力和通信能力、延长电池寿命的要求来设计，但它可能总是要从在控制台工作的真人那里获取命令。虽然如此，正在研发的算法将准许这款机器人像一名团队成员那样行走和作出决定。

　　B.Lattimer 说，"这款机器人具有执行自主任务的能力，但是，在这个圈子里，有一个人准许一名操作员对机器人正在执行的任何类型任务进行干预"。"我们正朝建立真人和机器人团队的方向努力。这就是我们所称的混合力量（hybrid force）：真人和机器人在一起工作"。

　　T.Mckenna 说，归根到底，船载自主消防机器人能够用来执行船上许多真人难以执行或过于繁重的任务。"例如，双足行走机器人能够按照执行船上测量、检查腐蚀和泄漏、辨认舱室形状与其原始结构比较的变化等任务来配置"。"到它承担这些费时任务的时候，船载自主消防机器人能够使水手们去从事那些更充分利用他们的训练和技术技能的工作"。（www.cnn.com，原文标题是 *U.S. Navy unveils robotic fire fighter*，2015 年 2 月 15 日下载。）

▌踢一只机器狗是残忍的吗？

"Meet Spot"是一只重 160 磅（约 72.6 千克）的机器狗，它能跑，能爬楼梯，在保持平衡上有非同寻常的能力。

"Meet Spot"是由机器人公司——波士顿动力公司（Boston Dynamics）设计的。在 2013 年谷歌公司（Google）收购这家公司的时候，网上出现了激烈的讨论，还有人指控谷歌公司收购这家为美国军方工作、与国防高级研究项目机构（Defense

图 3-126　踢一只机器狗是残忍的？

Advanced Research Projects Agency，DARPA）有着紧密联系的公司，违背了自己"不作恶"（Don't be evil)的格言。

但是，最近，相关议论再起，大部分议论源自一段这个星期披露的视频（见图 3-126），它显示波士顿动力公司的员工为了显示"Meet Spot"机器狗如何"强壮"，试图踢倒它。这段视频在互联网上疯传，激起了关于伦理、未来机器人和谷歌公司意图的问题。

伦 理

随着机器人开始有动作，看上去越来越像有生命的东西，不以这种方式去看待它们变得越来越困难。尽管原则上踢一个机器人不是虐待一个有生命的东西，但看完这段视频后，许多人可能感到不舒服。波士顿动力公司员工要严肃地停止踢这些可怜的机器人，它们对你做了什么事情？！

动物权益保护组织——善待动物组织（People for the Ethical Treatment of Animals，PETA）提出了它的观点，它提醒我们，虽然许多人认为踢一个机器狗是不合适的，但虐待一条真实的狗是一个更大和持续的问题。这个组织说，"我们每天都在处理虐待真实动物的事情，所以我们不会太在意这件事情。虽然踢一个四条腿的机器狗比踢一条真实的狗更好些，但绝大多数理智的人会认为这样的暴力想法是不合适的，如同评论表示的那样"。

"Meet Spot"毕竟是一个机器狗，不是一条真实的狗。N.Sharkey 是英国谢菲尔德大学（University of Sheffield）人工智能和机器人教授，他说，"说明踢机器狗是不道德的唯一办法是设想它会感觉到疼痛"。他指出了我们把无生命物体人格化的倾向，"作为人，我们把许多事情归咎于人的特性，设计师们多年来一直这样做，甚至轿车也被设计得像个动物。机器人更加逼真，或者更像动物，我们会更加认为它具有人的特性"。"对我来说，作为机器人，这是一个令人印象深刻的测试，通常，当你去踢一个机器人时，它就倒下了"。

但是，N.Sharkey教授提出了警告，"多年来，哲学家们一直说动物是有'齿轮和发条'的，但我们必须善待它们。通过处理生活中那些严酷的事情，你更有可能如此去对待有生命的东西。如果它们（机器人）能够感觉到疼痛，这就完全不同了"。

M.Coeckelbergh是英国德蒙特福特大学（De Montfort University）技术和社会责任教授，也是机器人伦理的专家。他同意N.Sharkey教授的观点，即踢一个机器人本身不是不道德的，但他补充说，"伦理问题可能是行为本身，这个行为是暴力动作，是对着任何物体的行为，即使这个行为是不自觉的，不能感觉到疼痛"。"我想说的是，对于人和其他物体来说，从德性伦理（virtue ethics）看，不考虑机器人的道德地位，训练暴力动作和行为都不是好事情"。

未来的机器人

尽管容易猜测对于未来机器人和人的关系来说，这意味着什么：如果人受到被踢的机器人的冒犯，波士顿动力公司确实要把机器狗送去参加战争吗？"Meet Spot"机器狗的"兄长"——"Big Dog"机器狗是为军队运载武器与装备被发明出来的。

然而，有些人看到机器人执行任务的好处是能够拯救生命。其他人提出警告，这些试验方法的潜在副作用可能包括机器人的"起义"，这是不太可能发生的事情。

谷歌公司的意图

许多人对谷歌公司的战略更感兴趣，因为它收购的波士顿机器人公司（Boston Robotics）是全球第八大机器人公司。

在过去几年里，谷歌公司收购了斯夏福特公司（Schaft），这家公司制造能够在不平整的地面上行走、爬梯和清理垃圾的双足机器人，这款机器人被称为"Redwood Robotics"。这家公司还研发了服务机器人"Meka Robotics"。这些发明是为能与人一起生活与工作而设计的。无论谷歌公司的总体规划是什么，关于我们如何与机器人互动的问题将总是存在的，并且界限肯定是模糊的。

M.Coeckelbergh教授说，"在我的文章里，我认为，对于我们的道德经历来说，外表是重要的，如果机器人的外表和行为将会像有生命的物体，而且变得更像人，更像动物，我们肯定会把所有的事情归咎于它们：它们的心理状态、情感、道德特性及其权利"。"在任何情况下，这些新技术给我们提出了问题，使我们讨论如何去思考道德状态和伦理，这是好事情。将来，我们必须学会与这些新的实体打交道，必要时，我们要调整和重新训练自己的道德敏感性"。（www.cnn.com，原文标题是 *Is it cruel to kick a robot dog*？2015年2月15日下载。）

243

TED 2015：谷歌公司自驾轿车项目主任希望自己的儿子用上自驾轿车

图 3-127　2015 年，谷歌公司将试验它的新型原型轿车

谷歌公司自驾轿车项目主任披露了他保证 5 年内自驾轿车技术达到上路标准的原因。在 2015 年的 TED[137] 大会上，C.Urmson 告诉听众，这是因为他最大的儿子现在 11 岁、参加驾照考试要 4 年半时间。他说，"我的团队承诺，确保这件还未出现的事情取得成功"（见图 3-127）。他也阐述了谷歌公司对全自动轿车的承诺。

一些汽车公司已经选择在轿车里引入驾驶辅助功能，希望这项技术能够逐渐说服那些在一辆全自动轿车里会感到不舒服的怀疑论者（见图 3-128）。相比之下，谷歌公司在 2014 年 12 月份推出的电动原型轿车，虽然早期测试时将没有驾驶盘或常规控制，但将安装额外的控制，使谷歌公司测试车手在出现问题时能够接替驾驶。

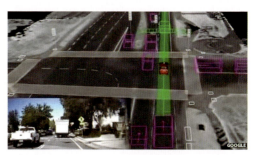

图 3-128　从测试中的谷歌公司自驾轿车里向外看到的街景（左下角下图）和自驾汽车的计算机屏幕显示

C.Urmson 说，事实上，人们正在更多地驾驶汽车，有更多时间困在交通拥堵里，这是尽快推出这项技术的两个更好的理由。但是，最重要的是，自驾轿车也许能够大大减少交通事故。"每年全球有约 120 万人死于交通事故。这个数字相当于每天有一架客机从空中掉下来而死亡的人数"。

他说，由某些汽车制造商引入的逐渐递增的变化是不够的。"这并不是说辅助驾驶车是没有用的，但是，假如我们真的要改变我们的城市，摆脱停车场，我们需要自驾轿车"。

人工智能（artificial intelligence，AI）的发展

谷歌公司改装的自驾轿车已进行了广泛的测试，进行了超过 70 万英里（约 112.7 万千米）的道路试验，2013 年，有 100 名谷歌公司的员工进行了试验。

C.Urmson 先生与 TED 大会的听众们分享了谷歌公司自驾轿车车队遭遇的一些

---

137 "TED" 是 "Technology，Entertainment，Design"（技术、娱乐、设计）的缩写。TED 公司是美国一个私有非营利机构，该机构以它组织的 TED 大会著称，大会宗旨是 "用思想的力量来改变世界"。

不同寻常的交通情况，包括一名儿童在道路上驾驶一辆玩具车，一名妇女坐着电动轮椅追赶一只鸭子。他说，"在驾驶手册里，没有如何处理这种情况的指导意见"。他补充道，"但是，谷歌公司的自驾轿车在每个情况里都降低了速度，作出了适当的反应"。

在全自动轿车发展中有一些警告。Sven Beiker 是斯坦福大学汽车研究中心的执行主任，他说，无人驾驶汽车也许在极端情况下仍然需要人的投入，如果不经常驾驶汽车的话，人们可能会忘记如何操控他们的车辆。

人工智能的争论

C.Urmson 先生是 TED "学习机器人" 分会场的几个发言人之一。

斯坦福大学人工智能研究室负责人 F.F.Li 博士介绍了她的视觉智能计算机研发项目。使用来自互联网的数百万份图像的数据库，她的团队已经 "教" 会一台计算机去理解一幅图片，生成一个很短的视频来描述这幅图片。

在关于对人类来说人工智能将具有怎样的破坏性方面越来越激烈的争论中，TED 大会的听众们听到了两种不同的观点。哲学家 N.Bostrom 质疑那些参与建筑物超级智能系统的人 "确保人工智能努力追求我们的价值观"。但是，艾伦人工智能研究所（Allen Institute for Artificial Intelligence）首席执行官 O.Etzioni 坚称，"正是因为我们研发的智能机器并不必然意味着它们能够自动

图 3-129　人工智能机器人

操作"。"人工智能将增加我们的自主权，帮助我们处理人类面临的实际问题"（见图 3-129）。（www.bbc.com，原文标题是 *TED* 2015：*Google boss wants self-drive cars "for son"*，2015 年 3 月 19 日下载。）

▌高速列车正沿着铁轨加速？

2007 年，英国正在完成其第一段高速铁路建造的时候，中国在建造高速铁路上几乎还没有起步。近 10 年之后，英国仍然只有这段长 68 英里（1 英里≈1.61 千米）高速铁路，但中国已经自己建立起世界上最长的高速铁路网。

中国高速铁路网的总长度超过 12 000 千米，远远超过了欧洲和日本高速铁路长度之和的两倍[138]。因此，假如你想得到关于未来铁路旅行看起来像什么的感觉，中国似乎是要去的地方。

---

138 在 2015 年 1 月 29 日召开的中国铁路总公司工作会议上，总经理盛光祖说，至 2014 年年底，中国大陆地区高速铁路运营里程为 16 000 千米，"四纵四横" 主骨架已初具规模。在 2007 年至 2014 年期间，中国大陆地区高速铁路累计发送旅客 31.6 亿人次，现日均开行 2500 多列，日均发送旅客 249 万人。

真空速度

目前来看，数十年来，铁路技术似乎没有太大改变。英国也许刚刚得到了日立公司（Hitachi）制造的"超级快车"（Super Express）列车，它能够在高达每小时140英里速度下运行，但这几乎不是一次很大的飞跃。

早在20世纪70年代，顾名思义，广受欢迎的"城际125"列车能以每小时125英里的速度行驶。法国的TGV[139]和西班牙的AVE[140]都能以每小时超过190英里的速度行驶（见图3-130）。那么，什么时候我们将看到真正的超高速列车能以每小时数百英里的速度穿梭于乡村之间（见图3-131）？

图 3-130 新潮的城市风光好像都是以高速铁路作为为特征的

图 3-131 这是世界上速度最快的蒸汽机车，1938年，它的时速达到每小时126英里（约203千米）

在中国和其他许多地方，很多人把希望寄托于"真空管道运输"（evacuated tube transport，ETT）技术[141]。摩擦是速度的敌人，随着行驶速度加快，空气摩擦以几何级数增加。这意味着目前传统高速列车的速度上限是每小时250英里（约402.5千米）左右。所以，理论研究的结果是，如果列车在真空管道内行驶，并使用现有的磁悬浮[142]技术把列车从轨道上提升起来，阻力可以被减小到接近零。"真空管道运输"列车可能以每小时超过1000英里（约1610千米）的速度行驶。

尽管广受议论的由特斯拉汽车公司（Tesla Motors）和太空探索技术公司（SpaceX）创始人 E.Musk 提出的"超级高铁"（Hyperloop）[143]将于2016年在加利

---

139 TGV 是 Train a Grande Vitesse 的缩写，指法国巴黎和里昂之间的高速火车。

140 AVE 是西班牙语 Alta Velocidad Española 的缩写，指西班牙国家铁路公司运营的高速铁路。

141 真空管道运输（ETT）技术的原理是：将超导磁悬浮列车置于真空管道内，利用线性电机加速至预定速率，由于电动机和真空管道融为一体，因此，位于真空管道内的传输舱不需要发动机或者电力激活的部件，被动超导体能让传输舱悬浮于真空管道内，涡电流使导电材质驱动运输舱。当运输舱加速时，电能转化为动能；当运输舱减速时，电能又会被重新获得，所以，这个系统的效率很高。目前最可行的演示系统是直径为1.5米宽的载人或载物运输舱漂浮于真空磁悬浮管道中，磁悬浮管道处于近真空条件。当运输舱被加速到预定速率后（约6500千米/时），它在后半程可自动漂移。装载有近半吨汽车的运输舱以每小时6500千米的速度行驶，每小时仅需约244度电。

142 磁悬浮的英文词为 maglev，这个词是 magnetic（磁）和 levitation（悬浮）这两个词的组合。

143 超级高铁（Hyperloop）指以"真空管道运输"理论为基础设计的交通工具，它具有超高速、低能耗、无噪声、零污染等特点。这种外形类似胶囊的列车被认为是继汽车、轮船、火车和飞机之后的新一代交通运输工具。

福尼亚试验（见图 3-132），但中国已在这场比赛中走到了前面。中国西南交通大学应用超导实验室的邓子刚（英）博士已建立了半径 6 米的真空列车隧道系统，并已开始试验。

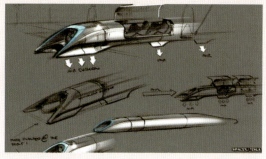

图 3-132　一段 5 英里（约 8 千米）长的"超级高铁"（Hyperloop）试验轨道将于 2016 年在美国加利福尼亚建成

热空气?

但是，这些都还是早期的试验。报告显示，邓博士的小火车到目前为止仅能达到每小时 25 千米的速度，有许多人怀疑这个技术是否会成为现实。上海同济大学的铁路专家孙章（音）教授说，"切实可行的公共交通系统需要比实验更多的东西。它需要在施工中是可以实现的。他们必须有能力控制风险，必须一直关注成本"。"因此，我个人的观点是，至少在这个阶段，这只是一个理论"（见图 3-133）。

J.Acklam 是工程技术研究所（Institution of Engineering and Technology）的运输专家，他赞成比起传统高速铁路技术来，磁悬浮和真空技术的结合将是极其昂贵的观点。"我们需要问我们自己，多少额外的速度是值得的？"磁悬浮技术是昂贵的，因为相斥的磁铁和铜线圈消耗许

图 3-133　1868 年，Alfred Beach 建议在纽约建造一条"风洞"悬挂铁路

多电力，比起传统铁轨来，磁悬浮轨道基础设施更加复杂。"实现长距离真空是一个重大工程挑战"。然后，还有安全问题。如果列车抛锚了，乘客们如何能够得到疏散，如何能够获得紧急服务？还有明显的一点，许多人也许不喜欢在没有可供观光窗户的管道里旅行。

未来的运输是在所有出行方式上的一系列探索性创新，例如，塑造明日运输的 F1 技术[144]；将在非洲出现的"飞驴"（Flying Donkeys）[145] 等。

我们能够摆脱城市上下班的"地狱"吗？虽然电视屏幕和视屏节目能使有这样经历的人不会患上幽闭恐惧症，但他们仍需要一些时间去慢慢适应这种经历。尽管有这样的缺点，但 J.Acklam 先生仍然相信，"超级高铁"概念意味着"一个时代已经到来"。

---

144 此处的"F1"是指"世界一级方程式锦标赛"（FIA Formula 1 World Championship），它是由国际汽车运动联合会（FIA）举办的全球最高等级的年度系列场地赛车比赛，与奥运会、世界杯足球赛并列为"世界三大体育盛事"。

145 "飞驴"（Flying Donkeys）指有着坚固空气结构的载货无人机，能够提起手提箱负载进行长距离飞行。第一个商业性"飞驴"将于 2020 年在非洲投入运营，它将在 1 小时内携带 20 千克货物飞行 50 千米。

磁悬浮魔术？

与此同时，日本正大力推行磁悬浮技术。2014年10月，日本批准了建造将成为世界上最快铁路线的计划，这条铁路线能够以每小时超过500千米（约311英里）的速度在东京和名古屋之间快速运送旅客（见图3-134）。如果这条花费500多亿美元（340亿英镑）的铁路线最终建成，它将是世界上第一条城际磁悬浮线，目前东京与名古屋之间的旅行时间为1小时40分钟，磁悬浮线把旅行时间减少了整整1小时。当然，中国在上海有自己的磁悬浮线，将浦东国际机场的旅客输运到市区。

但是，磁悬浮线常常不是作为一个体现高速铁路好处的"光辉榜样"，而是作为一个以自身发展为目的跌入追逐大型基础设施项目陷阱的"典型例子"。磁悬浮线确实以惊人的速度"嗖"的一声就可把旅客运载到城里，但不是运载到市中心，这意味着旅客们此后必须寻找其他方式来完成他们的旅程。对于许多人来说，现在，地铁已一直延伸到飞机场，这就提供了一个定期、可靠和廉价的选择（见图3-135）。

图 3-134 从东京到名古屋的实验性磁悬浮列车速度能够达到每小时500千米（约311英里）

图 3-135 长期以来，日本以它的新干线（Shinkansen）高速子弹列车而闻名

铁路扩张

在我们等待这些超高速列车来临的时候，我们将只能依靠更传统的高速铁路。中国在高速铁路技术上的领导地位意味着它已经成为十几多个国家的首选合作伙伴。目前，中国正与许多国家谈判。

图 3-136 北京—广州高速铁路线已经把旅行时间从22小时减少到8小时

没有哪个国家有如此快速扩张的大众运输。看起来，事情还将保持这种方式。中国正计划在接下来5年左右的时间里把它的铁路网规模再扩大一倍，近期已确认建造一条投资2420亿美元、连接莫斯科的高速铁路计划。至少短期内，在经济的巨大投资驱动增长方式上，所有这些铁路建设项目的收益已很明显。在这样一个幅员辽阔的国家，对于商业来说，降低旅程时间是有利的（见图3-136）。

从北京到广州的高速铁路，提供了目前世界上最长的不间断高速铁路旅程，长度为 2298 千米，只需要 8 小时，而不是 20 小时，票价是 100 多美元。

对于中国来说，主要问题是这样的大规模扩张在商业上是否是可持续的。J.Acklam 说，"我们仍然看到全世界航空和铁路运输的大幅度增长。这并不意味着在数字时代运输需求有一个下降。商业总是需要更快的速度"。（www.bbc.com，原文标题是 *Are superfast trains speeding down the tracks*？ 2015 年 3 月 16 日下载。）

"SkyTran" 悬浮吊舱：空中的出租车？

无人驾驶的吊舱，悬浮在城市街道上方，使用高架导轨网络，这就是 "SkyTran"，但它是未来的趋势吗（见图 3-137）？

空中列车公司（SkyTran）希望发展一种没有列车时刻表、没有中心车站的空中网格系统，这种系统有多种 "出口匝道"（off ramps）作为车站，在这些地方，使用者能够登上预定的吊舱。这是一种空中出租车服务。在你的智能手机上呼叫 "SkyTran"，一个受电脑控制的磁悬浮吊舱就会到达。它将超越城市，迅速把你送到目的地。

图 3-137　"SkyTran" 悬浮吊舱

J.Cole 是空中列车公司的首席技术官和董事，他说，"下一个大的创新将是自动运输。随着一些事情自动地转瞬即逝，交通运输工具将会淡化在生活的背景之中。我想去某个地方，告诉计算机我想去的地方，它会使我到达那里，一切都无缝连接"。

空中列车公司说，这项技术仅仅用了今天一台混合动力汽车三分之一的电力，因为车辆重量只有 300 磅（1 磅 =0.453 592 千克）。

第一个试验项目将在以色列航空工业园区里，这个园区位于特拉维夫的郊区。400 米长的演示系统计划在 2015 年年底完成，空中列车公司希望获得 3 年内在特拉维夫建造 20 千米长公用轨道所需要的许可证。把这个系统推广到欧洲和亚洲城市的可能性是存在的。

建造传统的城市道路和铁路是昂贵的，需要可使用的土地，在许多城市，土地是一种贵重的商品。一个解决办法是到地下去，在世界各地的城市里，有着公共地铁系统，但花费巨大的成本。

J.Sanders 是空中列车公司首席执行官，他说，"我们能够在人行道、建筑群和任何地方的上面建造这种系统，创造出供人们选择的一大批车站来"。他补充道，这种系统能够以每英里 1000 万美元的成本建造。但是，道路真的向上延伸吗？

J.Dignan 是英国的智能城市专家。在他看来，空中列车公司的自动化和个性化运输，有着美好的前景。"试金石是，你自己会使用它吗？我一定会使用它"。"我能够看到，对于新兴经济体，尤其对于从零开始发展起来的城市，这种系统是非常有用的"。

R.Chin 是美国麻省理工学院城市科学计划的管理主任。他说，"在过去几年里，在类似于宽阔的机场、大学或公司的园区和博览会（上海世博会或迪拜世博会）的某些有限应用中，像空中列车公司的个人快速运输系统可能是有意义的"。但是，Chin 担心，像空中列车公司的系统只是给周围地区增加了额外的基础设施，"考虑到你需要有让人上下的车站，建造空中列车公司的系统不是一个成本低廉的计划，在不具有足够城市密度的地方建造这种系统也是如此，对于人们步行往返来说，这些地方太远，他们也许继续依赖汽车"。

然而，对 J.Sanders 来说，如果一切顺利，在世界各地拥挤的城市里，也许能够使上班族抛弃他们的汽车，抛弃时间表，根据他们的交通为其日程量身定制，这与今天上下班造成创伤恰好相反。J.Sanders 说，"在今天的社会里，交通堵塞是最重要的街头疲惫和灵魂压抑部分。我们真的希望使人们的生活变得更好，高架快速交通是个答案"。（www.cnn.com，原文标题是 *SkyTran's levitating pods*，*a taxi for the sky*？2015 年 2 月 7 日下载。）

▌空客公司"白鲸"（Beluga）：空中巨人将变得更大

它是空中的"白鲸"，是航空领域最珍奇的发明之一，也是现今投入服务的最讨人喜欢的飞机。

空客公司的 A300-600ST 型飞机，因其形状与白色北极露脊鲸（white Arctic whale）类似而被人们称为"白鲸"，它是欧洲飞机制造商的超大运输机。这 5 架巨大的飞机每周飞行超过 60 架次，为所有空客公司的工厂，把部件从制造地——例如，在英国制造的机翼，在西班牙制造的尾翼——运输到位于法国图卢兹（Toulouse）、德国汉堡（Hamburg）或中国天津的最终装配地（见图 3-138）。

图 3-138 空客公司运行着 5 架"白鲸"货运飞机组成的机队，每周共飞行 60 架次，作为空客公司在欧洲 11 个城市之间的运输机运输部件

这些飞机自 1994 年起一直在运行，但需要增援。自这些飞机首飞以来，空客公司的生产速度增加了 5 倍，因此空客公司计划建立一个新机队，以跟得上需求，尤其是 A350XWB 型飞机目前投入运营产生的需求。

空客公司国际运输部门（Airbus Transport International）负责人 S.Gosselin 说，"对新白鲸的需求来自提高生产速度和在这 5 架飞机机队之上获得额外的能力"。"因此，最初空客公司将运行新白鲸和旧白鲸的混合机队。然后，第二个需求将是对老化机队的预期更新"。

一个三人机组操纵"白鲸"，其中两人是飞行员，一人是装卸员。由于"白鲸"尺寸很大，它在空气湍流中的反应与其他大型喷气飞机不同，侧向运动多于向上和

250

向下运动。

目前运行的 5 架"白鲸"实际上是经改造的、可载运大件货物的 A300-600 型喷气机。飞机的顶部被切除，增加了一个额外的、像个气泡的更宽机体部分，给飞机加上了特别的"驼峰"。驾驶员座舱被放低，使得飞机可用作货机，能够通过前部装货和卸货。结果就成了一架有着 1400 立方米货舱空间的令人难以置信的宽体货机。这相当于 671 个人、36 辆轿车或 7 头大象。S.Gosselin 说，"当货舱门打开时，你的感觉是这个货舱有像大教堂的巨大空间"（见图 3-139）。

图 3-139　"白鲸"有一个令人难以置信的大货舱，直径为 7.1 米。虽然"白鲸"47 吨最大载重量被少数其他货机超过，但货舱体积使其适合运输体积过大但并不特别重的货物

虽然"白鲸"47 吨的最大载重量被少数其他货机超过，但货舱体积使它适合运输体积过大但并不特别重的货物，类似飞机部件。

"白鲸"可装载 A340 型飞机机翼，或者装载空客公司新型 A350 型宽体飞机机身。但是，它的货舱没有大到可装载 A380 型飞机许多特大的部件。这些部件需要轮船运输、驳船运输和公路运输。

随着目前 A300 型飞机退出服役，新"白鲸"将以 A330 型飞机为基础，将会比现有机队的飞机更大。现有"白鲸"一次只能运输一个新型 A350 型飞机机翼，新"白鲸"将能够一次运输两个机翼。对于喜爱现有"白鲸"独特形状的飞机爱好者来说，新"白鲸"将保持原来的形状。Stephane Gosselin 说，"它看起来是一样的，因为我们将在一段时间里并行运行两个机队，还将与现有货运形式相匹配"。

新机队将在 2020 年投入运营。（www.cnn.com，原文标题是 *Airbus' Beluga: Giant of the skies set to get even larger*，2015 年 1 月 20 日下载。）

▌对你的超级游艇厌倦了？请试试潜艇

J.Bond 也许在这样的一台机器里注视着自己的"家"。对于那些寻求令人兴奋的享受水下乐趣方式且富有的游艇拥有者来说，私人潜艇是最必须有的东西。

10 年前，所谓"潜艇"很少在科学与军事圈之外找到，但是，私人使用潜艇在过去几年里快速发展。相关市场随着私人财富向顶级 1% 跳跃、亿万身价豪富平均年龄下降而增长。

G.Hawkes 是奢侈品制造商迪佩弗拉特公司（DeepFlight）的创始人，他说，"更年轻的、更富有冒险精神的富豪希望有更多的游艇之外的东西，而不只是坐在游艇后部喝着鸡尾酒"。迪佩弗拉特公司制造了两人潜艇，它类似水下飞机（见图 3-140）。这种潜艇的成本至少是 150 万美元，通常可下潜约 120 米，公司创始人把这个深度称为"黑暗的边缘"（见图 3-141）。

包括企业家 R.Branson 和风险投资者 T.Perkins 这样的客户，正在追逐舒适安

图 3-140 迪佩弗拉特公司制造的两人座私人潜艇

图 3-141 这款两人座潜艇被吊入水中

全海洋生活的独特经历。G.Hawkes 回忆起，在 R.Branson 教授把潜艇"飞"起来的时候，曾与一头大白鲨面对面。他说，"我们都大吃一惊，那个 30 秒的时间使得 20 年来做的所有事情都有价值。这是令人振奋的时候"。

私人潜艇是客户定制的，但是，迪佩弗拉特公司正在考虑随着市场增长转向规范生产。在最近几年里，这家公司每年销售 2 至 3 艘私人潜艇，根据 G.Hawkes 的说法，销售量会增加到每年 10 艘。

图 3-142 曲顿潜艇公司出产的三人座潜艇

曲顿潜艇公司（Triton）是另一家从不断增长的需求中获益的公司，它的首席执行官 Bruce Jones 说，公司获得了比以往更多的订单。价格在 350 万美元的 Triton 3300/3 型潜艇是公司最受欢迎的型号（见图 3-142）。这种潜艇可乘坐 3 个人，下潜约 1000 米。他说，"乘坐潜艇下潜是一个相当不寻常的经历，所以业主和他们的家人与朋友是英雄"。

但是，在为一艘私人潜艇付出大笔款项之前，你必须拥有自己的超级游艇泊位。超级游艇要花费数亿美元，最小的超级游艇大小与一个网球场相当。某些超级游艇的大小是它的 4 倍。B.Jones 说，了解这些还不够，一位典型的曲顿潜艇公司客户应当拥有约 5 亿美元。

那些能勉强凑齐这些现金的人，应当很快在豪华潜艇驾驶盘之后找到自我。迪佩弗拉特公司和曲顿潜艇公司提供私人潜艇驾驶员的培训，但没有所需要的特别许可证。迪佩弗拉特公司的 G.Hawkes 说，"没有人会买法拉利（Ferrari）而把车钥匙交给司机"。（www.cnn.com，原文标题是 *Bored of your superyacht? Try a submarine*，2015 年 2 月 14 日下载。）

可再生能源如何变得有竞争力

2015 年 6 月 2 日，为了推出他们所谓的"全球阿波罗计划"（Global Apollo Programme），一群科学家和经济学家公布了相应的计划，希望到 2025 年使新的太阳能装机容量比新的燃煤发电厂更加便宜。同意支持这个计划的国家将承诺把国内生产总值的 0.02% 投入到可再生能源研究，初期的公共支出为 150 亿美元（目前，全球在可再生能源领域里的公共资助研究为 60 亿美元）。作为比较，这些科学家和经济学家认为，原来的"阿波罗登月计划"（Apollo Moon Programme）花费了相当于今天币值的 1500 亿美元。拯救地球需要付出同样的努力。但是，可再生能源真的能有这么大的区别吗？

太阳能技术在短时期内已取得显著的进展。可再生能源正在获取其他来源能源的市场份额，尤其是在阳光充足和地域广阔的地方，及其那些燃料稀缺或燃料肮脏的地方。正如人们所期待的那样，对太阳能来说，太阳光充足的地方是最有竞争力的地方（见图 3-143），美国加利福尼亚州和夏威夷州是使用太阳能的先驱。大量闲置的土地（或者海面）是风能经济的最好地方。税收优惠也有

图 3-143　对太阳能来说，太阳光充足的地方是最有竞争力的地方

帮助：美国人可以为安装可再生能源设备（例如蓬勃发展的安装屋顶太阳能板业务）获得 30% 的投资信贷。另一项补贴有利于家庭以合适的价格（例如，能源公司向其用户推荐的电力价目表）把多余电力出售给能源公司。在美国，这被称为"净计量"，实质上，它使用了这样的网络，即由其他客户支付的作为储备的电线杆、电线和不断增加的发电容量。

然而，可再生能源的反对者说，所涉及的补贴显示对风能和太阳能的投资是一件浪费时间和金钱的事情，只是使拥有绿色意识的人们感到宽慰，并且过度保护与政治关联的企业。这个看法在一个点上是正确的：许多政府可能在第一代可再生能源技术上花费了太多的钱，与现已成为实用的技术相比较，第一代可再生能源技术是低效和昂贵的。但是，所有的能源都以这种或那种方式获得补贴：化石能源的使用者并不为他们对这个星球作出的危害付钱。对可再生能源的补贴每年约为 1000 亿美元。国际货币基金组织最近一份工作报告 [146] 估计，对化石能源的补贴（包括空气污染、拥堵和全球变暖的未补偿费用）为 53 000 亿美元。也许最为重要的是，对可再生能源的补贴正在下降（至少以每瓦为基础计算的结果是这样），美国的税收补贴正在被削减，英国正在终结对陆地风能的补贴。同时，可再生能源的效率正在快速提高。不出所料，可再生能源的使用正急剧增长。根据国际能源机构(International Energy Agency，是由最发达国家的俱乐部——经济合作和发展组织创立的能源机构）估计，2013 年，可再生能源几乎占全球发电量的 22%，较 2012 年提高了 5%。中国和印度正在可再生能源领域进行大规模投资（值得注意的是中国在风能行业上的大量投资）。风能过去是最廉价的，但在大部分市场里，太阳能正变得比风能更加廉价。这个趋势将会继续下去。几乎所有的外表面都能够产生太阳能，而且成本

146 见：编号为 WP/15/105 的世界基金组织化石能源事务部门（Fiscal Affairs Department）的工作报告（Working Paper）：D.Coady，I.Parry，L.Sears，B.Shang1，"全球能源补贴有多大？"（*How Large Are Global Energy Subsidies？*），2015 年 5 月发表。

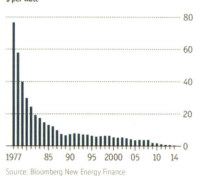

Sundown

Price of crystalline-silicon photovoltaic cells
$ per watt

1977 85 90 95 2000 05 10 14

Source: Bloomberg New Energy Finance
Economist.com

图 3-144 本图标题是"日落，结晶硅光伏电池单元的价格，单位：美元 / 瓦"。左下角写着"来源：繁荣的新能源财政"

正大幅下降（不仅硅片的制造成本，而且安装成本和使系统运行所需电子器件、电力存储的成本都大幅下降，见图 3-144）。随着高耸的直立风力发电塔价格下降，风能也正变得更加便宜，但是，潜在的收益仍不太引人注目。

然而，可再生能源在减缓气候变化中发挥更加积极的作用，需要更多和更快的进步。"全球阿波罗计划"的作者们注意到，到 2035 年，大气中二氧化碳的含量有望达到使全球气温完全可能升高 2 摄氏度的水平（假如策略不改变，气温将会升高 4 摄氏度）。为了阻止这样危险的可能性，到 2025 年，可再生能源需要比化石能源更加便宜。相应地，要实现这个目标，需要可再生能源技术在不久的将来取得突破；要取得技术突破，需要目前有更多的研发支出。碳价格可能有所帮助，它使得肮脏的燃料更加昂贵，鼓励在新能源领域的私人投资。目前，在新能源行业的私人研发支出低得可怜，只是销售额的 2%（在制药行业，这个数字是 5%，在消费电子行业，这个数字达到 15%）。然而，正是美国政府的研究资金，使得美国人在短短的几年里就登上了月球。有理由说，为了使这个世界完全依赖太阳，在可再生能源领域的政府推动将是必要的（见图 3-145）。（www.economist.com，原文标题是 *How renewable energy can become competitive*，2015 年 6 月 4 日下载。）

图 3-145 为了使我们的世界完全依赖太阳，在可再生能源领域的政府推动将是必要的

全球对能源补贴的痴迷

一年来，能源价格一直在下降。在 2015 年 6 月期间，能源价格下降的趋势正在加快。7 月 24 日，美国石油价格达到每桶 48 美元的低点。尽管如此，许多政府仍挥霍着补贴，以撑起石油生产。根据国际能源机构（International Energy Agency，IEA）的统计，化石能源每年获得 5500 亿美元的支持，是给予可再生能源补贴的 4 倍以上，国际能源机构是代表石油和天然气消费国的组织，国际货币基金组织（International Monetary Fund，IMF）的估计则大体上更高。国际货币基金组织在 5 月份说，各个国家在 2015 年将为衰弱的石油、天然气和煤花费 53 000 亿美元，而

254

在 2011 年，它们花费了 20 000 亿美元（见图 3-146）。这个数字相当于全球生产总值的 6.5%，比各国政府在卫生保健上的支出还要多。在能源价格较低、政府债务很高和对排放关注不断增强的时刻，这样的支出是没有理由的。那么，为什么世界各国对能源补贴痴迷呢？

各国政府创造了对化石能源补贴的不同方式。大多数调查分析了"消费"补贴，没有分析对生产厂商的支持或税收减免。对在自己的汽车油箱里加满汽油或者打开电灯的人们来说，传统的"税前"（pre-tax）补贴措施[147]保证了能源的消费价格低于它的供应价格，这样的措施在发展中国家里尤为流行。在像尼日利亚、委内瑞拉这样的石油生产国里，低油价被贫穷人群看作具有丰富自然资源禀赋的有限好处。

图 3-146　国际货币基金组织说，2015 年，各个国家将为衰弱的石油、天然气和煤花费 53 000 亿美元

富裕国家也对化石能源实行补贴，国际货币基金组织说，美国是全球第二大"补贴元凶"，2015 年，它将花费 6690 亿美元，但主要通过"税后"（post-tax）补贴系统实现，没有把使用化石能源对环境造成损害的成本作为价格考虑的因素。

对化石能源补贴是一个问题，因为它浪费了财政资源，几乎不能使贫穷人群受益，而富人可驾驶更久的汽车，享用更多的电能。国际能源机构认为，仅有 8% 的能源补贴汇聚到占人口五分之一的最贫穷人群。这些资金花在修建道路、医院和学校将会更好。在尼日利亚，在向进口燃料提供资金的时候，数十亿美元资金被抽走，使得当地人遭受严重的燃料短缺。环境保护主义者认为，支持化石能源就是压制清洁能源的发展，促使空气污染和气候变化。国际货币基金组织的统计数据估计，假如对化石能源的补贴被取消，全球二氧化碳排放将会下降 20% 以上，各国政府的收入将增加 29 000 亿美元，或者，全球生产总值将增加 3.9%。

大多数国家认识到对化石能源的补贴是不可持续的，但取消这种补贴可能是一个"政治烫山芋"。例如，2012 年，在数日街头暴力示威之后，尼日利亚撤销了它取消补贴的努力。尽管如此，还是有些进步。近期，低油价已使数十个国家，包括印度尼西亚、印度、马来西亚、墨西哥等，在没有出现价格大幅上涨的情况下改变了能源补贴政策。现在，原油价格变得更加低廉，其他一些国家正简单地分配少量现金给予补贴。国际货币基金组织的主要数据忽视了这些进步，因为"税后"的环境成本正在膨胀。扣除"税后"环境成本，2015 年，各国将支付 3300 亿美元来填补"真实"价格和消费者实际支付价格之间的缺口，这个数字低于 2014 年各国为此支付的 5000 亿美元。国际能源机构并没有衡量环境成本，认为对化石能源的补

255

147 国际货币基金组织将各国政府对化石能源的补贴分为税前补贴和税后补贴。税前补贴指当能源消费者支付的价格低于能源基准价格（如国际市场的交易价格）时，政府对两者之间的价格差给予补贴。税后补贴是税前补贴和税收补贴之和。税收补贴包括政府给予能源生产企业的税收优惠，同时政府为管理或修复能源消费带来的、一时难以定价的负外部性后果支付的成本，这些负外部性后果包括二氧化碳排放、环境污染、交通堵塞及道路损毁等。

贴自 2013 年以来一直在下降。但是，当石油价格开始上涨的时候，真正的考验将会来临，保持低油价的要求将会再次出现。（www.economist.com，原文标题是 *The global addiction to energy subsidies*，2015 年 7 月 28 日下载。）

黑色的心情

现在，它是廉价的，但又是肮脏的；将来某个时候，它是清洁的，又是买得起的。这几句话曾是煤炭行业的口号。但是，公众对污染的看法、对始终昂贵洁净煤技术[148]的看法正在发生变化，这对煤炭企业的情绪造成了损害（见图 3-147）。

图 3-147　全球煤炭企业的情绪普遍受到了损害

最大的惊喜是中国煤炭消费放缓，中国烧掉了全世界一半的煤炭。在煤炭需求上，2014 年秋季看上去不再是一个亮点[149]。2015 年前 4 个月，煤炭需求同比下降 8%（煤炭进口大幅下降了 38%）。环境的担忧促使中国提高能源效率，鼓励使用天然气和可再生能源，尤其是风能。经济增速放缓尤其冲击了对炼钢所需高品质和高收益煤的需求。

对煤炭行业的另一个巨大打击来自北美廉价天然气。这是迄今为止最便宜的发电燃料。自 2014 年年初至 2016 年年底，美国的燃煤发电厂将被关闭，或者转换使用天然气，这些发电厂的发电能力相当于美国发电能力的十分之一以上。

欧洲的煤炭消费也正在下降，根据智库组织碳追踪（Carbon Tracker）的统计，2008 年至 2013 年期间，欧盟区的煤炭消费量总体下降了 4.7%，发电用煤下降了 4.2%。

投资者们处在恐慌之中。现在，美国 4 大煤炭公司的市值为 120 亿美元，低于 2010 年 220 亿美元的市值。企业重组正令人生畏地隐现。一个大型的亏损企业——阿屈煤炭公司（Arch Coal）[150]，在其股票价格跌至每股 1 个美元以下之后，面临着要从纽约证券交易所退市。挪威的巨额（9000 亿美元）主权财富基金（sovereign-wealth fund）正从煤炭行业退出。其他的投资者，包括最近的美国银行（Bank of America），也正在把煤炭行业归入过高风险的行业。对投资者来说，煤炭企业的股票不像诸如石油巨头埃克森美孚公司（ExxonMobil）、雪佛龙公司（Chevron）的股票那样是必须持有的。比起其他能源企业来，煤炭企业几乎没有被资本化，因此，

---

148 洁净煤技术（Clean Coal Technology，CCT）是旨在减少污染、提高使用效率的煤炭加工、燃烧、转化、污染控制等新技术的总称。

149 根据 2008 年至 2013 年统计数据，中国煤炭消费量季节指数 fi 年度变化规则是：每年 1 月至 3 月，fi 值小于 1；4 月至 6 月，fi 值大于 1；7 月至 9 月，fi 值回落至小于 1 的区间；10 月至 12 月，fi 值又上升至大于 1 的区间，其中在 11 月，fi 值取得年度最大值，达到 1.0564，这表明煤炭消费量从每年 1 月起逐渐上升，到 6 月开始逐渐下降，到 10 月再次逐渐上升（www.chinaero.com）。

150 阿屈煤炭公司（Arch Coal）是美国一家煤矿开采和加工企业，是美国第二大煤炭供应商。阿屈煤炭公司在美国开采、加工和销售低硫含量煤，在美国国内煤炭市场上占有 15% 的份额。美国国内的煤炭需求主要来自发电企业。

在旨在切断化石能源生产商进入资本市场通道的撤资风潮中，它们就变得更加脆弱。

　　环境保护主义者对此感到欢欣鼓舞。煤炭开采要挥霍大量的水，燃烧煤炭要排放出有毒的汞加上令肺部窒息的酸，还有烟尘。煤炭是碳最密集的一种化石能源。在理论上，洁净煤技术（在高温下燃烧制成粉的煤炭，消除排放，并收存碳）可能给煤炭行业带来一个救生索。但是，洁净煤技术的前景是黯淡的。就目前的状态来说，洁净煤技术使燃煤发电的成本上升 80%，效率降低 30%。在美国密西西比州（Mississippi）的一个洁净煤项目（花费 62 亿美元建造昂贵的化石燃料发电厂）因预算超支、工期滞后，导致大投资者——南密西西比电力协会（South Mississippi Electric Power Association）退出了这个项目。

　　煤炭可能是不受欢迎的，但它不是注定如此的。根据英国石油公司（BP）的年度能源预测，煤炭在世界初级能源使用中的份额已从 2010 年的 30% 峰值下跌，到 2035 年，可能仅为 25%。对珍视经济增长超过关注绿色的贫穷国家来说，煤炭似乎是不可或缺的，它是便宜、丰富和可靠的。特别地，印度在煤炭上下了大赌注 [151]。(www.economist.com，原文标题是 *Black moods*，2015 年 6 月 7 日下载。）

特斯拉公司的新产品是一款家庭用电池

　　特斯拉公司 [152] 把这款可重复充电的锂离子电池取名为"动力墙"（Powerwall）（见图 3-148）。正如这个名字表明的，这款电池是按照固定在墙上并与本地电网连接来设计的。它将以 10 千瓦时 3500 美元、7 千瓦时 3000 美元的价格向客户销售。交货将在 2015 年夏季开始。

　　这款家庭用电池在夜间充电，能源公司一直在夜间收取更低的电力费用。然后，它在白天放电，向家庭供电。购买这款家庭用电池都要花费数千美元，虽然许多公用事业公司提供折扣。这个星期 [153] 初，特斯拉公司董事会成员 K.Musk 告诉美国有线电视新闻网记者，这款新型家庭用电池将使客户的电力费用降低 25%。

图 3-148　特斯拉公司出品的"动力墙"家用锂离子电池

　　特斯拉公司发布这款产品是在美国加利福尼亚州的一个社交场合进行的。在宣传材料里，特斯拉公司称家用电池是

---

151 印度计划更多地依靠廉价、可靠的燃煤发电来大幅度缓解本国的能源短缺问题。根据国际能源机构（IEA）预测，在印度能源供应总量中，煤炭所占比例将从 2014 年的 43% 上升到 2020 年的 46%，到 2035 年，可能达到 51%。

152 特斯拉汽车公司（Tesla Motors）成立于 2003 年，总部位于美国加利福尼亚州的硅谷。特斯拉公司最初的创业团队主要来自硅谷，他们想用现代信息技术的理念、而不是用以底特律为代表的传统理念来设计与制造汽车，因此，特斯拉公司设计和制造电动汽车，常常被看作一个"硅谷小子"挑战"底特律巨头"的故事。

153 指 2015 年 4 月 27 日至 5 月 1 日这一周。

"缺失的一块"。除了"动力墙"之外，特斯拉公司还发布了商业性能源储存系统和公用事业用大规模能源储存系统。特斯拉公司首席执行官E.Musk说，"对现有电池的异议源于它们是令人讨厌的。它们真的很可怕"。当电池与太阳能连接在一起，它们将有助于加快摆脱化石能源。"这是我们需要的未来。这是我们必须做的事情，我们能够这样做，我们将会这样做"。

特斯拉公司的投资关系主任J.Evanson曾向投资者和分析师发出一份信件，声称这家电动汽车制造公司将很快发布一款"家庭用电池"和一款"非常大公用事业规模的电池"，此后，许多人都对此新产品进行猜测。在大约一年的时间里，特斯拉公司就在谈论发布一款家庭用电池。

2015年3月，随着投资者猜测这款电池的技术规格和市场潜力，特斯拉的股票已上涨了20%。特斯拉公司定于下个星期[154]公布它的第一季度财务报告。（www.cnn.com，原文标题是 *Tesla's new product is a battery for your home*，2015年5月2日下载。）

▎有风险的日本可再生能源革命

没有核电，日本能够生存吗？对这个问题的简短回答是"是的"。在最近的4年里，日本令人惊讶地在没有核电情况下很好地生存下来。继福岛核事故之后，日本的全部48座其他核反应堆都被关闭（见图3-149）。预测的停电没有发生，这个国家保持着良好运行。

图3-149 在日本，福岛核事故造成了民众对核电厂新的担心

但是，日本为此付出了成本。在福岛核事故之前，日本近30%的电力来自核能。这些电力已被燃烧更多的煤和天然气产生的电力取代了，现在，日本是世界上最大的液化天然气进口国。这也意味着自2011年以来，日本的温室气体排放显著攀升。

对日本来说，更高的燃料消耗和更高的废气排放是件坏事，对地球来说也是如此。安倍首相的回答是什么？把核电站重新开启起来？但是，自核电厂被关闭的4年里，日本已开始经历其他事情，这就是可再生能源革命。重回核能可能把日本置于威胁之下。

日本是一个有着充足的阳光和许多活火山的多山岛国。换句话说，存在着许多产生可再生能源的潜在方法：水能、风能、潮汐能、太阳能等，潜力最大的是地热能。2011年之前，在日本的全部能源里，仅有9%来自可再生能源，这些可再生能源几乎全部来自水能，仅有1%来自太阳能。

但是，绝望的时候需要孤注一掷的措施。在福岛核事故之后，民主党政府实施

---

154 指2015年5月4日至5月8日这一周。

了"上网电价"（feed-in tariff）政策。任何人可在屋顶上安装太阳能板，并将它与电网连接起来，电力公司被要求向他们支付一笔每千瓦时 40 日元的丰厚的钱。反响是巨大的。大量资金投入到太阳能产业，不只是投入到人们的屋顶上。2011 年，日本只有 4 000 兆瓦太阳能电池装机容量。仅仅 3 年之后，即到 2014 年年末，日本太阳能装机容量猛增到 23 千兆瓦。这使得日本超越意大利，成为世界上太阳能发电第三大国（见图 3-150）。

图 3-150 在实施核电厂禁令后的这几年里，安装太阳能电池板在日本迅速增多

2013 年 11 月，电子业巨头京瓷公司（Kyocera）开始用迄今为止最大的太阳能电池阵列发电，这个面积近 1.5 平方千米的太阳能电池阵列建造在日本鹿儿岛（Kagoshima）湾一个旧的船厂旁边。它可生产 70 兆瓦的电力，足以为 20 000 个家庭供电。这只是一个开端。京瓷公司计划在日本许多近海岛屿中的一个建造 430 兆瓦的大型太阳能发电厂，足以为 130 000 个家庭供电。

要不是突然停顿下来，日本的太阳能发电都是极好的消息。2014 年年末，日本的大型电力公司开始通知太阳能发电厂，它们不能从太阳能发电厂那里获得更多的电力。同时，日本政府把电力公司为新的来自太阳能的电力必须支付的价格降低至每千瓦 27 日元。突然之间，对建设更多太阳能发电能力的精确测算受到了严重怀疑。没有人认为日本政府这样做是个阴谋。但是，时间选择是值得关注的。

尽管受到了普遍反对（见图 3-151），但安倍的政府正在朝前推动重回核电的事情。安倍这样做最具说服力的理由是日本需要仅有核电厂能够提供的廉价、可靠的"基础负荷"电力。

图 3-151 许多日本人仍然坚定地反对重回依赖核能的时代

这样的说法与科学的证据即日本能够大大增加可再生能源生产相悖。日本的地热能潜力是巨大的。它有 119 座活火山。地热能是廉价与可靠的，在一天内可运行 24 小时。但是，迄今为止，仅有一小部分日本的地热能正在被开发。

奇怪的是，日本政府在重回不受欢迎和有风险的核能上花费大量时间与精力的同时，在可再生能源上的政策似乎处在完全混乱的状态。

（www.bbc.com，原文标题是 *Japan's renewable revolution at risk*，2015 年 5 月 8 日下载。）

世界首个潮汐潟湖发电计划在英国公布

世界上首个系列潮汐潟湖发电[155]计划已在英国公布。在涉及的 6 个潟湖中，有 4 个潟湖位于英国的威尔士（Wales），一个位于英国的萨默塞特（Somerset），还有一个位于英国坎布里亚（Cumbria），它们将在巨大的"海墙"（sea walls）后面捕获涨潮和退潮的潮流，利用水的重量来驱动涡轮机发电。一个投资 10 亿英镑的

图 3-152 计划中的斯旺西湾潮汐潟湖项目将是世界上首个人造发电潟湖

斯旺西（Swansea）计划已经进入英国政府的计划系统，据称，这项项目能够产生供 155 000 个家庭使用的能源（见图 3-152）。

英国能源秘书 E.Davey 说，他想支持这个项目。从斯旺西计划产生的电力成本将是非常高的，但是，在此计划背后的企业说，后续的潟湖将能产生更廉价的电力。这家企业说，这个系列潮汐潟湖发电计划能够产生英国 8% 的电力，投资为 300 亿英镑。

除斯旺西[156]潟湖之外，提出的潟湖地点是加迪夫[157]（Cardiff）、纽波特[158]（Newport）、威尔士的科尔温湾（Colwyn Bay）、萨默塞特的布里奇沃特（Bridgwater）和西坎布里亚。每一个潟湖都需要规模宏大的工程。在斯旺西潟湖，容纳这个新潟湖的海墙将延伸超过 5 英里（约 8.05 千米），伸入海中将超过 2 英里（约 3.22 千米）（见图 3-153 和图 3-154）。在现有的政府促进本土低碳能源计划之下，相应的费用将由电费账单支付者提供。

潮汐潟湖电力公司（Tidal Lagoon Power）正就它能够收取多少电费与英国政府谈判。它希望在斯旺西项目按每兆度电 168 英镑的价格收取电费，对于第二个更有效率的加迪夫项目，它把电费价格降低至每兆度电 90 英镑至 95 英镑。

"能源的舞蹈"

每兆度电 90 英镑的电费价格与规划中的亨克利（Hinkley）核电厂 92.5 英镑的

---

155 潮汐能（tidal power）是水能的一种形式，把潮汐的能量转化为某种可使用的能量形式，主要是电能。虽然潮汐能尚未得到广泛应用，但它有着未来电力生产的潜力。在可再生能源中，传统上，潮汐能的应用一直受到相对较高的成本和可用场地有限的制约，这些场地要有足够高的潮差或流速。然而，许多最新技术的研发和进步，包括设计方面（例如，动态潮汐能、潮汐潟湖等）和涡轮机技术方面（例如，新型轴向涡轮机、交叉流动涡轮机等），标志着潮汐能的整体实用性可能比起已被认识到的高出了许多，它的经济成本和环境成本可能被降低到具有竞争力的水平。

156 斯旺西（Swansea）是位于英国威尔士南部的一个市镇，人口数为 188 500。位于加迪夫西北偏西。斯旺西湾（Swansea Bay）位于布里斯托尔海峡，是一个工业港口。

157 加迪夫（Cardiff）是英国威尔士的首府，也是威尔士最大的城市，位于布里斯托尔海峡，人口数为 281 300。19 世纪和 20 世纪初，加迪夫曾是一个繁荣的煤炭运输港。

158 纽波特（Newport）是英国南部的一个市级自治区，也是英吉利海峡中怀特岛的行政和商业中心，人口数为 23 570。

图 3-153 一些垂钓者担心潟湖可能影响鱼的迁徙，但规划的编制者说，新的海墙将起着礁石的作用

图 3-154 提出潟湖方案的这家企业说，它们希望潟湖成为一个文化和体育运动的场地

电费价格相比是有优势的，尤其是潟湖是按 120 年年限来设计的，比起核电厂来，它的风险要低得多。

E.Davey 先生告诉英国广播公司记者，"我在电费价格这个问题上还不能做出决定，因为相关谈判还在进行。但是，我对潮汐能的前景感到兴奋"。"我们有世界上最大的潮差，假如我们能够安全利用这部分清洁能源，那么它将是非常有用的"。

潟湖像调节海墙两边水位的闸门那样来操作一个系统。当潮汐开始上升的时候，海墙的闸门被关闭，水在潟湖外面积聚起来。当潮汐充满潟湖外部的时

图 3-155 在斯旺西，潟湖的海墙将延展超过 5 英里（约 8.05 千米），伸入海中超过 2 英里（约 3.22 千米）

候，闸门被开启，潟湖外部的水将急速通过涡轮机，进而填满潟湖。在退潮的时候，闸门被关闭，以保持潟湖内部的水。在海墙外部为低潮位的时候，闸门被开启，来自潟湖内部高水位的水流过涡轮机，从而再次发电（见图 3-155）。

能源企业也喜欢潟湖能源的思想，与太阳能和风能不同，潮汐能是可预期的。涡轮机每天从两次涨潮和退潮中捕获能量，预计每天平均工作 14 小时。潮汐潟湖电力公司的首席执行官 M.Shorrock 告诉英国广播公司记者，"我们有着一个非常美妙的机会，从月亮与地球之间的舞蹈中创造出能源"。"开始时，潮汐能确实是相当昂贵的，但是，随着时间的推移和资本费用得以还清，这种能源会变得极其便宜"（见图 3-156）。

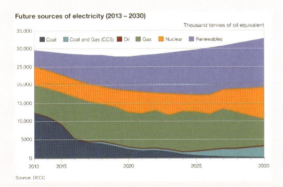

图 3-156 本图的标题是"未来电力的来源（2013年至 2030 年）"，单位是"千吨油当量"。对于填有不同颜色的小方框，从左到右分别是"煤"、"煤和天然气"、"油"、"天然气"、"核能"和"可再生能源"

环境的担忧

此前一个在塞文河（River Severn）上建坝来创造潮汐能的计划，在环保主义者抗议这道坝将会阻止每天淤泥浅滩的显露而成为泡影，淤泥浅滩的显露对涉水鸟类是至关重要的。

斯旺西潟湖计划得到了更加广泛的认可，因为这个项目不会阻塞各个河口，允许潮流像往常那样流动，尽管在潟湖内部每边的潮流将被推迟几小时。G.Clubb 是环保主义组织"地球库姆的朋友"（Friends of the Earth Cymru）的主任，他说，这个组织总体上赞同斯旺西潟湖计划。"它没有绝对地得到我们的赞同，我们希望确认环境影响能够得到管理"。

"但是，假如斯旺西计划帮助我们关闭阿伯索电站（Aberthaw power station），这将是一件好事情，阿伯索电站是世界上污染最严重的电站之一"。

垂钓者担心潟湖会对鱼类在当地河流里迁徙产卵产生影响，鱼类的迁徙最近才从污染中恢复过来。在塔威河（River Tawe）里钓鱼的 P.Jones 说，斯旺西计划一直没有受到"足够响亮或足够广泛"的质疑。"我们将非常有力地反对这个和其他沿着南威尔士海岸线的潟湖计划"。

潮汐潟湖电力公司承认，一些迁徙的鱼会误入涡轮机里，但预测数量将是非常小的，而新的海墙通过创造自己的礁石栖息地而使鱼类受益。（www.bbc.com，原文标题是 *World's first lagoon power plants unveiled in UK*，2015 年 3 月 2 日下载。）

▌热泵从处于冰点的冷水中汲取热量

挪威德拉门（Drammen）[159] 的居民已用一种完全不同的方式取暖。德拉门位于奥斯陆以西 40 英里（约 64.4 千米）处，是德拉门县的首府，它从当地的峡湾或者更准确地说从峡湾 [160] 中的水中汲取热量，用来把这里的住宅、办公室和工厂与北欧刺骨的寒冷隔绝开来。水的全年平均温度仅为 8 摄氏度，这足以冷得让你说不出话来。事实上，水如此冷，以致入水的游泳者把它归于冰冻的水。但是，出于某种原因，一家开明的地区供热公司在一个具有环境保护意识的市议会的支持下，在很大程度上与英国格拉斯哥人 [161] 的智慧结合起来，已建立起一个系统，不仅满足了德拉门 65 000 名居民的供热需求，而且满足了当地企业的供热需求（见图 3-157）。

---

159 德拉门（Drammen）是挪威东南部的港口城市，位于德拉门峡湾顶、德拉门河口，其东北部距离挪威首都奥斯陆约 60 千米，2008 年人口约 6 万，是挪威第九大城市。

160 峡湾（fjord）是海侵（海侵指因海面上升或陆地下降造成海水对大陆区域侵进的地质现象）后被淹没的冰川槽谷，是冰川槽谷的一种特殊形式。在高纬度地区，大陆冰川和岛状冰盖能够伸入海洋，冰川谷进入海面以下，继续深掘，拓宽冰床。在冰期（冰期指地球表面覆盖大规模冰川的地质时期）后期海面上升，下端被海水淹没，受海水影响，形成两侧岸壁平直、陡峭、谷底宽、深度大的海湾，这就是峡湾。

161 格拉斯哥（Glasgow）是苏格兰最大的城市，也是英国第三大城市，人口 58 万，位于苏格兰西部克莱德河（Clyde）河口。

越来越受欢迎

热泵[162]本身不是新鲜东西，第一台热泵可追溯到19世纪，但自此以后，相关技术有了巨大发展。例如，根据国际能源机构（International Energy Agency）热泵中心 R.Nordman 博士统计，在欧洲，热泵每年销售数十万台，而在中国、日本、美国、新西兰和土耳其，热泵市场迅速

图 3-157 对城市的居民和企业来说，挪威德拉门冰水峡湾不是一个显而易见的热源

增大。但是，在销售的热泵中，绝大多数是安装在单个家庭的空气热泵或地源热泵。使用地源热泵，花费超过 15 000 欧元，这个成本是可观的。空气热泵也受制于环境温度的剧烈变化，在冬季，它是没有效率的。

在一些国家，热泵技术一直受困于负面的报道。例如，在伦敦，20 世纪 90 年代末，作为旨在满足新的可再生能计划规定的逐项核查活动，曾有过一次安装热泵的热潮。在许多情况下，热泵是完全不适用的。如同格拉斯哥大学（Glasgow University）教授 P.Younger 所说的，"假如你让一个猴子去设计一辆汽车，这辆汽车将是垃圾，但这并不意味着设计汽车本身是一个坏主意"。R.Nordman 博士说，由于各种原因，热泵仍然是不为人们熟知的清洁能源技术。尤其是水源热泵，它有着大量的关键优势：它花费比地源热泵少得多的钱，因为它不涉及挖掘深井；同时，由于水能更好地保持温度，它具有比空气热泵更加一致的性能。通过将水源热泵与地区供热系统结合在一起，这项技术能够产生相当惊人的结果，在这个地区，这样的一家供热企业就能够为整个社区提供热量。

"推动边界"

到 2009 年，德拉门的人口已增加到现有的地区供热企业无法应付的程度。在研究扩大供热能力途径的时候，由 J.I.Bakk 领导的地区供热公司发现，对热泵来说，德拉门峡湾的水温是合适的。假如能使热泵系统运行，供热公司将不再需要购买和燃烧肮脏的化石能源，主要是利用天然气来产生热量。

供热公司开始招标，一家公司马上站了出来，这家公司就是格拉斯哥的斯达可再生能源公司（Star Renewable Energy），它以向包括特易购（Tesco）、阿斯达（Asda）在内的英国最大零售商提供冷藏系统而闻名。事实上，斯达可再生能源公司没有水源热泵的经验。如同其经理 D.Pearson 所说，"我们是这个'街区'新来的孩子，但我们一直有着'推动边界'的声誉"。

斯达可再生能源公司的"卖点"是简单的，在其他公司仍在使用氢氟碳化物（HFCs）作为传热介质的时候，它提出使用不含碳的氨作为传热介质，而氢氟碳化

---

162 热泵（heat pumps）是一种能从自然界的空气、水或土壤中获取低位热能、经过电能做功提供可被人们使用的高位热能的装置。

物是一种欧盟明令禁止使用、可产生高浓度温室气体的化学试剂。

那么，德拉门的热泵是如何工作的呢？（1）在4个大气压的压力下，水温为8摄氏度的峡湾水被用来加热液态氨，直至液态氨在2摄氏度下沸腾和蒸发；（2）将压力加大至50个大气压，蒸发的氨气被加热至120摄氏度；（3）然后，气态氨被用来把供热系统里的水从60摄氏度加热到90摄氏度（离开供热厂时，水的温度是90摄氏度；返回供热厂时，水的温度是60摄氏度）；（4）一旦热量转换到水里，气态氨重新成为液态氨；（5）这个过程重新开始。

到2011年年初，斯达可再生能源公司的热泵向德拉门地区提供了供暖所需85%的热水（见图3-158）。事实上，这个系统超出了所有人的预期，J.I.Bakk说，"我们对此感到很高兴"。这个系统已经自负盈亏，每年还节省约200万欧元的开支，减少了150万吨二氧化碳的排放（见图3-159），相当于每年有超过30万辆的汽车停止行驶，不难知道这里的原因。

图 3-158 斯达可再生能源公司的热泵提供了德拉门地区供暖所需的大部分热水

Greenhouse gases saved by heat pumps: Top 10 European countries, 2013

	Tonnes
France	5.7
Sweden	3.4
Germany	2.5
Italy	2.3
Norway	1.1
Finland	1
Switzerland	0.7
Austria	0.7
Netherlands	0.5
UK	0.4

图 3-159 本图标题是"因使用热泵减排的温室气体，2013年，顶级的10个欧洲国家"。从上至下，纵坐标标注的国家分别是"法国"、"瑞典"、"德国"、"意大利"、"挪威"、"芬兰"、"瑞士"、"奥地利"、"荷兰"和"英国"。来源：欧洲热泵协会

省 钱

比起其他取暖形式来，热泵有着更低的能源密度，每消耗1千瓦电力可提供3千瓦热能，是从电加热得到的热能的3倍。J.I.Bakk说，由于在挪威的电力非常便宜，假如他的公司只是使用生物物质，它将会亏损。根据斯达可再生能源公司的资料，采用热泵产生1个单位热量花费1便士[163]，相比之下，产生相同的热量，采用生物物质花费3便士，采用天然气花费5便士，采用石油则花费8便士。

德拉门的热泵系统具有另一个超越传统热泵系统的重要优势，这就是它能够把水加热到90摄氏度，而不是加热到通常的50至60摄氏度，这意味着它能够用来对新老建筑物供热。为家庭安装盛水燃气加热器、驱动需要水温很高的供暖系统第一次成为现实的可能。

当然，假如热泵采用清洁电力供电，它是"零碳排"（zero carbon），但从二氧化碳排放、当地空气污染和可持续发展角度说，它是便宜和清洁的。此外，用氨来替代有害的氢氟碳化物似乎走完了最后一步，使得水源热泵成为除燃气和电加热供

---

163 便士（Penny）是英国货币的辅币单位。自1971年起，1英镑等于100新便士（New Penny）。

暖系统之外的一个可行选择。R.Nordman 博士说，"斯达可再生能源公司在提供一个合理的、能够持续的解决方案上做了非常漂亮的工作"。或者，如同 P.Younger 教授指出的那样，假如这种技术还有什么问题的话，"德拉门的热泵供暖系统始终处在任何合理的怀疑之外"。

巨大的潜力

而且，如果这个系统能在德拉门运行，那么它就能在任何有着持续水供应的地方工作，无论水是静止的还是流动的（见图 3-160）。在英国，斯达可再生能源公司已同格拉斯哥当地的住房协会合作，正与英国的十多个城市对话，其中包括纽卡斯尔（Newcastle）、达勒姆（Durham）、曼彻斯特（Manchester）和斯托克（Stoke）。这家公司正在苏黎世

图 3-160　德拉门水源热泵项目是世界上同类型最大的项目

（Zurich）和法国南部实施项目，还对贝尔格莱德的一个系统投了标。

潜力显然是巨大的。例如，斯达可再生能源公司测算，英国的泰晤士河能够产生 1.25 千兆瓦的热量，足以向 50 万个家庭供暖。在英国，广泛采用水源热泵技术存在着大量障碍，包括当地政府的权力、缺乏供热网络、复杂的私有化能源市场以及对未知事物担忧。但是，如同英国绿色和平组织 D.Parr 所说，"对实现无碳化取暖来说，不存在容易的途径，但是，我对为什么在英国没有更多的热泵感到困惑"。尤其是，热泵技术不仅从水中汲取热量，而且能够利用来自各种来源的余热，包括工厂、数据中心、发电厂以及工业加工过程的余热，努力摆脱使用化石燃料取暖，减少二氧化碳排放。

斯达可再生能源公司经理 D.Pearson 说，"我们正慢慢地意识到这样的想法，我们不需要燃烧新的燃料使物体变暖，我们能够利用当地环境中的热量"。由于全球约 40% 的能源被建筑物使用，其中绝大部分又被用来取暖，环境保护主义者们认为：我们越早觉悟越好。（www.bbc.com，原文标题是 *Heat pumps extract warmth from ice cold water*，2015 年 3 月 10 日下载。）

▎跨越的大陆

在南非荒凉的北开普省（Northern Cape）[164] 尘土飞扬的暗绿色灌木地上，表面光亮的镜子闪烁着太阳光，在旨在追随太阳的缓慢旋转中，为 8 万个家庭生产着电力。这个花费 780 亿兰特（Rand，相当于 6.4 亿美元）的集中太阳能发电（concentrated

---

164 北开普省（Northern Cape）是南非面积最大（约 36.2 万平方千米，占南非国土面积的 29.7%）、人口最少（82.2 万，占南非全国人口的 2%）的省份，西邻大西洋，北部是对农业发展具有重要意义的奥兰治河（Orange River）。

solar power，CSP）工厂在 2015 年 3 月举行了开幕仪式，这只是一场席卷整个南非的可再生能源浪潮的顶峰。

对能源匮乏的非洲大陆来说，这样的可再生能源项目不可能足够快地来临。在

图 3-161　目前，非洲大陆能源严重匮乏

南非，多达 4 家的集中太阳能发电工厂已建立起来，但在 2015 年第一季度，经济因电力严重短缺而蹒跚"爬"行（见图 3-161）。世界银行估计，在撒哈拉以南非洲地区[165]，电力短缺正在以每年 4% 的比例抑制经济的增长（见图 3-162）。企业被迫购买发电机，为每千瓦时电力支付 50 美分甚至更多的钱，这是使用电网电花费的许多倍。

不仅是能源密集型行业发展受到了遏制。尼日利亚的乳制品企业甚至主要销售智力产品的企业也遇到了同样困难。塔仁特佩斯（Talentbase）是一家位于拉各斯（Lagos）[166]、向公司提供工资和其他软件的企业，它的创始人 O.Oboaka 说，他常常因停电不得不让员工回家。

贫穷家庭甚至遭受更加严重的打击。非洲进步小组（Africa Progress Panel）是由 K.Annan 领导的专家小组，加纳人 K.Annan 曾担任过联合国秘书长，这个小组的一份新报告认为非洲有超过 6 亿的穷人不能获得电网电。他们可能要把其收入的 16% 花在能源上，为了做饭和照明，以高达每千瓦时 10 美元的价格去购买煤油或一次性电池，这个价格是富裕国家人们购买每单位电力花费的 100 倍以上。

非洲进步小组估计，降低非洲无法使用可靠电网电的人和公司的数目，与目前每年 80 亿美元投资相比较，可能每年需要 550 亿美元之多的投资。目前，投资开始增加了。麦肯锡公司（McKinsey）是一家咨询公司，它估计，自 1992 年起，由私营电力生产商安装的发电容量以每年超过 14% 的速度增加。

大部分电力投资正在进入像煤或天然气那样的化石燃料发电领域。但是，另外份额不断增加的投资正在进入可再生能源领域。根据世界银行最新评估，2010 年至 2012 年期间，尼日利亚的可再生能源生产是世界上发展最快的，每年增长超过 15%。

在非洲，一种相对简单的技术正在振兴，这就是集中太阳能发电技术，它使用太阳的热量产生蒸汽，然后发电。虽然与直接从太阳光发电的光伏发电技术相比，

---

165 撒哈拉以南非洲（Sub-Saharan Africa）俗称"黑非洲"，意为"黑种人的故乡"，泛指撒哈拉大沙漠中部以南的非洲。这里是尼格罗人种（Negroes，世界三大人种之一，泛指世界各地的黑人，特指分布在非洲大陆撒哈拉以南的黑人居民）的故乡，其历史文化发展同撒哈拉沙漠以北的阿拉伯人（Arabs，属欧罗巴人种地中海类型，世界上跨国最多的民族，主要分布在西亚和北非，还有一小部分分布在土耳其、伊朗、阿富汗、印度尼西亚、埃塞俄比亚、索马里、乍得、坦桑尼亚等国，总数约为 2.3 亿）和柏柏尔人（Barbari，属欧罗巴人种地中海类型，主要分布在摩洛哥、阿尔及利亚、利比亚、马里等国家和地区）不同。

166 拉各斯（Lagos）是尼日利亚最大的港口城市，位于尼日利亚西南端、几内亚湾沿岸，由奥贡河口地的 6 个小岛和大陆部分组成，面积约 74 平方千米，2006 年市区人口为 794 万。1914 年，拉各斯成为尼日利亚首府；1960 年，拉各斯成为独立后尼日利亚的首都。1991 年，尼日利亚政府把首都从拉各斯迁往阿布贾（Abuja）。

集中太阳能发电技术显得"粗笨"，但它能够存储一些热量，在太阳落下之后能够保持几小时的电力生产。在接受这种观念上，非洲领先于其他地区，全球正在建造的 10 家最大的集中太阳能发电工厂中，非洲就有 6 家。

大型水坝和水电甚至有更大的潜力。麦肯锡公司估计，到 2040 年，水电能够提供非洲 15% 的电力，相比之下，太阳能发电仅能提供非洲不到 10% 的电力。埃塞俄比亚将把它的电力生产增加 4 倍以上，从 2011 年的 4 000 兆瓦增加到 2020 年的 17 000 兆瓦。这很大一部分将来自"大埃塞俄比亚复兴大坝"（Grand Ethiopian Renaissance Dam）的贡献 [167]。

虽然在非洲，可再生能源不会取代所有的化石能源，但它将使化石能源中最肮脏的煤失去昔日的"荣耀"，现在，燃煤发电生产出非洲大陆一半以上的电力。麦肯锡公司说，这个数字到 2040 年有可能缩小到 24%。

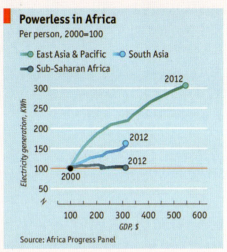

图 3-162　本图标题是"非洲缺电情况，每个人，以 2000 年值为 100"。图例第一行为"亚洲东部和太平洋国家"和"南亚"；第二行表示"撒哈拉以南的非洲地区"。纵坐标表示"发电量，单位：千瓦时"；横坐标表示"地区生产总值，单位：美元"。左下角写着"来源：非洲进步小组"

可再生能源的突然崛起的原因是什么呢？一个大的原因是非洲有着世界上最好的、还未开发的资源，例如还未被筑坝的大河流、阳光充足的沙漠和多风的高原。多年来，工程师们一直盯着刚果河（Congolese River），它突然下泻，形成了因加瀑布（Inga Falls），这个瀑布位于刚果首都金沙萨（Kinshasa）和大西洋之间。这里可能是世界上迄今为止最大的水电站，可产生约 4 万兆瓦的电力，是美国巨大的胡佛大坝（Hoover Dam）发电量的 20 倍 [168]。现在，世界银行正对如何筑坝的研究给予资助。

第二个原因是许多可再生能源设施能够被快速建立起来，以满足迫切的需求。仅在 4 年里，南非已使它的电网增加了超过 4000 兆瓦的可再生能源电力，约占南非全部能源的 10%。许多大型燃煤发电厂已花了十余年时间进行规划和建设，但它们至今还没有发电。在南非，采用可再生能源生产的电力的单位成本已下降了近 70%，因为南非进行了连续的拍卖，从最便宜的供应商那里购买电力。

另外一个原因是，在大部分非洲国家，现有电力供应方式的成本很高。虽然太阳能和风能可能还不比燃煤或燃气生产的电力便宜，但这两种可再生能源比起在后

267

---

[167] 大埃塞俄比亚复兴大坝（Grand Ethiopian Renaissance Dam）是埃塞俄比亚电力公司（EET-Co）正在建设的大型水电项目，计划在 2017 年建成投产。它的蓄水库容约为 660 亿立方米，两座发电厂的厂房分别位于河道左右岸的坝趾处，安装 5 台和 10 台混流式水轮发电机组，总装机容量约为 5250 千瓦。

[168] 因加瀑布（Inga Falls）位于刚果首都金沙萨（Kinshasa）西部、马塔迪（Matadi）港上方 40 千米处。刚果河在 14 千米内的落差达到 96 米。刚果河水力发电第一期工程于 1972 年竣工，为周围的铀矿区提供了电力；第二期工程于 1979 年竣工，为喀坦加（Katanga）工业区提供了电力。计划建设的第三期工程规模更大，包括在刚果河上建设拦河大坝，形成大型水库。

院里运行一台发电机要便宜多了。耐特开（Netcare）是南非的一个私人医院组织，近年来，它正把太阳能加热和发出的电力用于 35 家医院，以抵消自 2009 年以来增加 160% 的能源成本。可再生能源产生的电力还能供应到没有与主要电网连接的村子，这比把输电线路接到偏远地区更加便宜，在这些地区，连接成本达到每个用户数千美元。

这场奔向可再生能源的运动甚至还能加速。近些年来，太阳能板的价格已下降了一半，而且应当还会下降。鉴于有很好的监管环境和融资渠道，非洲作为清洁能源领先的生产者之一，应当向前跨越，使得非洲大陆更加富裕，更加绿色。（www. economist.com，原文标题是 *The leapfrog continent*，2015 年 6 月 11 日下载。）

▎美国研究人员说，2014 年是有记载的最暖和年份

美国政府的科学家说，2014 年是有记载以来的最暖和年份（见图 3-163），这一年，全球的温度比长周期平均值高出 0.68℃。这个结果意味着，在有记载的 15 个最暖和年份中，有 14 个发生在世纪之交以来。

星期五 [169]，美国国家航空航天局（National Aeronautics and Space Administration，NASA）和美国国家海洋与大气局（National Oceanic and Atmospheric，NOAA）的研究人员发表了分析报告。2014 年 12 月，世界气象组织（World Meteorological Organization，WMO）发布了预测过去 12 个月是破纪录的暂定数据。长周期的全球平均温度是用 1951 年至 1980 年收集的数据计算的（见图 3-164）。

G.Schmidt 是美国国家航空航天局戈达德太空研究所（Goddard Institute for Space Studies，GISS）[170] 负责人，他说，"在一系列温暖的年份里，2014 年是最近的一年"。"尽管单独年份的排序可能受到混沌气候模式的影响，但长周期趋势可归因于气候变化的驱动因素，目前，气候变化是由人类的温室气体排放控制的"。

图 3-163　在悉尼沙滩上的名为"我们在这里煎烤"雕塑

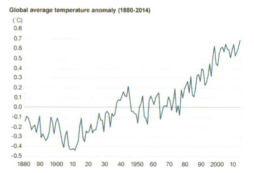

图 3-164　科学家们说，数据非常清楚地显示全世界的海洋正在变暖。本图标题是"全球年平均温度（1880 年至 2014 年）"。来源：美国国家海洋与大气局

169 指 2015 年 1 月 16 日。

170 戈达德太空研究所是美国国家航空航天局戈达德太空飞行中心地球科学部门的一个实验室，也是哥伦比亚大学地球研究所（Columbia University Earth Institute）的一个单元，位于纽约市的哥伦比亚大学内。

在 3 个全球温度数据集中，美国国家航空航天局和美国国家海洋与大气局维持着其中的两个，英国气象局维持着另外一个。来自这 3 个全球温度数据集的数据是由世界气象组织使用的，构成了世界气象组织在 2014 年 12 月公布的临时数字基础。G.Schmidt 在与新闻记者的交谈中，认为来自两个全球温度数据集的结果显示，在海洋里，许多区域很温暖。他解释道，"这清楚地表明，在有记载的海洋温度里，2014 年是最热的一年，但在有记载的陆地温度里，2014 年不是最热的一年，如果把海洋温度和陆地温度混合起来，2014 年确实让我们感觉到是最热的一年"。

在介绍这两个机构的报告过程中，美国国家海洋与大气局的国家气候数据中心主任 Thomas Karl 说，在相当数量的区域，我们观察到了创纪录的最高温度，例如，对于欧洲的许多地区和每个大洋的一些区域，2014 年是有记载以来最温暖的一年。

澳大利亚是另外一个有着破纪录平均温度的国家。但是，T.Karl 补充道，并不是全球所有地方都记录到高于长周期平均值的温度。他观察到，"实际上，有一些区域的气温低于平均值，尤其是美国的一些地区比以往冷多了"。"但是，这些变冷的区域被更大比例的陆地和海洋区域所淹没，这些区域比平均气温或有记载的气温更暖和"。"假如你联系起来考虑，于是就会得出 2014 年是有记载以来最暖和年份的结论"（见图 3-165）。

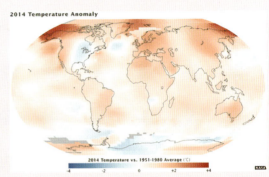

图 3-165　2014 年全球陆地与海洋温度与 1951 年至 1980 年期间平均值的比较，橘红色区域的温度高于平均值，蓝色区域的温度低于平均值。本图标题是"2014 年反常的气温"

气温记录可追溯到 19 世纪后期，这个时候，科学家们开始使用科学的仪器来采集温度数据。今天，与实时记录地球表面信息的设备一样，卫星密切地监视着地球的温度（见图 3-166）。在回顾 2014 年的极端气候中，世界气象组织强调了一系列破纪录的事件：（1）2014 年 9 月，巴尔干半岛的降雨量是以往月降水量的两倍，土耳其部分地区的降水量达到平均值的 4 倍。（2）摩洛哥的古尔敏镇（Guelmin）因 4 天的降水量超过以往一年的降水量而被淹。（3）2014 年 8 月，日本西部经历了有记载以来最大的降水。（4）美国西部地区持续干旱，中国的部分地区和南美洲的中央地区也是如此。（5）另一方面，2014 年共有 72 次热带风暴，少于每年 89 次的平均值，这个数据是根据 1981 年至 2010 年期间的数字估算。北大西洋、西北太平洋和北印度洋的气旋活动略低于以往的平均水平。

图 3-166　这是美国国家航空航天局发布的卫星监测图像

B.Ward 是英国伦敦经济学院（London School of Economics）格兰瑟姆气候变化与环境研究所的政策与通信主任，作为对美国两个机构报告的回复，他说，"今天公布的全球温度新记录，证明全球变暖已经停止纯属子虚乌有的事情"。"有着越来越多的来自世界各地的证据表明，地球正在变暖，气候正在变化，这是对大气中温室气体浓度不断上升的响应"。

少数但直言不讳的人群坚持，所观察到的温度反常不是来自人类活动的温室气体排放使地球变暖的结果。一些政治家也坚持这样的观点，使得他们不愿意推出目的在于减少排放的规则或立法。B.Ward 补充道，"没有任何政治家能够忽视这种潮水般涌来的科学性证据，或者能够声称全球变暖是一场骗局"。"气候变化正在发生，因为气候变化的政府间工作小组、国家科学院和世界各地的科学组织已经推断，人类的活动，尤其是燃烧化石燃料和砍伐森林，负有主要的责任"。

E.Pinchbeck 是 世 界 自 然 基 金 组 织（World Wide Fund for Nature or World Wildlife Fund，WWF）[171] 在英国的气候变化和能源政策负责人，她说，有理由乐观地认为，国际社会将会采取行动，减少碳排放。"仍有时间来减少排放，把全球气温变化控制在 2℃ 以下"。"这是英国和其他国家的政治家显示领导力、发表全球协议和国家政策的一年，我们需要这些东西，必须避免气候变化的最坏影响"。

2015 年年末举行的联合国巴黎气候变化峰会已经成为活动积极分子和政策制定者关注的焦点。这次峰会被宣传成这样的时候：各个国家走到了一起，在减少人类活动产生的排放和防治危险的气候变化上达成一致。然而，许多评论家是这样提及 2009 年哥本哈根会谈的：它承诺了许多，但在最后履行了很少。（www.bbc.com，原文标题是 2014 *warmest year on record*, *say US researchers*，2015 年 1 月 16 日下载。）

美国航空航天局：南极拉森 B 冰架消失

图 3-167　南极拉森 B 冰架最后剩下的一部分正戏剧性地衰退

根据美国航空航天局的一项最新研究结果，南极拉森（Larsen）B 冰架[172]最后剩余的部分正在戏剧性地消退（见图 3-167）。这个一度很显眼的冰架是一个厚冰层的漂浮平台，这项研究结果预言，它剩下的部分极有可能将在这个十年结束之前"完全解体"。

冰架是冰川的延伸，具有障碍物的功能。冰架的消失意味着冰川很可能将快速减少，同时，加快了全球海平面上升的步伐。

---

171 世界自然基金会是一个具有很大影响的致力于环境保护的非政府组织，在全球拥有 520 万名支持者，通过一个由 27 个国家级会员、21 个项目办公室及 5 个附属会员组织构成的网络在北美洲、欧洲、亚太地区及非洲地区开展工作。

172 冰架是一个厚冰层的漂浮平台，在冰川或冰盖漂浮到海岸线和海洋表面的地方形成。冰架仅在南极（Antarctica）、格陵兰岛（Greenland）和加拿大地区被发现。漂浮的冰架和着地的（搁置在基岩上）冰块之间的边界被称为接地线（grounding line），后者满足前者扩展的需要。

由 A.Khazendar 领导的美国航空航天局喷气推进实验室（Jet Propulsion Laboratory）一个研究团队发现了这个冰架漂流得更快和变得更加支离破碎的证据，喷气推进实验室位于美国加利福尼亚州的帕萨迪纳（Pasadena）。漂流正在形成这个冰架的内部裂痕。A.Khazendar 在美国航空航天局的新闻发布会上说，"存在着这个冰架剩余部分正在解体的警告标示"。"虽然在科学上，直接观察这个冰架变得不稳定和解体是件多么迷人的事

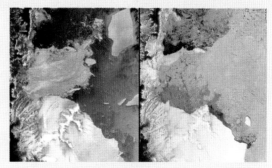

图 3-168　欧洲航天局 2002 年获得的卫星图像（左图）和 2012 年获得的卫星图像（右图），揭示了南极冰架的解体

情，但对我们居住的星球来说，这是个坏消息"（见图 3-168）。

拉森 B 冰架至少已存在了 10 000 年。这个冰架的解体状态是在 2002 年它部分崩塌之后进入人们的视野。科学家们惊奇地在 6 个星期里观察到这个冰架的破碎和迅速消失。根据 E.Holthaus 的说法，没有人曾经看到过一块大冰块如此迅速地消失，他是斯莱特（Slate）网络杂志上的一名气象学家。

拉森 B 冰架的崩塌似乎是由南极半岛一系列温暖的夏季造成的，这是在北半球处于冬季的日子里发生的。根据美国航空航天局的研究结果，这些倾向使得 2002 年的夏季成了特别温暖的日子。

拉森 B 冰架在 1995 年 1 月测得的面积为 4445 平方英里（约 11 512.5 平方千米）。2002 年 2 月，在发生大崩塌之后，它的面积减少到 2573 平方英里（约 6664.04 平方千米），一个月之后，它的面积又减少到 1337 平方英里（约 3462.8 平方千米）。现在，拉森 B 冰架剩余部分的面积约为 618 平方英里（约 1600.6 平方千米）。它小于美国最小的州——罗德岛（Rhode Island）的一半面积。而在 20 年前，拉森 B 冰架的面积只比美国康涅狄格州（Connecticut）略小一些。

美国航空航天局喷气推进实验室的冰川学家 E.Rignot 共同撰写了这份报告，他说，这项研究给出了接近南极的冰架将如何对气候变暖做出反应的见解。研究工作增强了对巨大的、迅速变薄的南极冰川的担忧。A.Khazendar 说，"拉森 B 冰架真正使人感到惊讶的事情是它的变化如此之快地发生了"。"变化是无情的"。

在欧洲航天局于 2012 年 4 月通过卫星图像观察到拉森 B 冰架迅速消退之后，来自因斯布鲁克大学（University of Innsbruck）的 H.Rott 说，冰架对大气变暖和海洋温度的变化特别敏感。

2012 年，在分析了卫星图像之后，欧洲航天局说，这个区域里的其他著名冰架多年来一直受到气候变暖的影响。1995 年，拉森 A 冰架解体了。拉森 C 冰架一直颇为稳定，但有一些变薄和融化的证据。（www.cnn.com，原文标题是 *NASA: Antarctica's Larsen B Ice Shelf to disappear*，2015 年 5 月 17 日下载。）

在利马的气候变化谈判中，J.Kerry 将"勇夺金牌"？

图 3-169　J.Kerry 出席利马进行的全球气候谈判，被认为是美国想要补偿哥本哈根高峰会谈的一个证据

美国国务卿 J.Kerry 抵达利马，推动正在这个城市进行的全球气候谈判 [173]（见图 3-169）。自奥巴马总统出席 2009 年的哥本哈根高峰会谈以来，J.Kerry 先生是（出席这类谈判）最高级别的美国官员，哥本哈根高峰会谈是一个没有特别好的结尾的事件。

美国国务卿一直是美国处理气候和环境问题的政治家，他出席联合国的谈判被看作是美国决定补偿 2009 年的哥本哈根高峰会谈的失败、在 2015 年的巴黎高峰会谈上发表一个强有力协议的进一步证据。这一次，美国不会再被看作 CO_2 的"撒旦" [174]。

多亏了美国与中国的联合行动计划，这两个国家作为对抗不断升高温度的领袖公开露面。在美国气候变化特别公使 T.Sterm 毫无表情的脸上能够看到会谈气氛的变化，在近些日子里，他已成为一缕名副其实的"阳光"（见图3-170）。在他看来，正在这里谈判的、可能在巴黎签署的协议是一个真正的历史性事件。"我们正试图达成一份旨在几十年里管用的协议。你可以认为它不

图 3-170　美国气候变化特别公使 T.Sterm 说，正在利马谈判的协议将是一个历史性事件

是一份协议，每隔 5 年，我们会回来重新谈判，但是，它是一份建立起稳定与持续结构的协议"。

在利马，谈判各方正试图共同获得一份协议的"基本部分"，从本质上说，这意味着一份沉重的谈判文本连同大量的选项仍会留在谈判桌上。越来越受到环境活动积极分子关注的理念之一是到 2050 年实现零排放。

这项协议还是一份草案文本，但得到了绝大多数发展中国家的支持。绿色环保组织相信政治家们正在留意来自街头的信息。来自全球公民组织 Avaaz [175] 的 L.Keith说，"公众要求 100% 的清洁能源已成为主流，领导人们终于开始回应这耗时费力

---

173 联合国气候变化会议（United Nations Climate Change Conference）也称为"联合国气候变化框架公约第20 次缔约方大会暨京都议定书第 10 次缔约方大会"，于 2014 年 12 月 1 日至 12 日在秘鲁首都利马举行。

174 撒旦（Great Satan）是在一些伊朗外交政策声明中出现的贬低美国的修饰语。有时，这个词也被用来形容英国政府。这个词最早出现在 1979 年 11 月 5 日伊朗精神领袖 Ruhollah Khomeini 的演讲中。

175 Avaaz 是一个全球性公民组织，促进在诸如气候变化、人权、动物权利、贪污贿赂、贫穷和冲突等问题上的激进主义行动，它致力于"缩小我们现有的世界和任何地方绝大多数人想要的世界之间的距离"。Avaaz 以 15 种语言运行，声称在 194 个国家里拥有超过 3000 万名的成员。

的目标"。

　　但是，这个理念在另一些国家的孩子中是不受欢迎的，这些国家使得这些孩子依靠石油和煤这些黑乎乎的东西生活。沙特阿拉伯的利马首席谈判代表 K.Abuleif 说，"零排放的概念，或者让我们在没有清洁（能源）技术扩散和坚实的国际合作计划情况下削减化石燃料用量，并不有助于这个过程"。他以嗤之以鼻的口气补充道，"我并不认为在 20 亿人没有能源享用的时候，零排放的概念是切实可行的"。

　　尽管关于长周期目标的争论不可能由 J.Kerry 先生来解决，但是，他在利马的出现也许加大对那些故意拖延自己承诺国家的压力。

　　很明显，印度一直在零排放理念上保持沉默，它的排放量高峰可能出现在未来的一个特定时期。据说在他们的伟大盟友中国站到了美国一边之后，印度人感觉有点受伤。

　　在气候变化问题上，美国和澳大利亚不再走在一起（见图 3-171）。也许澳大利亚人正在等待美国人为让中国人朝前走而慷慨给予中国人那种深度的爱和关注。

　　不要对 T.Sterm 说的抱太大希望。T.Sterm 告诉记者，"在印度方面，我们没有取得这样的进展"。

图 3-171　在 2014 年 11 月 15 日至 16 日举行的 G20 会议期间，美国总统 B.Obama 和澳大利亚总理 T.Abbott 在一起

　　对于 J.Kerry 来说，另一个挑战将是需要尝试和引导一些桀骜不驯的国家加入到控制排放这方面来，尤其是澳大利亚。在利马，这个幸运国家因其在气候变化上的立场而一致受到诋毁。来自气候分析智囊团的 B.Hare 说，"自从 T.Abbott 政府上台以来，它用一个管理制度取代了澳大利亚的综合性气候法律，在这个管理制度中，排放量目前设定为持续增加，与美国（排放量）降低的趋势相抵触"。"许多在 T.Abbott 政府里工作的人否认气候变化影响的雪人规模足迹（yeti-scale footprint），而生活在这个国家不同地区的人感受到了这种影响"。

　　澳大利亚向绿色气候基金组织（Green Climate Fund）提供 1.6 亿美元，使许多与会者感到惊讶。根据澳大利亚外交部部长 Julie Bishop 的说法，向绿色气候基金组织提供资金是澳大利亚"参与全球应对气候变化承诺的一部分"。但是，金钱似乎不能在利马买到朋友。在几方会谈期间，绿色气候基金组织给了澳大利亚几次有着嘲弄味道的"化石一天"奖（"fossil of the day" award）。

　　J.Kerry 做这些事情着实不容易。（www.bbc.com，原文标题是 *Will Kerry strike gold at Lima climate talks*？ 2015 年 1 月 19 日下载。）

▌卡塔尔世界杯赛的冷却技术会是怎样的？

国际足球联合会（Federation International of Football Association，FIFA）的一个特别工作组已经建议卡塔尔世界杯赛[176]在 2022 年的 11 月和 12 月举行。此前，据说开创性的冷却技术可能使这次比赛在夏季举行。那么，究竟出现了哪些变化呢？

图 3-172　建筑师绘制的卡塔尔埃尔 – 瓦克拉体育场（Al Wakrah Stadium）效果图

当一个小小的海湾酋长国将主持全球最大体育赛事这个令人震惊的消息传来的时候，出现了一个每个人都会问的问题，这就是他们如何去应对高温天气。

世界杯赛通常在年中举行，此时卡塔尔正是酷热。6 月份，迪拜的平均最高温度是 41℃，最高温度可能接近 50℃。这些都远离了举行足球比赛的理想条件。国际足球联合会对卡塔尔举办这场赛事的投标进行了评估，评估报告认为，酷热"必须作为一种潜在的健康风险加以考虑"。有一份技术报告把在卡塔尔的夏季举行比赛描绘成"高风险"的事情。

但是，卡塔尔的组织者声称他们有解决方案。在投标过程中，卡塔尔承诺先进的空调技术能够把体育场、训练场地和扇形区冷却到 23℃（见图 3-172 ~ 图 3-176）。一个有 500 个座位、称作"卡塔尔展示"（Qatar Showcase）的原型体育场是由英国公司设计的，它将被建造起来，以验证这样的冷却系统如何工作。

这个方案有助于确保卡塔尔的投标成功。每当有人表达对这项技术的怀疑的时候，卡塔尔世界杯赛组委会坚持比赛将在夏天举行，坚持比赛场地将得到冷却的承诺，而这项技术从未得到如此规模的应用。然而，国际足球联合会的特别工作组已经建议比赛在 11 月和 12 月举行。在一份声明里，特别工作组列举了"在夏季数月期间控制阿拉伯半岛的持续高温天气"。

如果比赛在 11 月和 12 月举行，欧洲主要足球联赛赛季会陷入混乱，同时，卡

图 3-173　建筑师绘制的卡塔尔埃尔 – 瓦克拉体育场内足球比赛效果图

图 3-174　建筑师绘制的卡塔尔埃尔 – 巴依特体育场（Al Bayt Stadium）效果图

---

176 申请主办 2022 年世界杯赛的国家有澳大利亚、日本、韩国、卡塔尔和美国。2010 年 12 月 2 日，国际足联主席 Joseph S. Blatter 在瑞士苏黎世正式宣布卡塔尔获得 2022 年世界杯赛的举办权。

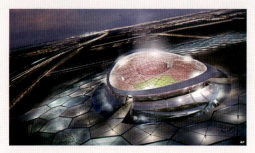

图 3-175　建筑师绘制的卡塔尔勒赛尔地标体育场夜景效果图

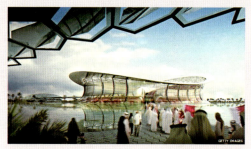

图 3-176　建筑师绘制的卡塔尔勒赛尔地标体育场（Lusail Iconic Stadium）效果图，2022 年卡塔尔世界杯赛的第一场比赛和最后一场比赛将在这里举行

塔尔世界杯赛已经受到贪污贿赂指控和外来工人缺乏的困扰，这是打击这场赛事的最新丑闻。这就引出了问题：假如冷却技术是如此有效，为什么要变动比赛日期。

　　尽管新的空调系统不再需要了，但东道主说他们对该系统的研发会不计成本地进行下去。2022 年卡塔尔世界杯赛组委会的负责人 H.A.Thawadi 坚持认为，"世界杯赛无论在什么时间举行，我们都将朝前推进冷却技术，作为该项技术向世界杯赛提供的遗产"。长期以来，人们一直怀疑冷却技术是否能够实现。2011 年，正在设计作为世界杯赛场馆——迪拜运动城市体育场（Sports City Stadium）的建筑师 J.Barrow 说，他正努力说服组织者搁置冷却技术。他认为，从长远的可持续发展观点看，冷却技术不是好东西。世界运动员联盟（Fédération International de Footballeurs Professionels，FIFPro）也要求从健康和安全的角度出发把比赛移到冬天举行。

　　然而，"卡塔尔展示"原型体育场提供了一个冷却技术如何能够实现的示范，尽管规模要小得多。这个原型体育场使用外部太阳能板收集来自太阳的能量。这些能量被用来驱动一台吸收式制冷机来冷却水，使水温保持在 6℃。制冷机的输出被"相变材料"存储起来，用来冷却吹遍体育馆的空气，使场馆的温度低于 27℃。打孔的桌椅允许经过冷却的空气流动，体育馆的天棚旋转起来，以提供遮阴。

　　G.Maidment 是伦敦南岸大学（London South Bank University）的空调和冷藏教授，他说，"总的说来，你使用热量来产生冷气，这是可行的。但是，它将是非常非常昂贵的，它将使用很多很多的装备"。"在满足国际足球联合会的环境要求的时候，大规模使用冷却技术的困难就会显现。就所使用的能量来说，这些体育馆应当是碳中性的。但是，如果把生产所需的全部设备计算在内，达到碳中性将具有更大的挑战"。

　　2013 年，卡塔尔的组织者说，他们或者创造一个中央太阳能电场，或者在 12 个比赛场里分别建造一个独立的太阳能电场。组委会的技术主任 Y.A.Jamal 承诺，冷空气将被送到"观众的脚踝区"和座位的背部与颈部区域。

　　G.Maidment 说，把拥有冷却系统的小型展示场馆扩大到一系列主要的比赛场馆将是一个宏大的命题。他还说，"这是一个大项目，但是，工程师们是用来处理大项目的"。这似乎不是所提冷却系统的可行性，或者相反，这似乎是在说服国际足球联合会，卡塔尔夏季的赛事是令人讨厌的。

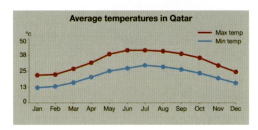

图 3-177　一年间卡塔尔平均温度的变化。其他世界杯决赛的日子有多热？ 2014 年，决赛在巴西的里约热内卢（Rio de Janeiro）举行，当地 6 月份的平均温度为 21℃。2010 年，决赛在南非的约翰内斯堡（Johannesburg）举行，当地 6 月份的平均温度为 13℃。2006 年，决赛在德国的柏林（Berlin）举行，当地 6 月份的平均温度为 18℃

C.James 在英国布莱顿大学（Brighton University）体育科学系运行的极端环境实验室里工作。他说，事实上，即使没有空调，"绝大多数运动员也能够适应卡塔尔的高温天气"（见图 3-177）。从理论上说，状态良好的运动员有能力在高温下竞赛。撒哈拉马拉松比赛（Marathon des Sables）是在该沙漠的 50℃ 高温下进行的。"中暑开放"（Heatstroke Open）宣称是世界上最热的高尔夫比赛，是在加利福尼亚的"死亡之谷"（Death Valley）中相似的条件下举行的。1934 年，世界杯决赛是在意大利和捷克斯洛伐克之间进行，当天罗马的温度超过了 40℃。

　　C.James 说，运动员们必须有时间去适应环境，他们也需要医学专业人员一丝不苟的监测。那时的足球比赛不会是非常精彩的，运动员们会进行快速的短传，避免长时间奔跑，以保存体能。这实际上将会是慢速运动的足球。"但是，更加令人关切的安全问题在于球迷。在体育场外，保持数千名观众的安全将是非常困难的事情，许多观众将会喝酒，在酷暑里，这会进而使他们脱水"。

　　C.James 的观点似乎得到国际足球联合会高层的认同。国际足球联合会主席 J.S. Blatter 说，"你能够冷却体育场，但是，你不能冷却整个国家"。国际足球联合会的医疗主管 M.d' Hooghe 博士曾经说过，他不怀疑卡塔尔能够组织一场联赛，在这里，球队能够在稳定的、可接受的温度里进行比赛和训练，"但是，问题是球迷，他们需要在比赛场馆之间旅行，我觉得他们在 47℃ 或更高的温度下旅行不是一个好的想法"。

　　卡塔尔的组织者坚持认为他们的空调计划将继续下去，确切地，将会发生些什么事情还不清楚。阿拉帕公司（Arup）正在为卡塔尔 2022 世界杯赛用场馆的冷却技术设计提供咨询服务，在英国广播公司与其联系时，该公司拒绝发表评论。

　　无论采用何种方式，在卡塔尔世界杯赛里，冷却技术不可能是最后的问题，这场赛事正发展成为世界杯赛历史上最有争议的事情。（www.bbc.com，原文标题是 *What happened to the Qatar World Cup's colding technology*？ 2015 年 2 月 25 日下载。）

空气污染，令人窒息的亚洲

　　13 岁那年，谭义汉（音）不能看到他的校园边缘。那是 1998 年，新加坡这个富裕的城市国家以其整洁的街道、清洁与绿色的形象而闻名。但在那个特殊学年的大部分时间里，烟尘笼罩着天际。创纪录的空气污染始于 1997 年，并且持续了几个月，导致在医院就诊人数剧增 30%。这段时间后来被称为东南亚地区最严重的"灰

276

霾天气"。

自此以后，灰霾天气几乎每年都会在东南亚区域发生。在 1998 年及以后的几年里，谭没有深入地思考关于灰霾天气的问题。然而，到二十几岁的时候，他开始想知道，灰霾来自哪里？为什么灰霾天气总是要回来？

肮脏的空气

根据世界卫生组织（World Health Organization，WHO）统计，空气污染每年杀死约 700 万人。2012 年，在全球每 8 名死亡者中，有 1 人的死亡与空气污染有关。死亡的主要原因是中风（stroke）和心脏病（heart disease），其次是慢性堵塞性肺病（chronic obstructive pulmonary disease，COPD）、肺癌（lung cancer）以及儿童的呼吸道感染（respiratory infections）。

空气污染在亚太地区特别严重。这个地区的人口达到 42 亿，有着很高的人口密度。中国和印度有着约 27 亿人口，他们既是巨大的资源，也是空气污染的受害者。根据《柳叶刀》（Lancet）发表的调查结果，2010 年，全世界 40% 因空气污染导致的过早死亡者是在中国，中国是全世界最大的二氧化碳排放国。香港大学公共卫生学院报告，2013 年，超过 3000 例过早死亡发生在中国大陆的城市里，许多城市的状况被认为更加糟糕。由美国佩尤研究中心（Pew Research Center）进行的一项调查发现，2013 年，47% 的中国城市居民认为空气污染是一个"非常大的问题"（2008 年，这个数字是 31%）。现在，空气污染是中国许多环境组织关注的焦点，也是中国领导层不断增长的焦虑的源头。

相同的健康问题正在印度出现，空气污染现在是死亡的第五大因素。根据位于新德里的公共利益研究和宣传组织——科学和环境中心（Center for Science and Environment）的数据，2000 年至 2010 年期间，全印度每年因空气污染而过早死亡的病例上升了 6 倍，达到了 62 万例。2014 年 5 月，世界卫生组织说，在全球范围内被调查的 1600 个城市里，新德里有着最糟糕的空气，不断增加的空气污染已提高了患脑卒中、癌症和心脏病的风险。2014 年的另一项研究把 1980 年至 2010 年期间印度小麦和稻米产量的显著下跌与两种空气污染物不断上升的水平联系在一起，这两种空气污染物分别是来自农村灶炉的黑炭和从汽车尾气、工业排放和化学溶剂形成的地面臭氧。

在中国和印度，空气污染是近几十年发生的人口大量从农村迁至城市的一个结果。这个变化导致了汽车和工厂、特别是燃煤发电厂的排放量不断上升，也导致了新兴中产阶级的产生，这个阶层不断增大对在欧洲和美国已很普遍的一系列消费品的需求。

近几十年来，随着经济繁荣和人口增多，东南亚地区已面临类似的问题。事实上，根据世界卫生组织的报告，2012 年，在因环境空气污染而死亡的 370 万人中，有近 100 万人生活在东南亚地区。

但是，除了烟囱和排气管之外，东南亚地区还面对着一个额外的重负，这就是产生于印度尼西亚的烟尘，它是世界 500 亿美元规模棕榈油产业的副产品。

棕榈油

2013 年夏天，一家飞机载着谭义汉跨越马六甲海峡达到廖内省省会佩坎巴如（Pekanbaru），这里是印度尼西亚最大的棕榈油生产地区。这年，谭是一名 28 岁的财务顾问，正在全球环境中心（Global Environment Center）做志愿者。全球环境中心是马来西亚一个多年来为防止与减轻灰霾的组织。在一场创纪录的灰霾袭击马来西亚半岛之后不久，谭就来到了邻国印度尼西亚的心脏。

图 3-178 2014 年 3 月 3 日，印度尼西亚，苏门答腊岛廖内省（Riau）都脉区（Dumai），居民正试图扑灭在种植园中蔓延的大火

谭在廖内省内驾车旅行，看到了大量土地被火烧毁的图景。大火烧毁了这个地区的自然植被——湿软的泥炭沼泽（peat bog），使得土地干枯的表面像木炭（见图 3-178）。人们用这样的大火使泥炭地干透，是为了农业目的，主要为了耕种棕榈树。但是，在一些村庄，大火甚至摧毁了现有的属于跨国公司或当地农民的油棕榈树。

谭在兰道白族（Rantau Bais）村庄里有过一次难忘的经历。这里的一对夫妻向他提供了茶水和点心，然后悄悄地问他是否可以拿出些自己的食物给他们。由于灰霾，他们的女儿患上了呼吸道疾病。使人惊讶的医疗账单，加上摧毁了他们的油棕榈树的大火，已使这个家庭穷困潦倒，全家都在挨饿。

此前，谭一直认为泥炭大火是"森林大火"，因为媒体报道是经常这样说的。但是，大火损害了土地和这里的居民，这是本能的提醒。谭说道，"它真的触动了我，我承诺，我会尽自己最大的努力防止他们再次遭受火灾"。

谭感到，这是一个需要更多公众参与讨论的问题，如果时间合适，这又是一个行动。他想，"我必须让更多的人参与，并且把它转变成一个运动"。

泥炭大火

雾蒙蒙的天空也许看上去都差不多，但来自何种颗粒源的排放却是特定的。比起新德里的汽车尾气排放，北京的一家工厂烟囱向空气中排放着不同的化学混合物。在一个特定的城市里，空气污染的程度将取决于排放物是否得到仔细的控制，它们又能否容易地得到分散。

数十年来，在高收入国家里，汽车和工厂的排放物得到了分析，但是，灰霾烟尘以及对健康的影响还没有被很好地认识。新加坡南洋理工大学（Singapore's Nanyang Technological University）的大气化学家 M.Kuwata 说，"即使它是一种非常重要的现象，也没有多少人对它进行研究"。

不同于工厂和汽车的排放物，野火烟尘并不由尾气净化器、催化转换器或其他污染控制的应用装置来调节。根据燃烧的物质种类，烟尘的组成有着广泛的变化。例如，比起更加干燥的物质来，泥炭土地需要更长时间的燃烧，如同在篝火里，一块潮湿的木头需要更长时间燃烧。根据美国环境保护署（U.S. Environmental Protection Agency）的报告，泥炭大火在较低温度下燃烧并产生烟尘，比起一般的森林大火和草原大火的烟尘来，泥炭大火的烟尘危害更大，产生的量也更大（见图 3-179）。

图 3-179　2014 年 3 月 1 日，印度尼西亚，苏门答腊岛廖内省，消防员扑灭位于西亚克 - 利杰希（Siak Regency）焖烧中泥炭地的大火

来自特定泥炭大火的排放物将主要取决于泥炭的组成、燃烧温度及离发生大火地面的深度。但是，这些数据在印度尼西亚并没有被公布，在这个国家，泥炭土地大致覆盖与英国大小相当的区域。M.Kuwata 说，作为一个结果，"我们没有非常可靠的这个国家泥炭大火数据库"。M.Kuwata 在新加坡的实验室里燃烧泥炭，研究泥炭的化学特性，但他说自己的工作受到了限制，因为他从未能够确定自己的实验是否反映真实的情况。

印度尼西亚有着一个巨大的热带泥炭土储量，在一代人的时间里，这个区域被燃烧，准备种植油棕榈树。目前，泥炭烟尘约占印度尼西亚整个温室气体排放量的40%。棕榈油是从口红到冰淇淋的系列消费产品的一种辅料。棕榈油也给它的原料国送上继中国和美国之后"全球第三大温室气体排放国"及"有害烟尘灰霾主要来源国"这样不好听的称号。

推卸责任的游戏

一个夏日的下午，印度尼西亚廖内省，天空是混沌的，廖内省生产的棕榈油约占印度尼西亚产量的四分之一。我（本文作者）在印度尼西亚的首站是 WALHI 总部，这是一家位于帕干巴鲁（Pekanbaru）市的非政府组织（NGO），它游说印度尼西亚政府在灰霾及其他环境问题上采取行动。

我来到了 WALHI 总部，这是紧邻帕干巴鲁机场的一栋低矮的居民楼，恰好一群农民和环境保护行动者喝着咖啡，抽着香烟，与印度尼西亚国会秘书 N.Qodriyatun 女士讨论着灰霾问题。

N.Qodriyatun 说，她的上司派她去廖内省，写一份关于灰霾的报告。在会议上，她解释说，根据印度尼西亚政府估计，森林大火通常不在属于大种植园的区域发生。

参加会议的人骚动起来。

一位来自当地非政府组织——廖内省拯救网络（Forest Rescue Riau Network）的活动分子喊道，"政府关于灰霾的声明是假的，部长之间不存在协调，他们只是推卸责任"。

这场争吵突出了整个东南亚地区长期存在的争论，这就是谁事实上应对印度尼西亚的泥炭大火负责。农民和环境保护组织指责公司渎职，许多公司的总部是在新加坡或马来西亚。但是，许多公司认为这种批评是过分的，近年来，它们通过类似工业界领导的联盟——关于可持续的棕榈油圆桌会议（Roundtable on Sustainable Palm Oil）这样的自愿性改革行动，在很大程度上已经改变了破坏性清理土地的行为。

N.Qodriyatun 说，无论谁是正确的，大火已经损害了印度尼西亚的国际名声，印度尼西亚政府没有重视大火给廖内省和其他地方居民健康带来的后果。

会后，她告诉我，"就我个人而言，我并不认为政府在控制泥炭大火上做得很好，通常，在大火发生后，政府会作出反应，但政府应当更多考虑预防"。

然而，众所周知，泥炭大火难以预报和扑灭。泥炭大火容易起燃和扩散，有时是无法控制的，这取决于风速、土壤厚度、土壤干燥程度等条件。

D.Tarsedi 是廖内省保加拉亚村的一位农民，他说道，"当一场泥炭大火发生时，真的很难知道它会有多么糟糕"。我们坐在路边的一家咖啡馆里，两侧都是油棕榈树。Tarsedi 告诉我，油棕榈树是保加拉亚村农民对作物作出的选择，因为油棕榈树比稻米更值钱。他说，典型地，种植 1 公顷油棕榈树，农民每年可收入约 4800 万印尼盾（折合 4000 美元），种植稻米仅可收入 4000 万印尼盾。

但是，由于油棕榈树种植面积在村里增加，大火就会发生。大火对企业型种植园和小型农场都会造成损害。

保加拉亚村的一位农民 Maman 说，"如果大火发生了，我们又不能控制它，我们将会向当地的官员报告"。他补充道，"但是，有时甚至直升机也无力阻止大火燃烧。在确实严重的大火中，很多孩子咳嗽，最终因健康问题被送到诊所"。

2009 年，印度尼西亚通过了一项法律，禁止在泥炭种植园用火。保加拉亚村的农民们告诉我，作为结果，他们已经开始手工而不是用火清理泥炭沼。但是，Tarsedi 说，手工清理泥炭沼劳动强度更高，需要额外的肥料，而且，需要额外的时间和绝大部分农民不想花费的资金。

有烟的地方

当风从西部吹来的时候，烟尘会向东快速吹过马六甲海峡，吹到新加坡和吉隆坡，这里是 700 万人的家园。东南亚地区不是世界上唯一大面积燃烧植被的地区，大多数火灾发生在非洲和南美洲。M.Marlier 是哥伦比亚大学的一位大气研究者，他说，然而，东南亚地区的火灾是独特的，因为大火过于靠近人口密集的城市中心。

还没有对反复暴露在泥炭烟尘下如何对人的健康产生长时间影响的完整研究，更不用说泥炭烟尘的化学性质与其他类型生物物质烟尘有什么区别了。然而，新兴的研究提供了初步的线索（见图 3-180）。

美国研究者已经发现，2008 年夏季美国南部各州发生的泥炭大火导

图 3-180　2014 年 2 月 23 日，印度尼西亚加里曼丹坤甸（Pontianak）市，人们戴着防毒面罩，在灰霾污染中穿行

致门诊就诊人数剧增，病人都患上了与呼吸道并发症相关的心衰和哮喘。在后续的研究中，他们在小鼠实验室附近，用火燃烧了半焦泥炭土，相关结果是在 2014 年 6 月发表的。随后，小鼠的肺部问题主要与粗粒度（coarser-grained）的烟尘颗粒有关，心脏问题主要与细粒度（finer-grained）的烟尘颗粒有关。

从健康角度看，令人关切的主要事情是，比起一般的森林大火来，泥炭大火趋于产生更多的被称为 PM2.5 的细粒度颗粒物。这是令人担忧的事情，主要因为细粒度颗粒物被认为可比粗粒度颗粒物更进一步渗透到血液里，给心脏和其他内部器官带来更高的潜在风险。细粒度颗粒也很难用简单的医用口罩隔绝，在亚洲的城市里，许多人习惯地戴着口罩，以抵御空气污染。

一项发表在 2012 年《环境健康展望杂志》（*Journal of Environmental Health Perspectives*）上的研究工作得到了广泛引用。这项研究工作预测，1997 年至 2006 年期间，大约 339 000 人的死亡与地面大火有关。大约五分之四人的死亡与长期而不是偶尔暴露在大火烟尘中有关。撒哈拉以南非洲地区和东南亚地区分别有 157 000 人和 110 000 人死亡，死亡率在厄尔尼诺气象现象（El Nino weather phenomenon）控制的年份里波动，这个现象常常与东南亚地区的干燥气候有联系。研究人员总结道，"降低暴露于源自地面大火的空气污染的人口水平，是一个有价值的尝试，也许会有直接的、可测量的健康收益"。

另一项 2012 年由 M.Marlier 和其他来自美国和英国研究机构的科学家开展的研究工作发现，在东南亚地区人口中，有 1% 至 11% 的人被认为在 1997 年至 2006 年间歇灰霾发作期里反复暴露在世界卫生组织推荐的空气质量水平之上的污染之中。研究者写道，在厄尔尼诺年份里，过度暴露在空气污染中导致每年约 15 000 名成人死于心血管相关疾病。大约三分之二人的死亡与称为 PM2.5 的细粒度颗粒物有关系，另三分之一人的死亡与空气中的臭氧水平有关系。然而，还没有足够的数据能够确定在泥炭大火中 PM2.5 的毒性和美国城市的 PM2.5 排放物有什么区别。

有些科学家提出，泥炭烟尘对人的长期影响可能与包括 PM2.5 的城市空气污染物大体相同。没有人可确定这一点，因为几乎没有研究工作检验过这个理论是正确的。

R.Balasubramanian 是新加坡国立大学里研究灰霾的一位美国环境工程师，他猜测，在灰霾发作期中长期暴露可能潜在地使人随着时间的推移而变得不健康，即使他继续活了很长时间。在 2013 年的一项研究中，他和他的同事们发现，在灰霾发作期里，新加坡的空气含有砷、铬、镉和其他致癌的化学元素。他们估计，城市正常的 PM2.5 污染水平会导致每 100 万名新加坡人中，有 12 个人一辈子长着肿瘤，但如果在连续 70 年里，每年有 10 天爆发灰霾，疑似癌症的病例数量将会增加近 50%。

迄今还没有相互协调的国际性工作，以多学科方式来研究灰霾。R.Balasubramanian 说，这部分归因于灰霾间歇式的、不可预测的性质，东南亚地区变化频繁的气候使得预测灰霾何时出现或可能在何处扩散是困难的。他把一个泥炭烟尘颗粒比作一只跳到空中并沿地平线快速运动、然后又迅速回到地面的蚱蜢，它只能接着再跳。

R.Balasubramanian 说，另外一个问题是，一般的公众至今并不认为灰霾是严重的健康威胁。一个下午，在新加坡国立大学的办公室里，他告诉我，"人们觉得，喔，是的，这是发生在印度尼西亚的一个问题"。对于政府和投资组织来说，"首要的是减轻污染，减少人暴露在灰霾之中，而不是研究问题的本身"。

政治问题

减轻污染的任务也被政治所笼罩。东南亚地区的国家无法对吹过自己边界的东西进行控制，不同于欧盟（European Union），东南亚国家联盟（Association of Southeast Asian Nations，ASEAN）缺乏法律权威来强迫自己的成员采取违背自己利益的行动。

这方面的例子是东南亚国家联盟 2002 年的跨边界灰霾协议，这是一份不具有约束力的文件，在这份文件中，10 个成员国承诺防止和监测泥炭大火。协议要求开展技术交流，采取其他措施，以改进灰霾方面的区域对话和合作。这份协议最初被誉为里程碑式的成就，但是，在 2014 年 9 月之前，印度尼西亚国会一直拒绝正式批准这份协议。L.M.Syarif 是印度尼西亚首都雅加达的一名环境律师，他说，主要原因是印度尼西亚一直试图把批准这份协议作为"撬动"新加坡撤销拒绝引渡印度尼西亚公民的一个手段，这些人在印度尼西亚国内犯了罪，印度尼西亚政府要把他们引渡回国。

H.Varkkey 是马来西亚大学国际和战略研究系的高级讲师，她说，东南亚国家联盟倾向于把经济发展（economic development）、国家主权（national sovereignty）和互不干涉（non-interference）放在首位。在她看来，东南亚国家联盟出于对强大的棕榈油公司的尊重，已采取了温和的方法来减轻灰霾，许多棕榈油公司位于新加坡或马来西亚。

事实上，许多分析家说，印度尼西亚的土地特许权，即被分配用作商业性种植的土地，是与贪污贿赂深深地交织在一起。一个流行的笑话是，如果印度尼西亚重叠的特许地都被看作这个国家的领土，那么这个国家的面积就会有增加。但是，大多数公司和官员拒绝与公众分享这些土地特许地图。A.Putraditama 是世界资源研究所（World Resources Institute）在雅加达的一位研究分析师，这个组织的总部位于美国首都华盛顿。他说，"这是个烂摊子"。这也是泥炭地进行燃烧的另外一个原因。

公众压力

在这个背景下，谭义汉作为新加坡的金融咨询顾问和自封的灰霾活动家，希望影响区域关于灰霾的争论。2014 年年初，他建立了一个称为"阻止灰霾人民运动"（People's Movement to Stop Haze，或称为 PM Haze）的公民组织，以开始这场讨论。

一个星期天，在阻止灰霾人民运动举行的一次会议上，谭说，"我内心的感觉是，我们需要影响"。会议只有另外一个参与者，他叫 P.Zenata，是印度尼西亚的一名教师。他是在网上发现谭之后才加入这个组织的。会议的地点是在 P.Zenata 位于新加坡中产阶级社会的一个现代化公寓里。

2014 年 6 月，谭家乡的一份报纸《独立报》（Independent）给他起了个"新加坡无畏的灰霾斗士"的绰号。但是，只有 10 名成员、没有外部资助的阻止灰霾人民运动远远落后于许多已经建立的宣传和研究组织，这些组织在亚洲其他地区与空气污染斗争。在新德里，科学和环境中心已经提出政府能够阻止空气污染的具体途径，例如，严格控制明火。在北京，公共和环境事务研究所（Institute of Public and Environmental Affairs）正在推进污染监控手机应用程序，作为加大对污染企业压力的一种方式。

谭承认，他缺乏非营利组织工作的经历。他告诉我，他没有向政府和公司施压、让它们采取行动的计划，至少现在还没有。他说，现在，阻止灰霾人民运动还只是想了解问题，了解问题的复杂性，然后把它的认识与新加坡公众沟通。2014 年 11 月初，阻止灰霾人民运动在新加坡开发了信息化的"灰霾展示"（haze exhibition）网站，吸引了约 800 名访问者。在长期工作方面，谭说他们希望拍摄印度尼西亚灰霾的电影（见图 3-181）。谭随意地补充道，"我的人生目标是到 2023 年阻止灰霾"。

图 3-181　2014 年 9 月 14 日，被烟雾笼罩的新加坡金融商务区。官员说，由于邻近的印度尼西亚苏门答腊岛热带雨林大火肆虐，空气污染达到了不健康的水平

这可能是一场白日梦。但是，根据新加坡国际事务研究所（Singapore Institute of International Affairs）可持续发展研究副主任 W.Ang 的观点，2013 年的灰霾使得新加坡公众更多地参与到这个问题之中。除阻止灰霾人民运动之外，灰霾的发作还催生了消除灰霾行动队（Haze Elimination Action Team），这是另外一个基层社团组织。这两个组织已经对印度尼西亚进行了实地访问，启动了与棕榈油公司的对话，向新加坡官员提供了反馈或建议。W.Ang 说，"对于这样一种实地调查方法，政府是非常欢迎的"。

采取行动

然而，对于许多国家来说，尤其对于低收入国家来说，灰霾依然是一个日趋严重的公共健康问题。J.McGlade 是联合国环境计划的首席科学家，他说，"我们进行了大量的立法来控制点状污染源，然而，在你增加立法的时候，周围条件并没有变得更好"。她告诉我，另外的挑战是把空气污染数据与关于空气污染影响的研究和坚持政府对污染法律执法负责联系在一起。

与以往任何时候相比，空气污染是一个政治改革和公共健康干预的突出目标。许多低收入国家正在努力应对不断增长的人口带来的环境和卫生后果，也正在提高空气污染的标准。国际援助和发展机构也正推出监测和控制颗粒物排放的项目。

在东南亚地区，灰霾近期已重新出现在东南亚国家联盟的政治信标上。2014 年 7 月初，来自廖内省的官员宣布，他们将对当地官员和与泥炭土地相联系的农林公司进行大范围"遵纪守法审计"。2014 年 8 月 5 日，新加坡国会通过了一项法律，允许政府对引起或增加灰霾的国内外公司处以最高额为 200 万新加坡元（150 万美元）的罚款。2014 年 9 月 16 日，经过 12 年的抵制之后，印度尼西亚国会最终批准了东南亚国家联盟 2002 年灰霾协议。

也就是在这年夏天，此后成为印度尼西亚总统的 J.Widodo 的一位高级顾问说，新政府计划延长禁止泥炭地燃烧法律的时限，这项法律将在 2015 年到期。J.Widodo 本人说，他计划通过建立"一张地图"的林业政策，提高土地管理的效率。2014 年 8 月末，他告诉新加坡报纸《海峡时报》（Straits Times）记者，"灰霾是由居民和公司两者造成的，如果我们更严格地执法，灰霾问题可以得到解决"。

这些发展有什么意义？在与东南亚地区一些灰霾观察分析师交谈中，我听到了内容广泛的意见。像 H.Varkkey 这样的人并不特别乐观，主要因为印度尼西亚和东南亚国家联盟至今在灰霾问题上没有取得什么进展。他们指出，无论是新加坡的法律，还是地区性灰霾协议，都不能在印度尼西亚法院执行。如同许多科学家预计的那样，如果气候变化导致全球干旱和野火的增加，泥炭地大火的发生率也会提高，这就提出了新的执法挑战。

但是，其他一些人的看法是积极的，印度尼西亚和新加坡政府至少在采取行动，这是能够在印度尼西亚现有为阻止灰霾设计的法律中注入新的生命力的事情。近期的政治性行动给予这些人希望，为了子孙后代，每年的泥炭大火将不再是东南亚地区的特征。

灰霾斗士谭义汉说道，"（印度尼西亚当选总统）J.Widodo 说了，他要采取行动对付灰霾，虽然这还是口头的东西，但总比没有强"。（www.cnn.com，原文标题是 *The air pollution that's choking Asia*，2015 年 2 月 1 日下载。）

7 位改变了世界的妇女

这几位妇女都在世界上留下了在以后数十年里改变人们思考方式的印记，在某些情况里，这样的影响一直持续下去。她们写出了彻底改变人们社会观的书籍，作出了把医学改变成我们了解的那样的科学发现，带来了撼动权势集团的法律。

图 3-182　H.B.Stowe 的小说《汤姆叔叔的小屋》（*Uncle Tom's Cabin*）推动了美国反奴隶制运动

H.B.Stowe, 作家和反对奴隶制的活动家

H.B.Stowe（见图 3-182）的畅销小说《汤姆叔叔的小屋》（*Uncle Tom's Cabin*）[177] 推动了反奴隶制运动。相传 A.Lincon 在白宫欢迎 H.B.Stown 时说，"你就是那位写出引发这场伟大战争的

---

177 *Uncle Tom's Cabin*（《汤姆叔叔的小屋》）是 H.B.Stowe 在 1852 年发表的反对奴隶制小说，全书围绕着黑奴汤姆叔叔的故事展开，描述了他和他身边的人——奴隶和奴隶主的生活经历。这部感伤小说深刻地描绘出美国奴隶制度残酷的本质；其中关于非洲裔美国人与美国奴隶制度的观点曾经产生过深远的影响。

书的小妇人啊！"这里的战争指美国国内战争。H.B.Stowe 的小说围绕着黑奴汤姆叔叔的生活展开，是 19 世纪在《圣经》（*Bible*）之后的第二本畅销书。

E.Pankhurst, 领导妇女争取选举权运动

E.Pankhurst（见图 3-183）是英国妇女争取选举权团体的成员，创建了"妇女社会与政治联盟"（Women's Social and Political Union，WSPU），这是一个以采取极端抗议形式而出名的组织，例如把她们自己拴在栏杆上、进行饥饿罢工等。

1908 年，E.Pankhurst 在法庭审判期间说，"我们在这里，不是因为我们是法律的破坏者；在这里，我们努力成为法律的制定者"。不幸的是，E.Pankhurst 未能活着看到她的梦想成为现实，在一项给予妇女与男人同等的选举权法律被通过前的三个星期，她去世了。

图 3-183　1908 年，英国妇女争取选举权团体成员 E.Pankhurst（中）和她的女儿 C.Harriette（右起第三位）从监狱释放后受到支持者的欢迎

A.Frank，大屠杀日记的作者

A.Frank（见图 3-184）在《安妮日记》（*The Diary of a Young Girl*）中写道，"所做的一切不可能被消除，但是，人类可以防止它再次重演"。这部书是一位聪明机智的 13 岁犹太女孩在二战期间隐藏在阿姆斯特丹时写的，是世界上得到最广泛阅读的书籍之一，销售了 3000 多万册。她在德国占领下的生活故事是一份强有力的记录，被翻译成 67 种语言，改编成电影和戏剧，她的家本身也变成了一个博物馆。

图 3-184　A.Frank 画像矗立在位于布达佩斯（Budapest）的中欧第一个大屠杀博物馆的纪念碑前面

1945 年，在伯根 - 贝尔森集中营（Bergen-Belsen concentration camp）[178] 被解放仅几个星期之前，A.Frank 死于这里。

---

178 伯根 - 贝尔森集中营 (Bergen-Belsen concentration camp) 是纳粹德国在德国下萨克森（Lower Saxony）建立的一座集中营，它位于伯根市的西南部，在 1940 年至 1945 年期间运行，1945 年 4 月 15 日被英国第 11 装甲师解放。据统计，1943 年至 1945 年期间，约 50 000 名苏联战俘和 50 000 名犯人在这里死亡。解放时，集中营里有约 60 000 名犯人，绝大多数都身患重病，另有 13 000 具尸体没有处理。

S.Beauvoir, 哲学家和《第二性》的作者

法国存在主义哲学家 S.Beauvoir（见图 3-185）在 1949 年出版的书《第二性》（*The Second Sex*）成为具有里程碑意义的女权主义著作。这部书分析了从古到今妇女的待遇和感觉，被认为有很大争议，以致梵蒂冈（Vatican）[179] 将其列入禁书索引之中。

S.Beauvoir 和她的伙伴 J.P.Sartre 一起，是 20 世纪最有影响力的思想家之一，她说，"所有的压迫造成了一种战争状态，这没有例外"。

R.Franklin, 帮助认识 DNA 的科学家

英国化学家和 X 射线晶体学家 R.Franklin（见图 3-186）的研究工作是揭示 DNA 结构的关键。她的 X 射线衍射双螺旋照片被科学家 F.Crick、J.Watson 和 M.Wilkins 所使用，1962 年，他们因其在 DNA 模型方面的工作，分享诺贝尔生理学或医学奖。

然而，R.Franklin 本人错过了诺贝尔奖，1958 年，在 37 岁那年，她死于卵巢癌。

图 3-185　S.Beauvoir 的畅销书《第二性》（*The Second Sex*）通常被认为是女性主义哲学的重要文件

图 3-186　在伦敦一个实验室里工作的 R.Franklin。她对理解 DNA 的贡献现在已被承认，但是，在那个时候，并没有得到充分的认可

B.J.King，赢得 39 个大满贯的网球传奇人物

美国人 B.J.King（见图 3-187）是温布尔登网球锦标赛所见到的最伟大的选手之一，把 20 个冠军大奖带回了家。但是，也许她最为人知的是 1973 年一场与 B.Riggs 之间绝无仅有的比赛，这场比赛被称为"性别大战"。29 岁的戴眼镜的 B.J.King 在全球 5000 万电视观众面前击败了 55 岁的 B.Riggs。

179 梵蒂冈（Vatican）位于意大利罗马城台伯河西岸。自公元 4 世纪起，罗马城教主利用西罗马帝国衰败掠夺土地，到公元 6 世纪获得了罗马城的实际统治权，自称为"教皇"。公元 8 世纪，法兰克王国（Frankish Kingdom）国王两度出兵意大利，于 756 年将罗马城及四周区域送给教皇。而后，教皇权势日益扩张。在意大利中部形成了以教皇为君主、以罗马为首都的"教皇国"，领土面积达 40 000 平方千米以上。19 世纪中叶，意大利逐步统一。1861 年，意大利王国建立，对罗马教皇领地构成了威胁。1869 年 12 月，教皇庇护九世召开了第 1 次梵蒂冈宗教公会，于 1870 年通过了"信仰信条"，反对"现代理性主义谬论"，坚持天主教传统的教义教条，主张教皇权力神授，享有普遍而最高的宗教司法权。1870 年 9 月，意大利王国又占领了罗马，同年收复了教皇国占据的其他地区，完成了国家统一，教皇的世俗权力被剥夺，被迫退居梵蒂冈宫内。1929 年 2 月 11 日，意大利 B.Mussolini 政府与教宗庇护十一世签订了《拉特朗条约》（*Patti Lateranensi*），意大利承认梵蒂冈为主权国家，其主权属教宗。

此后，B.J.King 建立了妇女网球协会，为得到与男性运动员相同的奖金而四处奔走。

W.Maathai，创建绿带运动 [180]

2004 年诺贝尔和平奖获得者、环境主义者 W.Maathai（见图 3-188）说，"当我们种树的时候，我们种下了和平与希望的种子"。

这位肯尼亚的政治活动家在 1977 年创建了绿带运动（The Green Belt Movement），为了增加农村妇女的自主权。妇女们已开始报告溪流正在干枯、食品供给不稳定、为了木柴必须走比以前更远的路。此后，这项运动在全世界扩散，为气候变化而四处奔波，并且与联合国环境保护署（United Nations Environment Programme）合作。（www.cnn.com，原文标题是 7 *women who changed the world*，2015 年 3 月 2 日下载。）

图 3-187　在 1967 年温布尔登网球锦标赛（Wimbledon Championships）进行比赛的美国网球传奇人物 B.J.King

图 3-188　20 世纪 70 年代，政治活动家 W.Maathai 博士创建了绿带运动

287

---

180 绿带运动（The Green Belt Movement，GBM）是一个以肯尼亚内罗毕（Nairobi）为基地的土著草根非政府组织，它通过关注环境保护、社区发展和能力建设，采取一种全面的方法实现发展。

第四篇

教　育

引言

2015 年教师节前夕，我和同事们一起去了位于贵州省水城县发箐乡海螺村八组的"光炽"希望小学。水城县是中国科学院联系帮扶的 5 个贫困县之一。2004 年，曾长期担任中国科学院地球化学研究所所长的涂光炽先生把他获得的科技奖励奖金全部捐给了这所学校（见图 4-1）。在 2007 年涂先生去世之后，他的夫人蔡凤英老师根据涂先生的遗愿，再次向学校捐赠了一笔资金，设立了"光炽"教育奖励基金。从发箐乡所在地到海螺村约有 8 千米的路程，许多年来，黔西山区的乡村之间没有达到一定标准的公路相连。因此，2012 年，蔡老师专题上书贵州省政府的领导，希望省政府能够解决已成为这所学校生存与发展瓶颈的交通问题，得到了省政府领导和有关部门的响应。此后不久，即在 2013 年 5 月，连接发箐乡和海螺村的公路通车了。正是有了这条公路，我们才能够在数小时之内从 300 余千米之外的贵阳来到这所偏僻的乡村小学。

图 4-1　位于贵州省水城县发箐乡海螺村八组的"光炽"希望小学。学校现有的两栋教学楼，建筑面积共计约 830 平方米，其中一栋教学楼是用中国科学院地球化学研究所前所长涂光炽先生的捐款建造的（摄影者站在这栋楼的 2 层，拍摄了学校的操场和另一栋在 1982 年建造的教学楼）。摄影：曹明

在这 10 年期间，地球化学研究所一直热情呵护着这所学校，给予她尽可能多的帮助。这一次，院部机关和地球化学研究所的同事们又购置了不少课外读物、字典、地图和文具，给这里的孩子和教师们送上新学期的礼物。

汽车稳稳地在新建的高速公路上行驶，车窗外不时闪过山间的村落，偶尔也见到相会的重载卡车，初秋的黔西山区显得十分宁静。阴霾的天空不时洒下些雨珠，但当汽车行驶到某个地方的时候，顷刻间会遇上瓢泼大雨，这可真是一个"十里不同天"的地方啊。一路上，我和同事们不断地谈起涂光炽先生的故事。记得 2001 年第一次来到地球化学研究所的时候，我去实验室看望了涂先生。时年 81 岁的涂先生端坐在椅子上，那样朴实，那样安详，我很难把眼前这位老人和一位拥有常人难以相比的教育背景、生活阅历并为新中国地质科学和地质矿产业发展做出重要贡献的科学家联系在一起。1937 年抗日战争爆发时，时年 17 岁的涂先生恰从天津南开中学毕业。次年，他去了延安，后又去了昆明，到内迁至此的西南联大[1]就学。1944 年，涂先生从西南联大毕业，去美国留学。1949 年，他在美国明尼苏达大学（University of Minnesota）获得博士学位。1949 年至 1950 年期间，涂先生在美国宾夕法尼亚州立大学（Pennsylvania State University）担任研究助理。在这期间，他在纽约加入了中国共产党。1951 年回国后，涂先生又被派到苏联莫斯科大

1　西南联大的全称为国立西南联合大学，是中国政府在抗日战争期间设于昆明的一所综合性大学。1938 年 4 月，国立北京大学、国立清华大学、私立南开大学在长沙组成的国立长沙临时大学西迁至昆明，改称国立西南联合大学。

学（Московский государственный университет имени Ломоносова）学习，在这里度过了整整 4 年时光。1980 年，涂先生当选为中国科学院学部委员，这是社会对他二十多年来在科学技术领域辛勤耕耘的庄重褒奖。在实验室的大厅里，张贴着涂先生写的几句话：“设想要海阔天空，观察要全面细致；实验要准确可靠，分析要客观周到；立论要有根有据，推论要适可而止；结论要留有余地，表达要言简意赅。”这不是每个科研人员做事做人的准则吗？也许，只有像涂先生这样的中国科学技术先辈们才能总结出这样的传世名言。中国现代科学技术的大厦正是由像涂先生这样的先辈们倾毕生之力构建起来的。

　　校长、教师和学生们热情地接待了我们一行：孩子们穿上了并不合身的校服，列队站在不大的操场上（见图 4-2）；我参观了学校每个地方，包括教室、图书室和办公室；我与六盘水市和水城县的领导同志一起，参加了学校举行的捐赠仪式。我了解到，这是一所公立学校，现在的教学条件比过去好得多了，但也面临着生源不足、教师短缺的困难。政府除了支付学校教师的工资津贴之外，按每名学生每年 600 元的标准下拨教学经费，或者说，校长每年可支配的学校运行经费约为 6 万元。由于教师数量有限，为完成所设课程的教学，每位教师都要跨年级讲授不同的课程。学校特别希望地球化学研究所能够在英语和体育课程教学上给予帮助。近年来，政府还下拨每人每天 4 元标准的营养午餐经费。校长告诉我，学校统一烹饪的午餐质量可能高于学生们在家里用餐的质量。水城县只种植玉米和土豆，农村家庭都以这两种植物作为主要的口粮。我站在操场上，望着眼前这些山区孩子茫然的眼神，心中充满了惆怅。当主持人让我说几句话的时候，我的大脑瞬间出现了一片空白，我真的担心我习惯说

图 4-2　教师让学生们分年级列队，欢迎我们这些来自北京和贵阳的客人，并按照当地的习俗，让我们品尝水煮鸡蛋、土豆和核桃。“光炽”希望小学现有 120 余名学生和 9 名教师。这个学期开学后，2 名刚从省内师范院校毕业的学生加入了这里的教师行列。摄影：曹明

的、能够说的事情与孩子们的所思所想相距万里，仿佛那层层叠叠、绵延不断的山岭把孩子们和我深深地隔离开来。我对自己说，假如这些孩子出生和成长在都市圈，今天，他们又会长成什么模样，关心着什么事情，憧憬着怎样的未来。发展水平的差异决定了地域的差异，地域的差异带来了家庭的差异，家庭的差异带来了孩子受教育的差异，受教育的差异又决定了孩子未来职业和收入的差异，如此周而复始，难道不就造成了人与人之间最本质的不平等吗？

最本质的差距

　　涂先生可以向任何地方捐赠自己的科技奖励奖金，我想，向“光炽”希望小学捐款也许是他心底里那份最厚重祈愿的表达。涂先生曾先后长时间在两个超级强国学习和工作，并且在美国获得了科学学位，他一定知道贫穷国家和富裕国家之间最

本质的差距是什么。涂先生又长时间在贵州工作和生活，还曾担任过贵州省人大常委会副主任，了解贵州的省情和民情，他一定知道欠发达地区和发达地区之间最本质的差距在哪里。

我了解到，在2014至2015学年度，水城县有6.68万名小学生，每个年级的学生平均数为1.11万人；初中生人数为3.88万人，每个年级的学生平均数约为1.29万人。因此，从现有初中的学生容量看，水城县已具备保证每个小学毕业生进入初中学习的硬件条件。同期，水城县有1.36万名高中生，每个年级的学生平均数约为0.45万人。粗算下来，这里的高中升学率约为34.9%。水城县还设有公办或民办的职业高中，同期职业高中的学生数量为0.31万人，假设职业高中的学制为2年，那么每个年级的学生平均数约为0.155万人，职业高中的升学率约为12%。概括起来，如果某年有10 000个孩子进入小学一年级学习，9年之后，有3490人能够进入高中学习，有1200人可以进入职业高中学习。我的问题是，其余的5310人去哪儿了？也许他们回家务农了；也许他们外出打工了，早早地进入诸如建筑业、商品零售业、餐饮服务业这样的低技能门槛行业。2015年，水城县共有4152人参加高考，结果是，有291人被"一本"院校录取，占参加高考人数的7.0%；有662人被"二本"院校录取，占15.9%；有412人被"三本"院校录取，占9.9%。假设这里参加高考的都是应届高中毕业生，即没有复读生，也没有非在校生，我们可以把上面的问题延展下去：在进入高中学习的3490个学生中，有1145人能够进入大学学习，即10 000个进入小学一年级学习的孩子，经过不算短的12年学习，约11.5%的人能够进入大学学习，其余88.5%的人在这12年期间陆续成为低技能门槛行业的新生劳动力。我还曾在四川绵阳、福建泉州作过类似的调查，得到的结果大致与水城县相当。

公众普遍受教育程度和区域经济社会发展水平是密切相关的。假设小学、初中和高中的教育质量在一个大的范围内是一致的，在一个以传统农业和消费业为主的地区，公众达到100%的初中毕业率和34.9%的高中毕业率，能够满足当地产业发展对劳动者知识和技能的要求。水城县正在大力推进农业结构调整，希望减少玉米、土豆等传统作物的种植面积，扩大猕猴桃、植物药材等经济性更好的作物种植面积。在院部机关科技扶贫行动的支持下，中国科学院武汉植物园的科研人员与联合企业，正在水城县传播猕猴桃种植知识和技术，推广自己培育的系列优质品种。在水城的另外一个乡，我参加了有上百人出席的猕猴桃种植知识和技术讲座，觉得具有初中毕业文化程度的人能够听懂这样的讲座内容，也能够在科研人员指导下很快掌握比传统作物种植更复杂一些的猕猴桃种植技术。

在制造业占相当比重的地区，具有高中毕业文化程度的劳动者才可能基本满足相关企业的用工要求。以建筑业为例，也许在数十年前，一位刚刚摘去文盲帽子的人，怀揣一把泥刀，带着一根扁担和两个灰桶，就可加入这个行业的劳动者大军。但这些年来，随着大型建筑（甚至高层民用住宅）技术密集度越来越高，建筑技术快速发展，大量机械取代了一般人力劳动，这个行业对劳动者知识和技能的要求发生了根本变化。不具有高中毕业文化程度、不能熟练掌握各类机械操作技能的人，也许很难长期在这个行业里从业。今天，电气（强电或弱电）安装工更是建筑企业高酬争抢的对象，而在通常情况下，在高中毕业基础上接受职业专科教育的人，才可能成为出色的电气安装工。我曾去南方一家年产数百万吨船舶的大型造船企业，了解到这家企业每年都要在内地的职业专科院校招收大批电焊工，我所遇见的小伙子们无疑都具有高中毕业文化程度。我还曾参观过长江三角洲地区的模具设计和制造职业专科教育的课堂，在那里，许多青年人认真听着教师对如何使用 AutoCAD 软件的讲解。如果他们不具有高中毕业文化程度，何能听懂这些课程的内容呢？

在现代高技术产业占很大比重的地区，像集成电路制造、化学与生物医药乃至电子器件制造、网络通信这样的行业有着更高的用工标准。今天，在一家投资高达数十亿美元的集成电路制造工厂里，具有硕士甚至博士学位的人才可能成为生产线上核心机器的操作工。在这些工厂的设计部门，更可能是清一色的具有博士学位的年轻人。仅具有初中毕业或高中毕业文化程度的人，面对这些工厂的大门，只能望而却步，他们几乎不可能有机会跨入需要穿上防尘服并经历气体吹尘程序的洁净车间工作。为了支撑这类产业的发展，当本地受教育程度较高（如具有大学及以上学历）的劳动者（可被称为高学历劳动者）供给无法满足需求的时候，当地政府就会想方设法，把本地打造成高学历劳动者群体的就业目的地。因此，在某些大都市或都市圈，一方面，大量壮年劳动者过早退出了就业岗位，在家"颐养天年"；另一方面，大量新生高学历劳动者涌入这里，当然，他们要适应都市工作和生活的环境，还要面对住房购置、配偶就业、子女入学等方面的严峻困难。结果是，都市变得更加臃肿，产生令人痛苦的"城市病"。而对于新生高学历劳动者的净输出地来说，这类劳动者的外流势必阻碍本地产业的结构调整，向技术密集度和产品复杂度更高的方向转型。在水城县，2014 年，当地户籍的大学专科以上毕业生有 2000 余人，仅有百余人回到当地就业。事实上，在全球范围内，劳动者的国际性流动何尝不是如此：许多发展中国家早已是新生高学历劳动者的净输出地，而发达国家则是这类劳动者首选的就业目的地。

欠发达地区和发达地区之间、发展中国家和发达国家之间最本质的差距是公众普遍受教育程度。2014 年，联合国开发计划署（United Nations Development Programme，UNDP）发表了《2014 人类发展报告》（2014 *Human Development Report*）[2]。从这份报告可以看到：在"25 岁及以上人口中至少接受过中等教育的人所占比例（定义为受过中高等教育的人口）"参数方面，2005 年至 2012 年期间，美国为 95.0%，德国为 96.6%，英国为 99.9%，韩国为 82.9%，日本为 86.4%，中国为 65.3%；在"中等教育总入学率"[3] 参数方面，2003 年至 2012 年期间，美国为 94%，德国为 102%，英国为 97%，韩国为 97%，日本为 102%，中国为 87%；在"高等教育总入学率"参数方面，同期，美国为 95%，德国为 57%，英国为 61%，韩国为 101%，日本为 60%，中国为 24%；在"平均受教育年限"[4] 参数方面，2012 年，

2　见 www.undp.org。

3　该报告把教育分为 4 个级别，即学前教育（childhood education）、初等教育（primary education）、中等教育（secondary education）和高等教育（tertiary education，或者 higher education）。总入学率定义为：特定教育级别（学前、初等、中等或高等）下，无论年龄大小，总入学人数的比率，以同等教育级别中的入学人数占规定学龄总人口的百分数表示。

4　平均受教育年限定义为：使用每种教育水平所规定的期限，将受教育程度换算为 25 岁及以上年龄人口获得的平均受教育年限。

美国为 12.9 年，德国为 12.9 年，英国为 12.3 年，韩国为 11.8 年，日本为 11.5 年，中国为 7.5 年。比较这些数据，不难发现在公众普遍受教育程度方面，中国与发达国家之间存在很大差距。办好中国的公众教育，让更多的适龄人口能够接受更高级别的教育，拥有更高级别的知识和技能，事关中国创新驱动、转型发展的大局，需要政府、社会和家庭为之付出持续和艰辛的努力。在公众教育上，今天播下的种子，需要不断地施肥灌溉，细心地加以呵护，十余年后才可能结出果实，它不可能是速种速收的"政绩工程"，不可能有超越实际的"大跃进"式发展。也许，我们应当始终提醒自己：在公众教育上，我们为中国建设成为创新型国家做好了准备吗？

教育质量的评价

中国经历了漫长的封建时代。那时，读书识字是极少数人才能享受的奢侈品，绝大多数民众则是目不识丁。农民缴纳的钱粮，仅被用于皇室的消费，支付官吏的薪酬，维持军队的开支。兴办教育则是各地乡绅即土地等生产资料拥有者们的事情。他们捐资设学，传史授文，朝廷则通过分层级的统一考试，在数目有限的接受过教育的人群中遴选官吏。此时，中国的教育实质上是一种官吏精英教育，教育的目的很单一，那就是读书做官。19 世纪末至 20 世纪初，伴随着封建皇权体制土崩瓦解、近代社会治理体制逐渐形成，中国陆续出现了新式的官办学校。此后，中国的现代教育体系在外患不断、政局动荡、政权腐败的特定历史条件下诞生，它有着初等教育、中等教育和高等教育的分级别结构，有着较为科学的学科体系和课程设置，也有着公立和私立并存的教学载体，但是，对绝大多数公众来说，接受初等教育都是件可望而不可即的事情，进大学读书更是"天方夜谭"般的妄想。此时的教育是一种畸形的社会精英教育，教育目的也许是培养社会治理和特殊领域所需要的"高级人才"。读书为了出人头地，"读破万卷书，方为人上人"，也许是那个时候下至普通百姓、上至官僚商贾对教育的一般认识。

新中国的成立，翻开了中国教育发展的新篇章。国家政权的政治属性决定了中国的教育不再是少数人才能享受的精英教育，而是为经济社会发展培养劳动者的公众教育。精英教育和公众教育，代表着不同的教育价值观，它们相互对立，又相辅相成。公众教育相对于精英教育而存在，与公众教育相对应的教育资源配置、教育形式内容、教育质量评价，又与精英教育有着本质区别。在公众教育下，享有平等的受教育机会是每个人的权利[5]，用财政性资金举办的教育是政府提供的社会公共产品。现阶段，小学教育和初中教育已被确定为中国法定的义务教育范畴，因此，这两个级别的教育更应恪守公众教育的价值观，更加体现公平性和均衡性的原则。所谓公平性，可以理解为在一所小学或中学里，无论家境富裕的学生还是家境贫困的学生，无论学习能力强的学生还是学习能力弱的学生，都能受到平等的对待，接受同等的教育，不存在任何理由的歧视，不存在主观创造的差别，经过一定时限的学

5　《中华人民共和国教育法》第九条规定："中华人民共和国公民有受教育的权利和义务。公民不分民族、种族、性别、职业、财产状况、宗教信仰等，依法享有平等的受教育机会。"《中华人民共和国义务教育法》第二条规定："国家实行九年义务教育制度。义务教育是国家统一实施的所有适龄儿童、少年必须接受的教育，是国家必须予以保障的公益性事业。"见：国务院法制办公室编，中华人民共和国法律法规全书（行政法卷），北京：中国法制出版社，835 页，842 页，2014。

习，绝大部分学生能够达到国家教育大纲规定的知识和技能水平。所谓均衡性，主要指均衡配置公共教育的资源，不存在重点和一般的区隔，不存在城镇和乡村的鸿沟，使得在一个确定的地域里，处于不同地点的公立学校具有基本相当的师资力量、教学设施和基础条件，开展标准相同的教学活动。

历时 10 年之久的"文化大革命"，以巨大的能量把中国教育体系推向崩溃的边缘，无论教育资源配置和教育形式内容，还是教育质量评价，都随之发生了极大扭曲。这一切也许是许多人所始料不及的，但它却实实在在发生了。整整一代人由此失去了享有平等受教育的权利，给中国经济社会发展带来了长远且深刻的影响。1977 年，全国高等院校统一入学考试得以恢复，这使得许多年轻人以及他们的家庭再次看到了接受高等教育的希望，整个社会以前所未有的热情去拥抱它，为它呐喊，为它助力。这种热情一直没有消退，并且形成了巨大的社会舆论压力，使得高考演变为全部教育活动的中心环节，成了配置教育资源、调整教育形式内容、评价教育质量的核心力量。于是，升学率（对高中来说即是大学录取率）成了评价各级学校乃至一个地区教育质量的唯一标准。具体说来，对一所高中来说，它的教育质量高低是由其被大学录取的学生人数占应届毕业学生总数的比例来判定的。为了提高或保持自身的教育质量，高中要求不断招收更易"塑造"的好学生，这样就把这个教育质量评价方法传递给初中，初中又把它传递给小学，有的小学甚至把它传递给幼儿园。像安徽毛坦厂中学、河北衡水中学那样被誉为"高考工厂"的学校[6]，正是以升学率为指挥棒的教育活动孕育而生的"杰出代表"。记得数年前我去西部某地出差，当车辆经过当地一所中学的校门口时，同车的地方同志告诉我，这所中学有着很高的教学质量，这一年又有 7 名学生被北大、清华等国内名校录取，说话间，自豪之情溢于言表。

把升学率作为评价学校教育质量的标准之一，原本无可非议。发达国家常常也是这样做的。例如，英国对近 10 余年内来自五分之一最贫穷家庭的 18 岁学生进入大学的比例进行了统计分析，据此评判英格兰、北爱尔兰、威尔士、苏格兰地区学校教育质量的高低；位于美国威斯康星州密尔沃基的一所私立小学，对其毕业生进行了长期跟踪调查发现，2015 年，在其两个班的毕业生中，"有 95% 的人已从高级中学毕业，超过 90% 的人上了大学"，而这所私立小学的学生绝大部分来自当地贫穷的拉丁美洲裔家庭。问题是在中国，升学率成了评价各级学校教育质量的唯一标准。相对于"文化大革命"期间"凭着手上的老茧"就可上大学，用升学率来评价学校教育质量无疑是一个进步，但是，从当今经济社会发展急迫需要大量接受过良好教育的劳动者的角度看，把升学率作为评价各级学校教育质量的唯一标准，却又成了教育价值观的新扭曲，使得公众教育有点变味，向着精英教育的方向做了大幅偏移。什么事情一旦变成了唯一的，它就矫枉过正了。

为了追求升学率，许多学校把最好的师资和教学设施资源集聚到少数"尖子"、"学霸"级学生身上，客观上把大部分学习成绩不那么拔尖、甚至在学习上遇到较多困难的学生搁置在一边，隐性地损害乃至剥夺了他们接受同等教育的权利，丢弃

6　中央电视台第九频道曾播放了 6 集纪录片《高考》，详细记载了近年来安徽毛坦厂中学、河北衡水中学的学生们在迎接高考的日子里学习和生活的情景。

了公众教育的公平性原则。20世纪80年代，我曾担任过3年的高中化学教师，对中学为追求升学率采取的一些举措有着深度了解。今年，我从身边的年轻同事那里了解到目前学校的一些举措。例如，某所位于大都市的初中，入学伊始，就通过摸底考试把初中一年级新生分成了"特色班"和"普通班"；某所小学把刚入学的小学一年级新生分成了"iPad班"和"普通班"。"iPad班"学生的家长需要给自己孩子购置一个平板移动终端，也许，这些班级的许多课程教学将以平板移动终端作为载体展开。我们能够把追求升学率产生的负面效果归咎于学校校长和教师们吗？我们不能。进一步说，我们能够把它归咎于当地教育行政管理部门领导和工作人员吗？我们也都不能。假如不这样做，他们就会受到学生家长的指责，受到社会舆论的拷问，甚至会丢掉饭碗。2004年，我女儿从上海一所历史悠久的寄宿制高中毕业，在最后一次家长会上，我亲眼见到几位学生家长流着眼泪，愤怒地揪住班主任的衣领，大声呼喊着，"我们的孩子自小学到初中都是三好学生、学习尖子，进你们这所学校，搞什么素质教育，今天落到个专科学校"。此番场景，我今天想起来还是心颤不已。那么，我们又能把它归咎于谁、归咎到哪里去呢？

问题又回到了如何评价教育质量上来。近些年来，中国高等教育的规模迅速发展，教育质量也快速提高。评价高等教育质量的标准之一可以是其毕业生的就业率，这是发达国家的普遍做法。目前，各类大学的招生考试正向多元化方向发展。教育行政管理部门是否可在控制公立大学的学生规模（这与财政性资金对学校的资助额密切挂钩）的前提下，给它们更多的招生自主权，让它们在按什么标准、通过什么形式招收什么样的学生上有更多的发言权和决定权。与此同时，教育行政管理部门应当加强对招生过程的监察，保证招生过程的透明和公正，及时阻止可能出现的索贿受贿等腐败行为，坚决清除害群之马。对于初等教育和中等教育机构，是否可借鉴经济合作和发展组织（Organization for Economic Co-operation and Development，OECD）开展的"国际学生评估计划"（Programme for International Student Assessment，PISA）测试[7]和英国的"普通中学教育证书"（General Certificate of Secondary Education，GCSE）考试的做法，由各省（市、区）教育行政管理部门根据国家制定的教学大纲，设立"小学毕业资格考试"、"初中毕业资格考试"和"高中毕业资格考试"制度，作为对各级别的学校乃至所在地区（县或地级市）教育质量的评价标准。小学毕业资格考试可以设置阅读、数学、科学等3门科目，发达地区和大都市可增加"英语"科目；初中毕业资格考试可以设置阅读、英语、数学、科学等4门科目；高中毕业资格考试可以设置阅读、写作、英语、数学、科学等5门科目。教育行政管理部门主要依据在当年全部应届毕业生中，有多少人通过了相应的毕业资格考试，即达到国家教学大纲规定的知识和技能标准的学生数占当年全部应届毕业生数的比例（即毕业率），来分别评价小学、初中和高中教育的质量。对一所学校来说，毕业率越高，表明它越好地保证了教育的公平性；对一个地区（如一个县或一个地级市）来说，毕业率越高，表明它越好地保证了教育的均衡性。此外，教育行政管理部门应当更加关注最贫穷家庭孩子的小学、中学或高中的毕业率，进而采

7　在联合国开发计划署的《2014人类发展报告》中，在不同国家进行的该项测试结果被用作评价该国教育质量的主要参数。

取更有针对性的措施，花大力气提高这类家庭孩子的受教育程度。

南非前总统、黑人领袖曼德拉（N.R.Mandela）曾经说过，"没有任何指标比一个社会对待儿童的方式更能彰显出这个社会的灵魂了"。教育是经济社会发展的基础。在教育上，把我们的眼睛睁得更大一些，努力看得更远一些，再也不要死死盯着升学率了；我们要创造新的方法，把学校、学生、家长乃至社会从紧绕着升学率旋转中解放出来。我们应当给予儿童、少年和青年更多的关爱，给予他们更好的学习和生活条件，给予他们更多的知识和技能，开启他们心灵的希望之窗，增强他们的自信和勇气。这是我们在塑造大家共同的未来。

一美元一星期的学校

从内罗毕（Nairobi）[8] 的穆海加乡村俱乐部（Muthaiga Country Club）草坪跨过高速公路，就是马萨尔（Mathare），这里是一眼望不到边的贫民窟。虽然马萨尔实际上没有像样的公共服务，例如铺平的街道或公共卫生设施，但它有相当规模而且数量不断增加的教室。这不是因为肯尼亚政府的努力，这个贫民区仅有 4 所公办学校，而是因为私营部门进入教育领域。马萨尔有 120 所私立学校。

这种模式在非洲、中东和南亚地区被复制。这里的国家不能向儿童们提供像样的教育，这个失败导致私立学校的迅速发展，它们可能每星期仅花费 1 个美元（见图 4-3）。

数以百万计把自己孩子送到这些学校学习的家长们欢迎这种模式。但是，这些国家的政府、教师工会和非政府组织则持有这样的观点：私人教育应当被阻止，或者被严格管制。这种观点必须改变。

图 4-3 在发展中国家，国家在公共教育上的失败导致私人教育的快速发展

粉笔和费用

在绝大多数发展中国家里，教育是非常糟糕的。在南非，有一半完成 4 年学校课程的儿童不能准确地阅读，在非洲，有三分之一完成 4 年学校课程的儿童也是如此。在印度，60% 的 6 岁至 14 岁儿童不具有与完成 2 年学校教育的儿童相同的阅读水平。

在发展中国家里，绝大多数政府一直承诺提供普遍小学教育，发展中等教育。但是，即使有着公共学校，这些国家的政府也常常不能兑现自己的承诺。根据一项对印度农村学校的调查，这些学校缺少四分之一的教师。在非洲，世界银行发现，教师的缺课率为 15% 至 25%。最近，巴基斯坦发现它有超过 8000 所实际不存在的

8　内罗毕（Nairobi）市是肯尼亚的首都，始建于 1899 年。内罗毕省是肯尼亚南部的一个省，面积为 696 平方千米，2009 年人口为 337.5 万。

公立学校,占全部公立学校数目的17%。塞拉利昂发现有6000名实际不存在的教师,占国家在编教师人数近五分之一。

强大的教师工会也是问题的一部分。它们常常把教师岗位看作世袭的闲职,把国家的教育预算看作可以榨取的一种收入来源,把任何监控教育质量的努力看作一种干涉。教师工会只为教师着想而不为学生着想,因此,政府把教师工会搁在一边去经营学校。

在新兴经济体国家,国家教育的失败,与人们从务农向至少需要少量教育的岗位转移结合在一起,导致私立学校的繁荣。根据世界银行的调查,在发展中国家中,五分之一的小学生在私立学校上学,这个数字是20年前的两倍。还有许多私立学校未经注册,这使得真正的数字可能更高。在尼日利亚拉各斯的一次人口调查发现,这里有12000所私立学校,它是在政府登记的私立学校数目的4倍。在尼日利亚,2010年,26%的小学生在私立学校上学,在2004年,这个数字是18%。在印度,在私立学校上学的小学生比例从2006年的19%上升到2013年的29%。在利比亚和塞拉利昂,在私立中学注册就学的中学生人数分别占约60%和50%。

总的说来,政治家们和教育家们对公共教育都不热心。各国政府都把教育看成是国家的事情。教师工会不喜欢私立学校,因为私立学校支付很少的薪酬,难以组织起来。非政府组织倾向于在意识形态上抵制私立学校。联合国教育特别报告人(The UN special rapporteur on education)K.Singh 曾经说过,"为了保护崇高的教育事业,以营利为目的的教育不应当允许存在"。

这种看法伤害了教育家们声称要服务的那些人,这就是儿童。对儿童来说,对他们的国家来说,私人教育的繁荣是个好消息。

首先,私人教育不仅从学生的父母那里获得资金,而且从投资者那里获得资金,其中一些投资者是追求利润的。在发展中国家,绝大多数私立学校是单一的运营商,它们每个月向学生收取几美元,但现在连锁学校正在兴起。例如,肯尼亚"布里奇国际学院"(Bridge International Academies,BIA)在肯尼亚和乌干达拥有400家幼儿园和小学,在用海运集装箱制造的教室里进行教学。这个组织计划拓展到尼日利亚和印度。"脸书"(Facebook)创始人扎克伯格(M.Zuckerberg)、"微软"(Microsoft)创始人比尔·盖茨(B.Gates)和世界银行私营部门的"臂膀"——国际金融公司(International Finance Corporation,IFC)是这个组织的投资者。连锁学校健康地发展起来,因为它们有着需要保护的声誉。

其次,比起公立学校来,私立学校通常使资金更有价值。对此进行测量是困难的,因为去私立学校上学的孩子往往比较富裕,因此他们可能表现更好。但是,在印度南部的安得拉邦(Andhra Prsdesh),对6000名小学生为期4年的缜密研究表明,比起公立学校的小学生来。私立学校的小学生在英语和科学课程上有更好的成绩,在数学和本地语言——泰卢固语(Telugu)课程上的成绩相当。私立学校以公立学校三分之一的成本取得了这些结果。

最后,私人学校是创新的。由于技术在教育上有着巨大潜力(尽管绝大多数还没得到真正应用),因此创新应当是重要的。布里奇国际学院派发给教师与一个中央系统连接的平板电脑,这个中央系统提供教学材料,检测教师们的工作。这种类机器人的教学可能不是完美的，但它比既没有教学资料、又没有监控的课程更好。

　　私营部门的批评者认为它存在问题的看法是正确的。私立学校的教学质量处在从顶级国际标准到不比廉价儿童护理好多少的范围之内。但是，可替代私立学校的通常是更加糟糕的公立学校，或者压根儿就没有学校。

谁能够做到

　　因此，各国政府不应当要求去如何阻止私营教育，而应当如何促进私营教育发展。理想的情况的是，各国政府应当资助私立学校，最好根据学生父母在其所选学校上花费的凭证给予补贴；应当规范各个私立学校，以保证教学质量；应当实行公开考试，以帮助父母们作出明智的选择。但是，那些不能运行像样的公立学校的政府，也许不能很好地做这些事情，很糟地做这些事情比完全不做这些事情更坏。这样的政府最好把钱交给学生的家长，自己退出对学校的管理。在公开考试发生舞弊的地方，捐赠者和非政府组织应当提供可靠的测试，以帮助学生父母做出切实的选择，从而提高标准。

　　私立学校的成长是人的本能一种最健康的表现形式：为了孩子，父母渴望去做最好的事情。过度杂乱无章或腐败以致不能促进这个趋势发展的政府，应当让出道来！（www.economist.com，原文标题是 *The $1-a-week school*，2015 年 7 月 30 日下载。）

▍比哈尔作弊丑闻：印度的家长为了孩子有好的成绩会做些什么事情

　　在印度，对接受教育的追求真的达到了新的高度。学生的父母和家庭成员攀上校舍，紧紧抓住窗户的边框，把作弊的小抄递给自己的孩子，这样的照片已使印度教育机关感到灰心。这个事件发生在星期三[9]、印度的比哈尔邦（Bihar）[10]，这里的学生正在进行年终 10 级考试（见图 4-4）。

　　在印度，舞弊的例子不难找到。但是，与此前的舞弊事件相比，这次舞弊事件在其影响上似乎是前所未有的。比哈尔邦教育部长 P.K. Shahi 告诉记者，假如不能得到家庭成员持续的帮助，这些孩子将不会学习。他说，"在学生父母、社会和学生本人的帮助下，政府能够举行公平的考试，这是一个集体的责任"。

图 4-4　2015 年 3 月 18 日，印度的比哈尔邦举行年终 10 级考试，学生的父母和家人爬上了学校的建筑物，紧紧抓住窗户的边框，把作弊的小抄递给自己的孩子

9　指 2015 年 3 月 18 日。

10　比哈尔邦（Bihar）是印度第 13 大邦，面积约为 9.42 万平方千米，2011 年人口为 1.04 亿。比哈尔邦西与北方邦（Uttar Pradesh）相邻，北与尼泊尔相邻，东与西孟加拉邦（West Bengal）相邻，南与贾坎德邦（Jharkhand）相邻，从西向东流的恒河（the River Ganges）把比哈尔平原分为两部分。

图4-5　在印度的马图拉市，一位父亲极度希望他的女儿参加考试，把她绑在摩托车后部，送到学校

在像印度这样的发展中国家里，教育是一件宝贵的商品。印度有着超过12亿的人口，像样的学校教育是让大部分人摆脱贫困恶性循环的关键。几天前，在印度的马图拉市（Mathura）[11]，人们发现一位父亲在其8岁大的女儿拒绝去学校参加考试之后，把女儿捆绑在摩托车上。围观者拍摄了这个女孩的照片，她被一根多股绳子捆绑在摩托车后部，她赤裸的双脚下垂着，刮擦着沥青路面（见图4-5）。

据当地警方官员说，这名女孩的父母给了她一些物质刺激，例如用巧克力和玩具诱使她去学校参加考试，然而，当这名女孩仍然不愿意去学校的时候，她的父亲决定自己动手来解决问题。在这张照片开始在社会媒体上流传之后，当地警方拘留了这名男子，指控他"妨害治安"。现在，这名男子已取保候审。处理这个案子的高级警官告诉记者，"即使被保释之后，这位父亲也没有对这样做表现出后悔。他要抚养5个孩子，他认为使他们能够摆脱贫困的唯一途径是通过教育"。

印度教育体系的缺陷是显而易见的。印度的识字率只有74%，相比之下，中国的识字率达到了95%。在这里，女性的情况尤其糟糕，仅有64%的女性接受了正规教育。2015年年初，印度总理莫迪（N.Modi）推出了一项全国性运动，鼓励父母把他们的孩子尤其是女孩子送到学校，使他们接受像样的教育。

根据联合国的统计，印度有着全球人数最多的青年人群，超过四分之一印度人的年龄在10岁至24岁之间。（www.cnn.com，原文标题是 *Bihar cheating scandal: What parents in India will do for good grades*，2015年3月24日下载。）

▎不受限制的学习

肯埃得（Ken Ade）私立学校没有什么好看的。它的教室是一些用波纹铁皮搭建的棚屋，散落在马科科（Makoko）臭味熏人的街道上，这里是尼日利亚拉各斯最著名的贫民窟，两个年级的学生们挤在一个房间里。房间的窗户没有玻璃，电灯座子上没有灯泡，天花板上的电扇也不会转动。但是，到了上午，随着教师们带领穿着格子布衣服的小学生进行教学游戏和舞蹈的时候，震耳欲聋的歌声在人群中响起。黑板上，粉笔拼写出这一天的 A-B-C。一所漂亮的、有着两层楼校舍的政府学校就在这所东倒西歪的私立学校旁边。在政府学校里，学生们坐着，无所事事。教师没有出现。

在尼日利亚的经济首都拉各斯，最近统计低成本的私立学校数目高达18 000所。每年有数百所私立学校在这里开业。在这些私立学校，每个学期的费用平均约为7000奈拉（naira，尼日利亚货币，7000奈拉折合为35美元），有的学校能够低到3000奈拉。相比之下，在2010年至2011年期间，拉各斯仅有1600所政府学校。

11　马图拉（Mathura）是印度北方邦的一个城市，也是北方邦马图拉地区的行政中心，2011年人口为44.19万。

在一些地区，包括马科科那一半"浮在水面上"的区域里，没有一所政府学校，这里，木制棚屋竖立在水中的木桩上面。

在发达国家，私立学校收取高额费用，给家庭富裕的孩子上课。但是，肯埃得学校不仅是尼日利亚的而且是世界范围内更典型的私立学校。2010 年，在发展中国家里，估计有100 万所私立学校。有些私立学校由慈善机构和教会运行，或者依靠政府

图 4-6   2010 年，在发展中国家里，估计有 100 万所私立学校。数量快速增加的是小型的低成本私立学校，它们满足了每天生活费不足 2 美元的人们的要求

补贴运行。但是，数量快速增加的是小型低成本私立学校，它们由贫穷地区的企业家运营，满足每天生活费不足 2 美元的人们的要求（见图 4-6）。

根据官方来源汇集的数据，与发达国家相比，贫穷国家的私立学校招收更高比例的小学生，达到了五分之一，20 年前，这个比例是十分之一。由于私立学校常常不登记，这个数字肯定是一个被低估的数字。例如，拉各斯 2010 年至 2011 年期间学校统计发现，私立学校的数量是在政府登记的私立学校数量的 4 倍。联合国负责教育事务的教科文组织（United Nations Educational, Scientific and Cultural Organization，UNESCO）估计，在贫穷国家的教育支出中，有一半来自学生家长的口袋。在发达国家，这个比例要低得多。

发展中国家私立学校繁荣的一个原因是，有想法的学生家长越来越多地寻求除差劲的政府学校之外的学校（见图 4-7）。在非洲南部和东部国家，有一半完成 4 年学校教育的学生不能进行最低期望标准的阅读。在非洲，这个比例是三分之一。2012 年，目前在世界银行工作但也是印度政府顾问的 K.Basu 认为，印度识字率的快速上升主要是由家长们在教育上的支出增加以帮助他们的孩子取得成功推动的。他说，"普通人都认识到，在更加全球化的经济中，假如他们受到更好的教育，他们能够更快地获得收益"。

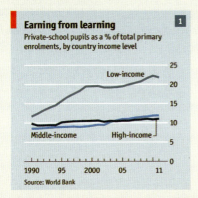

图 4-7   本图标题是"从学习中挣得的，根据国家收入水平，私立学校的小学生占整个小学注册人数的百分比"。从上至下分别为"低收入国家"、"高收入国家"、"中等收入国家"。左下角写着："来源：世界银行"

许多贫穷国家不能建立足够数量的学校，训练足够数量的教师，以跟上其人口的快速增长。在一半的贫穷国家里，超过 50 名的学龄孩子才有一名合格的教师。虽然相当多的贫穷国家把政府预算的很大份额用于教育，但这些国家的政府预算是以低税收作为基础的。在一些诸如用于已离开岗位或已去世教师的薪水或者资助根本不存在的学校那样的骗局里，一些资金又被抽走了。自 2009 年以来，塞拉利昂通过支付薪水前核定身份，已把 6000 名假冒的教师从工资单上删除。在巴基斯坦，近期的一项全国性调查发现，超过 8000 所

公立学校实际上并不存在。

公立学校经常受教师罢工和缺课的困扰。在东德里的一个贫民窟里，来自印度东北部的移民聚集在一起，在一所设在废弃仓库里的小型私立学校，小学生们在课程之间分开上课，这些废弃仓库每月收费 80 卢比至 150 卢比（折合 1.25 美元至 2.35 美元），而一所免费的公立学校就在拐角处，这所公立学校向小学生们提供煮好的午餐，也提供一些书籍，但很少进行教学。2010 年，在参观印度农村学校的时候，研究人员发现四分之一的教师缺课。

世界银行的一项研究发现，在一些非洲国家，公立小学的教师有 15% 至 25% 的时间不去上课。E.Essien 是拉各斯郊区阿利穆苏（Alimosho）的一位司机，为了把自己的孩子送到私立学校上学，他白天晚上忙碌着，他说，"公立学校的教师并不觉得负有来学校上课的义务"。"假如这些教师来学校，他们可能只是告诉学生去推销。他们会告诉你们，你们的孩子必须参加额外的课程学习，或者必须买一本额外的书，这样，他们就能够把钱放在自己的口袋里"。

私有化的帕那瑟斯（Parnassus）[12]

鉴于要在公立学校和私立学校之间作出选择，能够筹集到费用的父母将选择私人学校：在公立学校，他们的孩子得不到多少教育，而在私立学校则可能实际学到一些东西。在一个正常运行的市场，吸引客户的需要将会解除对竞争的束缚，随着时间的推移，会全面提高质量。但是，如同 T.Andrabi、J.Das、A.I.Khwaja 共同撰写的一篇文章所说的，市场失灵能够阻止这一切发生。选择私立学校可能是一个合适的理性选择，但对整体结果产生有限的影响。

这样的市场失灵体现在学生父母经常缺乏关于标准的客观信息。公立学校薄弱的国家很少有值得信赖的国家考试体系。为了吸引学生，私立学校可能通过留下大量标记的办法来夸大它们的表现。E.Essien 说，他已习惯了自己对孩子们进行测验，交叉检查他们的进步。虽然像 E.Essien 那样付钱的客户可能使私立学校教师有收入，使这些教师更可能在学校里出现，更加努力地工作，但是好的教师是不可能像魔术那样"变"出来的。

问题被这样的事实弄得更加复杂化，即在一个更大的范围内，教育是一个"潜在的商品"，教育的目的是获得一份工作，或者是在大学里获得一个位置，为了这个目标，教育的目标是要足以击败其他的候选人，而不是达到更高的绝对标准。萨塞克斯 [13] 大学（University of Sussex）国际教育中心的 J.Harma 说，尤其是在农村地区，不可能有太多的选择，私立学校只要比公立学校好一点，就足以维持学生来校就学。而且，公立学校不受市场力量的冲击，没有任何改进的动力。

这意味着学校的选择能够把学生按照学校分成不同类型：最明智、最坚定的父

12　帕那瑟斯（Parnassus）是希腊神话中位于希腊中部的一座山，缪斯女神在这里居住，被称为音乐和诗歌的家乡。

13　萨塞克斯（Sussex）是英格兰东南部的一个郡，其面积大致与古代萨塞克斯王国（撒克逊人在公元 5 世纪末建立的国家）面积相等，北邻萨里郡（Surrey），东有肯特郡（Kent），西与汉普郡（Hampshire）接壤，南临英吉利海峡。1974 年，在英格兰地方政府重组后，萨塞克斯划分为西萨塞克斯郡（West Sussex）和东萨塞克斯郡（East Sussex）。

母会让自己的孩子"挤进"最好的学校，此后，这些学校能够依靠自己的名声来维持在学校优劣排序中的位置。来自非洲和南亚一些地区的研究发现，在低成本私立学校上学的儿童来自更富裕的家庭，学生们在家庭作业上可从家里获得更多的支持，也已在学前教育上花费了更多的时间。主要来自南亚地区的一轮研究发现，私立学校的小学生在评估中不是最好的，但经常在某些科目上有好的表现。在某些说明家庭背景等方面差异的研究中，私立学校的优势缩小了（见图4-8）。

智利的教育券计划起步于1981年，目的是使贫困家庭的学生从糟糕的公立学校转移到更好的私立学校，并且通过建立这两类学校的竞争来提高教育标准，此时，智利处在A.Pinochet将军的独裁统治之下。今天，在智利，38%的小学生在公立学校上学，53%接受教育券的小学生在私立学校上学，还有7%的小学生在全额收费的上等学校里上学。20世纪90年代，后Pinochet时期智利的中左翼政府允许得到资金补助的学校收取数额最高的费用。这些学校可以根据能力来挑选小学生。

在"国际学生评估计划"（Programme for International Student Assessment，PISA）[14]中，比起其他拉丁美洲国家来，智利学生表现得更好，这表明智利的教育券计划整体上取得了积极效果，国际学生评估计划是一项针对15岁学生在识字、数学和科学上学习水准的国际性测验。但是，这个结果并不是强有力的证据，因为所有拉丁美洲国家学生的测试成绩都位居全球排名倒数第三的位置。中美洲发展银行（Inter-American Development Bank）的E.Vegas说，一旦私立学校小学生相对特殊的背景被考虑在内，公立学校就不是最好的，因为公立学校面对着最难教育的孩子。

私立学校彻底击败公立学校的地方是在费用的有效性方面。近期关于印度安得

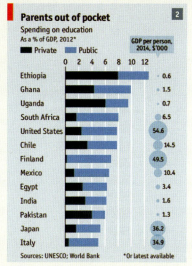

图4-8　本图的标题是"掏钱的父母，在教育上的支出，2012年，占国内生产总值的比例"右下角对2012年有一注释："或者最近可获得的数据"。深蓝色方柱表示"私立学校"；蓝色方柱表示"公立学校"。从上至下，左边所列国家分别是"埃塞尔比亚"、"加纳"、"乌干达"、"南非"、"美国"、"智利"、"芬兰"、"墨西哥"、"埃及"、"印度"、"巴基斯坦"、"日本"和"意大利"。右边各带数字的圆圈表示所列国家"2014年的人均国内生产总值，单位：1000美元"。左下角写着"联合国教科文组织，世界银行"

14　国际学生评估计划（Programme for International Student Assessment，PISA）是由经济合作与发展组织（Organization for Economic Co-operation and Development，OECD）筹划的对全世界15岁学生学习水平的测试计划，始于2000年，每3年进行一次。参与该计划测试的学生必须是在校学生，测试期开始时的年龄在15岁3个月至16岁2个月之间，就读年级不在考虑之列。每个国家（人口较少的国家有特殊的取样规则）随机选出至少5000名学生作为样本。每个学生做2小时的笔试。在试题中，一部分是选择题，一部分是需作出完整解答的试题。测试内容按6小时30分设计，但参加测试的学生不需测试所有部分。学生完成能力测试后，需用约1小时填写个人背景的问卷，包括学习习惯、学习动机、家庭。校方则需填写问卷，描述学生家庭构成和经济来源的统计。

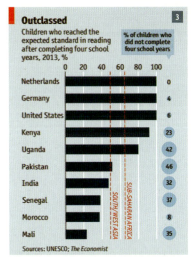

图 4-9　本图标题是"远远超过，2013 年，完成 4 年学校学习之后在阅读上达到期望标准的儿童所占百分比"。从上至下，左边所列国家分别是"荷兰"、"德国"、"美国"、"肯尼亚"、"乌干达"、"巴基斯坦"、"印度"、"塞内加尔"、"摩洛哥"和"马里"。右边各带数字的圆圈表示所列国家的"不能完成 4 年学校学习的儿童百分比"。左边红色曲线标注"亚洲南部和亚洲西部"；右边红色曲线标注"非洲撒哈拉沙漠以南地区"。左下角写着"联合国教科文组织，《经济学人》"

拉邦（Andhra Pradesh）[15] 印度人状态的研究，给约 6000 名随机选择的小学生发放了低成本私立学校的教育券，4 年之后，这些小学生被与那些没有得到教育券的申请者作了比较。两组小学生在数学和当地的泰卢固语（Telugu）上表现得同样出色。但是，私立学校一直在这些课程上花费更少的时间，以给英语和印地语（Hindi）课程留出空间，在英语和印地语课程上，私立学校的小学生表现得更好。私立学校花费在每个小学生的钱约是公立学校的三分之一。公开的数据表明，2011 年至 2013 年期间，尼日利亚拉各斯州在每位小学毕业的孩子身上至少花费了 230 美元，约是一所典型私立学校收费的 2 倍之多（见图 4-9）。

努力的标志

目前，智利的中左翼政府正在调整 A.Pinochet 的教育改革。变化之一是禁止以营利为目的的学校进入教育券计划。新的市场为基础的教育改革旗手是巴基斯坦的旁遮普省（Province of Punjab）[16]。在巴基斯坦全国，有 2500 万名儿童不能在学校上学，改革派政治家们转而推动私立学校更快且更廉价地扩大招生能力。为了使市场运行得更好，这些政治家们正在探索多种渠道，给予学生父母更多关于教育标准的信息，帮助成功的学校发展。

教育的权利已被下放到巴基斯坦的 4 个省[17]，旁遮普省精力充沛的首席部长、也是总理的弟弟 S.Sharif 规定政府将不再建造任何新的学校，而实现到 2018 年 100% 的学龄儿童在学校注册的目标，这些学校是需要的。相反，政府的资金通过

15　安得拉邦（Andhra Pradesh）是印度东南部的一个邦，位于孟加拉湾（Bay of Bengal）西岸，东北部与奥里萨邦（Odisha）接壤，北部与特伦甘纳邦（Telanganna）接壤，西部与卡纳塔克邦（Karnatake）接壤，南部与泰米尔纳德邦（Tamil Nadu）接壤，面积约为 16 万平方千米，2011 年人口约 4939 万。安得拉邦的官方语言是泰卢固语（Telugu），首府位于海德拉巴（Hyderabad）。

16　旁遮普省（Province of Punjab）是巴基斯坦人口最多的省份，省会是拉合尔（Lahore）。旁遮普省东北部与印度的查谟 - 喀什米尔（Jammu and Kashmir）接壤，东部与印度的旁遮普邦和拉贾斯坦邦（Rajasthan）接壤，南部与巴基斯坦的信德省（Sindh）相连，西部俾路支省（Baluchistan）和开伯尔 - 普什图省（Khyber Pakhtunkhwa）相连，北部与伊斯兰堡（Islamabad）和阿扎德 - 克什米尔（Azad Kashmir）相连。

17　巴基斯坦的行政区划包括 4 个省和 2 个联邦直辖区。4 个省分别是：俾路支省（Baluchistan）面积为 34.72 万平方千米，2011 年人口为 791.4 万；开伯尔 - 普什图省（Khyber Pakhtunkhwa）面积为 7.45 万平方千米，2008 年人口为 2021.5 万；旁遮普省面积为 20.53 万平方千米，2012 年人口为 9137.96 万；信德省面积为 14.09 万平方千米，2012 年人口为 4240 万。2 个联邦直辖区分别是：伊斯兰堡首都区（Islamabad Capital Territory），面积为 906 平方千米，2012 年人口为 215.18 万；联邦直辖部落地区（Federally Administered Tribal Areas），面积为 2.72 万平方千米，2003 年人口为 313.8 万。

旁遮普教育基金会（Punjab Education Foundation，PEF）[18] 流入私人学校，该基金会是一个聚焦于极端贫穷家庭的独立组织。

　　该基金会的一个计划是帮助企业家建立新的学校，尤其在农村地区建立学校。它的另一个计划是向生活在贫民窟里的、送目前未在校学习的孩子去基金会批准的学校学习的父母发放教育券。该基金会已买下了一些学校。这些学校不能收取费用，必须接受基金会的监管和教师培训。旁遮普教育基金会总裁 A.Salman 说，虽然基金会对每名小学生的资助经费是公立学校在每名小学生身上花费的一半，但结果至少是好的。"私立学校可能在聘用人上有更大的弹性，能够在租用的建筑物里很快地建起学校，并且从本地社区里聘用教师"。

　　至关重要的是，旁遮普省也正在加强监管，并且确定如何把教育标准告诉学生家长。政府派出了 1000 名配备平板电脑的检查员，对学校是否在运行、教师和孩子们是否在学校出现进行基本的检查。他们已经开始使用考试的问题来提问教师，教师注定要教小学生们通过这些考试。一位旁遮普省的官员严肃地说，最初提问的结果并"不很好"。

　　在世界银行、美国哈佛大学和旁遮普省政府的一项联合研究中，一些村庄的学生家长得到了自己孩子考试成绩和邻近学校平均成绩的报告单，在这些孩子中，有的在私立学校上学，有的在公立学校上学。一年后，参与调查的村庄有更多的孩子上学，比起那些没有参加调查、学生考试成绩没有被公布的村庄来，这些孩子在数学、英语和乌尔都语（Urdu）课程上有更高的考试成绩。这个计划的成本是非常低的，比起某些成本非常昂贵的政府干预活动来，例如给予送孩子去学校上学的家长资助等，在结果上，改进是很大的。

　　目前，旁遮普省教育基金会送 200 万名孩子到学校上学，到 2018 年，这个数额可能再增加 100 万，旁遮普省有 2500 万名学龄儿童。同时，由于一些公立学校被合并，另一些公立学校被关闭，旁遮普省公立学校的数目已减少了 2000 所。如此大规模向私立学校转移在英国引起了一场抗议浪潮，英国的国际发展部（Department for International Development）正在支持旁遮普省的教育改革。但是，在一个许多学生家长渴望把自己孩子送到私立学校上学的国家里，没有出现让人感到焦虑的迹象。2014 年诺贝尔和平奖获得者、巴基斯坦教育活动者 M.Yousafzai[19] 就是一所私立学校拥有者的女儿。

借钱办教育

　　非政府组织和教育活动家常常反对私立学校的扩展，有的时候，这是因为他们

305

18　根据巴基斯坦旁遮普教育基金会（Punjab Education Foundation，PEF）网站（www.pef.edu.pk）介绍，旁遮普教育基金是根据《旁遮普教育基金法令》（Punjab Education Foundation Act）于 1991 年建立的，作为一个自治的法定机构，以鼓励和促进以非商业性和非营利性为基础的教育。自此之后，旁遮普教育基金会走过了很长的道路，为需要帮助的儿童们在其家门口安排免费优质教育。为了促进教育发展，尤其是鼓励和支持私立学校通过公私伙伴关系向贫穷学生提供教育的努力，根据"旁遮普教育基金法令 2004 年第 XII 号"，旁遮普教育基金会得到了重组。

19　2014 年诺贝尔和平奖获得者是巴基斯坦女孩 Malala Yousafzai（生于 1997 年 7 月）和印度人权活动家 Kailash Satyarthi（生于 1954 年 1 月）。他们两人因为坚持所有孩子和年轻人都应拥有相同的受教育权而在各自的国内受到非议，此次诺贝尔和平奖是为了表彰他们为维护人权所做出的贡献。

担心最贫穷的孩子会被甩在后面，但在更多的时候，这是意识形态的原因。2014年10月，联合国教育特别报告人（The UN special rapporteur on education）K.Singh在联合国大会上说，营利性教育"不应当允许存在，这是为了保护崇高的教育事业"。其他的人看上去更加理性，要求对私立学校实行更加有力的监管，在2014年7月1日的一项决议里，联合国人权理事会（UN Human Rights Council）呼吁各国规范和监督私立学校。

但是，在政府对私立学校怀有敌意的地方，监管通常是骚扰私立学校的一个借口。然而，在一些国家，为了不对学校的教学有效性产生影响，许多普遍使用的标准已通过研究被提了出来，其中包括基础设施的质量、教师的资质和薪酬等。近年来，许多贫穷国家以临时合同方式为公立学校配备了不具备资质的教师，向他们支付远低于永久聘用教师的薪酬。在印度、肯尼亚、巴基斯坦、马里等国家，这些临时教师教的小学生，至少要学习与永久聘用教师教的小学生一样多的课程。

许多小型私立学校不想进行官方注册，它们知道自己没有成功的机会，尤其是因为普遍的腐败。在印度，2009年的一项联邦法律表示所有的私立学校必须注册。这意味着私立学校要满足苛刻的条件，印度各个邦添加了自己的条件。私立学校必须有使用运动场的机会（这个条件立即禁止了城市贫民窟里几乎所有的私立学校），必须有合格的教师，他们能获得可与公立学校相匹配的薪酬。印度北方邦（Uttar Pradesh）[20]作出了私立学校的学费每3年可增加10%的限制。这一大堆官僚主义文件的主要作用是向腐败的官员们提供了寻求贿赂的新借口。

私立学校需要不声不响[21]意味着这些学校缺乏获得信贷的机会，不可能发展成规模经济，或者从规模经济获得回报。印度农村的一项小型研究发现，在研究人员访问的私立学校中，在他们一年后返回来的时候，有四分之一的学校已经关闭。在这些已关闭的私立学校里，一些学校也许有健康的业务，但被现金流问题"击垮"，因为不稳定且低收入的学生家长交付学费很艰难。其他的学校是由一些具有教育热情的人来运行，但是这些人不具有商业上的精明果断。

另一项在旁遮普省进行的研究显示了缺乏信贷在多大程度上使得私立学校无能为力。在一些随机选择的村庄里，所有的私立学校都得到了500美元的补助金，被要求提交使用这笔钱来改进教学的计划书，如同一家银行可能需要一份商业计划书才可获得一笔小额贷款。一年之后的审查发现，这笔钱被完全用于学校的改善，比起对照组村庄的私立学校来，这些学校的学生考试成绩提高得更多。

一项前景看好的发展是在非洲和南亚地区大城市中的低成本、营利性学校连锁。一些学校连锁是通过向境况较好的家庭提供餐饮起步的，现在正进入大众市场。"未来学习基金"（Future of Learning Fund）的J.Moffett说，比起那些主导教育领域的单一机构拥有者来，这些学校连锁的创始人有着更多的共同点，这就是他们是年

---

20 北方邦（Uttar Pradesh）是印度北部的一个邦，面积约为24.33万平方千米，2011年人口为1.99亿，首府位于勒克瑙（Lucknow）。2000年11月，原属北方邦的喜马拉雅山地区被划出，成为新的阿坎德邦（Uttarakhand）。

21 英文原文为"fly under the radar"。

轻的高学历教育热心者，在美国开始运行特许学校 [22]，这个基金会支持非洲的教育企业家。

布里奇国际学院（Bridge International Academies，BIA）在肯尼亚和乌干达运行着约 400 所小学，打算在尼日利亚和印度开设更多的小学，目前，它是最大的学校连锁，其支持者包括"脸书"首席执行官扎克伯格和比尔·盖茨。欧米伽学校（Omega Schools）在加纳运行 38 所小学。拥有《经济学人》50% 股份的 Pearson，在布里奇国际学院和欧米伽学校中也拥有股份。拥有十多所或更少数量小学的低成本学校连锁近期已在印度、尼日利亚、菲律宾和南非建立起来。

布里奇国际学院的削减成本战略包括使用由未加工的木柱、波纹铁皮和铁丝网建造的标准化建筑，实行照本宣科式的教学，即通过与一个中央系统连接的手提电脑，学生们可以看到教师朗诵课程内容。这样做省去了教师培训和监控。一项独立的评估正在进行，以弄清楚这样机械呆板的教学方式是否比其他方式更好，可替代的方式往往是没有受过良好教育的教师艰难地完成自己尚未理解的课程内容的教学。在公立学校，改造教学方式的技术潜力是不可能被认识到的，在这里，教师们和教师工会抵制可能增加监管或者减少人员需求的任何事情。

渥太华大学（University of Ottawa）的 P.Srivastava 说，另一个趋势是向私立学校提供辅助性服务的供应商的出现，这些服务包括课程开发、科学实验包和学校管理培训。信贷服务设施也正在出现。由格莱 – 高斯特公司（Grey Ghost Ventures）资助的印度学校基金公司（Indian School Finance Company）自 2009 年起步以来，已扩展到印度的 6 个邦，格莱 – 高斯特公司是总部位于美国亚特兰大（Atlanta）的融资公司。在加纳，一项名为"IDP 学校提升计划"的小型贷款计划也向其客户提供教师培训。对这些企业及其投资者来说，假如政府也是为了小学生们而允许私人办教育兴旺起来，私立学校就可能成为很好的业务。（www.economist.com，原文标题是 *Learning unleashed*，2015 年 8 月 31 日下载。）

▌利弊选择

在密尔沃基（Milwaukee）[23] 圣安东尼学校校长 Z.Rodriguez 的桌子上，一场微型共和党初选正在进行之中。一张威斯康星州（Wisconsin）州长 S.Walker 的署名照片和 R.Paul、J.Bush 的照片紧挨在一起，这 3 个人希望参选美国总统。在保守党支持者中，圣安东尼的学校是很受欢迎的，因为比起美国其他私立学校来，这所学校有着更多的从政府资助的教育券中获得好处的小学生。

密尔沃基当地的居民一度主要是来自德国和波兰的天主教徒，现在主要是拉丁美洲裔的居住地。几乎所有的学生在家里说西班牙语，大多数家庭都很贫穷。然而，在圣安东尼学校前两个班级的学生中，有 95% 的人已从高级中学毕业，超过 90% 的

22　特许学校（charter school）是 20 世纪 90 年代起在美国出现的一类公办民营学校。美国的一些州通过立法，特别允许教师、家长、教育专业团体和其他类型非营利组织运营由政府提供教育经费的学校。特许学校不受一般性教育行政法规的约束和限制。

23　密尔沃基（Milwaukee）是美国威斯康星州的最大城市，也是密尔沃基县的县府所在地，总面积为 251 平方千米，2005 年人口为 57.89 万，其中白人约占 46.7%，非洲裔约占 39.5%、亚裔约占 3.6%。

图 4-10　比起私立学校来，公立学校花费了纳税人更多的钱。图中左边红色小屋写着"教育券学校"；右边蓝色小屋写着"公立学校"

人上了大学。对这些学生来说，纳税人在每个人身上仅花费了 7500 美元，作为比较，密尔沃基的公立学校在每个学生身上的花费高达 13 000 美元（见图 4-10）。

在 2014 年 11 月举行的威斯康星州的选举中，共和党取得了胜利，在此之后，一些人正在推动增加教育券计划的数量，扩大发放范围。在 2015 年 2 月 3 日公布的一项预算中，威斯康星州州长 S.Walker 要求扩大该州的 3 个教育券计划，虽然他没有说明具体细节。支持学校选择的弗里德曼基金会（Friedman Foundation）的 R.Enlow 说，在美国使用教育券的 24 个州里，每个州的法律制定者都打算让更多的孩子有资格选择学校。伊利诺伊州（Illinois）和内华达州（Nevada）没有实行教育券计划，它们正在考虑推行这个方法。J.Bush 近期提出，将教育券计划引入得克萨斯州（Texas），他是这个州的土地专员。

总计有 10% 的美国孩子在某种形式的私立学校里上学。在私立学校上学的小学生通常都有很好的家境，但是，得益于教育券致力帮助那些在糟糕的公立学校里上学的贫穷孩子，大部分变化正在低层家庭发生。假如教育券计划被扩展，美国看上去将有点像日本和荷兰，在这两个国家，私立学校为大量的困难家庭服务，比起美国孩子来，这里的孩子在考试中有更好的成绩（见图 4-11）。

美国现有的私立学校是在三波浪潮中创建起来的。第一波浪潮出现在 19 世纪末期，在此期间，发生了关于信奉天主教[24]的欧洲移民颠覆美国新教[25]特征的恐慌。美国众议院[26]前议长 J.Blaine 提出了一项联邦宪法修正案，禁止公共资金用于教会学校。这项提案未能通过，但是，许多州通过了本州自己的 J.Blaine 修正案版本，现在，在美国，四分之三的州明令禁止直接在教会机构上使用公共资金。对公共资金资助天主教学校的禁令，促进了大量私人资金资助的教会学校的创建。

24　天主教（Catholicism）是基于至公派神学（指基于正统派神学的基督教神学体系）的基督徒三大教派分支之一（其他两个教派分支分别是东正教和新教），特指第一次尼西亚公会议（公元 325 年在尼西亚城举行的基督教大公会议，是天主教历史上首次世界性主教会议）至宗教改革运动期间（始于 16 世纪的宗教改革不但奠定了新教的基础，而且瓦解了自罗马帝国颁布基督教为国家宗教后由天主教会主导的政教体系，为欧洲国家从基督教统治下的封建社会过渡到政教分离的近代社会奠定了基础）的基督教及西方宗教历史时期，也特指自罗马帝国的奴隶制社会瓦解后至资产阶级革命胜利前整个欧洲中世纪的封建社会主体政教。

25　新教（Protestantism）是 16 世纪宗教改革运动后相对于天主教会、东正教会等传统势力的基督教概念，包括路德宗（Lutheranism，是以 M.Luther 的宗教思想为基础的各教会团体统称）、加尔文宗（Calvinism，泛指完全遵守 J.Calvind 的归正神学及其长老制的各教会团体）和安立甘宗（Anglicanism，英国国教，16 世纪宗教改革运动时期，英国的天主教会在国王 Henry Ⅷ 的带领下脱离罗马教廷，后经过 Mary I 的复辟，最终由 Elizabeth I 完成宗教改革）的三大教会。

26　美国众议院（House of Representatives）是美国立法机构——美国国会的两院之一。美国各州在众议院中拥有的席位比例以其人口作为基准，但至少会有 1 名席位，议员总数为 435 名。众议员任期为 2 年，无连任限制。众议院议长由议员选举产生，传统上为多数党的领导人。

第二波浪潮出现在美国南部紧随"O.Brown等人起诉托皮卡教育局"案[27]判决的公立学校废除种族隔离之后，这个时期，桀骜不驯的白人建立私人学校，使自己的孩子远离黑人的孩子。第三波浪潮是 20 世纪 90 年代兴起的，此时，密尔沃基开创性的学校教育券计划开始实施。

没有哪两个教育券计划是相同的，这使得对教育券计划进行比较是很困难的。仅俄亥俄州（Ohio）就有 5 个教育券计划，这些计划在获取教育券上有着不同的标准。大多数教育券计划原先都是在学校破落的主要黑人社区里、帮助各个家庭解决困难的计划，然后被扩展到寄养的和有特殊需求的儿童。只是现在，这些计划才被扩展到至少能够把自己孩子送到低成本私立学校的家庭。

一些州使用税收抵免来补偿家长支付的私立学校学费。另一些州减免向慈善组织捐款的人的税额，而这些慈善组织为私立学校的奖学金提供资金（这样做绕过了 J.Blaine 宪法修正案）。佛罗里达州（Florida）有一个类似的计划，虽然这个州没有个人所得税，但减免税收企业的捐赠向在私立学校上学的孩子们提供了 60 000 个名额的资助。

尽管密尔沃基的学校教育券经验给私立学校运动提供了灵感，但这个经验一直被人找茬。这里有像圣安东尼学校那样成功的例子，同样也有一些使人感到恐惧的故事。一所新的私立学校是由一个已被定罪的强奸犯运营的；另一所私立学校是由一个用学校的资金为自己购买两辆奔驰（Mercedes-Benzes）车的人运营的。这些彻头彻尾的骗子已经被剔除了，但仍然存在大量表现不佳的私立学校，如同存在许多糟糕的公立学校一样。

密尔沃基的教育管理部门已对过去 25 年里私立学校在学生的种族、家庭收入和性别上的控制作了委托评估，评估发现，相比于待在公立学校体系的孩子，在私立学校上学的孩子在考试成绩上并不是更好。这个结果与美国联邦政府对面向华盛

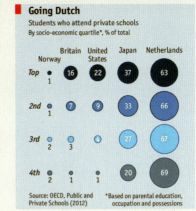

图 4-11　本图标题是"去荷兰，在私立学校上学的学生占全部学生数量的百分比，根据社会经济学的四分位数方法确定"。在右下角，对所采用的四分位数方法作了注释："以学生父母的受教育程度、职业和财产作为基础"。从左至右，横坐标列出的国家分别是"挪威"、"英国"、"美国"、"日本"和"荷兰"。从图可以看到，在父母状况列为顶级的学生中，在荷兰，有 63% 的学生在私立学校上学；在日本，有 37% 的学生在私立学校上学；在美国，有 22% 的学生在私立学校上学。在父母状况列为第 4 级的学生中，在荷兰，有 69% 的学生在私立学校上学；在日本，有 20% 的学生在私立学校上学；在美国，有 1% 的学生在私立学校上学

27　O.Brown 等人诉托皮卡教育局案（Oliver Brown et al. v. Board of Education of Topeka et al，347 U.S. 483，1954）是美国历史上非常重要的诉讼案。1954 年 5 月 17 日，美国最高法院对该案做出裁定，判决种族隔离本质上就是一种不平等，因此原告与被告双方所争执的"黑人与白人学童不得进入同一所学校就读"的种族隔离法律必须排除"隔离但平等"先例的适用，因此，种族隔离的法律因剥夺了黑人学童的入学权利而违反了美国宪法第十四修正案中所保障的平等权而违宪，种族隔离的法律因而不得在个案中适用，学童不得基于种族因素被拒绝入学。这个案子的判决，终止了美国社会中存在已久的白人和黑人必须分别就读不同公立学校的种族隔离现象，推翻了"隔离但平等"的法律原则，任何法律上的种族隔离随后都可能因违反宪法所保障的平等权而被判决违宪。同时，这个案子的判决开启了接下来数年中美国开始废止一切有关种族隔离的措施。

顿特区差学区内贫穷父母的教育券计划进行评估的结果是一致的，美国联邦政府的评估发现，在阅读和数学方面，获得教育券的孩子和没有获得教育券的孩子之间不存在统计学差距。

然而，对教育券来说，这不是故事的结束。在密尔沃基和华盛顿特区，教育券计划对公立学校也有相似的结果，但教育券计划花费更少的钱。按照华盛顿特区的教育券计划，每张教育券一年的价值是 8500 美元，相比之下，送一名孩子去公立学校系统上学，一年要花费 17 500 美元。在密尔沃基，这个差距更小一些，但仍达到数千美元的数目。另一个相一致的教育券计划评估结果是学生家长们喜欢获得对学校的选择权，这就解释了为什么教育券一旦实行了，就难以取消。

虽然密尔沃基的教育券经验总体上受到了人们的质疑，但它仍然对其他地方有借鉴意义。假如一个地方有私立学校，有特许学校，还有开放注册的公立学校（这意味着父母们能够把自己孩子送到不在他们居住社区的一所学校上学），在密尔沃基，约 40% 的父母对自己孩子的教育行使一定的选择权，这是一个非常高的比例。由于存在许多竞争，任何一所学校难以变得自鸣得意。存在着好的公立学校、私立学校和特许学校，也存在着差的公立学校、私立学校和特许学校。一些私立学校招收贫穷的黑人和拉丁美洲裔孩子，能把这些孩子教得很好，另外一些学校则使孩子们失望，仍然设法维持着运营，这说明了即使大量的父母进行学校选择，仍然需要一个能够关闭很差学校的权力。

然而，好的学校要有好的教师，鼓舞人心的校长，顺从所处的环境。在私立学校，这样的一些事情更容易实现。一所这样的学校是圣马库 – 路德让学校（St Marcus Lutheran），它也是一所私立学校，位于密尔沃基与圣安东尼学校相对的另一端。约 90% 在圣马库 – 路德让学校上学的学生来自低收入的黑人家庭。早上 6 时 30 分，这所学校就向早到的学生开启了大门。假如学生家长不能带孩子来学校，学校的职工将去接他们。

一些孩子来自状况混乱的家庭，因此，圣马库 – 路德让学校会让他们待在学校里，直至晚上 8 时 30 分，并向他们提供晚餐。学校在星期六也上课。这所学校的管理员 H.Tyson 说，"有些孩子只是回家睡觉"。在学生离开学校后的 8 年里，圣马库 – 路德让学校对他们的情况进行了跟踪，发现有 93% 的人从高级中学毕业。在威斯康星州这样一个黑人入狱比例高于其他州的地方，圣马库 – 路德让学校校友的关押率低于美国的平均水平。

位于密尔沃基的教会学校马凯特大学（Marquette University）的 A.Borsuk 说，"还没有人找到推动所有学校办得更好的秘密按钮"，自 1990 年起，他一直跟踪密尔沃基的教育券实验。在第一个 25 年里，教育券计划一直面对着激烈的反对，尽管预算一直很少，但教育券计划一直在实行。对于教育券计划的拥护者来说，这是足以进一步追求这个思想的理由。（www.economist.com，原文标题是 *Pro choice*，2015 年 9 月 8 日下载。）

校车的轮子

时间刚刚是清晨 8 点，来自印第安纳州（Indiana）韦恩堡（Fort Wayne）[28] 的年轻妈妈 Chelsea 看起来情绪不好，因为她让孩子在格伦伍德公园（Glenwood Park）下了车，在这个城市的东北部，有一所小学。在这个单调的"铁锈带"（rustbelt）城市里 [29]，与许多人一样，Chelsea 和她的母亲、侄女及其他人，习惯于依靠校车来实现一场精确的"日常芭蕾"：

图 4-12 在美国印第安纳州韦恩堡，自 2015 学年起，因政府预算削减，约 20 辆校车停止了服务

送她们的孩子上学，接放学的孩子回家。但是，随着 2015 学年开始，预算的削减迫使韦恩堡停止了约 20 辆校车的服务（见图 4-12）。开学的时候，约 7000 名小学生发现自己没有校车可以搭乘。Chelsea 说，这个变化使上班变得"很困难"，她驾驶着自己那辆老旧的克莱斯勒（Chrysler）汽车，绕行在格伦伍德公园新修的三车道环路上，这条环路是为应对额外的汽车流量修建的。

削减校车超过了本地的一场戏剧表演。仔细观察一场关于如何支付和供应公共服务的大讨论，你会知道韦恩堡的困境。今天，大约一半的美国小学生，人数约为 2500 万，搭乘约 48 万辆校车去上学。但是，全美国的学区都面临着削减它们的运输预算。一些选民，特别是老年群体，声称他们没有为此事感到烦恼。这些老年人抱怨假如需要用校车接送，那么今天的孩子是脆弱的，他们引用一位来自印第安纳州的共和党代表的话，要求这些孩子每天行走数英里去上学，甚至大雪天也是如此，来回行走都会很费劲 [30]。但是，在年轻的选民里，尤其在小学生父母的群体里，校车仍然很受欢迎。为校车付钱却是不受欢迎的。

印第安纳州让我们领略了一种倾向的早期形式，这种倾向在不断增强。印第安纳州的问题是，校车是用房地产税来资助的。2008 年，印第安纳州议会议员们通过了房地产税的上限，除非当地政府或者学区能够在资助特别项目的公民公决中胜出，这个上限不可能被突破。2010 年，选民们喜欢房地产税上限能够被写入州的宪法，使得它难以发生扭转。各种减免和调整延迟了房地产税上限对校车预算的全面影响。现在，在茶党（Tea Party）[31] 集会和反税收热潮席卷美国的 5 年之后，

311

---

28 韦恩堡（Fort Wayne）是美国印第安纳州的一个城市，也是艾伦县（Allen County）的首府。它位于印第安纳州的东北部，离印第安纳州与俄亥俄州的边界 18 英里（约 29 千米），离该州与密歇根州的边界 50 英里（约 80 千米），2014 年人口约为 25.8 万。

29 "铁锈带"表示横跨东北部各州、五湖地区和中西部各州的一个区域，这个区域经济衰退，人口流失，城市衰败，这是由于这里曾经强大的工业部门萎缩了。

30 英文原文是 uphill both ways。

31 严格地说，茶党（Tea Party）不是一个政党，而是右翼民粹主义运动。在历史上，茶党出现在 1773 年的波士顿，是当时反对英国殖民统治、举行革命的代名词。2009 年 4 月 15 日是美国纳税日，新生的茶党发动了全国性游行示威活动。

削减校车预算正在显示出影响。韦恩堡预期在下一年里减少 250 万美元的学校交通预算（并被禁止把其他的资金用在校车上，或者为学校交通支付服务费）。当地的官员通过提供税收减免来吸引企业，通过把房地产税用到其他发展经济计划进一步削减学校的资金，在印第安纳州，其他 4 个学区已发出警告，他们可能取消校车服务。

2015 年 3 月，印第安纳州最高法院裁定，公共免费教育的权利不保证免费运输到校舍的门口，除非州立法机构通过一项具有这种效力的法律。控制印第安纳州立法机构的共和党人不可能提供帮助。近些年来，共和党人的优先事项一直是学校的选择。印第安纳州一直鼓励特许学校和已创建的教育券[32]，学生的父母们能够把教育券用于收费的私立学校和教会学校，以致政府的教育资金不再自动流入学区，而是流到单个儿童。

校车使政治问题复杂化，有着完全不同理念的根源。校车不仅是运送孩子们的机器，而且常常是社会工程的工具。搭乘校车起始于 20 世纪 30 年代，这个时候，进步的教育官员们试图关闭仅有 1 个教室的农村学校，把孩子们送到现代的镇区学校上学。去华盛顿美国国家历史博物馆的参观者能够看到一辆战前在印第安纳州使用的漂亮校车。一些农村的家长担心新的学校会带来更高的税收和格格不入的价值观，根据博物馆的记载，这些家长的意见遭到了否决。甚至校车统一的颜色可追溯到 1939 年在纽约举行的一次专家会议，这些专家认为，在黎明和黄昏的时候，最为明显的色度是亮黄色，从而确定了以"国家校车鲜黄色"而闻名的标准。由于各个法院下令学童们跨越曾经不可逾越的种族界限搭乘校车上学，在这个民权主义时代里，出现了愤怒的抗议人群。

一系列废除种族隔离的计划说明了为什么韦恩堡拥有数量很大的校车车队（韦恩堡现有 240 辆校车，为一个学区约 30000 名小学生提供服务）。第一个废除种族隔离计划确保把黑人学生从市内送至郊区白人学校上学。据韦恩学校校长 W.Robinson 回忆，这个"单向搭乘校车"计划并没有带来种族或教育质量的"和谐状态"（Kumbaya[33] moment），W.Robinson 是在韦恩堡长大的。一个更加雄心勃勃的废除种族隔离计划在 20 世纪 80 年代的一项诉讼之后被批准，在城市内开设了"磁石学校"（magnet schools）[34]，提供科学等专业教学或"蒙台梭利教育"（Montessori educa-

---

32 教育券是政府把原来直接投入公立学校的教育经费按照生均单位成本折算以后，以面额固定的有价证券形式直接发放给家庭或学生，学生凭教育券可自由选择政府所认可的学校（公立学校或私立学校）就读，不再受学区的限制。教育券可以冲抵全部或部分学费，学校凭收到的教育券到政府部门兑换教育经费，用于支付办学经费。

33 "Kumbaya"是 20 世纪 20 年代首次录制的一首宗教歌曲，后来成为童子军和夏令营的一首标准歌曲。在 20 世纪 50 年代和 60 年代的民歌复兴期间，这首歌得到了广泛的普及。

34 在美国的教育体系里，"磁石学校"（magnet schools）是提供专门"教学模式"（course，指一个教学单元，它通常持续一个学期，由一个或多个导师领导并有固定学生名册）或"学习课程"（curricula，指学生在教学过程中发生的全部经历）的公立学校。"磁石"一词指这类学校如何从像校董会那样的权威机构确定的学区分界来吸引学生上学。在小学、中学和高中层次，都存在磁石学校。在美国，教育是一项分散的权利，一些磁石学校是由学区建立的，只是吸引来自这个学区的学生入学，一些磁石学校是由州政府建立的，可以吸收多个学区的学生入学。其他磁石计划是在综合性学校内设立的，如同是"在一个学校内有几个学校"的情况。在大城市里，几所有着不同特点的磁石学校可能结合起来，形成单个教学中心。

tion）[35]。磁石学校的目标是创建城市和郊区的家庭都想送孩子来此上学的学校，给了有着不同家庭背景的孩子们搭乘校车一个理由。

周而复始

今天，比起类似城市的公立学校来，韦恩堡的公立学校更是种族混合的，在所有的学区小学生里，近一半是白人孩子。许多孩子的家庭非常贫穷，可以获得学校的免费午餐（实际上是早餐），但是，这里的高中毕业率高于美国的平均水平，达到 88.6%。韦恩学校校长 W.Robinson 坚持认为，她的学区接受父母选择学校的观念，并且积极与邻近的郊区学校竞争。她说，"我们的学校必须是足够好的，以致人们希望选择我们的学校"，虽然她认为资助私立学校和教会学校的教育券是一个不公平的竞争。韦恩堡举办年度"学校选择展览会"（choice fairs），在这个展览会上，韦恩堡的每一所公立学校都争取学生的家长，家长们竭力选择让他们印象深刻的学校，不只是离家最近的学校。但是，W.Robinson 认为，没有大量的校车，对做两份工作的单身母亲或没有汽车的家庭来说，家长对学校的选择只是一个空头承诺。

韦恩堡的校车危机无疑是可以解决的。印第安纳州通过了死板的房地产税上限，没有仔细考虑可能随之而来的权衡取舍。学区是与一个商业模式结合在一起的，这个模式包括拥有数百辆自己的黄色校车。美国过去擅长寻找这类难题的切实可行的解决方案。现在不再是这样了。（www.economist.com，原文标题是 *The wheels on the bus*，2015 年 8 月 29 日下载。）

▌混合与匹配

2012 年，加拿大魁北克省[36] 的大学生罢课不仅导致该省政府垮台，而且揭示了关于大学资金来源理念方面的深层次文化差距。法裔加拿大学生受欧洲思维的影响，对政府提出将每年学费从 2168 加元（加拿大货币）提高到 3793 加元感到极度愤慨，其余的加拿大学生习惯于美国式的高学费，对法裔加拿大学生的狂怒感到困惑。

在大多数欧洲国家中，政府支付 80% 至 100% 的大学运行成本。这个模式的优点是平等和控制大学的运行成本。在北欧国家，这个模式运行得很好，研究生教育程度普遍很高；在南欧国家，这个模式运行得不好，研究生教育程度普遍较低。

美国对大学采用混合式资助方式，个人支付绝大部分学费，政府用贷款或补助金给予大学帮助（图 4-13）。在一些采用类似模式的国家里，例如日本、韩国等，个人和家庭为大学学费买单。比起欧洲国家来，这些大学资助体系往往获得更多的资金，大学的运行成本也更高（见图 4-14），因为人们乐意掏出钱来，而成本也难以得到控制。

---

35 "蒙台梭利教育"（Montessori education）是意大利医生、教育家 M.Montessori 开发的一种教学方法，它的特点是强调独立性、有限制的自由和尊重儿童的自然心理、生理和社会发展。

36 魁北克（Quebec）省是加拿大东部的一个省，面积约为 154.21 万平方千米，2011 年人口为 790.3 万，官方语言为法语，北美地区的法语人口主要集中在这里，首府是魁北克市（Quebec City），省内最大的城市是蒙特利尔（City of Montreal）。

图 4-13 美国对大学采用混合式资助方式，个人支付绝大部分大学学费，政府用贷款或补助金给予帮助

混合资助模式逐渐被更多的国家所采用。这部分是因为不断增长的资金需求已经加大了政府预算中高等教育支出的负担。因此出现了"鲍莫尔病"（Baumol's disease）[37]，即随着技术进步提高了资本的生产率，诸如卫生和教育这样的劳动密集型行业的相对成本也随之增加。人口老龄化正在推高医疗费用，而教育经费是政府支出的另一大块，也就失去了增长的机会，同时，由于小学教育和中学教育的社会效益比高等教育更加明晰，大学往往遭受紧缩开支的最大冲击。

一个选择是大学运行质量下降。这种情况已经在许多欧洲国家里发生。在德国，学生们通常挤进数百人的报告厅。卡塞尔大学（Kassel University）的 G.Krücken 教授说，"我们有越来越多的学生，但是，教授的数量没有同步增加"。

另一个选择是让个人支付更多的钱。在美国，州预算的紧缩开支已经推了大学学费。例如，在加利福尼亚州，在 15 年的时间里，大学学费已增至 3 倍，再提高 28% 的想法也已被提出。在美国以外的国家里，首个向私人资助的大转变发生在澳大利亚，20 世纪 80 年代末，这里的大学学费被提高了。大量的国家紧随其后，其中包括新西兰、智利、南非、英国和泰国，还有一些苏联的加盟共和国。中国的大学过去是不收取任何费用的，现在每年收取 5000 元至 10 000 元（约折合 800 美元和 1600 美元）学费，这些钱对一个城市家庭来说不算什么，但对一个农村家庭来说则是很大的数目。有着好大学的国家越来越依

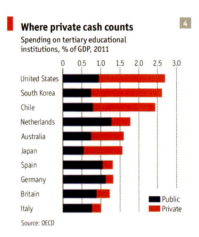

图 4-14 本图标题是"私人现金数目，在高等教育机构的支出占国内生产总值的百分比，2011 年"。图中蓝色方柱表示"公共资金"，红色方柱表示"私人资金"。从上至下，纵坐标列出的国家分别是"美国"、"韩国"、"智利"、"荷兰"、"澳大利亚"、"日本"、"西班牙"、"德国"、"英国"和"意大利"。左下角写着"来源：联合国经济合作与发展组织"

赖外国学生，比起本国学生来，外国学生往往支付更多的钱，他们成了大学收入的来源。例如，在英国，近 50% 的大学生来自国外。大学生国际流动的数量从 2000 年的 180 万人增加到 2012 年的 350 万人。

大学的另一个私人资金来源是慈善组织。在一些美国大学，捐赠使得来自收费的收入相形见绌。其他地方的大学在全球范围内搜寻富人校友。剑桥大学（Cam-

---

[37] 鲍莫尔病（Baumol's disease）是美国经济学家 W.Baumol 在 1967 年发表的一篇论文中提出来的。他建立了两个部门的宏观经济增长模型，其中一个部门被称为"进步部门"（progressive sector），另一个部门被称为"停滞部门"（nonprogressive sector），"进步部门"生产率相对快速增长，将导致"停滞部门"出现相对成本的不断上升。

bridge）已是英国最好的大学,至 2012 年,它已募集到 49 亿英镑（折合 76 亿美元）。有时,慈善组织会跨越国界,2013 年,贝莱克斯通公司（Blackstone）首席执行官 S.Schwarzman 捐赠 1 亿美元,在中国清华大学建立了一个奖学金计划,这是一家私募资金公司。

各尽其能 [38]

高等教育的最大提供者劳任特公司（Laureate）[39],也许没有人曾经听说这家公司,它是美国一家营利性教育公司,有着 40 亿美元的收入、近 100 万名学生和 70 000 名员工。这家公司从不宣传自己的品牌,因为它更愿意通过其在全世界所拥有的 80 多所大学和学院名字而被人熟知。

私人资金供给正在增长,在某些大学里,私人学院（通常是非营利性机构）提供一流的教育。在美国,这已是真实的事情,而相同的事情正开始在其他地方（包括印度）发生。波士顿学院（Boston College）国际高等教育中心主任 P.Altbach 把印度的高等教育体系描绘成"一个平庸之人的大海,但在大海里能够找到一些出色的岛屿"。但是,这些"岛屿",例如印度技术学院（Indian Institutes of Technology）,只是少数幸运儿能够负担得起费用的地方。新的私人非营利组织正在帮助这些大学拓展资金供给渠道,其中包括位于班加罗尔（Bangalore）[40] 的阿兹姆 – 佩雷穆吉大学（Azim Premji University,这所大学以创始人 A.Premji 的名字命名,他在维普罗公司（Wipro）上发了大财,这是一家信息技术公司）和德里近郊的希厄 – 那达大学（Shiv Nadar University,这所大学的资金来自 HCL 公司,这是另一家信息技术公司）。这些新的非营利组织数量太少,远不能改变印度的高等教育体系,但是,它们可能会创造对高品质"岛屿"的更广泛的选择。

在大多数拉丁美洲国家,政府已经把提供大规模高等教育的工作交给了私营部门。结果是参差不齐的。在一些国家里,例如巴西和哥伦比亚,政府在提供教育质量保证上做了很好的工作,这里也有许多很好的私营公司,既有本国的企业,也有外资公司。劳任特公司在巴西拥有 11 所学院和大学,自从劳任特公司接管这些学校以来,有 9 所学校已看到学生成绩得到了提高,一所学校的教育质量下降,剩下的一所学校由于效果已变得清晰而在近期被劳任特公司买了下来。

在世界的大部分地方,私营部门活跃在高等教育的边缘地带。像卡普兰公司（Kaplan）和阿波罗公司（Apollo）那样的私营营利性公司往往提供更多的职业终端教育,例如法律和会计方面的课程,这两家公司为全球教育市场服务。它们迎合大龄学生的需求,这些学生通常是有工作的人或者已为人父母。校园为基础的标准 3 年制或 4 年制学位教育不适合这些学生。它们也使国际学生达到注册就学的发达

38 英文原文是 "Horses for courses"。

39 劳任特公司的全称为劳任特教育公司（Laureate Education）,它拥有并运营的大学和学院统称为"劳任特国际大学"（Laureate International Universities）。公司位于美国马里兰州的巴尔的摩（Baltimore）。截至 2014 年,劳任特公司拥有和运营超过 80 所大学和学院,主要分布在北美、拉丁美洲、欧洲、亚太、中东和非洲北部地区的约 30 个国家,注册学生超过 80 万名。

40 班加罗尔（Bangalore）是印度卡纳塔克邦（Karnataka）首府,也是印度第三大城市,市区面积为 741 平方千米,2011 年人口为 842.6 万。

国家大学的水准。这两类学生即大龄学生和国际学生的数目是巨大的，而且正不断增加，因此，这些都是健康的市场。

如同魁北克省大学生抗议活动显示的那样，提高大学学费可能是政治炸弹。在德国，一些州在 10 年前就推出了这样的大学收费政策，但所有的州此后都放弃了。G.Krücken 教授说，"大学收费政策不适合德国的传统，高等教育被认为是一种公共产品"。在智利，2013 年，大学生反对高等教育收费的抗议活动帮助推翻了政府，新政府承诺取消收取大学学费。英国工党承诺，假如它赢得 2015 年 5 月举行的大选[41]，工党政府将把大学学费的最高收费数从每年 9000 英镑降低至 6000 英镑。

谁出钱[42]

私人资助政策的拥护者们说，这项政策使得学生有更加强烈的要求，大学也有更高的热情（虽然这项政策的拥护者常常忘了补充一句，私人资助政策也可能加大促使大学提高档次的压力）。英国埃克塞特[43]大学（Exeter University）副校长 S.Smith 说，在 2009 年至 2014 年期间，他所在的大学花费了 4.7 亿英镑，使校园达到了标准，支付高额费用的学生们期待像样的基础设施，这些资金来自捐赠、借款、政府拨款和大学的自有资金。埃克塞特大学也在学术上作出额外的努力，例如，它已承诺学生们在提交文章后的 3 个星期之内，得到回复的修改意见。

10 年前，埃克塞特大学有 11 000 名学生。现在，它有 19 000 名学生，并计划把学生数量扩大到 22 000 名。随着更好的大学有更多的学生，更差的大学会感受到压力。更多依赖于慈善机构将意味着富裕的大学仍将获得更多的资金，这些大学往往产生富裕的校友。在与政府的关系上，更大的独立性往往使高等教育系统更加分化，美国自身也是如此，因此，在这个时候，更多的美国人越来越担心自己的高等教育系统。（www.economist.com，原文标题是 *Mix and match*，2015 年 9 月 8 日下载。）

▌跟着我重复一遍

在英国联合政府[44]最黑暗的日子里，减少赤字停滞，经济下滑，似乎重新进入了经济衰退，医疗和福利改革又出了岔子，大陆上的欧洲人不耐烦地拒绝做英国人希望他们做的事情，但总有点亮光。至少，英国学校改革进展顺利。确实地，学校改革是联合政府最显著的成就。

每一届英国政府都下决心改造学校，但几乎所有的政府都失败了（见图 4-15）。1976 年，工党首相 J.Callaghan 宣称，学校必须教更多的东西，不仅仅是让工人阶

---

41 英国议会下议院第 56 次选举于 2015 年 5 月 7 日举行，D.Cameron 领导的保守党胜出，获得下议院过半数席位，他本人成功连任英国首相。

42 英文原文是 "He who pays the piper"。

43 埃克塞特（Exeter）是英国英格兰西南部德文郡（Devon）的一个城市，也是德文郡政府的所在地，2010 年人口为 11.96 万。

44 2010 年 5 月 6 日举行的英国工会下议院第 55 次选举，产生了"无多数议会"，得票居前的保守党、工党和自由民主党随即展开密集谈判。经过 5 天艰难磋商，保守党最终争取到自由民主党的支持，保守党和自由民主党组成联合政府。

级的孩子们"只学会在工厂里谋生"。M.Thatcher 和 J.Major 引入了国家课程和严格的督察。T.Blair 为保证每一个小学生至少认识字和会计算而努力。

然而，存在着太多的被一位工党狡辩老手[45] 称为"无新意综合"的事情。在 1997 年至 2010 年执政期间，工党政府试图改变学校的状况，但它的努力受到了教师工会和监督所有学校的本地教育部门的限制。由经济合作和发展组织安排的"国际学生评估计划"测试揭示这样的事实，虽然英国在学校教育上花费了比绝大多数国家更多的资金，但 15 岁英国人的测试成绩并没有高过平均水平，经济合作和发展组织是一个发达国家的智库。多年来，英国孩子的测试成绩一直难以改进，与此同时，波兰、韩国等国学生的测试成绩却大幅提升。

图 4-15 数十年来，每一届英国政府都下决心推进学校改革。而在 2010 年至 2014 年期间，英国的学校改革则是联合政府最为显著的成就

为了复兴英国的学校，联合政府开始了一项大规模的学校结构改革。在接管权力后不久，联合政府修改了法律，允许更多的学校成为"书院"（academies），在如何花费预算、安排工作人员上给予学校更多的发言权。此前，书院就已存在，但是，在联合政府的推动下，书院的数目从仅 200 余所激增到超过 4000 所。联合政府也监督数百所免费学校的成立，这些学校有着与书院相同的自由度，但它们是由学生父母、教会或社区组织建立的，因此，和以前那样，它们没有受到当地政府控制历史的"污染"。

学校改革的大部分注意力集中在贫困学生身上。对来自贫穷家庭或"破碎"家庭孩子们进行教学的学校得到了额外的资金，这些钱还将花费在这些孩子身上。有些学校使用这种"学生附加费"（pupil premium）来支付编外教师的工资，其他学校用这笔资金向学生赠送衣服或自行车，鼓励他们按时到校上课。"Teach First"公司是"Teach for America"公司的拷贝，派送一些前景看好的实习教师到最贫穷的社区教学。

2010 年至 2014 年期间担任教育大臣的保守党人 M.Gove 还使似乎是无休止的微调课程和考试的做法获得了批准。他使"普通中学教育证书"（General Certificate of Secondary Education，GCSE）[46] 的颁发更加严格，这个测试一直有"分数贬值"（grade inflation）的倾向。课程被安排得更加缜密，虽然也更加"狭窄"和"内

---

45 英文原文是"spin-doctor"。

46 英国的"普通中学教育证书"是学术上严谨、得到国际承认的中等教育资格证书，按特定的科目颁发，通常，在英格兰、苏格兰、威尔士和北爱尔兰接受两年中等教育（在某些学校接受 3 年中等教育）的学生在一些科目内可获得这个证书。相对于过去的教育证书，前些年的主要变化之一是允许学生在其两年学习期间完成课程作业，课程作业由他们的教师给予评分，作为决定他们最终考试成绩的一个因素。近年来，这个教育证书又出现了一个转变，即从学生完成课程作业和参加组合式考试向经两年学习后要参加年度考试的转变。组合式考试是课程学习的一部分，学生在课程学习期间要参加多次考试。考试内容正在被修改，以使考试难度更大，例如在英语方面，考试将从整个课本内容、而不是部分课本内容来测试学生的技能。课程作业现已被一定科目的"受控评估"（Controlled Assessments）取代，在"受控评估"中，学生要完成一定数量的被评价工作，有关成绩将计入他们在这个科目的最终考试成绩。资格证书的"受控评估"部分通常是在考试条件下完成的。

向"（有点像在过去一些年里英国自身的变化）。在历史课程中，有更多的英国历史内容；在地理课程中，有更多的英国地理内容，课程更加强调科学方面的实践技能。课程成绩越来越以书面考试而不是课程作业作为基础。

所有这一切使 M.Gove "赢得"了教师们的厌恶，对教师们来说，课程变化意味着他们要在假期里准备新的教案。M.Gove 以蔑视的态度回应了教师们的批评，对教师工会进行了抨击，把教育机构称为"怪物"[47]。虽然 M.Gove 是联合政府里最能做事的大臣，但在 2014 年，首相 D.Cameron 还是解除了他的职务。M.Gove 确实招来太多的反对意见。

然而，早期的证据表明，M.Gove 的学校改革一直在运转。位于伦敦政治经济学院对两个书院开展的一项研究发现，在改变为书院的中学，学生的考试成绩有了快速提高，假如提高的幅度还较小的话。在那些属于像伦敦的 ARK、哈利斯（Harris）学校连锁和中部的佩里 – 比曲思（Perry Beeches）学校连锁的中学里，能够看到大多数令人吃惊的进步，这些学校连锁都有良好的管理。一份给萨顿信托公司（Sutton Trust）的报告显示，在 5 个顶级书院连锁里，取得普通中学教育证书 5 个"优"的贫穷学生比例至少要比非书院类中学的同类学生的平均比例高出 15 个百分点。

还有令人鼓舞的迹象，但没有可让怀疑者不出声的全面改进的证据。而且，怀疑者可能举出使人尴尬的失败例子。一些书院和免费学校证明是如此糟糕，以致它们被关闭，或者被移交给其他捐助人去管理。少数穆斯林和基督教免费学校的结果是在学生中造成了思想狭窄。由于这些学校实际上得到了联合政府的支持，因此，在它们出现问题的时候，联合政府受到了责备。

在联合政府的学校改革里，也存在着大都市偏见的影子。免费学校似乎不成比例地吸引了父母是中产阶级的孩子们。"Teach First"公司起步在伦敦，近期仅扩展到英格兰南部和东海岸地区。然而，伦敦和大城市不是需要最多关注的地方。在英格兰，有着最糟糕教育结果的 3 个地方分别是诺斯利（Knowsley）[48]（一个贫穷的、主要由白人居住的默西赛德郡（Merseyside）[49] 郊区）、布莱克浦（Blackpool）[50] 和怀特岛（Isle of Wight）[51]。这些地方几乎没有胸怀抱负的移民，难以吸引好的教师。

苏格兰和威尔士运行着自己的教育系统，一直远离英格兰的学校改革。但是，这两个区域的学校也需要做些调整。在最近的"国际学生评估计划"测试中，苏格兰的学校在数学和阅读科目上略好于英格兰的学校，但在科学科目上落后于英格兰的学校。威尔士的教育在这 3 个科目上一直滑坡。缺乏有能力的、近期得到培训的教师看起来是最主要的原因。苏格兰一直以自身在教育上比南方邻居（指英格兰）更加平等而自豪，

47　英文原文为 "the blob"。*The Blob* 是 I.S.Yeaworth Jr. 导演的科幻电影，中文名称为《幽浮魔点》。

48　诺斯利（Knowsley）是一个大村庄，通常被称为诺斯利村，2001 人口为 1.13 万，其中 97.1% 是白人，2.9% 是黑人、亚裔及混血儿。

49　默西赛德郡（Merseyside）是位于英格兰西北部地区的一个郡，西临爱尔兰海，面积为 645 平方千米，人口为 135.36 万。利物浦（Liverpool）是该群最大的城市。

50　布莱克浦（Blackpool）是英格兰西北部地区的单一管理区，属于兰开夏郡（Lancashir），面积为 34.92 平方千米，人口为 14.27 万。

51　怀特岛（Isle of Wight）南临英伦海峡，北临索伦特海峡，是英格兰的非都市郡和单一管理区，面积为 380 平方千米，2005 年人口为 14 万。

免收大学学费，尽管如此，由于存在许多最贫穷的孩子，苏格兰的教育系统运行得不够好。在苏格兰年龄为 18 岁的学生里，五分之一是最贫穷的孩子，在这些孩子中，仅有 2% 的人取得足够进入顶级大学的成绩，比英格兰低一个百分点（见图 4-16）。

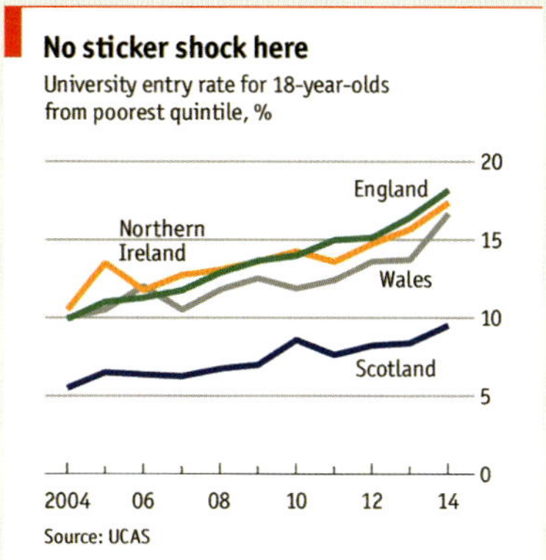
No sticker shock here
University entry rate for 18-year-olds
from poorest quintile, %
England
Northern
Ireland
Wales
Scotland
20
15
10
5
0
2004
06
08
10
12
14
Source: UCAS

图 4-16　本图标题是“这里没有标签震动，来自五分之一最贫穷家庭的 18 岁学生进入大学的比例，单位：%”。图中橘黄色曲线标注“北爱尔兰”；绿色曲线标注“英格兰”；灰色曲线标注“威尔士”；蓝色曲线标注“苏格兰”

无论哪个党执政，英国的学校都将感受到下届议会的挤压。保守党已经承诺，仅在现金项目上保证每个学生的支出，即不是按币值调整的会计核算[52]。工党和自由民主党提出了只是一个更加慷慨的虚无缥缈的“罩子”。这将使改革更加艰难，因为资金有助于润滑改革。

假如继续执政，保守党承诺继续推进他们的学校结构改革。D.Cameron 已经承诺建立多于 500 个的免费学校。其他政党执政确实不会扭转这些议程，但这些议程会更缓慢地继续推进。自由民主党认为，资金应当花在整修破旧的学校，而不是花在建设新的学校。工党教育发言人 T.Hunt 批评免费学校聘用不合格教师，增加了并不需要增加的地方的教育容量。

在英国下议院的政党里，英国独立党（United Kingdom Independence Party，UKIP）有着最激进的教育政策。英国独立党希望有更多的选择性文法学校[53]，这将使英格兰回到它在 20 世纪 70 年代基本放弃的一个教育系统。文法学校在北爱尔兰地区也有争议，在这里，许多杰出的人一直不愿放弃这个想法。在北爱尔兰占主导地位的国家主义党——新芬党（Sinn Fein）反对设立文法学校。天主教会也反对设立文法学校，怪异的是，许多文法学校属于天主教[54]。

52　按币值调整的会计核算（accounting for inflation），或者通货膨胀会计（Inflation accounting），是描述一系列会计模式的词语，这些会计模型是为纠正从高通货膨胀和恶性通货膨胀存在下历史成本会计中产生的问题而设计的。通货膨胀会计模型被用于经历高通货膨胀和恶性通货膨胀的国家。例如，在经历恶性通货膨胀的国家里，国际会计标准委员会（International Accounting Standards Board）要求企业根据每月发布的消费价格指数（Consumer Price Index），以固定购买力（constant purchasing power）为单位，执行财务资本保全（financial capital maintenance）。

53　文法学校（grammar school）是英国和其他英语国家在教育发展历程中形成的学校类型之一。文法学校起初指那些教授经典英语的学校，但最近涵盖学术为导向的中学。

54　1801 年，爱尔兰被并入英国。1829 年，联合王国政府颁布天主教徒解放法，取消对爱尔兰天主教徒的歧视性政策。随着爱尔兰自治运动的兴起，爱尔兰的新教徒担心爱尔兰的自治或独立将使他们在一个天主教占多数的国家里成为少数群体，因而形成了所谓的“联合派”，主张爱尔兰继续留在联合王国之内。20 世纪初，随着爱尔兰自治运动日益强大，阿尔斯特省的新教徒组织了阿尔斯特志愿军；作为回应，天主教徒组织了爱尔兰志愿军。在 1918 年的大选中，主张爱尔兰独立的新芬党赢得 73% 的选票，而在新教徒占优势的 6 个郡里，新芬党落选。1920 年，英国政府颁布爱尔兰仲裁法，将新教徒占优势的 6 个郡组成北爱尔兰，阿尔斯特省剩下的 3 个郡与其他 3 个省合并组成南爱尔兰。1921 年，爱尔兰独立战争结束，根据《英爱条约》（*Anglo-Irish Treaty*），爱尔兰自由邦成立，而北部 6 个郡成为北爱尔兰。北爱尔兰议会选择退出爱尔兰自由邦，留在联合王国之内。自 20 世纪 60 年代至 90 年代，北爱尔兰的“联合派”和“民族派”之间爆发武装冲突。1998 年，工党政府同意北爱尔兰组建地方自治政府。2002 年 10 月，英国政府宣布中止北爱尔兰地方自治政府的运作，把地区控制权重新收归中央政府。2007 年 5 月，北爱尔兰的民主统一党和新芬党达成协议，四党组成的联合政府宣誓就职，这意味着北爱尔兰正式恢复分权自治政府。

除英国独立党之外，没有哪个全国性政党具有政治家称为关于学校问题的"零售价码"[55]。建立更多免费学校的承诺和对监管的争议，虽然很重要，但难以获得选民们的信任。然而，在谈到高等教育问题的时候，分界线是很清晰的。

1998 年，工党政府引入了极低水平的大学学费收取制度，并且逐渐允许各所大学收取越来越高的费用。2010 年，就在工党政府下台之前，它对由油商 J.Browne 资助的大学进行了一次委托审查。那次审查提出取消大学年度收费的上限。保守党和自由民主党的联合政府没有采取激进的步骤，但是，它显著提高了大学收费的最高值，达到每年 9000 英镑（13 818 美元），这导致了许多投自由民主党票的学生的怨怒，这些学生立即离弃了自由民主党。

在野的工党转而反对自己的老政策。现在，它承诺把大学能够收取的费用最高值从每年 9000 英镑降低至 6000 英镑（9212 美元）。英国工党领袖 E.Miliband 认为，大学生们带着沉重的债务毕业，对纳税人来说高学费不是件合算的事情，因为大学生借贷的还款条件是如此宽松，以致实际上很高比例的借贷得到了政府的豁免。

工党的方案使大学领导人感到担心，他们认为，学生的缴费比政府资金要可靠得多，在未来的支付环节中，政府资金总是遭到侵蚀。随着这种不确定的增加，许多工党人士考虑假如工党赢得大选，就提出能够最终转为毕业税[56]的提案。然而，工党的方案是一个最倒退的方案。财政研究所（Institute for Fiscal Studies，是一家中立的政治智库）说，任性地转为毕业税，将有利于高收入的毕业生，而不是中等收入的毕业生。这家机构还说，那些借款的人倾向于迅速归还他们的全部债务，因此，削减学费会给他们带来很大的帮助。其他人更可能去把他们的债务注销。

英国的高等教育总是相当强劲，比起收取学费之前的状况，它现在的规模更大，也更加多样。"毕业生溢价"（graduate premium，根据终身收益确定的一个学位的价值）在长期经济衰退期间依然强劲。更高的大学学费并没有阻止来自缺少关爱家庭的孩子们申请进入大学，许多人担忧这些孩子因学费过高而不能上大学。而实际情况恰恰相反，比起那些富裕家庭的学生来，贫穷学生仍不太可能进入一所顶级大学学习。

英国是继美国之后国际学生最向往的目的地。在实现将每年净移民控制在 10 万名以下目标的努力中，这可能更多地促使联合政府不去收紧签证规则。英国的大学是受欢迎的，它们不断成长着，经常是兴旺繁荣的。对英国大学的政治监护人来说，主要的任务是不要把一件好事情搞得一团糟。（www.economist.com，原文标题是 *Repeat after me*，2015 年 9 月 8 日下载。）

55　英文原文是"retail offer"。

56　根据《2004 高等教育法》（*The Higher Education Act* 2004），如果英国和欧盟学生在英格兰、威尔士和北爱尔兰的由公共财政资助的大学学习，大学会直接向他们收取学费。学费数目由法律加以限制，由政府支持的公司发放政府支持的学生贷款，能够为学生交纳学费提供资金。只有当毕业生为归还贷款赚取足够多的钱的时候，他们才须要归还这笔贷款。大学能够收取非欧盟学生不设服的学费，这些学费通常是相当高的。2009 年，英国全国学生联合会（National Union of Students，NUS）提出设立毕业税，对已获得学位的毕业生在其获得学位之后的数年时间里征收这种税。

说明和致谢

本书脚注部分的内容主要引自公开发表的"维基百科"（www.wikipedia.

org）和"百度百科"（www.baike.baidu.com）。

在本书编译过程中，曹明、田原、曾艳等提供了许多帮助，特此表示感谢。